慧海拾珠

中华国学千问

Classic Reading
And Collection

探寻华夏文明发展之路·解读中华千年璀璨历史

王永鸿　周成华◎主编

陕西新华出版传媒集团
三秦出版社

图书在版编目（CIP）数据

中华国学千问/王永鸿，周成华主编．—西安：三秦出版社，2012.1
（2022.6 重印）

（慧海拾珠）

ISBN 978-7-5518-0080-8

Ⅰ．①中… Ⅱ．①王…②周… Ⅲ．①国学—问题解答 Ⅳ．①Z126-44

中国版本图书馆 CIP 数据核字（2012）第 021689 号

慧 海 拾 珠
中华国学千问

王永鸿　周成华　主编

出版发行	陕西新华出版传媒集团　三秦出版社
社　　址	西安市雁塔区曲江新区登高路 1388 号
电　　话	（029）81205236
邮政编码	710061
印　　刷	永清县晔盛亚胶印有限公司
开　　本	787mm×1092mm　1/16
印　　张	15
字　　数	400 千字
版　　次	2012 年 1 月第 1 版 2022 年 6 月第 3 次印刷
标准书号	ISBN 978-7-5518-0080-8
定　　价	46.00 元
网　　址	http://www.sqcbs.com

前言

我们的祖国历史悠久，文化灿烂，五千年的文明史孕育出了博大精深的中国文化。作为中华文化的代表，博大而深邃的国学，凝聚了先哲圣贤们优秀的、影响深远的思想智慧，它铸就了中华民族的灵魂，开启了国人的智慧，滋养着国人的心灵。

"国学"一词最早是指国家设立的学校。《周礼》中说："乐师掌国学之政，以教国子小舞。"这里的"国学"是国家的教育机构，其核心是用儒家思想教育、培养修已治人的人才。而用"国学"一词来指代中国传统的学问是在清朝末年才出现的。鸦片战争后，西洋学术开始进入中国，从此就有国学、西学的名称相对而存在。到了19世纪20年代后，学者们用"国学"一词来概括中国传统的学术或学问，并一直延续至今。狭义的"国学"是指以儒学为主的中华传统思想文化与学术，包括古代诸子百家。广义的"国学"是指以先秦经典及诸子学为根基，涵盖两汉经学、魏晋玄学、隋唐佛学、宋明理学和同时期的汉赋、六朝骈文、唐宋诗词、元曲与明清小说及历代史学等一套特有而完整的文化、学术体系，构成了恢弘的经、史、子、集四部。因此，中国古代和现代的优秀文化和学术成就，包括历史、思想、哲学、地理、政治、经济乃至书画、音乐、术数、医学、星相、建筑等都是国学所涉及的范畴。简而言之，国学，就是中国学，就是中国的传统文明。

国学，是我们的文化根柢所在。数千年来，国学已经渗透到社会的方方面面，直接影响着中国人的思想、意识、道德和行为，是中国人的根基所在。国学大师钱穆在《国史大纲》序言所说："当信任何一国之国民，尤其是自称知识在水平线以上之国民，对其本国已往历史，应该略有所知。否则最多只算一有知识的人，不能算一有知识的国民。"作为一个中国人，理应读一些国学典籍，继承和弘扬中国优秀的传统文化，是每个中国人义不容辞的责任。

然而，数千年来，国学经典卷帙浩繁，汗牛充栋，即使穷尽一生的精力，也难通万一。因此，我们编写《中华国学千问》一书，意在使读者抓住国学精华，领略国学的精神，探寻中华文化之本，从而达到鉴古知今、继承和弘扬中国优秀的传统文化之目的。全书以问答的形式精心选编了1000道国学知识题目，分为国学概要，哲学，史学，文学，政治、经济与军事，教育，宗教信仰，伦理学与礼仪民俗，艺术，医学与科技，经典论著，典故名言等12个篇章，涵盖了古代思想学术、史学、文学、政治、经济、军事、教育、宗教信仰、艺术、礼仪规范、民俗节日、科技、天文历法、经典著作、著名典故、国学大师等各个方面的内容，篇幅短小精悍，文字简洁隽永。

"读其书，想见其人，高山仰止，景行行止"，这是司马迁称颂孔子的话，我们编写这本书的目的，就是希望可以为读者提供一个了解、学习国学的捷径，帮助读者在一种轻松快乐的氛围中开阔视野、丰富自己的国学知识。

限于学识水平，书中的讹误纰缪在所难免，敬请广大读者批评指正。

目录

第一章 国学入门 1

什么是国学？......1
国学是如何分类的？......1
经史子集各指什么？......1
章太炎怎样谈治国学的方法？......2
胡适怎样谈治国学的方法？......2
胡适、梁启超开列了哪些国学书目？......3
梁启超"治国学的两条大路"指什么？......3
朱维焕的《国学入门》是一部怎样的书？......4
《经子解题》对初学者有哪些益处？......4
章炳麟的《国学概论》是一部怎样的作品？......4
朱自清的《经典常谈》是一部怎样的作品？......4
钱穆的《国学概论》包括哪些内容？......5
《中国古代史籍举要》主要写了哪些内容？......5
曹伯韩《国学常识》是一部怎样的作品？......5
顾颉刚《中国史学入门》有何特点？......5
柴德赓的《史籍举要》有哪些内容？......6
严复对后世的重要贡献是什么？......6
为什么说梁启超是辨伪学的奠基人？......6
谁被圣雄甘地称为"最尊贵的中国人？"......6
顾颉刚对中国史学研究作出了哪些贡献？......7
俞樾一生的成就如何？......7
陈垣为什么被毛泽东称为"中国的国宝"？......7
吕思勉在近代史学界地位如何？......7
范文澜是怎样的一个人？......8
冯友兰在中国哲学研究上取得了哪些成就？......8
为什么说刘师培是中国近代国学研究的先驱？......8
沈曾植有哪些学术研究成果？......8
罗振玉在甲骨文研究方面取得了哪些成就？......9
章太炎是怎样的一个人？......9

梁启超为何被称为"百科全书"式的人物？..9
王国维在国学方面有哪些成就？..9
胡适的治学方法有哪些特点？..9
张君劢对新儒学的发展作出了哪些贡献？..10
赵元任何以成为清华"四大导师"之一？..10
为什么说熊十力是新儒家的开山人物？..10
为什么梁漱溟被称为"中国最后一位儒家"？..................................10
陈寅恪在国学研究方面有哪些成就？..11
钱穆在传统思想的研究方面有哪些成就？..11
吴宓在国学研究方面取得了哪些成就？..11
徐复观为中国传统文化作出了哪些贡献？..12
钱钟书在传统文化方面取得了哪些成就？..12
季羡林在学术研究上取得了哪些成果？..12

第二章 哲 学 13

春秋战国的"百家争鸣"是怎么回事？..13
春秋战国时期主要有哪些思想流派？..13
何谓"三教九流"？..13
儒家是如何产生的？..13
儒家的核心思想是什么？..13
儒家的政治观如何？..13
儒家的教育观如何？..13
儒家的伦理观是怎样的？..14
儒家对生死及鬼神之事抱有怎样的态度？..14
后世儒学又经历了怎样的发展？..14
董仲舒对儒学做了哪些改造？..14
什么是经学？..14
汉代的"今古文之争"是怎么回事？..14
谶纬学说是怎么回事？..15
清谈是怎样的一种文化现象？..15
什么是理学？..16
什么是心学？..16
乾嘉学派有哪些主要贡献？..17

目录

什么是宋学？..17
什么是汉学？..17
道家是怎样形成和发展的？..17
道家的人生观与儒家存在哪些不同？..................................18
道家的宇宙观有何特点？..18
道家对后世产生了怎样的影响？..18
"黄老学派"指什么？..18
什么是玄学？..19
墨家是怎样形成和发展的？..19
墨家的政治观如何？..19
墨家的经济观有哪些内容？..19
墨家对后世产生了哪些影响？..19
先秦法家思想的发展历程是怎样的？..................................20
法家的核心思想有哪些？..20
法家的理论对后世产生了怎样的影响？..............................20
阴阳家有哪些重要学说？..21
名家学说的代表人物和主要观点有哪些？..........................21
纵横家的主要理论和代表人物有哪些？..............................21
杂家是一个怎样的哲学流派？..22
农家有哪些观点和主张？..22
兵家代表人物有哪些？..22
小说家是一个怎样的学派？..22
中国哲学中的"气"是什么意思？..22
什么是"道"？..22
什么是"太极"？..23
阴阳五行是怎么回事？..23
道家所说的"有无"指什么？..23
"名实"指什么？..23
中国传统哲学如何解释"动静"？..24
古代哲学家是如何看待"知行"的？....................................24
"形而上"与"形而下"各指的是什么？..............................24
儒家的"良知良能"是什么意思？..24
"存天理，灭人欲"指的是什么？..24
什么是"天人合一"？..25

3

什么是"天人感应"？......25
"天人相分"是什么意思？......25
"人皆可以为尧舜"有何含义？......25
"自强不息，厚德载物"是什么意思？......26
什么是"性善论"？......26
什么是"性恶论"？......26
"性三品说"是怎么回事？......26
何谓"道法自然"？......26
什么是"五德终始"？......27
什么是"格物致知"？......27
什么是"致良知"？......27
什么是"知行合一"？......27
"白马非马"是怎样的一种哲学思想？......27
"名不正则言不顺"是什么意思？......28
"大同"是怎样的一种社会理想？......28
儒家的"君君、臣臣、父父、子子"说的是什么？......28
何谓"无为而治"？......29
"庄周梦蝶"反映的是哪一学派的思想？......29
什么叫"法先王"？......29
"华夷之辨"反映了怎样的民族观？......29
什么是"中体西用"？......29
为什么说周公是儒学的奠基人？......30
我们为什么尊孔子为"圣人"？......30
孔子为什么对管仲推崇备至？......30
"孔门十哲"指什么？......31
孟子为什么被尊为"亚圣"？......31
为什么说老子被尊为"中国哲学之父"？......31
庄子的思想对后世有哪些影响？......31
荀子的儒家思想有哪些特点？......31
墨子的"十大主张"是什么？......32
为什么说李悝是法家的始祖？......32
为何说韩非子是法家集大成者？......32
邓析为何被称为"名家之祖"？......33
邹衍对阴阳家学说的发展有何贡献？......33

董仲舒对儒家学说的贡献有哪些？...33
王充的思想有哪些独特之处？...34
何晏是个怎样的人？...34
王弼有哪些成就？...34
孔颖达对经学发展有何贡献？...34
张载对理学有哪些贡献？...34
周敦颐对理学有哪些贡献？...35
"二程"对理学的发展有什么贡献？...35
朱熹对理学的发展有哪些贡献？...35
陆九渊的"心学"是怎么回事？...36
王守仁对"心学"的发展有哪些贡献？.....................................36
李贽的思想中有哪些进步因素？...36
罗钦顺的"气学"是怎么回事？...36
王夫之是一个怎样的人物？...37
颜元的思想主张是什么？...37
戴震的哲学思想有哪些？...37
怎样正确理解正史、别史、杂史、野史、稗史？.....................37
纪传体都有哪些体裁？...38
通史和断代史有何区别？...38
编年体和国别体有何不同？...38
五纪事本末和九朝纪事本末分别指什么？.................................38
三通、九通、十通分别指什么？...38
什么是会典？...38
历代"会要"是怎么回事？...39
什么是起居注？...39
方志是如何分类的？...39
如何区分类书和丛书？...40

第三章 文　　学 41

什么是汉字的"六书"？...41
什么是"平上去入"？...41
何谓"押韵"？...41
什么是"风、雅、颂"？...41

5

先秦散文有哪些特点? ... 41
什么是楚辞? ... 42
赋是怎样的一种文学体裁? ... 42
"骚体"指的是什么体裁的诗歌? ... 42
什么是乐府诗? ... 42
骈文有哪些特点? ... 42
什么是古体诗? ... 43
什么是近体诗? ... 43
什么是四言诗、五言诗、七言诗? ... 43
什么是词? ... 43
什么是词牌? ... 43
词的令、引、近、慢具体指什么? ... 44
什么是"古文"? ... 44
什么是"八股文"? ... 44
什么是"传奇"? ... 44
什么是"变文"? ... 44
什么是"话本"? ... 45
什么是"诸宫调"? ... 45
什么是"诗话"? ... 45
什么是"散曲"? ... 45
什么是杂剧? ... 46
什么是南戏? ... 46
什么是小说?小说是如何分类的? ... 46
笔记小说有哪些特点? ... 46
章回小说有哪些特点? ... 47
什么是"建安风骨"? ... 47
正始文学的基本特点是什么? ... 47
太康体诗歌有哪些特点? ... 47
玄言诗歌有哪些特点? ... 48
元嘉体诗歌有哪些特点? ... 48
永明体诗歌有哪些特点? ... 48
齐梁体诗歌有哪些特点? ... 48
什么是宫体诗? ... 49
什么是韩孟诗派? ... 49

目 录

什么是田园诗派？……………………………………………………………49
什么是边塞诗派？……………………………………………………………49
什么是元和体诗歌？…………………………………………………………50
什么是长庆体诗歌？…………………………………………………………50
什么是香奁体诗歌？…………………………………………………………50
什么是花间词派？……………………………………………………………50
什么是南唐词派？……………………………………………………………50
什么是西昆体诗歌？…………………………………………………………50
豪放派诗词有哪些特点？……………………………………………………51
婉约派诗词有哪些特点？……………………………………………………51
什么是元祐体？………………………………………………………………51
江西诗派诗人的作品有哪些特点？…………………………………………51
江湖诗人有哪些特点？………………………………………………………52
什么是台阁体诗歌？…………………………………………………………52
茶陵诗派有哪些特点？………………………………………………………52
吴江派是一个怎样的流派？…………………………………………………52
临川派是怎样得名的？………………………………………………………53
唐宋派有哪些特点？…………………………………………………………53
前后七子复古派有哪些特点？………………………………………………53
公安派因何而得名？…………………………………………………………53
复社诗文有哪些特点？………………………………………………………53
桐城派是一个怎样的文学流派？……………………………………………54
阳湖派文学有哪些特点？……………………………………………………54
常州词派有哪些文学主张？…………………………………………………54
新乐府运动是怎么回事？……………………………………………………54
什么是古文运动？……………………………………………………………55
什么是神魔小说？……………………………………………………………55
什么是世情小说？……………………………………………………………55
什么是公案小说？……………………………………………………………55
什么是演义？…………………………………………………………………55
什么是谴责小说？……………………………………………………………56
什么是"诗言志"？……………………………………………………………56
三表法是由谁提出来的？……………………………………………………56
"文气说"是由谁首先提出的？………………………………………………56

7

"诗缘情"源自哪里？..56
什么是"意境说"？..57
什么是"神韵说"？..57
什么是"赋、比、兴"？..57
红学是研究什么的？..57
什么是训诂学？..58
为什么说屈原是伟大的爱国诗人？....................................58
贾谊有哪些作品？..58
为什么司马相如被称为"赋圣"？......................................58
班固有哪些文学成就？..59
曹操诗歌有哪些特点？..59
曹丕在文学上有哪些贡献？..59
七步成诗的曹植有哪些文学成就？....................................59
建安七子的诗文有哪些特点？..59
"竹林七贤"是哪七位名士的合称？....................................60
嵇康是一位怎样的文学家？..60
陶渊明的诗歌有哪些特点？..60
谢灵运的山水诗对后世有哪些影响？..................................60
刘义庆是怎样的一个人？..60
你知道昭明太子萧统吗？..61
陈子昂的诗歌有哪些特点？..61
李白为什么被称为"诗仙"？..61
王维为何被称为"诗佛"？..61
"初唐四杰"都是谁？..61
高适的诗歌有哪些特点？..62
杜甫为什么被称为"诗圣"？..62
韦应物的诗歌有哪些特点？..62
岑参的诗歌有哪些特点？..62
为什么称韩愈是"文起八代之衰"？....................................62
为什么说张若虚《春江花月夜》"孤篇压全唐"？........................63
白居易的诗歌有哪些特点？..63
刘禹锡的诗歌有哪些特点？..63
王昌龄为何被称为"七绝圣手"？......................................63
孟浩然的诗歌有哪些特点？..64

孟郊、贾岛的诗歌各有哪些特点？..64
"大历十才子"的诗歌有哪些特点？..64
李贺为什么被称为"诗鬼"？..64
李商隐的诗歌有哪些特点？..64
杜牧的诗歌有哪些特点？..65
唐代最杰出的女诗人是谁？..65
皮日休的诗歌有哪些特点？..65
温庭筠的诗词有哪些特点？..65
李煜在诗词方面取得了怎样的成就？..65
"梅妻鹤子"说的是哪位诗人？..66
欧阳修的文学成就有哪些？..66
苏轼的文学艺术成就有哪些？..66
"唐宋八大家"指的都是谁？..66
柳永的词有哪些特点？..66
李清照的词有哪些特点？..67
姜夔的词有哪些特点？..67
辛弃疾的词有哪些特点？..67
陆游取得了哪些诗词成就？..67
"南宋中兴四大诗人"都是谁？..68
宋代四大女词人是哪四位？..68
元好问在文学方面取得了哪些成就？..68
关汉卿在元杂剧方面取得了哪些成就？..68
"元曲四大家"都是谁？..69
"明朝三大才子"都有谁？..69
明代"前七子"、"后七子"都指谁？..69
"吴门四才子"是哪四个人？..69
"聊斋先生"指谁？..69
曹雪芹的生平事迹如何？..69
纳兰性德的诗词有哪些特点？..70
龚自珍的诗作有哪些特点？..70

第四章　政治、经济与军事..71

我国各朝代国号是怎样来的？..71

何谓"天下"？ 71
"九州"是什么意思？ 72
"中国"一词的由来是怎样的？ 72
中国为什么又称"华夏"？ 72
古代的"四夷"指什么？ 72
汉族是怎样形成的？ 72
古代北方曾经出现过哪些民族？ 73
奴隶社会时期我国有哪些朝代？ 73
历史中少数民族曾建立过哪些国家？ 73
"十六国"时期只有十六个国家吗？ 73
历史上有哪些为史家称道的盛世？ 74
中国专制主义中央集权制度是如何形成与发展的？ 74
我国古代专制主义中央集权制度有哪些影响？ 76
"禅让"是怎么回事？ 76
什么叫"家天下"？ 76
什么是礼治、德治、人治？ 76
传统的封建官制有哪些特点？ 77
什么是郡县制？ 77
中国历代年号是如何产生的？ 77
"皇帝"一词是怎么产生的？ 78
"陛下"一词最初来源何处？ 78
古代的后妃都有哪些称谓？ 78
古代的皇位继承制度经历了哪些变化？ 78
"三公九卿"包括哪些官职？ 79
"宰相"的职责是什么？ 79
大学士为什么称"中堂"？ 79
三省六部中的三省和六部各有哪些职能？ 80
什么是总督、都督、提督？其各有哪些职能？ 80
"太守"是怎样的官职？ 80
"县令"、"县长"、"知县"这些名称是怎么来的？ 81
三班衙役指什么人？ 81
"官"和"吏"有哪些区别？ 81
古代文武官员谥号有哪些？ 81
古代兼代官职有哪些不同的名称？ 82

目 录

古代官吏是如何休假的? 82
官衙为什么又叫"衙门"? 82
什么是三司? 82
东厂和西厂是什么机构? 82
内阁制度是如何产生和发展的? 83
军机大臣职位的由来是怎样的? 83
中国古代监察制度是怎样的? 84
明代的锦衣卫主要负责什么? 84
什么是分封制? 84
什么是"世袭罔替"? 84
什么是十恶大罪? 85
什么是"株连九族"? 85
什么是三法司会审? 86
古代的死刑有哪些种类? 86
什么是宫刑? 86
奴隶社会和封建社会的"五刑"各包括哪几种刑罚? 87
什么是"秋审"、"秋决"? 87
什么是人殉? 87
什么是"免死铁券"? 88
历代颁布过哪些法典? 88
我国最早的婚姻法典是哪一部? 88
中国古代选拔官员制度如何? 88
察举制是怎样操作的? 89
什么是"孝廉"? 89
什么叫"九品中正制"? 90
科举的发展历程是怎样的? 90
隋唐时期科举考试包括哪些科目? 91
宋代以后科举考试科目发生了哪些变化? 91
什么是八股取士? 91
科举考试要经过哪些步骤? 92
什么是状元、榜眼、探花? 92
进士、举人、秀才各是什么意思? 92
什么是荫生、监生、贡生? 93
何谓"天子门生"? 93

11

什么叫"连中三元"？ 93
什么是"五魁"？ 93
"科举四宴"是哪四宴？ 93
为什么科举考试要弥封试卷？ 94
"食货"是什么意思？ 94
古代为什么要"崇本抑末"？ 94
什么是井田制？ 94
什么是屯田制？ 95
何谓"占田法"？ 95
什么是均田制？ 95
什么是庄田？ 95
古代的户籍包括哪些？ 96
"算赋"、"口赋"分别指什么？ 97
"均输"、"平准"都是什么意思？ 97
什么是常平仓？ 98
古代人口统计中的"丁"、"口"是什么意思？ 98
什么是"初税亩"？ 98
租庸调制是怎样的赋税制度？ 98
两税法对赋税制度有哪些改变？ 99
一条鞭法包括哪些内容？ 99
摊丁入亩有何重要意义？ 99
我国古代有哪些兵制？ 100
"三军"的意义经历了哪些演变？ 100
什么叫"烽燧传警"？ 101
古代都有哪些军衔？ 101
古代兵役制度是怎样的？ 101
什么是虎符？ 102
号角有哪些作用？ 102
中国传统兵书有哪些？ 103
中国第一支骑兵产生于什么时候？ 103
中国古代有海军吗？ 103
什么叫"府兵制"？ 104
什么是"募兵制"？ 104
都护府是如何设立的？ 104

目 录

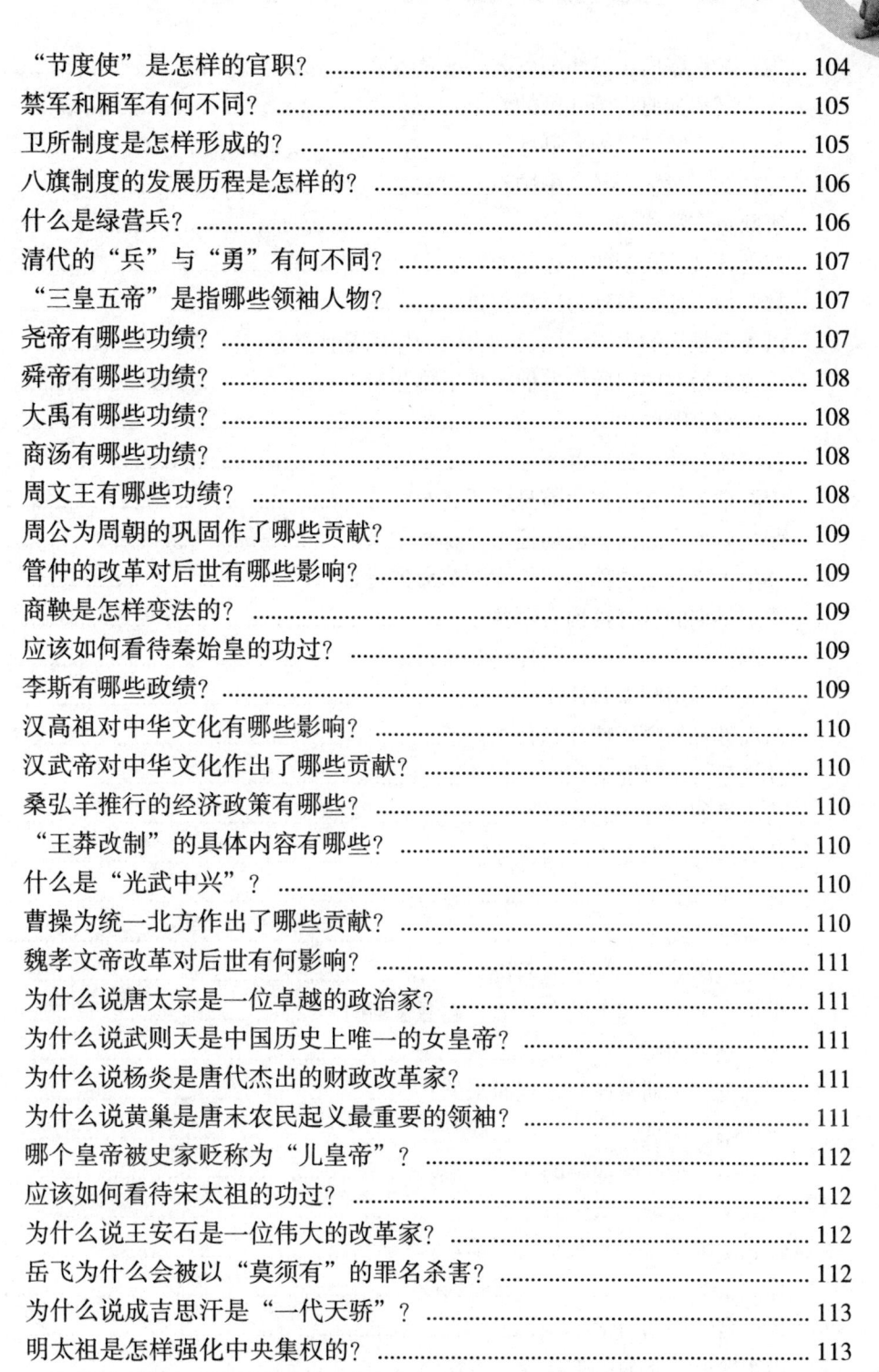

"节度使"是怎样的官职？.. 104
禁军和厢军有何不同？.. 105
卫所制度是怎样形成的？.. 105
八旗制度的发展历程是怎样的？.. 106
什么是绿营兵？.. 106
清代的"兵"与"勇"有何不同？... 107
"三皇五帝"是指哪些领袖人物？.. 107
尧帝有哪些功绩？.. 107
舜帝有哪些功绩？.. 108
大禹有哪些功绩？.. 108
商汤有哪些功绩？.. 108
周文王有哪些功绩？.. 108
周公为周朝的巩固作了哪些贡献？.. 109
管仲的改革对后世有哪些影响？.. 109
商鞅是怎样变法的？.. 109
应该如何看待秦始皇的功过？.. 109
李斯有哪些政绩？.. 109
汉高祖对中华文化有哪些影响？.. 110
汉武帝对中华文化作出了哪些贡献？.. 110
桑弘羊推行的经济政策有哪些？.. 110
"王莽改制"的具体内容有哪些？.. 110
什么是"光武中兴"？.. 110
曹操为统一北方作出了哪些贡献？.. 110
魏孝文帝改革对后世有何影响？.. 111
为什么说唐太宗是一位卓越的政治家？.. 111
为什么说武则天是中国历史上唯一的女皇帝？.............................. 111
为什么说杨炎是唐代杰出的财政改革家？...................................... 111
为什么说黄巢是唐末农民起义最重要的领袖？.............................. 111
哪个皇帝被史家贬称为"儿皇帝"？.. 112
应该如何看待宋太祖的功过？.. 112
为什么说王安石是一位伟大的改革家？.. 112
岳飞为什么会被以"莫须有"的罪名杀害？.................................. 112
为什么说成吉思汗是"一代天骄"？.. 113
明太祖是怎样强化中央集权的？.. 113

为什么说张居正是明朝著名的改革家? ……………………………… 113
魏忠贤是如何祸国殃民的? ……………………………………… 113
李自成失败的原因有哪些? ……………………………………… 114
为什么说黄宗羲是"中国思想启蒙之父"? ……………………… 114
康熙帝有哪些功绩? ……………………………………………… 114
如何评说乾隆帝的功过是非? …………………………………… 114
林则徐为什么被称为民族英雄? ………………………………… 115
洪秀全领导的太平天国运动失败的原因是什么? ……………… 115
慈禧太后对中国历史发展产生了哪些影响? …………………… 115
左宗棠有哪些功绩? ……………………………………………… 115
曾国藩为什么被后世所推崇? …………………………………… 116
李鸿章为什么招致生前身后骂名? ……………………………… 116
张之洞为发展洋务运动提出了哪些主张? ……………………… 116
孙中山为什么被称为"伟大的革命先行者"? ………………… 116
中国早期的教育机构有哪些? …………………………………… 116
中国古代学制发展状况如何? …………………………………… 117
西周官学出师需要几年? ………………………………………… 117
西周教育的主要特征是什么? …………………………………… 117
什么是"设科射策"? …………………………………………… 118
古人是如何称呼老师的? ………………………………………… 118
什么是"有教无类,因材施教"? ……………………………… 118
什么是"书馆"? ………………………………………………… 119
什么是"经馆"? ………………………………………………… 119
什么是唐代的"国子监六馆"? ………………………………… 119
学士、硕士、博士的名称最早起源于何时? …………………… 119
什么是"鸿儒"? ………………………………………………… 120
"师范"一词是如何发展而来的? ……………………………… 120
古代的"学官"是一种什么职务? ……………………………… 120
"太学"是我国最早的大学吗? ………………………………… 120
"太学"里是怎么进行考试的? ………………………………… 121
什么是国子监?什么是稷下学宫? ……………………………… 121
什么是书院? ……………………………………………………… 121
什么是"鸿都门学"? …………………………………………… 122
山东曲阜孔庙为何被称为"杏坛"? …………………………… 122

地方官学是怎么回事? 123
"四大书院"分别是哪四个? 123
中国古代私学发展状况如何? 123
中国古代有专科学校吗? 124
中国古代有"留学生"吗? 124
京师大学堂是北京大学的前身吗? 124

第五章 宗 教 学 125

什么是佛教? 125
佛教是如何传入中国并发展起来的? 125
佛教分为哪些宗派? 125
佛教有哪些戒律? 126
佛教有哪些节日? 126
南传佛教和北传佛教有什么不同? 126
什么是"禅宗"? 127
什么是喇嘛教? 128
什么是佛教的"四圣谛"? 128
什么是"八正道"? 128
佛教"三法印"的说法概括了怎样的教义? 128
什么是"戒定慧"? 129
佛教的"十二因缘"是指什么? 129
佛教的"轮回"是怎样的概念? 130
"无间地狱"是什么意思? 130
因果报应是怎么回事? 130
什么是佛陀? 130
什么是菩萨? 131
什么是罗汉? 131
什么是金刚? 131
什么是居士? 132
什么是出家? 132
佛教徒为什么称别人为"施主"? 132
什么是佛教六字真言? 132
观世音菩萨的由来是怎样的? 133

弥勒佛的由来是怎样的？ ……………………………………………………… 133
鸠摩罗什是何许人？ …………………………………………………………… 133
达摩祖师是谁？ ………………………………………………………………… 134
何谓七情六欲？ ………………………………………………………………… 134
"六根"指的是什么？怎样才能做到"六根清净"？ ………………………… 134
舍利子是怎么回事？ …………………………………………………………… 135
佛家的"三宝"是哪三样呢？ ………………………………………………… 135
"天龙八部"是什么意思？ …………………………………………………… 135
什么叫"涅槃"？ ……………………………………………………………… 136
佛教经典知多少？ ……………………………………………………………… 136
玄奘对中国佛教的发展作出了哪些贡献？ …………………………………… 136
"鉴真东渡"是怎么回事？ …………………………………………………… 137
佛教四大名山是哪四座山？ …………………………………………………… 137
什么是道教？ …………………………………………………………………… 137
道教和道家是一回事吗？ ……………………………………………………… 138
道教是如何起源的？ …………………………………………………………… 138
道教对中国文化有什么影响？ ………………………………………………… 138
道教有哪些派别？ ……………………………………………………………… 138
道教有哪些戒律？ ……………………………………………………………… 139
道教有哪些节日？ ……………………………………………………………… 139
什么是炼丹术？ ………………………………………………………………… 139
老子为什么被道教奉为"太上老君"？ ……………………………………… 139
张道陵为什么被道教尊为"祖天师"？ ……………………………………… 139
神与仙有哪些区别？ …………………………………………………………… 140
道教中有哪些著名的神仙？ …………………………………………………… 140
道教信奉的最高神灵有哪些？ ………………………………………………… 140
道家的"真人"是什么样的人？ ……………………………………………… 140
道教中"三清四御五老君"分别指什么？ …………………………………… 140
"西王母"是谁？ ……………………………………………………………… 141
"五斗米道"是怎么来的？ …………………………………………………… 141
王重阳开创的道教全真派对道教有哪些发展？ ……………………………… 141
丘处机为道教的兴盛作出了怎样的贡献？ …………………………………… 141
历史上有"全真七子"吗？ …………………………………………………… 141
张三丰究竟是怎样的一个人？ ………………………………………………… 141

道教中的"洞天福地"是怎样的地方？.. 142
什么是"斋醮"？.. 142
"卦辞"与"卜辞"分别代表什么？... 142
道士是怎样修炼的？.. 142
古代帝王如何追求长生？.. 142
道士分为哪些类？.. 142
道士位阶是怎样的？.. 143
中国第一位女道士是谁？.. 143
道教四大名山是哪些？.. 143
道教有哪些经典名著？.. 143
葛洪在炼丹和医学方面有哪些成就？.. 143
陆修静对道教有哪些贡献？.. 144
什么是道藏？.. 144

第六章　伦理学与礼仪民俗 145

什么是宗法？.. 145
什么是"三纲五常"？... 145
什么是"五伦"？... 146
什么是"悌"？... 146
什么是"忠"？... 146
什么是"孝"？... 146
什么是"三戒、三畏、九思"？... 147
什么是"内省"？... 147
什么是"三纲八目"？... 147
什么是"十六字心传"？... 148
"格物致知"有何含义？... 148
做人为什么要"知足"？... 148
什么是"知耻近乎勇"？... 149
什么是"舍生取义，杀身成仁"？... 149
什么是"己所不欲，勿施于人"？... 149
什么是"中庸"？... 149
什么是"内圣外王"？... 150
什么是古代妇女的"三从四德"？... 150

什么是婚姻的"七出三不去"？	150
"三不朽"是什么？	151
什么是"五礼"？	151
为什么国家又被称作"社稷"？	151
祭天之礼是如何进行的？	151
帝王为什么要举行封禅之礼？	152
什么是膜拜、折腰？	152
什么是作揖？	152
什么是"斋戒"？	153
古代的跪和坐有什么区别？	153
什么是揖让之礼？	153
什么是谥号？	153
什么是庙号？	153
什么是避讳？	154
什么是"满月礼"？	154
什么是"百日礼"？	154
什么是"周岁礼"？	155
男子的成年礼是什么？	155
女子的成年礼是什么？	155
生辰八字为什么又称"八字"？	156
古代对"死"有哪些讳称？	156
什么是"服丧"、"五服"？	156
什么是"守制"？	157
中国人为什么非常重视祭祖？	157
什么是二十四节气？	157
什么是"黄道吉日"？	157
"黄历"是怎么来的？	158
十二生肖之中为何鼠为首？	158
十二生肖之中为何没有猫？	158
为什么说"冬至大如年"？	158
"小年"有哪些习俗？	159
腊八节为什么要喝腊八粥？	159
传统的元旦和现在的元旦是一回事吗？	160
过年为什么要吃饺子？	160

目 录

过年给小孩压岁钱有哪些寓意？... 161
古人是怎样拜年的？... 161
为什么说正月初七是"人日"？... 161
为什么过年要在门上贴"福"字？... 161
贴春联的习俗是怎样流传下来的？... 161
"门神"是谁？... 162
元宵节有哪些活动？... 162
为什么二月二又称"龙抬头"？... 162
什么是"上巳节"？... 162
什么是社日？.. 163
端午节为什么要吃粽子、赛龙舟？... 163
七夕节为什么被称为中国的情人节？... 163
七月十五中元节有哪些民俗活动？... 164
中秋节的起源有哪些传说？.. 164
重阳节都有哪些习俗？.. 164
什么是"本命年"？... 164
古代结婚有哪些程序？.. 165
结婚为何要"拜堂"？.. 165
为什么新娘要用红布盖头？.. 165
为什么新郎要给新娘穿新鞋？.. 166
传统婚嫁有哪些禁忌？.. 166
为何称岳父为"泰山"？... 167
为何民间忌讳"七十三、八十四"这两个岁数？....................... 167
使用筷子有哪些禁忌？.. 167
什么是"赘婚"？... 168
为什么"前不栽桑，后不栽柳"？... 168
古人用什么东西洗头、洗澡？.. 168
女子缠足的陋习是怎样形成的？.. 168
"龙生九子"都有谁？.. 169
传说中的凤凰是什么样的？.. 169
龟有着怎样的祥瑞意义？... 169
鹿有着怎样的祥瑞意义？... 170
鹤有着怎样的祥瑞意义？... 170
鸳鸯有着怎样的祥瑞意义？.. 170

19

喜鹊有着怎样的祥瑞意义？……………………………………………… 170
蝙蝠有着怎样的祥瑞意义？……………………………………………… 171
三脚蟾蜍为什么能成为财富的象征？…………………………………… 171
为什么有"麒麟送子"之说？…………………………………………… 171
什么是饕餮？……………………………………………………………… 171
"岁寒三友"、"花中四君子"分别指什么？………………………… 171
中国"十大名花"都有哪些？…………………………………………… 172

第七章　艺　术……………………………………………………173

什么是五声？……………………………………………………………… 173
什么是雅乐？……………………………………………………………… 173
什么是十二律？…………………………………………………………… 173
什么是燕乐？……………………………………………………………… 173
什么是清商乐？…………………………………………………………… 174
什么是八音克谐？………………………………………………………… 174
古琴是一种什么样的乐器？……………………………………………… 174
编钟是一种什么样的乐器？……………………………………………… 174
箫是一种什么样的乐器？………………………………………………… 175
古筝是一种什么样的乐器？……………………………………………… 175
琵琶是一种什么样的乐器？……………………………………………… 175
葫芦丝是一种什么样的乐器？…………………………………………… 175
箜篌是一种什么样的乐器？……………………………………………… 175
什么是江南丝竹？………………………………………………………… 175
二胡是一种什么样的乐器？……………………………………………… 176
三弦是一种什么样的乐器？……………………………………………… 176
瑟是一种什么样的乐器？………………………………………………… 176
缶是一种什么样的乐器？………………………………………………… 176
编磬是一种什么样的乐器？……………………………………………… 176
中国传统的鼓分为几类？………………………………………………… 176
中国古典"十大名曲"有哪些？………………………………………… 177
古曲《胡笳十八拍》表达了作者怎样的思想感情？………………… 177
古曲《梅花三弄》有哪几种风格流派？……………………………… 177
古曲《广陵散》讲述了怎样的一个故事？…………………………… 177

目 录

古曲《阳关三叠》的主题是什么？..................................177
古曲《十面埋伏》是如何描写楚汉战争的？..................................178
古曲《高山流水》由何而来？..................................178
古曲《汉宫秋月》的演奏形式主要有几种？..................................178
古曲《秦王破阵乐》是为了纪念什么事件？..................................178
古曲《春江花月夜》有哪些特色？..................................178
为什么说《阳春白雪》是高雅的音乐？..................................179
古曲《渔樵问答》反映了一种什么样的生存态度？..................................179
古曲《霓裳羽衣曲》有什么来历？..................................179
中国现存最古老的成熟文字是什么？..................................179
金文有哪些特点？..................................180
小篆有哪些特点？..................................180
隶书有哪些特点？..................................180
楷书有哪些特点？..................................180
草书有哪些特点？..................................181
行书有哪些特点？..................................181
魏碑体有哪些特点？..................................181
瘦金体有哪些特点？..................................181
什么是石鼓文？..................................181
王羲之为何被称为"书圣"？..................................181
书法中的"初唐四家"都是谁？..................................182
钟繇的书法有哪些特点？..................................182
颜真卿的书法有哪些特点？..................................182
张旭的狂草有哪些特色？..................................182
怀素的狂草有哪些特色？..................................182
王羲之之后成就最高的书法家是谁？..................................183
柳公权的书法有哪些特色？..................................183
赵孟頫的书法有哪些特色？..................................183
徐渭在书法方面有哪些成就？..................................183
董其昌的书画对后世产生了怎样的影响？..................................184
清代书法呈现哪些特点？..................................184
为什么《兰亭序》为天下第一行书？..................................184
故宫三希堂收藏的"三希"各指什么？..................................184
唐代最著名的楷书碑刻有哪些？..................................184

传统中国画有哪些特色？ 185
什么是"皴"？ 185
中国画的白描技法是什么？ 185
什么是"十八描"？ 185
什么是指画？ 185
顾恺之的绘画有哪些特点？ 185
阎立本的绘画有哪些特点？ 186
吴道子的绘画有哪些特点？ 186
张僧繇的绘画有哪些特点？ 186
宋徽宗的绘画有哪些特点？ 186
宋代李唐的绘画有哪些特点？ 187
李公麟的绘画有哪些特点？ 187
马远的绘画有哪些特点？ 187
"元四家"指的是哪几位元代画家？ 187
"明四家"指的是哪几位明代画家？ 187
八大山人的绘画有哪些特点？ 188
石涛的绘画有哪些特点？ 188
吴门画派对中国的绘画有哪些影响？ 188
"扬州八怪"都有谁？ 189
吴昌硕的绘画有哪些特点？ 189
清代宫廷画有什么特点？ 189
我国现存的最早的山水画是哪一幅？ 190
顾恺之的《洛神赋图》有哪些特点？ 190
阎立本的《步辇图》有哪些特点？ 190
张择端的《清明上河图》有哪些特点？ 190
敦煌壁画在中国绘画史上有着怎样的地位？ 190
顾闳中的《韩熙载夜宴图》有哪些特点？ 191
范宽的《溪山行旅图》有哪些特点？ 191
王希孟的《千里江山图》有哪些特点？ 191
什么是"文房四宝"？ 191
永乐宫壁画属于哪个宗教？ 192
中国三大石窟是哪三个？ 192
大足石刻有哪些特色？ 192
敦煌莫高窟何时形成的？它的发现有哪些重要意义？ 192
秦始皇陵兵马俑规模怎样？ 193

目 录

"四大名亭"是哪些? 193
"四大名楼"是哪些? 193
中国的印章是如何发展的? 193
什么是篆刻艺术? 194
篆刻艺术有哪些著名的流派? 194
中国古代建筑的发展分为几个阶段? 194
"六大古都"有哪些? 194
中国宫殿建筑有何特点? 194
青铜器分为哪些种类? 195
什么是陶器? 195
唐三彩的制作特点有哪些? 195
什么是瓷器? 195
宋代五大名窑的瓷器都有哪些特点? 196
各个时期的青花瓷有何特色? 196
珐琅彩是怎样的一种瓷器? 196
瓷都指哪里? 196
景泰蓝的发展历程是怎样的? 197
什么是经络? 197
什么是脉象? 197
穴位究竟是什么? 198
什么是"四诊法"? 198
什么是方剂? 198
什么是药引子? 198
什么是"道地药材"? 199
什么是针灸? 199
什么是拔火罐? 199
什么是刮痧? 200
推拿有什么作用? 200
什么是药膳? 200
什么是八段锦? 200
什么是五禽戏? 200
为什么"精气神"被称为人体三宝? 201
中医有哪些代称? 201
医生为什么又叫大夫? 201
"坐堂医"这一称呼是怎么来的? 202

古代有哪些著名的女医生? 202
"药王"孙思邈的养生妙法有哪些? 202
扁鹊对中医的发展作出了哪些贡献? 202
张仲景对中医的发展作出了哪些贡献? 203
华佗的医学成就主要体现在哪些地方? 203
宋慈对法医学作出了哪些重要贡献? 203
什么是"种痘"? 203
李时珍为医学发展作出了哪些贡献? 204
世界上最早的天文学著作是哪一部? 204
什么是五星、七曜? 204
什么是"七政四余"? 204
什么是"三垣"? 205
什么是二十八宿? 205
什么是"四象"? 205
南斗和北斗各指哪个星宿? 206
什么是"十二次"? 206
月亮的别称有哪些? 206
何谓"干支"? 206
中国现存最早的历书是哪一部? 206
夏历、周历、秦历有哪些不同的变化? 207
什么是"闰月"? 207
什么是"冬至九九歌"? 207
什么是"夏至九九歌"? 208
什么是"三九"? 208
什么是"三伏"? 208
什么是"入梅"与"出梅"? 208
月相的盈亏有哪些变化? 208
古人如何纪日? 209
什么是"大时"与"小时"? 209
古代有哪些计时方法? 209
古代十二时辰是如何划分的? 210
什么是"五更"? 210
指南针是怎么发明的? 210
什么是"中国雪"? 210

第一章 国学入门

什么是国学？

"国学"一词最早是指国家设立的学校。《周礼·春官宗伯·乐师》里有这样一句话："乐师掌国学之政，以教国子小舞"，这里的"国学"就是指学校，而"国子"主要指贵族子弟。

用"国学"一词来指代中国传统的学问是在清朝末年才出现的。鸦片战争后，西洋学术开始进入中国，从此就有国学、西学的名称相对而存在。1898年，张之洞在《劝学篇》中提出"中学为体，西学为用"，这里所谓"中学"即为"国学"。1902年，由于担心中国学术的衰亡，梁启超将"国学"与"新学"、"外学"对比，使"国学"成为中国传统学术的代名词并逐渐传播开来。之后，虽有"国故"和"国粹"等称谓和讨论，但到了19世纪20年代后，仍普遍采用"国学"一词来概括中国传统的学术或学问，并一直延续至今。狭义的"国学"是指以儒学为主的中华传统思想文化与学术，包括古代诸子百家。广义主要是根据胡适"中国的一切过去的历史文化"的说法而拓展外延和内涵，指以先秦经典及诸子学为根基，涵盖（两汉）经学、（魏晋）玄学、（隋唐）佛学、（宋明）理学和同时期的汉赋、六朝骈文、唐宋诗词、元曲与明清小说并历代史学等一套特有而完整的文化、学术体系，构成了恢弘的经、史、子、集四部。因此，中国古代和现代的优秀文化和学术成就，包括历史、思想、哲学、地理、政治、经济乃至书画、音乐、术数、医学、星相、建筑等都是国学所涉及的范畴。简而言之，国学，就是中国学，就是中国的传统文明。

国学是如何分类的？

国学是中国传统学问的总称，它的范围相当广泛，也有不同的分类标准。

国学以学科分，应分为哲学、史学、宗教学、文学、礼俗学、考据学、伦理学、版本学等，其中以儒家哲学为主流。

国学以思想划分，应分为先秦诸子、儒道释三家等。

国学以《四库全书》分，应分为经、史、子、集四部。

清乾隆年间，姚鼐从学术史角度，将国学分为：义理之学、辞章之学和考据之学。同治年间，曾国藩在此基础上增添了经世之学，与上述三门并列，合为"四门"。

以国学大师章太炎《国学讲演录》所分，则分为小学、经学、史学、诸子和文学。

经史子集各指什么？

我国古代图书分为四部，即"经史子集"，四部的名称和顺序是在《隋书·经籍志》中最后确定下来的。具体划分如下：

经部收录儒家"十三经"及相关著作，包括易类、书类、诗类、礼类、春秋类、孝经类、五经总义类、四书类、乐类、小学类等10个大类，其中礼类又分周礼、仪礼、礼记、三礼总义、通礼、杂礼书6属，小学类又分训诂、字书、韵书3属；

史部收录史书，包括正史类、编年类、纪事本末类、杂史类、别史类、诏令奏议类、传记类、史钞类、载记类、时令类、地理类、职官类、政书类、目录类、史评类等15个大类，其中诏令奏议类又分诏令、奏议2属，传记类又分圣贤、名人、总录、杂录、别录5属，地理类又分宫殿疏、总志、都会郡县、河渠、边防、山川、古迹、杂记、游记、外记10属，职官类又分官制、官箴2属，政书类又分通制、典礼、邦计、军政、法令、考工6属，目录类又分经籍、金石2属；

子部收录诸子百家著作和类书，包括儒家类、兵家类、法家类、农家类、医家类、天文算法类、术数类、艺术类、谱录类、杂家类、类书类、小说家类、释家类、道家类等14大类，其中天文算法类又分推步、算书2属，术数类又分数学、占候、相宅相墓、占卜、命书相书、阴阳五行、杂技术7属，艺术类又分书画、琴谱、篆刻、杂技4属，谱录类又分器物、食谱、草木鸟兽虫鱼3属，杂家类又分杂学、杂考、杂说、杂品、杂纂、杂编6属，小说家类又分杂事、异闻、琐语3属；

集部收录诗文词总集和专集等，包括楚辞、别集、总集、诗文评、词曲等5个大类，其中词曲类又分词集、词选、词话、词谱词韵、南北曲5属。除了章回小说、戏剧著作之外，以上门类基本上包括了社会上流布的各种图书。就著者而言，包括妇女、僧人、道家、宦官、军人、帝王、外国人等在内的各类人物

的著作。

章太炎怎样谈治国学的方法？

在《国学概论·概论》中章太炎阐述了"治国学的方法"：一、辨书籍的真伪，经、史、子、集"四部底中间，除了集部很少假的，其余经、史、子三部都包含着很多的伪书，而于子部为尤多"。"以假为真，我们就要陷入迷途，所以不可不辨别清楚。"二、通小学，"读唐以前的书，都非研究些小学不能完全明白。"研究小学的方法是：通音韵、明训诂、辨形体。三、明地理。四、知古今人情变迁。五、辨文学应用。

胡适怎样谈治国学的方法？

胡适故居

1921年7月31日，胡适在南京东南大学及南京高师暑期学校的演讲，意在给有志于整理国故的青年提供入门的指导，提出要研究国故，"就不得不注意一下四种方法"：一是历史的观念，二是疑古的态度，三是系统的研究，四是整理。他强调要把一切旧书当作历史看，这是研究国故方法的起点。研究国故的原则是"宁可疑而错，不可信而错"，疑古的目的在于求"真"。此外还要进行系统的研究，找出

因果关系，使过去的历史文化遗产有条理系统可寻。

胡适、梁启超开列了哪些国学书目？

1923年，应清华留美学生的请求，胡适发表了《一个最低限度的国学书目》，开列了《论语》、《大学》、《中庸》、《孟子》、《周礼》、《孔子集语》、《春秋繁露》、《三侠五义》、《九命奇冤》、《史记探原》、《考信录》、《新学伪经考》等180余种书目；而且他还说所拟书目"并不为国学很有根柢的人设想，只为普通青年人想得一点系统的国学知识的人设想"。实际上，胡适的书目主要涉及哲学史和文学史领域，况且数目多，短时间绝不能读完，显然不是"最低限度"的书目。后来他从中圈出了38种，拟了一个"实在的最低限度的书目"，包括《书目答问》、《中国人名大辞典》、《中国哲学史大纲》、《老子》、《四书》、《墨子闲诂》、《荀子集注》、《韩非子》、《淮南鸿烈集解》、《周礼》、《论衡》、《佛遗教经》、《法华经》、《阿弥陀经》、《坛经》、《宋元学案》、《明儒学案》、《王临川集》、《朱子年谱》、《王文成公全书》、《清代学术概论》、《章实斋年谱》、《崔东璧遗书》、《新学伪经考》、《诗集传》、《左传》、《文选》、《乐府诗集》、《全唐诗》、《宋诗钞》、《宋六十家词》、《元曲选一百种》、《宋元戏曲史》、《缀白裘》、《水浒传》、《西游记》、《儒林外史》、《红楼梦》等，另加上《九种纪事本末》。

梁启超的国学书目，是应《清华周报》记者的要求所开，题目叫《国学入门书要目及其读法》，写于1923年4月26日。他的书目包括五大类：甲、修养应用及思想史关系书类，39种；乙、政治史及其他文献学书类，21种（二十四史算做一种）；丙、韵文书类，44种；丁、小学书及文法书类，7种；戊、随意涉览书类，30种。总共141种。不仅列出书名，每种书之后大都有导读式的说明。但同样存在列目过多的问题，与"初学"所需不能吻合。所以，梁启超又开列了一个"最低限度之必读书目"，计有《四书》、《易经》、《书经》、《诗经》、《礼记》、《左传》、《老子》、《墨子》、《庄子》、《荀子》、《韩非子》、《战国策》、《史记》、《汉书》、《后汉书》、《三国志》、《资治通鉴》或《通鉴纪事本末》、《宋元明史纪事本末》、《楚辞》、《文选》、《李太白集》、《杜工部集》、《韩昌黎集》、《柳河东集》、《白香山集》，其他词曲集随所好选读数种。并说，如果连这个"真正之最低限度"的书也没有读，"真不能认为中国学人矣"。

梁启超"治国学的两条大路"指什么？

1922年12月，梁启超在东南大学国学研究会发表《治国学的两条大路》讲演，提出了"治国学的两条大路"。

"我以为研究国学有两条应走的大路：

一、文献的学问。应该用客观的科学方法去研究。

二、德性的学问。应该用内省的和躬行的方法去研究。

第一条路，便是近人所讲的"整理国故"这部分事业。这部分事业最浩博最繁难而且最有趣的，便是历史。此外，和史学范围相出入或者性质相类似的文献学还有许多，都是要用科学方法去研究。例如文字学、社会状态学、古典考释学、艺术鉴评学。我们做这类文献学问，要悬着三个标准以求到达：第一求真，第二求博，第三求通。……此外则为德性学。此学应用内省及躬行的方法来研究，与文献学之应以客观的科学方法研究者绝不同。这可说是国学里头最重要的一部分，人人应当领会的。必走通了这一条路，乃能走上那一条路。"

朱维焕的《国学入门》是一部怎样的书？

朱维焕（1926—2002），福建省惠安县人，台湾师范大学国文系毕业，师从新儒学大师牟宗三先生，一生专研中国思想，尤精于先秦思想、宋明理学及周易等领域。所著专书计有《论语要义选释》、《国学入门》、《周易经传象义阐释》、《历代圣哲所讲论之心学述要》、《老子道德经阐释》等。《国学入门》一书是由作者讲授"国学入门"时所备讲义之精华整理而成。其文究国学之根柢，贯其枝叶：首先阐明何为"国学"，接着从考据之学、词章之学、义理之学和历史之学四方面加以详细考察，疏证剖析、详尽窈实，博于搜采、深于考证、审辩通微，集众说之长。此书足为后学者深入国学研究之津筏。

《经子解题》对初学者有哪些益处？

《经子解题》是著名史学家吕思勉在经、子研究上的代表作。《经子解题》一书，无论是就初学入门而言，还是就经、子研究而言，均是不可多得的力作。20世纪二三十年代，虽然西学颇盛，但国学仍是教学中的重镇，故有不少学者在讲授古代典籍《经子解题》即吕思勉"讲学时所论"，作者因其"有益初学"而编次，故冠以"解题"之名；书中内容，并未限于解题，还多谈读法。《经子解题》，所论切实而简要，所列参考之书少而精，并按循序渐进之理明确读之先后，故读来容易入门。《经子解题》作者思辨甚广，书虽薄，但内容丰厚。吕思勉言，读书"不甚讲门径"，"不甚下切实工夫"，"二者皆弊也"。《经子解题》，是既指以门径、又教以如何下切实工夫之书。有助于初学者快速了解国学，尤其是经、子二部的概括。

章炳麟的《国学概论》是一部怎样的作品？

《国学概论》是章炳麟1922年4—6月在上海讲授国学的记录稿，由现代著名学者曹聚仁整理成书。章炳麟系学问渊博的国学大师，因而书中精辟论述了国学的内涵以及研究国学的方法，系统介绍了传统经学、哲学、文学的流变，对各个时期学术发展的特点、代表人物、著作，都有精湛评价。同时，本书的最初形式是面对社会的国学讲演，因而本书又有浅显的特点，便于初学者入门。

朱自清的《经典常谈》是一部怎样的作品？

《经典常谈》写于1942年，是朱自清先生介绍中国古代文学、历史、哲学经典的启蒙读物，内容包括《说文解字》、《周易》、《尚书》、《诗经》、《三礼》、《春秋三传》、《四书》、《战国策》、《史记》、《汉书》、《诸子》、《辞赋》、《诗》、文等十三篇，基本上

按我国古代经史子集分类法的顺序，概述了《说文解字》、《四书五经》、《战国策》、《史记》、《汉书》等典籍，还涉及诸子、辞赋、诗文各个类别中的名著。全书见解精辟，史笔卓越，通俗流畅，深入浅出，是一般读者了解中国古代文化典籍的入门指南。

钱穆的《国学概论》包括哪些内容？

《国学概论》是国学大师钱穆先生所写的一本国学入门书。全书10章，论述了从孔子直到民国初年国学发展的概括。前8章专言经子，颇多新意。如以"阶级之觉醒"论先秦诸子，以"个人之发现"论魏晋玄学，以"大我之寻证"论宋明六百年之理学，不乏真知灼见。该书第九章专论清代考据之学，常有精辟之论，时人有"竟体精深"的评价。全书最后一章为最近期之学术思想。《国学概论》是钱穆先生所写的讲义，以清代学术界盛行的《穀梁传》作为思想核心，讲述"二千年来本国学术思想界流转变迁之大势"。这部讲义在钱穆先生看来"未尽精微者也"，却极为适合现在的初学者。浅显易懂，琅琅上口，能让初学者懂得"古今学术流变之大趋"，粗略地了解国学之精妙。

《中国古代史籍举要》主要写了哪些内容？

《中国古代史籍举要》作者张舜徽（1911—1992），是我国现代著名历史学家、文献学家，长于校勘、版本、目录、声韵、文字之学，是中国第一位历史文献学博士生导师。书中归纳了历史书籍的范围，介绍了研究中国古代史的几本书籍，其后按通史、编年体、纪传体等体裁介绍了主要的历史典籍以及方志、地图和史评、史论、考证类典籍，旨在替有志研国史的青年们指出了一些读史门径和研究方法。介绍常见的必读的书籍，要求作者有广涉博览的本钱，指点读史门径和研究方法，要求作者有度人金针的诚意，出语不玄，而在这两方面，张先生都堪称出色当行。

曹伯韩《国学常识》是一部怎样的作品？

《国学常识》一书是当代著名语言学家曹伯韩先生所著的一本面向普通读者的国学入门读物，最初由上海文光书店于1947年2月刊行。作者以浅显流畅的文字，对中国的语言文字、哲学、历史、文学、科学、艺术及其代表性的学人、源流、派别及学术观点，一一做了评述。读者可以凭借此书了解中国传统文化之博大精深；形成对于国学的完整概念；对于有志于深入研究的朋友，《国学常识》可以作为进入国学之门径。

顾颉刚《中国史学入门》有何特点？

顾颉刚是我国著名的史学家，疑古派的代表人物。《中国史学入门》是一本为中国史的初学者讲说治史门径的书，由何启君将顾颉刚的史学讲义整理而成。主要内容包括中国民族史概要、经书、子书和战国古书、中国史书、杂史、经学汉学、清代古学整理、考据学、史料学与考古学的结合、略谈中国古代社会、浅变中国古代文学、中国宗教史略、中国哲学史略、中国历代京都和北京小史等。全书内容简单明了，通过几句话就把要领说清楚了，使读者很快就能从总体上了解和把握中国历史的基本情况。另外，它告诉读者研究中国史要读哪些书，每种书有哪些内容和优缺点，不同版本的内容和文字上有哪些出入，各书之间的相互关系怎样。这就可使后人在前人或今人取得的成果基础上做进一步的探索，以推进中国史学的发展。

柴德赓的《史籍举要》有哪些内容？

《史籍举要》主要是根据柴德赓先生在江苏师范学院讲授中国史要籍介绍一课的手稿和部分油印本讲义整理而成。主要内容有：纪传体类；编年体类；纪事本末类；政书类等。《史籍举要》是柴先生的讲义手稿，是他多年治史心得的荟萃，实非一般著述可以与之同日而语，向来被认为学界圭臬之作。本书从讲授史籍入手，而涉及到史学的许多方面，进而又涉及到历史评价的诸多问题。在作者这里，研究历史同研究史学是密不可分地结合在一起的。史籍、史学、历史的融会贯通，使作者所论，可以古今联系，纵横驰骋，读来视野开阔，获益良多。

严复对后世的重要贡献是什么？

严复（1854—1921），福建侯官人，中国近代启蒙思想家、教育家和翻译家。少年考入福州船政学堂，毕业后又赴英伦留学。在国外，严复广泛涉猎了资产阶级政治学术理论，其中对达尔文的进化论情有独钟。他回国后著书立说、奔走呼号，积极投身于教育界与思想界。他翻译了大量的西方学术名著，其中包括《天演论》，第一次把西方的古典经济学、政治理论学以及自然科学和哲学理论较为系统地引入中国，启蒙和教育了一代国人，在中国传统政治、文化与思想的现代化进程中留下了浓墨重彩的一笔。

为什么说梁启超是辨伪学的奠基人？

梁启超（1873—1929），广东新会人，中国近代著名启蒙思想家、政治活动家、教育家、史学家和文学家。他于20世纪20年代撰写了《中国历史研究法》、《中国近三百年学术史》、《古书真伪及其年代》等著作。这些著作不仅构建了新史学理论，也以求实求真的理性眼光，运用近代科学演绎、归纳等方法，构建了辨伪学理论。在这三部书中，他对伪书的种类、作伪的原因、辨伪的意义、辨伪的方法、伪书的价值等等做了系统的阐述，进行了具有规律性的理论总结。梁启超的这些辨伪理论为辨伪学奠定了坚实的理论基础。

谁被圣雄甘地称为"最尊贵的中国人？"

辜鸿铭（1857—1928），曾被甘地称为是"最尊贵的中国人"。1857年辜鸿铭生于马来西亚华侨家庭，卒于1928年，是中国近现代少数学贯中西的学者，号称"文化怪杰"。他精通英文、法文、德文、拉丁文、希腊文、马来文等9种语言，通晓文学、儒学、法学、工学与土木等文理各学科。他创造性地翻译了中国传统儒家经典中的《论语》、《中庸》与《大学》，并著有《中国的牛津运动》和《中国人的精神》（《春秋大义》）等书，向西方人倡扬东方文化与精神，产生了重大的影响，在西方形成了"到中国可以不看紫禁城，不可不看辜鸿铭"的说法。

顾颉刚对中国史学研究作出了哪些贡献？

顾颉刚（1893—1980），江苏吴县人，现代古史辨学派创始人、中国历史地理学和民俗学的开创者。他在史学与民俗学领域取得了巨大成就，主要学术贡献可以简要为以下几点：一、20世纪20年代起主张用历史演进的观念和大胆疑古的精神，吸收近代西方社会学、考古学等方法，研究中国古代的历史和典籍，收集当时研究成果编成《古史辨》八册，形成了"古史辨"派；二、顾颉刚在其研究中提出了"层累地造成的中国古史"的观点，认为时代越后传说的古史期越长。他以疑古辨伪的态度考察了孔子与六经的关系，否定了儒家利用六经编成的整个古史系统；三、他提出必须打破中国古代民族只有一个、地域向来一统的观念，以及古史人化、古代是黄金时代等观念。

俞樾一生的成就如何？

俞樾（1821—1907），浙江德清人。清末著名学者、文学家、经学家、古文字学家、书法家。清道光三十年进士，曾任翰林院编修。后受咸丰皇帝赏识，放任河南学政，被御史曹登庸劾奏"试题割裂经义"，因而罢官。遂移居苏州，潜心学术达40余载。治学以经学为主，旁及诸子学、史学、训诂学，乃至戏曲、诗词、小说、书法等，可谓博大精深。海内及日本、朝鲜等国向他求学者甚众，尊之为朴学大师。俞樾一生著述不倦，主要著述有《小浮梅闲话》、《右台仙馆笔记》、《茶香室杂钞》等，辑为《春在堂全书》，凡500卷。当时社会上有一句流传颇广的话，叫做"李鸿章只知作官，俞樾只知著书"。

陈垣为什么被毛泽东称为"中国的国宝"？

陈垣（1880—1971），广东新会人，历史学家、宗教史学家和教育家。在宗教史、元史、考据学、校勘学等方面，成绩卓著，受到国内外学者的推重。陈垣没有受过正规的史学教育，全靠自己的勤奋，成为世界闻名的史学大师。他的许多著作，成为史学领域的经典，有些被翻译为英、日文，在美国、德国、日本出版。20世纪20年代，在中国国际地位还很低的时期，他就被中外学者公认为世界级学者之一，与王国维齐名。20世纪30年代以后，又与陈寅恪并称为"史学二陈"。毛泽东主席曾尊称陈垣为"国宝"。

吕思勉在近代史学界地位如何？

吕思勉（1884—1957），江苏常州人，著名史学家。他长于综合研究和融会贯通，坚持不懈地涉猎古文献，又广泛阅读新出报刊和从西方引进的新文化、新思想和研究方法。他一生孜孜不倦、著述宏富，主要有：《白话本国史》、《吕著中国通史》、《历史研究法》、《史学四种》、《中国民族史》、《理学纲要》、《中国制度史》、《吕思勉读史札记》等，其中《白话本国史》与《中国通史》影响最大。他是我国学术史上一颗璀璨的明珠，为中国现代学术的发展作出了重大贡献。严耕望先生把吕思勉与钱穆、南北二陈（即陈寅恪、陈垣）相提并论，称为"前辈史学四大家"。

范文澜是怎样的一个人？

范文澜（1893—1969），浙江绍兴人，著名历史学家。他曾在南开大学、北京大学、北京师范大学、中国大学、辅仁大学等校任教，主编《中国通史简编》，并长期从事该书的修订工作。他的主要著作有：《中国近代史》（上册）、《历史考略》、《群经概论》、《水浒注写景文钞》、《文心雕龙注》、《太平天国革命运动》、《范文澜史学论文集》等。范文澜先生治学态度严谨，史学功底极其深厚，是马克思主义发展新阶段的出色代表。他所编著的《中国通史简编》是20世纪中国史学发展道路上的重要里程碑。范文澜在理论上极具坚定性，并且有捍卫历史学科学性的勇气，是一个热诚的爱国者，忠诚于共产主义事业的战士；同时，民主、科学、开放、进取又构成了他的基本精神。

冯友兰在中国哲学研究上取得了哪些成就？

冯友兰（1895—1990），河南南阳人，1924年获哥伦比亚大学博士学位，学成归国后，曾在国内多所知名高校从事教学与行政工作。20世纪30年代初，冯友兰完成了两卷本《中国哲学史》，此书用"释古"的方法对上起周秦、下至清季的中国哲学传统哲学思想钩玄提要、条分缕析，因其取材谨严、持论精确深受时贤赞许。他在西南联大任教时期完成了"贞元六书"：《新理学》、《新事论》、《新事训》、《新原人》、《新原道》和《新知言》，标志着他哲学思想的成熟；创建了自己的哲学体系，从而完成了中国传统哲学向现代哲学的转化；继承发展了中国哲学中"极高明而道中庸"的优秀传统，建立了至今最为完善的人生境界论。冯友兰先生在哲学教育和创造领域辛勤耕耘了60余年，培养了一代又一代的哲学家、哲学史家，并在清华大学教育独立和哲学学派形成上作出了重要贡献。

为什么说刘师培是中国近代国学研究的先驱？

刘师培（1884—1919），江苏仪征人，著名国学大师。他在继承《左氏》家学的同时，善于把近代西方社会科学研究方法和成果，吸收到中国传统文化研究中来，开拓了传统文化研究的新境界。他运用进化论思想研究古代社会生活的《论小学与社会学之关系》、《读书随笔》、《国学发微》、《小学发微补》等，具有开创意义。他研究《周礼》所著的《周礼古注集疏》、《礼经旧说考略》、《逸礼考》以及《古书疑义举例补》、《论文札记》等，都有较高的学术地位。刘师培是近代中国一个耀眼的学术明星，是近代国学研究的先驱。

沈曾植有哪些学术研究成果？

沈曾植（1850—1922年），浙江嘉兴人，近代著名学者。其人家学甚厚，精通典籍，曾被张之洞聘为武昌两湖书院史席，后曾赴日本考察制度文物，眼界益开。沈曾植先生著作颇多，但刻印少，现大部散失，存目四十八种：主要有《蒙鞑备录注》、《黑鞑事注》、《元秘史笺注》、《皇元圣武亲征录校注》、《塞北纪程注》、《异域说注》、《近疆西夷传注》、《岛夷广证》、《女真考略》、《蒙古源流疏证》等。王国维先生认为他的成就足可与清代著名学者顾亭林等人相俦；其成就深度超过龚自珍、魏源；其精

处胜过戴震、钱大昕；称他为"学术所寄"、"邦家之光"。

罗振玉在甲骨文研究方面取得了哪些成就？

罗振玉（1866—1940），浙江上虞人，农学家、教育家、考古学家、金石学家、敦煌学家、目录学家、校勘学家、古文字学家，中国现代农学的开拓者，中国近代考古学的奠基人，对中国科学、文化、学术又颇有贡献。他在甲骨文研究方面的贡献主要体现在以下几个方面：一、他搜集、保存、印行了大批原始资料；二、他率先正确地判定了甲骨刻辞的性质及出土处之地望；三、他考释出大量的单字；四、他首创了对卜辞进行分类研究的方法，在《殷虚书契考释》一书中，罗振玉将卜辞分为卜祭、卜告、卜出入、卜田渔、卜征伐、卜禾、卜风雨等8类，为后世的甲骨分类研究开创了道路；五、他与王国维一起，确证了甲骨文中的合书的现象。

章太炎是怎样的一个人？

章太炎（1869—1936年），浙江余杭人，清末民初民主革命家、思想家、中国近代著名朴学大师、著名学者，研究范围涉及小学、历史、哲学、政治等等，著述颇丰。早年接受西方近代机械唯物主义和生物进化论，在他的著作中阐述了西方哲学、社会学和自然科学等方面的新思想、新内容；其思想又受佛教唯识宗和西方近代主观唯心主义影响，随着旧民主主义革命失败，他的思想上渐趋颓唐。章太炎在文学、历史学、语言学等方面，均有成就。章太炎不仅在学术研究与教书育人上成就辉煌，另外他为革命奔走呼号，几度入狱，堪称楷模。

梁启超为何被称为"百科全书"式的人物？

梁启超（1873—1929），广东新会人，中国近代维新派代表人物，近代中国的思想启蒙者，深度参与了中国从旧社会向现代社会变革的伟大社会活动家，民初清华大学国学院四大教授之一、著名新闻报刊活动家。其著作编为《饮冰室合集》，包括影响后世深远的《中国近三百年学术史》、《中国历史研究法》。梁启超于学术研究涉猎广泛，在哲学、文学、史学、经学、法学、伦理学、宗教学等领域，均有建树，以史学研究成绩最显著。梁启超一生勤奋，著述宏富，各种著述达1400多万字，被后辈学人誉为"百科全书"式的人物。

王国维在国学方面有哪些成就？

王国维（1877—1927），浙江海宁人，我国近现代在文学、美学、史学、哲学、古文字、考古学等各方面成就卓著的学术巨子，国学大师。王国维先生在国学方面的成就主要体现在以下几个方面：一是在甲骨文研究方面取得了惊人成绩，是"甲骨四堂"之一；二是以《人间词话》为代表的文学与美学成就，其中提出了著名的"治学三境界"；三是在戏曲与元史研究上也有着很深的造诣，主要著作有《宋元戏曲考》、《曲录》、《鞑靼考》、《长春真人西游记注序》；四是在红学研究上同样取得了巨大成就，代表作是《<红楼梦>评论》。

胡适的治学方法有哪些特点？

胡适（1891—1962），安徽绩溪人，现代著名学者、诗人、历史家、文学家、哲学家，因提倡文学革命而成为新文化运动的领袖之一。胡适深受赫胥黎与杜威的影响，因此胡适毕生宣扬自由主义，提倡怀疑主义，毕生倡言"大胆的假设，小心的求证"、"言必有证"的治学方法。留美期间，他即研究了多个国家语言进化演变的历史，证明活的语言能够适应社会发展的需要，成为传播思想、普及教育的有效工具。举出很多例子证明文言的不适应性，提倡白话文。在整理国故方面，他指出，消极方面是反对盲从，反对调和；积极方面便是用科学的方法来做整理的工夫，以"尊重事实，尊重证据"和"评判的态度"来"重新估定一切价值"。

张君劢对新儒学的发展作出了哪些贡献？

张君劢（1887—1969），江苏嘉定人，近现代学者，被部分学者认为是早期新儒家的代表之一。他学贯中西，一生循着一个传统儒者的德性，主张以传统中华文明为根基，吸纳西方先进文化，力图以改良而不是革命的方式，把中国建成一个与本民族传统相适配的民主宪政国家，并毕生为这一目标而奋斗。他写下著名的《新儒家思想史》，成为当代新儒家当仁不让的开山之人。1958年，他又和唐君毅、牟宗三等联名发表了《中国文化与世界》的长篇宣言，宣告了儒学在经过五四以来的诋毁以后"重度活跃于现代中国的思想舞台"；同时，它也反映了现代新儒学力图走向世界的努力和雄心"。

赵元任何以成为清华"四大导师"之一？

赵元任（1892—1982），江苏武进（今常州）人，1929年6月底被中央研究院聘为历史语言研究所研究员兼语言组主任，同时兼任清华中国文学系讲师，授"音韵学"等课程。1938年起在美国任教。他是中国现代语言和现代音乐学先驱，主要著作有《国语新诗韵》、《现代吴语的研究》、《广西瑶歌记音》、《粤语入门》（英文版）、《中国社会与语言各方面》（英文版）、《中国话的文法》、《中国话的读物》、《语言问题》、《通字方案》，出版有《赵元任语言学论文选》等。因为学识不凡、才华出众，赵元任在清华任教时期，与梁启超、王国维、陈寅恪三人一道被尊为清华"四大导师"。

为什么说熊十力是新儒家的开山人物？

熊十力（1885—1968），湖北省黄冈人，著名哲学家，国学大师。他是我国现代哲学史上最具有原创力、影响力的哲学家。他奠定了现代新儒学思潮的哲学形而上学基础。他的"体用不二"之论，成为整个当代新儒学思潮"重立大本、重开大用"和"保内圣，开新外王"的滥觞，亦成为这一思潮的基本思想间架。熊十力的全部工作，简要地说，就是面对西学的冲击，在儒学价值系统崩坏的时代，重建儒学的本体论，重建人的道德自我，重建中国文化的主体性。其"新唯识论"哲学思想体系建构宏伟，构思奇巧，富有创发，独具特色。他是新儒学发展历程中，继梁漱溟之后，极具开创性的一代大师。

为什么梁漱溟被称为"中国最后一位儒家"？

梁漱溟（1893—1988），北京人，著名的思想家、哲学家、教育家、社会活动家、爱国民主人士，著名学者、国学大师，现代新儒家的早期代表人物之一。梁漱溟受泰州学派的影响，在中国发起过乡村建设运动，并取得可以借鉴的经验。梁漱溟自称"是一个有思想，又且本着他的思想而行动的人"。其学术思想自定位为："中国儒家、西洋派哲学和医学三者，是我思想所从画之根柢"。他在东西文化观上，把人类文化划分为西洋、印度和中国三种类型，称"中国文化是以意欲自为调和、持中国其根本精神的"，与向前看和向后看的西方和印度文化有别。梁漱溟的著述主要有《印度哲学概论》、《唯识述义》等，今编有八卷本的《梁漱溟全集》。他被称为是"中国最后一位儒家"。

陈寅恪在国学研究方面有哪些成就？

陈寅恪（1890—1969），湖南长沙人，中国现代最负盛名的历史学家、古典文学研究家、语言学家。陈寅恪继承了清代乾嘉学者治史中重证据、重事实的科学精神，又吸取西方的"历史演进法"（即从事物的演化和联系考察历史，探究史料），运用这种中西结合的考证比较方法，对一些资料穷本溯源，核订确切。并在这个基础上，注意对史实的综合分析，从许多事物的联系中考证出关键所在，用以解决一系列问题，求得历史面目的真相。他这种精密考证的方法，其成就超过乾隆、嘉庆时期的学者，发展了我国的历史考据学。陈寅恪对佛经翻译、校勘、解释，以及对音韵学、蒙古源流、李唐氏族渊源、府兵制源流、中印文化交流等课题的研究，均有重要发现。

钱穆在传统思想的研究方面有哪些成就？

钱穆（1895—1990），江苏无锡人，中国现代历史学家，国学大师。钱穆先生是一位研究中国思想的罕见而成就卓越的史学家，他研究中国历史与思想的方法为观察这个蜩螗的时代提供了广泛的视野。他早年步入学术之门，从子学入手，研究先秦诸子思想及诸子事迹考辨，最终完成了中国近代学术史上的名作《先秦诸子系年》。这部著作对先秦诸子年代、行事及学术渊源，以及对战国史的研究，都作出了极大的贡献，深得学术界的好评。在香港期间，他还出版了《中国思想史》、《宋明理学概述》、《庄老通辨》、《两汉经学今古文平议》、《孔子与春秋》、《论语新解》等著作。

吴宓在国学研究方面取得了哪些成就？

吴宓（1894—1978），陕西省泾阳人，著名西洋文学家，国学大师。1921年吴宓海外学成回国，即受聘在国立东南大学文学院任教授，讲授世界文学史等课程，并且常以希腊罗马文化、基督教文化、印度佛学整理及中国儒家学说这四大传统作比较印证。吴宓在东南大学与梅光迪、柳诒征一起主编于1922年创办之《学衡》杂志，11年间共出版79期，于新旧文化取径独异，持论固有深获西欧北美之说，未尝尽去先儒旧义，故分庭抗议，别成一派。这一时期他撰写了"中国的新与旧"、"论新文化运动"等论文，采古

吴宓

11

典主义，抨击新体自由诗，主张维持中国文化遗产的应有价值，尝以中国的白璧德自任。他曾著有《吴宓诗文集》、《空轩诗话》等专著。

徐复观为中国传统文化作出了哪些贡献？

徐复观（1904—1982），湖北省浠水人，早年曾在湖北省立第一师范上学，后到日本留学。回国后，参加政治活动多年。40岁以后，才逐渐走上学术之路。是"现代新儒家"的代表人物之一。其一生中就儒家思想与中国传统、文化问题，中国知识分子的性格及历史、命运问题发表大量论著，为研究、传播中国传统思想、文化作出了重要贡献，成为名扬海内外的"现代大儒"。著书十余种，三百多万字，主要有《两汉思想史》三卷，《学术与政治（甲、乙集）》、《徐复观杂文》六集、《中国艺术精神》、《中国思想史论集》及续集、《石涛之一研究》等。

徐复观

钱钟书在传统文化方面取得了哪些成就？

钱钟书（1910—1998），江苏无锡人，中国现代著名作家、文学研究家。钱先生在文学研究和文学创作方面的卓越成就，对于我们建设中国新文化，特别是在科学地扬弃中国传统文化和有选择地借鉴外来文化方面，具有重要的启示意义。他毕生致力于确定中国文学艺术在世界文学艺术宫殿中的适当位置，从而促使中国文学艺术走向世界，加入到世界文学艺术的总的格局中去。为此，他既深刻地阐发了中国文化精神的深厚意蕴和独特价值，也恰切地指出了其历史局限性和地域局限性。钱钟书在传统文化方面的主要学术著作有《管锥编》、《谈艺录》、《七缀集》等。

季羡林在学术研究上取得了哪些成果？

季羡林（1911—2009），山东临清人，中国著名文学家、语言学家、教育家和社会活动家，翻译家，散文家，精通12国语言。季羡林的学术研究，用他自己的话说是："梵学、佛学、吐火罗文研究并举，中国文学、比较文学、文艺理论研究齐飞"，学术成就大略包括在以下10个方面：印度古代语言研究；佛教史研究；吐火罗语研究；中印文化交流史研究；中外文化交流史研究；翻译介绍印度文学作品及印度文学研究；比较文学研究；东方文化研究；保存和抢救祖国古代典籍；散文创作，主要学术著作有《中印文化关系史论丛》、《<罗摩衍那>初探》、《天竺心影》、《季羡林选集》等。

第二章 哲　学

春秋战国的"百家争鸣"是怎么回事？

"百家争鸣"是指春秋战国时期，在思想领域中出现的不同知识分子学派之间针对自然、社会、伦理等问题出现的互相争论、辩难的文化现象。主要包括儒、墨、道、法、阴阳、名、纵横、杂、农、小说等学派。各学派分别代表不同阶层、不同政治力量的利益和要求，对万事万物作出了不同解释或主张。这是当时社会大变革、大动荡在人们思想中的反映。

春秋战国时期主要有哪些思想流派？

根据班固《汉书·艺文志》介绍，春秋战国时期的主要思想学派主要有儒、墨、道、法、阴阳、名、纵横、杂、农、小说十家。

何谓"三教九流"？

"三教九流"泛指古代中国的宗教与各种学术流派，是古代中国对人的地位和职业名称划分的等级，往往含有贬义。"三教"指儒家、佛家、道家；"九流"根据《汉书·艺文志》指儒、墨、道、法、阴阳、名、纵横、杂、农九个学派。

儒家是如何产生的？

儒家指的是儒家学派，由春秋末期思想家孔子所创立。儒，指古代从巫、史、祝、卜中分化出来专为贵族人家相礼的人。孔子在总结、概括和继承了夏、商、周三代尊尊亲亲传统文化的基础上形成的一个完整的思想体系，创立了儒家思想。其核心主要来自于周公创立的礼乐制度。

儒家的核心思想是什么？

在儒家的思想元素中，仁居于核心，仁、义是基础，又可将仁义等同于道德，意谓人与人之间应注重和谐的关系。

儒家的政治观如何？

儒家政治思想是"仁政"、"王道"以及"礼制"，理想是"大同"、"大一统"。儒家的政治学主要阐述君臣关系、官民关系。孔子的"君事臣以礼，臣事君以忠"，孟子的"民为重，社稷次之，君为轻"，以及荀子的"从道不从君，从义不从父，人之大行也"，是儒家政治学的代表性主张。在现实政治上，儒家要求统治者和被统治者都要承担义务，被统治者有权利反抗不正常承担义务的统治者。"仁政易行"则提倡分清"不能"与"不为"之间的区别，而其"无恒产，因无恒心"也体现了民本思想。

儒家的教育观如何？

儒家的教育目的，以发扬人性、完成人格为起点，目的是达到仁治之国和大同世界的理想。儒家教育，注重学生的自动自发、教师的循循善诱、人格的感召和变化学生的气质。孔子提出"六艺"，主张

"君子不器。"因此，儒家的理想，是成为通才，或者多才多艺而不仅仅是一才一艺。

儒家的伦理观是怎样的？

伦理学上儒家注重自身修养，中心思想乃"仁"，意谓人与人之间应注重和谐的关系。对待长辈要尊敬尊重；对待朋友要言而有信；为官者要清廉爱民；做人有自知之明。统治者要仁政爱民，对待其他人要博爱，对待上司要忠诚，对待父母亲属要孝顺。人要有抱负而有毅力，要尊重知识，善于吸取别人的长处。

儒家对生死及鬼神之事抱有怎样的态度？

儒家对待鬼神采取"敬而远之"的态度。"子不语怪力乱神"，"未能事人，焉能事鬼？""未知生，焉知死？"这些都是从周公的礼乐思想一直发展下来的。周公打破了殷商时期对鬼神的迷信崇拜，将人的地位予以提升，儒家则将人的地位提到了鬼神之上。这对中国古代无神论思想具有重大影响。

后世儒学又经历了怎样的发展？

后世儒学发展共分四个阶段。首先是两汉政治制度化宗教化儒学，董仲舒是其代表。董仲舒的"儒学"吸收了墨、道、名、法、阴阳等各家学说之长，并与国家政治制度相结合，确立了儒家思想的独尊地位。第二阶段是宋、明、清时期性理儒学，以朱熹、王阳明为代表。性理学以继承尧、舜、禹、汤、文、武、周公、孔、孟的道统和复兴儒学为己任，主要表现在伦理道德、身心修养层面。但无论是在内容上还是在形式上，都与先秦儒学有了很大的不同。第三个阶段为近现代儒学。以康有为、谭嗣同为代表。儒学在西方经济、政治、文化的冲击下，遭到了激烈的批判。第四个阶段又称新儒学，以牟宗三、杜维明为代表，他们推进了儒学的现代发展。

董仲舒对儒学做了哪些改造？

董仲舒以儒家宗法思想为中心，杂以阴阳五行说，把神权、君权、父权、夫权贯串在一起，形成帝制神学体系。他提出了天人感应、三纲五常等重要儒家理论，并将儒学与国家政治制度结合在一起。从此儒学开始成为官方哲学。其思想理论为后世封建统治者提供了统治的理论基础。

什么是经学？

经学特指研究儒家经典，解释其字面意义、阐明其蕴含义理的学问，是儒家学说的核心组成部分。经学产生于西汉，历代不断发展。经学是中国古代学术的主体，保存了大量珍贵的史料。

汉代的"今古文之争"是怎么回事？

今文经学和古文经学是西汉末年形成的经学研究中的两个派别。秦朝焚书和项羽焚烧咸阳，致使大量先秦典籍消失于历史舞台，六经除了《易经》之外，其它几经未能幸免于难。西汉儒生靠口耳传授并以汉代隶书对先秦儒家经典进行恢复，称为"今文经"，传授今文经的学说叫今文经学。汉武帝所尊崇的儒术，就是今文经学派。其主要特点是加入大量的占卜、阴阳学说，提倡天人感应，以符合当时的需要。秦朝时有民间儒生将一些古文经书埋藏起来以躲过焚书之祸，至汉代前期相继发现。汉景帝末年鲁恭王兴建王府，坏孔子宅，从旧宅墙中得《尚书》、《礼》、《论语》、《孝经》等数十篇；汉武帝时，河间献王刘德从民间收集了大批的古典文献，其中最重要的就是《周官》，皆收入秘府（即官方皇家图书馆）；汉宣帝时又有河内女子坏老屋，得几篇《尚书》。这些出土的文献都是用汉以前的古文书写，与通行的五经相比，不仅篇数、字数不同，而且内容上也有相当差异。这些经书称为"古文经"，传授古文经的学说称为"古文经学"。

汉成帝时，刘歆"校秘书，见古文《春秋左氏传》"，认为左丘明与孔子好恶相同并亲见孔子，故《春秋左氏传》比以后世口说为据的《公羊》、《穀梁》更为可信，于是引《左传》解释《春秋》。哀帝建平元年（公元前6年），刘歆又在今文诸经立于学官并置博士的情况下，作《移让太常博士书》，争立古文经传于学官。但因为在西汉朝廷中，不仅担任教职的太常博士都是今文家，就连那些达官显宦也都是通过学今文经而得官的，因此，刘歆的要求遭到诸儒博士的反对，未能成功。东汉光武帝时初仍设今文经十四博士，后力排众议，增设《左氏春秋传》。章帝鉴于今古文思潮繁杂，为巩固封建统治，统一学说，召开白虎观会议，制定《白虎通议》，极大地削弱了今文经的势力，也标志着汉代经学由盛转衰。兼通今古文经的郑玄采用混杂的方式注释经典，使得汉代今古文经之争在形式上结束。

今文经学与古文经学，在经书的字体、文字、篇章等形式上，在经书中重要的名物、制度、解说等内容上都不相同。今古文经的区别大致有下列几点：

一、今文经学以六经皆孔子所作，系托古改制之书；古文经则以六经皆史。

二、今文经学家崇奉孔子，认为孔子为政治家、哲学家；古文经则崇奉周公，认为孔子是史学家。

三、今文经学家信纬书，讲微言大义；古文经学家斥纬书荒诞，谓六经皆史，主考据。

四、今文经学家斥古文经为刘歆所伪造；古文经学家斥今文经为秦火残卷之余。

从纯学术的观点来看，今文经说有异说，古文经学中也有异说，谁也不能算解释五经的权威，更不能说谁得了孔子的真传。

谶纬学说是怎么回事？

谶纬，是中国古代谶书和纬书的合称。谶是秦汉间巫师、方士编造的预示吉凶的隐语，纬是汉代附会儒家经义衍生出来的一类书，被汉光武帝刘秀之后的人称为"内学"，而原本的经典反被称为"外学"。谶纬以古代河图、洛书的神话、阴阳五行学说及西汉董仲舒的天人感应说为理论依据，将自然界的偶然现象神秘化，并视为社会安定的决定因素。它适应了当时封建统治者的需要，故流行一时。谶纬之学也就是对未来的一种政治预言。

清谈是怎样的一种文化现象？

清谈，又称"清言"，流行于魏晋时期。汉末中央政权瓦解，地方势力上升，儒家经典随之衰落。乱世之中，老庄思想逐渐抬头，一般文人不谈俗事，不谈民生，为老庄立论，大振玄风。其中最常谈的是《周易》、《老子》、《庄子》，称为"三玄"。"清言"在当时很流行，特别是统治阶级和有文化的人，更视之为高雅之事，风流之举。他们在一起讨论争辩，各抒歧异，摆观点，援理据，以驳倒他人为能事。由于上流社会的普遍参与，"清谈"成为时尚。

什么是理学？

宋元明清时期的哲学思潮。又称道学。它产生于北宋，盛行于南宋与元、明时代，清中期以后逐渐衰落，但其影响一直延续到近代。广义的理学，泛指以讨论天道性命问题为中心的整个哲学思潮，包括各种不同学派；狭义的理学，专指程颢、程颐、朱熹为代表的、以理为最高范畴的学说，即程朱理学。理学是北宋以后社会经济政治发展的理论表现，是中国古代哲学长期发展的结果，特别是批判佛、道哲学的直接产物。

概括说来，理学讨论的问题主要有：一、本体论问题，即世界的本原问题。在这个问题上，理学家虽然有不同的回答，但都否认人格神和彼岸世界的存在。张载提出气本论哲学，认为太虚之气是万物的本原。二程建立"天即理"的理本论哲学，认为观念性的理是世界的本原。朱熹提出理为"本"，气为"具"的学说。二、心性论问题，即人性的来源和心、性、情的关系问题。张载提出天地之性与气质之性和心统性情的学说，认为天地之性来源于太虚之气。程颢提出了心即天以及性无内外的命题，把心、性、天统一起来。程颐则提出性即理的命题，把性说成形而上之理。朱熹认为心之本体即是性，是未发之中；心之作用便是情，是已发之和；性和情是体用关系，而心是"主宰"。三、认识论问题，即认识的来源和认识方法问题。张载首先提出"见闻之知"与"德性之知"两种知识，并提倡穷理尽性之学，成为理学家共同讨论的问题。二程提出"格物致知"的认识学说；朱熹提出"即物穷理"的系统方法；陆九渊强调"反观"；王守仁则提出"致良知"说，认为格物致知就是致吾心之良知于事事物物，从而完成由内向外的认识路线。

理学流派纷纭复杂，北宋中期有周敦颐的濂学、邵雍的象数学、张载的关学、二程的洛学、司马光的朔学，南宋时有朱熹的闽学、陆九渊兄弟的江西之学，明中期则有王守仁的阳明学等等。尽管这些学派具有不同的理论体系和特点，但按其基本观点和影响来分，主要有两大派别，二程、朱熹为代表的程朱理学；陆九渊、王守仁为代表的陆王心学。

作为一种新的思想理论体系，理学一度对当时社会的发展起过好的作用。它在思辨哲学方面的发展，无疑是人类历史上的一大进步。对于日本、朝鲜的历史发展，理学也曾发生相当大的影响。但是，理学在强化封建礼教、维护宗法等方面，随着中国封建社会的不断发展，愈益起着消极乃至反动的作用。

什么是心学？

心学主要强调人的本心作为道德主体，自身就决定道德法则和伦理规范，使道德实践的主体性原则凸现出来。心学作为儒学的一门学派最早可推溯自孟子，北宋程颢开其端，南宋陆九渊则大启其门径，而与朱熹的理学分庭抗礼。明朝王守仁首度提出"心学"两字，并提出心学的宗旨在于"致良知"，至此心学开始有清晰而独立的学术脉络。陆王心学与程朱理学虽有时同属宋明理学之下，但多有分歧，陆王心学往往被认为是儒家中的"格心派"（一称"主观唯心主义"），而程朱理学为"格物派"（一称"客观唯心主义"）。陆九渊主张"吾心即是宇宙"，又倡"心即理"说。断言"天理、人理、物理只在吾心之中。人同此心，心同此理。往古来今，概莫能外。"认为治学的方法，主要是"发明本心"，不必多读书外求，"学苟知本，六经皆我注脚"。王阳明则继承宋代陆九渊强调"心即是理"，即最高的道理不需外求，而从自己心里即可得到，强调"心外无物"、"心外无理"的心本论，"知行合一"的认识论以及"致良知"的伦理学说和修养论。

乾嘉学派有哪些主要贡献？

乾嘉学派的贡献大体表现在三个方面。一、集历代特别是明末清初考据之大成，把中国古代考据学推向高峰，形成独具特点的考据学派。二、对我国两千多年以来的文献典籍，进行了大规模的整理总结，使丰富的文化遗产赖以保存，并为后人阅读、利用和整理提供了方便，奠定了基础。三、乾嘉学派中有许多严肃的学者，在治学态度与治学方法上，严谨踏实，一丝不苟，而且还开近代实证学风之先河。

什么是宋学？

宋学，又称理学、道学、新儒学。是以中晚唐儒学复兴为前导，由韩愈、李翱开启的将儒学思想由外转而向内，援佛道以证儒理，通过两宋理学家多方共同努力而创建的中国后期封建社会最为精致、最为完备的理论体系。由于这个思想体系以"理"作为宇宙最高本体，以"理"为哲学思辨结构的最高范畴，所以被称为理学。这个思想体系虽以儒家礼法、伦理为核心，却因其融合佛道思想精粹而区别于原始儒学，所以被称为新儒学。到清代时，考据学大兴，清儒们推尊汉儒，对宋代理学家空疏解经的弊病肆意攻击，遂呼之为"宋学"以示与"汉学"相区别。

什么是汉学？

汉学即汉代研究经典、重视训诂和考据的学派。两汉时代，因为经典来源和本身的各异，汉学又演变为三大派别：一是今文学派，二是古文学派，三是通学派。今文学派起源于汉初，盛行于西汉。古文学派起源于西汉末年，盛行于东汉。通学派混合今古文学，不论家法或师法，专门研究经典中的名物训诂，不太注意思想演变，学风朴实，使经学走上纯学术的路子，可称为后代考证学的开山祖，代表人物是郑玄、马融、贾逵等。明清之际学者顾炎武等主张"通经致用"，推崇汉儒朴实学风，反对宋儒空谈义理。至乾隆、嘉庆年间，学者愈发崇尚汉代经学注重训诂考据的学风，形成与"宋学"相对的"乾嘉学派"，也称"汉学"，又称"朴学"、"考据学"。清代汉学治学严谨，对文字训诂、古籍整理、辑佚辨伪、考据注释等，有较大的贡献。但存在泥古、繁琐及脱离实际等流弊。

道家是怎样形成和发展的？

先秦时期以论说"道"为主旨的学派。道家的创始人为春秋末期的老子。《老子》一书为道家主要经典。书中提出了以"道"为核心的宇宙、社会和人生体系，用道说明宇宙万物的本原以及生成、运动和变化的法则，这即是道；由此再以自然规律来解说演绎社会生活的准则，寻求修身治世之术，这就是德。战国时期道家的代表是庄周,继承发展了老聃的思想。《庄子》一书强化了道的混沌、自然的性状,强调天地万物最终的无差别统一性,主张万物的齐同和养生。其人生哲学强调自由的精神生活,独与天地精神往来而不敖倪于万物,主张通过心斋和坐忘的方法,超脱形骸的束缚,从而达到物我一齐、逍遥自在的境界。老子和庄周的思想构成道家思想的主体。

道家的人生观与儒家存在哪些不同?

道家的人生观,以超越世俗人际关系网的羁绊,获得个人内心平静自在为价值取向,既反对心为形役,又不关心社会事业的奋斗成功,只要各自顺其自然之性而不相扰,必然自为而相因,成就一和谐宁静的社会。其人生态度消极自保,以免祸全生为最低目标,以各安其性命之情为最高目标,有明显的出世倾向。

道家的宇宙观有何特点?

老子提出"道"是宇宙本源,也是统治宇宙中一切运动的法则。这一观点被后来所有道家所有流派支持,成为道家最基础核心。"道"与万物的关系,就静态而言,"道"是一切人、物共同存在的最终保证,是最高的价值,是终极性的价值根源。就动态而言,道是秩序的凝构及其动力,是"造化"或"造化力",是使万物得以相生、相续、转化、发展的实现性原理。道家认为,天地万物虽然形态各异,但其本源上相同,所谓"天地与我并生,万物与我为一"。

道家对后世产生了怎样的影响?

汉武帝"独尊儒术"后,道家思想虽不是古代社会主流思想,但依然在中国古代思想的发展中扮演重要角色。道家在理论能力上的深厚度与辩证性,为中国哲学思想中所有其它传统提供了创造力的泉源。魏晋玄学、宋明理学都糅合了道家思想发展而成。佛教传入中国后,也受到了道家的影响,禅宗在诸多方面受到了庄子的启发。道家哲学也对中国政治活动提供了活络的空间。汉初,以黄老学派为代表的道家思想占据了历史舞台,自汉文帝、汉景帝由上至下到陈平、田叔等大臣都推崇道家思想,推崇"无为而治",促进了汉初社会经济的恢复和发展。道家文化在中国音乐、绘画、文学、雕刻等各方面的影响,占据绝对性的主导地位。

"黄老学派"指什么?

黄老学派是战国时期形成的一个思想流派,亦被视为道家学派的一个分支。它以黄帝、老子为祖师,所以叫黄老之学或黄老学派。重要典籍有《道德经》、《经法》、《十六经》、《道原》等。黄老之学本源于道,但又糅合了儒、法、名、墨、阴阳诸家的思想。黄老学派认为,"道"是客观世界的总纲,而且是道生出了法则,所以一切活动都应以道为执法的准则。因此,在社会政治方面,应该保持身心的恬静淡泊,垂拱无为,不可胡乱折腾生事。统治者只要掌握政治枢要,虚静心灵,谨慎视听,即可达到无心去作为而万物自然转化,无意去产生而万物自然成就的最高境界。黄老之学是在人们动极思静、乱极思安的情况下产生的。这一政治哲学对汉初政治的安定与教化、经济的恢复和发展,起到了积极的作用;对后世中国文化与哲学的发展与完善，影响也极为深远。

什么是玄学？

玄学是对《老子》、《庄子》和《周易》的研究和解说。产生于魏晋。是魏晋时期的主要哲学思潮，是道家和儒家融合而出现的一种哲学、文化思潮。"玄"字出自老子《道德经》"玄之又玄，众妙之门"，言道幽深微妙。东汉末至两晋是两百多年的乱世，统治思想界近四百年的正统儒家名教之学也开始失去魅力，士大夫对两汉经学的繁琐及三纲五常的陈词滥调普遍感到厌倦，于是转而寻找新的、形而上的哲学论辩。

墨家是怎样形成和发展的？

墨子出身社会下层，最初受业于儒家。后因不满儒家维护强权高贵尊尊亲亲压抑人性的统治思想，及对儒家强调的繁文缛节和靡财害事的丧葬抱有疑虑，故"背周道而用夏政"，强调要学习大禹刻苦俭朴的精神。遂脱离儒家的"其君用之，则安富尊荣"，而创立墨家。墨子为宣传自己主张，广收门徒，一般的亲信弟子达数百人之多。墨家被视为中国最早的民间结社组织，有着严密组织和严格纪律，其最高的领袖被称为"钜子"，墨家的成员都自称为"墨者"，所谓"墨子之门多勇士"。

墨家的政治观如何？

墨家在社会政治观上，主张崇尚贤人，使用能人；提出官无常贵，民无终贱；有能力的就推举，无能力的就下来。即使对待贫贱出身的人，也应一视同仁。又主张统一天下的道理和说法，建立严格的等级管理秩序，使社会思想最终统一于天子，达到思想上的上下一致。体现在以下方面：兼爱，无差别的博爱，去亲疏与社会阶级分别。非攻，反对侵略战争。尚贤，不分贵贱唯才是举。尚同，上下一心为人民服务，为社会兴利除弊。后期墨家继承发挥了墨翟的思想，更注重实际功利和人为的作用，提出"义，利也"的观点，认为合义的行为就能给人以利。

墨家的经济观有哪些内容？

墨家在先秦各学派中是经济思想较为丰富的一个重要学派。首先，他们分析各种问题均从是否对人民有"利"出发，认为伦理规范之可贵在于它能"利人"，"义"必须依存于"利"，"义、利也"（《墨子·经上》），与儒家观点完全对立。墨者根据此基本经济观点，宣扬人与人之间的交相利，反对攻战，提倡节用，体现了"利"在墨家经济思想中的突出地位。墨家经济思想的另一特点是强调节俭。先秦各家无不崇尚节俭，惟不如墨者强调之甚。重视劳动是他们的另一特殊观点，主张"强力疾作"。同时，反对统治者过度征发徭役，把徭役、不得休息与饥寒并列为三种"民之巨患"。后期墨家对于交换和价格问题，也有所论述。此外，关于人口问题的议论，也以墨子为最早和最多。

墨家对后世产生了哪些影响？

首先，墨家赴义援危的行侠仗义的精神传承了下来，并为世代所景仰。其次，守疆非攻的精神亦流传下来，成为中国国民性之一要素。再次，墨子的鬼神教义依然深植民间。一方面，天志与鬼神之论，使民间的信仰看起来繁芜混杂；另一方面，这种民间信仰为历代社会秩序的建构起到了无法估量的功业。最后，墨家的身体力行以及"俭节则昌，淫佚则亡"的思想，不仅为世代统治者所警醒，还沉潜在民间，养成中华民族勤俭节约的一般品性。

先秦法家思想的发展历程是怎样的？

先秦法家的发展大概经历了四个发展阶段：

一是萌芽阶段。法家的产生可以上溯到春秋时期的管仲和子产，人们通常把他们看作是法家的先驱，其实这时候还没有产生严格意义上的法家，而只能算作是法家的萌芽时期。

二是创立阶段。法家的真正创始者，包括李悝、吴起、商鞅、申不害与慎到等人。创始时期的法家形成了自己的一些特点：首先他们大都亲身投身到当时各国的变法浪潮中，并成为变法运动实际的领导者。其次，重视经济发展，特别是重视农业生产。第三，法家严刑峻法在其创始阶段就已经走向了极端，尤以吴起、商鞅为甚，他们推行的是一种不别亲疏，不殊贵贱，"一断于法，亲亲尊尊之恩绝"的刻薄少恩的政策。

三是成熟阶段。法家思想体系的最终确立应归功于韩非，韩非被称为法家的集大成者，就在于他综合与总结了以前法家所取得的成果及经验教训，建立起法、术、势相统一的法家思想体系，从而使法家思想系统化。

四是衰落时期。可以说秦王朝是按照法家的思想模式建立起来的，韩非的思想体系是秦王朝意识形态的核心。秦王朝建立后法家的不足便暴露得十分明显。首先是专制独裁成为中央集权制的核心内容。其次是思想文化领域内同样的专制独裁路线，强调以法为教，以吏为师。同时其法律的残暴亦达到了无以复加的地步。随着秦王朝的灭亡，法家也盛极而衰，成为殉葬品，从而作为一个思想文化流派永远退出了历史舞台，但是其思想对以后的中国政治文化仍然产生了长久而巨大的影响。

法家的核心思想有哪些？

一般说来，法家的核心思想有以下三个方面：一，发展经济，是法家思想体系的核心内容之一。早期法家，变法图存，通过发展经济，达到富国强兵的目的。二，尚法明刑，主张对破坏变法的人处以重刑。其三，君主专制，法家主张君主专制，集大权于君主一身。商鞅曾说，治国三要素，包括法信权，而权是君主所独断的。主张君主要对权柄进行专断，举凡立官封爵、论功行赏等等，都要掌握在君主手中。因此，发展经济，尚法明刑，君主专制是法家思想的三条主线，它贯穿了整个法家形成与发展的全过程，并随着秦王朝的建立而付之实践，成为秦王朝意识形态的核心。同时，这三个方面共同构筑的法家思想是一个有机的组合，相互支撑，发展经济是其基础和出发点，实行君主专制和建立中央集权制是其目标，而尚法明刑又是发展经济与君主专制的法律保障。

法家的理论对后世产生了怎样的影响？

法家思想在秦始皇统一六国，建立中央集权的专制国家的过程中发挥了重大作用，并成为秦朝的统治思想。直到西汉景帝时晁错仍然代表着法家在政治舞台上施展着影响。汉武帝尊儒以后，法家的影响逐渐式微。但其学说对中国哲学思想、政治法律思想仍然产生了长久而巨大的影响。法家思想是建立中央集权的君主专制政体以及维护这一政体的方法。为了维护自己的统治，各个朝代一方面用法家的君主专制政体理论构筑了庞大的封建官僚队伍，另一方面又运用法家的"法治"、"势治"、"术治"理论，控制和驾驭这支官僚队伍。法家特别重视法律和法学的研究，并深入到法理学领域，大大地丰富了我国古代法学和法律思想的发展。

阴阳家有哪些重要学说？

阴阳家是战国中期主要学派之一。以提倡阴阳五行学说为宗旨，故名阴阳家，又称"阴阳五行家"或"五行家"。相传阴阳家这一学派是由古代天文家和占星家演变而来的。战国时期，阴阳五行学说盛极一时。据《汉书·艺文志》记载约有68家，著述1300余篇。其中一派以阴阳五行说为理论基础来解释季节变化和农作物生长的规律，他们以春夏秋冬四时配东西南北四方，认为春夏秋冬的变化是由五行（金、木、水、火、土）的盛衰决定的。代表文献有《礼记·月令》和《吕氏春秋·十二纪》。战国末期以邹衍为代表的另一派，则把阴阳五行说推广到政治上，以"阴阳消息"、"五德转移"来解释王朝更替，为封建统治提供理论依据。阴阳五行学说既有科学性，又有迷信成分。有关阴阳消长、五行相克的思想，具有朴素辩证法的因素；以阴阳五行来比附、隐喻社会人事，则有迷信成分。秦汉以后，王充等人把其中的科学成分发展成为唯物主义的天道自然观，而董仲舒等则把其中的迷信成分发展成为"天人感应"的神秘主义思想。

名家学说的代表人物和主要观点有哪些？

名家是先秦时期以名词概念为主要探讨对象的哲学派别。主要代表有惠施、公孙龙。名家以能言善辩著称，通过相互辩难对名实关系、思维方法和规律进行考察研究。在哲学的基本观点上，惠施主张"合同异"，强调事物同异的相对性和事物的统一性，并把同异差别的相对性推向极端，从而否定不同事物间质的差别。他还提出大一和小一的概念，探讨宇宙的无限大和无限小问题，无论大和小，都是一。公孙龙则提出了著名的"白马非马"命题。名家的辩题还有"鸡三足"、"火不热"、"目不见"、"狗非犬"等，基本上也是探讨一般与个别、主观感觉与事物属性等方面的关系问题。名家学派对事物名词概念的探讨，具有高度抽象思维的特点，其在一般与个别、名与实的关系上所达到的理论思维程度是相当深刻的，对于中国古代抽象思维和逻辑学的发展，有着重要的推动作用。

纵横家的主要理论和代表人物有哪些？

纵横，即合纵连横。战国时以从事政治外交活动为主的一派，属于九流之一。其主要思想是合众弱以攻一强，此为纵；或事一强以攻诸弱，此为横。前者主要以连为主，故可知如何能用外交手段联合团结，是为阳谋多阴谋少；后者主要以破为主，故可知如何利用矛盾和利益制造裂痕，是为阴谋多而阳谋少。此为战略思想，是行辩术成大事的基础。若此不查则必游说而不成。对纵横谋士的要求：知大局，善揣摩，通辩辞，会机变，全智勇，长谋略，能决断。纵横家的代表人物是鬼谷子，曾教授苏秦、张仪、孙膑、庞涓等四大弟子，都是战国时代的风云人物。

杂家是一个怎样的哲学流派？

杂家，战国末至汉初兼采各家之学的综合哲学学派。属于九流之一。杂家著作以秦代相国吕不韦《吕氏春秋》、西汉淮南王刘安招集门客所集《淮南子》为代表，对诸子百家兼收并蓄，集其大成。杂家著作多含有道家思想，也称为新道家学派。战国末期，经过激烈的社会变革，新兴的社会阶层便要求在政治上、思想上的统一和文化学术的整合，于是学术思想上出现了把各派思想融合为一的杂家。杂家的特点是集合众说，通过采集各家智慧，贯彻其政治意图和学术主张。杂家著作现存《吕氏春秋》、《淮南子》、《尸子》三种。

农家有哪些观点和主张？

农家是先秦注重农业生产的学派。农家又分为两派：一是专门探讨种谷树木之事，关注的是人伦日用；二是由人伦日用而进入到政治。是十家九流之一。农家学派主张推行耕战政策，奖励发展农业生产，研究农业问题。他们对于农业生产技术经验之总结与其朴素辩证法思想，可见于《管子·地员》、《吕氏春秋》、《荀子》等。战国时，农家代表人物有许行。当时随行学生几十人，颇有影响。连儒家门徒陈相、陈辛兄弟二人也都弃儒学农，投入许行门下。农家著作有《神农》、《野老》、《宰氏》、《董安国》、《尹都尉》、《赵氏》等，均已佚。

兵家代表人物有哪些？

兵家的思想源头可以追溯到商周时期的吕尚。春秋战国时期的主要代表人物有孙子、孙膑、吴起等。其中孙子是世界公认的史上最伟大的军事思想家之一，其伟大著作《孙子兵法》于古今中外都影响深远。

小说家是一个怎样的学派？

小说家，是先秦与西汉杂记民间古事的学派。在中国春秋战国时代，小说家指的是一类记录民间街谈巷语的人，而小说家被归类于古中国诸子百家中的其中一家。《汉书·艺文志》曰："小说家者流，盖出于稗官；街谈巷语，道听途说者之所造也。"，意即小说家所做的事以记录民间街谈巷语，并呈报上级等为主，然而小说家虽然自成一家，但被视为不入流者。小说家著作有《伊尹说》二十七篇，《鬻子说》十九篇，《周考》七十六篇，《青史子》五十七篇等等，均已佚。

中国哲学中的"气"是什么意思？

中国春秋战国时代的思想家，将气的概念抽象化，成为天地一切事物组成的基本元素，有着像气体般的流动特性。人类与一切生物具备的生命能量或动力，也被称为气，认为宇宙间的一切事物，均是气的运行与变化的结果。中医学认为气是人体的第一道防护线，聚于体内保护着脏腑，而流散发于肤表以防外邪侵入而导致疾病发生。

什么是"道"？

"道"是中国古代哲学的重要范畴。用以说明世界的本原、本体、规律或原理。在不同的哲学体系中，其涵义有所不同。老子所说的"道"，是宇宙的本原和普遍规律；孔子所说的"道"，是

"中庸之道"，是一种方法；佛家所说的"道"，是"中道"，佛家的最高真理。所述道理，不堕极端，脱离二边，即为中道。佛家的道是中观的思想，中观思想涉及"中道"和"空"。"空"的思想似空非空，不能著空相求空。

什么是"太极"？

太极一般是指宇宙最原始的秩序状态，出现于阴阳未分的混沌时期（无极）之后，而后形成万物（宇宙）的本源。太极的概念，比较早使用的有庄子和《易传》，一般在宇宙论、方法论上，用的太极概念，主要继承自《易传》："易有太极，是生两仪。两仪生四象，四象生八卦。"意思易成卦的过程，先是有太极，尚未开始分开蓍草（易占卜用蓍草做工具），分蓍占后，便形成阴阳二爻，称做两仪。二爻相加，有四种可能的形象，称为四象。由它们各加一爻，便成八卦。

阴阳五行是怎么回事？

阴阳五行学说是中国古代朴素的唯物论和自发的辩证法思想，它认为世界是物质的，物质世界是在阴阳二气作用的推动下孳生、发展和变化；并认为木、火、土、金、水五种最基本的物质是构成世界不可缺少的元素。这五种物质相互资生、相互制约，处于不断的运动变化之中。这种学说对后来古代唯物主义哲学有着深远的影响，在长期医疗实践的基础上，将阴阳五行学说广泛地运用于医学领域，用以说明人类生命起源，生理现象，病理变化，指导着临床的诊断和防治，成为中医理论的重要组成部分，对中医学理论体系的形成和发展，产生了极为深刻的影响。

道家所说的"有无"指什么？

最早提出有与无范畴的是老子，他提出"天下万物生于有，有生于无"，认为无比有更根本。庄子把"无"解释为虚无，提出"万物出于无有"，以无为万物的本原。魏晋时期有与无的关系问题成为哲学争论的热点，出现了王弼的贵无论和裴頠的崇有论，以及郭象的独化论。王弼提出"以无为本"，主张"崇本息末"；郭象的独化论既反对"无中生有"，又反对有产生有，认为有皆自生。东晋时僧肇提出非有非无说，强调有与无的统一，对后世产生了一定影响。宋代以降，张载、王夫之等人从朴素唯物主义观点出发，以气的聚散、显隐说明万物的生灭，反对老庄的"有生于无"之说。

"名实"指什么？

中国古代哲学范畴。"名"指名称、形式，"实"指内容。春秋战国之际，社会处于大变革时期，旧有之名已不能容纳新的现实，于是产生了名实之辩。孔子主张"正名"，强调以礼为原则做到名实相符，言行一致。墨子主张"非以其名也，以其取也"，着眼于对事物本身的把握。老子提出名的相对性问题，指出"道常无名"。庄子进而主张"大道不称"，但又认为"名者，实之宾也"，肯定实对名的决定。名家从合同异与离坚白两个方面论证概念同具体事物的关系，分析了事物及其概念的异同关系。后期墨家将概念区分为达名、类名、私名，认为它们反映的实有不同范围。荀子提出"制名以指实"，将名区分为大共名、大别名和小别名，分析了名实乱的表现，对名实问题进行了较为详尽的论述。中国古代哲学的名辩思潮，推动了中国哲学的认识论、辩证法和

23

逻辑的发展。

中国传统哲学如何解释"动静"？

"动静"是中国哲学上的一对重要范畴。在中国古代哲学中，"动"与"静"这两个概念的含义，比通常物理学上所讲的运动、静止的含义要宽泛得多，复杂得多。如，变易、有欲、有为、刚健等都被纳入"动"的范围，而常则、无欲、无为、柔顺等则被纳入"静"的范围。因此，它被广泛地用来解释中国古代哲学各方面的问题，包含着丰富的内容。

古代哲学家是如何看待"知行"的？

知行是中国哲学的一对范畴。知指知识、知觉、认识；行指行为、行动。在中国古代，知行关系问题主要涉及道德认识与道德践履，但也有一般认识论的意义。孔子认为有"生而知之者"、"学而知之者"和"困而学之者"。他既重见闻，又重思索，并主张知行结合，学以致用、言行一致；墨子把认识的来源归结为"闻之见之"，主张"口言之，身必行之"；孟子主张人有"良知"、"良能"，认为人的道德认识是先天的；老子持"不行而知"的观点，主张"不出户，知天下"；庄子则根本否定人们认识的必要性和可能性，主张"齐是非"，"辩无胜"。荀子明确提出"不闻不若闻知，闻之不若见之，见之不若知之，知之不若行之。"达到了先秦哲学对知行关系认识的最高成就。两汉时，知行关系的讨论以董仲舒和王充为代表，前者主张人"不学而自知"；后者认为"学之乃知，不问不知"。隋唐时，佛教哲学以其特有的方式讨论了知行问题，有重知轻行、知行并重、知行合一等不同主张。宋元明清时期，知行问题成为思想界争论的一个重点问题。程朱学派主张知先行后，强调知的作用；王守仁提出知行合一，否定了知与行的界限；王夫之认为行先知后，行可兼知，主张行优于知、行高于知。

"形而上"与"形而下"各指的是什么？

两词出自《易经》："形而上者谓之道，形而下者谓之器"。形而上的东西就是指道，既是指哲学方法，又是指思维活动。形而下则是指具体的，可以捉摸到的东西或器物。形而上的抽象，形而下的具体。

儒家的"良知良能"是什么意思？

"良知良能"是孟子著名的说法。孟子曰："人之所不学而能者，其良能也；所不虑而知者，其良知也。孩提之童，无不知爱其亲者；及其长也，无不知敬其兄也。亲亲，仁也；敬长，义也。无他，达之天下也。"由此可见，良知良能是指：一个人在年幼时"本来就知道、本来就会做"的事。孟子强调的只是：行善是出于人"本来"就有的内在要求。人有良知良能，就像其他动物也各有其生存的特殊能力。但是，人的这种良知良能，却是要求实践仁义。也就是说：人在谋求生存与发展之外，还有一个特别属于人类的目标，如果忽略这个目标，则人与其他动物就没有什么差别了。这个目标就是实践仁义。

"存天理，灭人欲"指的是什么？

"存天理，灭人欲"属于心性修炼。"天理"是公，是大善，是人的仁爱之心。"人欲"是私，是小恶，是人的自私之情。

"存天理"就是存善，追寻天理，循道而行。"灭人欲"就是去恶，克己省身，修身养性。简单地说，"存天理"就是向善，"灭人欲"就是去恶。通俗地理解朱熹的"存天理、灭人欲"就是要防范个人欲望的过度膨胀，追寻维护社会、道德、政风和民风的和谐与美好。

什么是"天人合一"？

"天人合一"是中国古典哲学的根本观念之一，与"天人之分"说相对立。所谓"天"包含着如下内容：一、天是可以与人发生感应关系的存在；二、天是赋予人以吉凶祸福的存在；三、天是人们敬畏、事奉的对象；四、天是主宰人、特别是主宰王朝命运的存在；五、天是赋予人仁义礼智本性的存在。"天人合一"有两层意思：一是天人一致。宇宙自然是大天地，人则是一个小天地。二是天人相应，或天人相通。是说人和自然在本质上是相通的，故一切人事均应顺乎自然规律，达到人与自然和谐。

什么是"天人感应"？

中国古代哲学术语。天人感应思想源于《尚书·洪范》，孔子作《春秋》言灾异述天道，到西汉时董仲舒据《公羊传》集天道灾异说之大成。董仲舒认为，天和人同类相通，相互感应，天能干预人事，人亦能感应上天。董仲舒把天视为至上的人格神，认为天子违背了天意，不仁不义，天就会出现灾异进行谴责和警告；如果政通人和，天就会降下祥瑞以鼓励。

"天人相分"是什么意思？

"天人相分"是荀子自然观方面的主张。荀子肯定"天"是自然的天。自然界的变化有自己的规律，不受人的意志支配。同时天也管不了人事。这种论证"天"与人类社会的治乱毫无关系的"天人相分论"，第一次从理论上把人与神，自然与社会区分开来，是对天命论的有力批判。天人关系是传统儒学的重要议题。这里的天有两种意义：一是指大自然，另一是指人从大自然领悟出的一些规律与道理，即所谓"天道"。前者指大自然本身，后者指大自然的精神。当谈到天人关系时，"天"有时指前者，有时指后者，有时两者混用，不分彼此，视其内容而定。例如周易中的天乾地坤：天、地是大自然，乾、坤是其精神，乾道是刚与健，坤道是柔与顺。

"人皆可以为尧舜"有何含义？

"人皆可以为尧舜"出自《孟子·告子下》：曹交问曰："人皆可以为尧舜，有诸？"曹交问孟子："人人都可以做尧舜那样的贤人，有这说法吗？"孟子回答说："有。只要去做就行了。尧舜之道，不过就是孝和悌罢了。你穿尧的衣服，说尧的话，做尧的事，你便是尧了。你穿桀的衣服，说桀的话，做桀的事，你便是桀了。"这是植根于"性善论"而鼓励人人向善，个个都可以有所作为的命题。其关键还是一个"不为"与"不能"的问题。无论是君王从政治国还是个人立身处世都有一个"不为"与"不能"的问题摆在我们面前。认识到这一点后，就可以树立起我们每个人立志向善的信心，从自己力所能及的事情做起，不断完善自己，最终成为一个有所作为的人。说到底，还是反对人自惭形秽，妄自菲薄，要求自尊自贵。这也是"人皆可以为尧舜"

的积极意义。

"自强不息，厚德载物"是什么意思？

出自《周易》中的卦辞："天行健，君子以自强不息；地势坤，君子以厚德载物"。天（即自然）的运动刚强劲健，相应于此，君子应刚毅坚卓，奋发图强；大地的气势厚实和顺，君子应增厚美德，容载万物。古代中国人认为天地最大，它包容万物。对天地的理解是：天在上，地在下；天为阳，地为阴；天为金，地为土；天性刚，地性柔。认为天地合而万物生焉，四时行焉。没有天地便没有一切。天地就是宇宙，宇宙就是天地。这就是古代中国人对宇宙的朴素唯物主义看法，也是中国人的宇宙观。所以八卦以乾卦为首，坤卦次之；乾在上，坤在下；乾在北，坤在南。天高行健，地厚载物。然后从对乾坤两卦物象（即天和地）的解释属性中进一步引申出人生哲理，即人生要像天那样高大刚毅而自强不息，要像地那样厚重广阔而厚德载物。

什么是"性善论"？

战国时期孟子提出的一种人性论。孟子认为，性善可以通过每一个人都具有的普遍的心理活动加以验证。既然这种心理活动是普遍的，因此性善就是有根据的，是出于人的本性、天性的，孟子称之为"良知""良能"。《孟子·告子上》："恻隐之心，人皆有之；羞恶之心，人皆有之；恭敬之心，人皆有之；是非之心，人皆有之。恻隐之心，仁也；羞恶之心，义也；恭敬之心，礼也；是非之心，智也。仁义礼智非由外铄我也，我固有之也。"孟子以性善论作为根据，在政治上主张实行仁政。

什么是"性恶论"？

中国古代人性论的重要学说之一，认为人的本性具有恶的道德价值，战国末期荀子倡导这种理论。性恶论以人性有恶，强调道德教育的必要性，性善论以人性向善，注重道德修养的自觉性，二者既相对立，又相辅相成，对后世人性学说产生了重大影响。人之命在天，"无天地，恶生？"天地者，"万物各得其和以生，各得其养以成。天职既立，天功既成，形具而神生。"既然人是由天而生的，人情也就出于天情，同于天情。出于天情同于天情的人情就叫做"性"。所以荀子说："生之所以然者谓之性"，"不事而自然谓之性"，"性者，天之就也；情者，性之质也"。

"性三品说"是怎么回事？

西汉董仲舒和唐韩愈的人性学说。董仲舒把人性区分为所谓"圣人之性"、"中之性"和"斗筲之性"。主张"名性不以上，不以下，以其中名之"。因"中民之"可上可下，可善可恶，"性待渐于教训，而后能为善"。韩愈进一步提出"性之品上中下三"并把"性"和"情"对立起来，"性"的内容为"仁、义、礼、智、信"，是"与生俱生"的；"情"的内容为"喜、怒、哀、惧、爱、恶、欲"，是"接于物而生"的。

何谓"道法自然"？

"道法自然"是老子的哲学思想。《老子》："人法地，地法天，天法道，道法自然。"意思是说人效法大地，地效法上天，天效法道，道效法着整个的大自然。也就是说，整个大自然，都是在"道"的管理下，按照一定的法则在运行着。老子认为，"道"虽是生长万物的，却是无目的、无意识的，它"生而不有，为而不恃，长而不宰"，即不把万物据为己有，不夸耀自己的功劳，不主宰和支配万物，而是听任万物自然而然发展着。所以老子主张"无为而治"。

什么是"五德终始"？

五德终始说是中国战国时期的阴阳家邹衍所主张的历史观念。"五德"是指五行木、火、土、金、水所代表的五种德性。"终始"指"五德"的周而复始的循环运转。邹衍以这个学说来为历史变迁、皇朝兴衰作解释。后来，皇朝的最高统治者常常自称"奉天承运皇帝"，当中所谓"承运"就是意味着五德终始说的"德"运。邹衍说"五德从所不胜，虞土、夏木、殷金、周火。"木克土、金克木、火克金、水克火、土克水。由于黑色属于水，所以秦朝崇尚黑色。按照邹衍的说法，五行代表的五种德性是以相克的关系传递的，后世也有人提出五行相生的说法来解释五德终始。

什么是"格物致知"？

"格物致知"是中国古代儒家思想中的一个重要概念，源于《礼记·大学》八目"格物、致知、诚意、正心、修身、齐家、治国、平天下"所论述的"欲诚其意者，先致其知；致知在格物。物格而后知至，知至而后意诚"此段。东汉郑玄最早为"格物致知"作出注解，而自从宋儒将《大学》由《礼记》独立出来成为《四书》的一部后，"格物致知"的意义也就逐渐成为后世儒者争论不休的热点议题，

以至于今。现在社会上关于"格物致知"的流行诠释是根据南宋朱熹学说的部分观点，认为"格物致知"就是研究事物而获得知识、道理。

什么是"致良知"？

中国明代王守仁的心学主旨。语出《孟子·尽心上》："人之所不学而能者，其良能也，所不虑而知者，其良知也。"《大学》有"致知在格物"语。王守仁认为，"致知"就是致吾心内在的良知。这里所说的"良知"，既是道德意识，也指最高本体。他认为，良知人人具有，个个自足，是一种不假外力的内在力量。"致良知"就是将良知推广扩充到事事物物。"致"本身即是兼知兼行的过程，因而也就是自觉之知与推致之行合一的过程，"致良知"也就是知行合一。"良知"是"知是知非"的"知"，"致"是在事上磨炼，见诸客观实际。"致良知"即是在实际行动中实现良知，知行合一。

什么是"知行合一"？

心学集大成者王守仁在贵阳文明书院讲学，首次提出知行合一说。所谓"知行合一"，不是一般的认识和实践的关系。"知"，主要指人的道德意识和思想意念。"行"，主要指人的道德践履和实际行动。因此，知行关系，也就是指的道德意识和道德践履的关系，也包括一些思想意念和实际行动的关系。王守仁的"知行合一"思想包括以下两层意思：一是知中有行，行中有知；二是以知为行，知决定行。

"白马非马"是怎样的一种哲学思想？

在我国战国中期，赵国的公孙龙在

《白马论》中提出了诡辩论的命题"白马非马"。公孙龙认为，事物和概念都是有差别的，所以概念与概念之间也绝没有联系。在他看来，"白马"与"马"这两个概念不同，因此它们之间毫无联系，从而推断出："白马"不是"马"。他认为"白马"这个概念是既名"色"又名"形"的，而"马"这个概念只是名"形"，故而"白马非马"。"白马非马"的命题从根本上割裂了一般和个别、共性和个性的关系，是主观任意地混淆和玩弄概念的结果。"白马"和"马"这两个概念是有区别的，"马"的外延比"白马"广，它包含了"白马"在内的所有的马。这两个概念在逻辑上说是类属关系即蕴含关系，在哲学上也是一般和个别、共性和个性的关系。从一般和个别的关系看，"马"和"白马"是有区别的，"马"是对所有的马一般性质或共性的概括；各种具体的马则是"马"的一种。"白马"与"马"又是相互联系的，一般的"马"只能通过具体个别的马而存在，离开了具体个别的马是找不到一个抽象的"马"的；具体个别的马又都属于一类，有其共有的一般性质不存在不表现共性的具体颜色的马。公孙龙看到了"马"和"白马"的区别，这是命题中合理的因素。但是，他否认"马"和"白马"的一般和个别、共性与个性的辩证关系则是形而上学的。特别是他从根本上否认"白马"是"马"，也就违背了客观实际，从而导致了主观任意地玩弄概念的诡辩论。

"名不正则言不顺"是什么意思？

出自《论语·子路》："名不正，则言不顺；言不顺，则事不成；事不成，则礼乐不兴；礼乐不兴，则刑罚不中；刑罚不中，则民无所措手足。"春秋时期，孔子带领弟子们周游列国，到达卫国时，卫国政局发生重大改变，卫出公赶走父亲而即位，孔子认为这是"名不正，言不顺"。大夫孔悝要贿赂孔子为卫出公正名，说卫出公名正言顺。孔子严正地拒绝他的要求。此处孔子集中论述了关于正名的政治伦理思想。春秋战国时期，礼崩乐坏，社会急剧变化，呈现了"名实相怨"即名不副实的矛盾。当时卫国父子争位，父不像父，子不像子，孔子认为即原于名不正。所以治理卫国，必须从正名始。正名的要求，即"君君、臣臣、父父、子子"，以维护等级伦理制度，恢复礼治。

"大同"是怎样的一种社会理想？

大同思想出自：《礼记·礼运》"大道之行也，天下为公。选贤与能，讲信修睦，故人不独亲其亲，不独子其子，使老有所终，壮有所用，少有所长，鳏寡孤独废疾者，皆有所养。男有分，女有归。货恶其弃于地也，不必藏于己；力恶其不出于身也，不必为己。是故谋闭而不兴，盗窃乱贼而不作，故外户而不闭，是谓大同。"大同是中国古代思想，指人类最终可达到的理想世界，代表着人类对未来社会的美好憧憬。基本特征即为人人友爱互助，家家安居乐业，没有差异，没有战争。这种状态称为"世界大同"，此种世界又称"大同世界"。

儒家的"君君、臣臣、父父、子子"说的是什么？

此语出自《论语·颜渊》："齐景公问政于孔子。孔子对曰：'君君、臣臣、父父、子子。'公曰：'善哉！信如君不君，臣不臣，父不父，子不子，虽有粟,吾得而食诸?'"齐景公问孔子如何治理国家。孔子说:"做君主的要像君的样子,做臣子的要像臣的样子,做父亲的要像父亲的样子,做儿子的要像儿子的样子。"春秋时期的社会变动,等级名分受到破坏,弑君父之事屡有发生,孔子认为这是国家动乱的主要原因。所以他告诉齐景公,"君君、臣臣、父父、子子",恢复这样的等级秩序,才能治理好国家。孔子要求君臣父子各自按照应有之道去做,都要符合角色要求和规范。后来汉儒董仲舒藉着"君君、臣臣、父父、子子"的观念,提出"三纲五常",促使汉武帝独尊儒术,并成为沿续几千年的封建社会的道德伦理规范,影响深远。

何谓"无为而治"?

无为而治是道家的基本思想,也是其修行的基本方法。无为而治的思想首先是由老子提出来的。老子认为天地万物都是由道化生的,而且天地万物的运动变化也遵循道的规律。老子说:"人法地,地法天,天法道,道法自然。"道的最根本规律就是自然,即自然而然、本然。既然道以自然为本,那么对待事物就应该顺其自然,无为而治,让事物按照自身的必然性自由发展,使其处于符合道的自然状态,不对它横加干涉,不以有为去影响事物的自然进程。

"庄周梦蝶"反映的是哪一学派的思想?

庄周梦蝶,典出《庄子·齐物论》,是战国时期道家学派主要代表人物庄子所提出的一个哲学命题。庄子通过对梦中变化为蝴蝶和梦醒后蝴蝶复化为己的事件的描述与探讨,提出了人不可能确切地区分真实与虚幻和生死物化的观点。

什么叫"法先王"?

法先王是先秦以儒家为代表的"法古"的一种政治观。主张效法古代圣明君王的言行、制度,言必称尧、舜、文、武。孟子主张仁政与"王道",其心目中的楷模就是古代圣王。古代圣王统被孟子称为"先王"。孟子所提倡的仁政也就是效法先王"以不忍人之心行不忍人之证"。在孟子看来,为政必须"遵先王之法",否则就是离经叛道,就可以人神共诛之。孟子的法先王思想是先秦儒家所固有的政治倾向,孔子就是"祖述尧舜,宪章文武"的。荀子也认为"先王之道,仁之隆也"。

"华夷之辨"反映了怎样的民族观?

华夷之辨,或称"夷夏之辨"、"夷夏之防",用于区辨华夏与蛮夷。古代华夏族群居于中原,为文明中心,因此逐渐产生了以华夏礼义为标准进行族群分辨的观念,区分人群以礼仪,而不以种族,合于华夏礼俗者并与诸夏亲昵者为华夏、中国人,不合者为蛮夷、化外之民。"华夷之辨"存在着深刻的"文化民族主义"色彩。古代中国人具有强烈的文化民族主义精神。古代中国人严格地以文化区分先进的华夏族与落后的"蛮夷",而不以血缘等单一因素区分。

什么是"中体西用"?

"中学为体、西学为用"的缩略语。"体",即根本的意思。"用",即具体的措施。19世纪60年代以后洋务派向西方学习的指导思想。"中学"指以三纲五常为核心的儒家学说，"西学"指近代传入中国的自然科学和商务、教育、外贸、万国公法等社会科学。它主张在维护清王朝封建统治的基础上，采用西方造船炮、修铁路、开矿山、架电线等自然科学技术以及文化教育方面的具体办法来挽救统治危机。

为什么说周公是儒学的奠基人？

周公姓姬名旦，是周文王之子，周武王之弟，是西周初期的著名政治家、思想家。周公辅助周武王伐纣灭商。武王去世后，辅佐年幼的周成王，平定"三监之乱"。摄政期间，周公制定了一系列制度。广封诸侯，制礼作乐，完善了各种典章制度。周公的思想主要是民本仁爱思想，"敬德保民"，或者说"崇德贵民"以及重视民意的天命观是以周公为代表的西周思想的核心。可以说它们就是儒家作为学派产生之前的儒家思想。春秋时期重民思潮继承了西周"敬德保民"的传统，也为春秋末年孔子创建儒家学派提供了土壤。孔子是儒家思想的集大成者，周公被孔子尊作老师，是他最崇敬的古代圣人，孔子的一生主要是整理周公之礼仪，并在周公礼仪的基础上，和其学生一道发展了周公之礼仪，后经过几千年的传承和发展，形成了中国的儒学。所以说，周公才是中国儒家奠基人。

我们为什么尊孔子为"圣人"？

孔子是儒家学派的开创者，他建立了以"仁"为核心的儒学思想体系，成为两千多年来中国社会的主导思想。孔子是一位伟大的教育家，首开私家讲学之风，因材施教，将文化由贵族阶层传播到民间。孔子的许多至理名言，几千年来成为我们读书、做事、为人的重要准则。孔子的儒家思想对我国的社会产生了极其深远的影响。汉武帝以后，由于他的思想主张顺应了统治者巩固统治的需要，他提出的"仁"、"德"和"礼"，有利于稳定封建统治秩序，孔子的儒家思想受到统治者的重视；后代儒家学者为适应君主专制制度发展的需要，不断修改、发展儒家学说，不断提高儒学的地位。自西汉起，历代不断给孔子加封追谥，汉平帝追封孔子为"褒成宣尼公"。唐玄宗给孔子谥号"文宣"，始称"文宣王"。元武宗年间加封为"大成至圣文宣王"，后又称"至圣先师"、"大成至圣先师"等。所以我们尊称孔子为"圣人"。

孔子为什么对管仲推崇备至？

管仲（约前723或前716—前645）：姬姓，管氏，名夷吾，谥曰"敬仲"，史称管子。春秋时期齐国著名的政治家、军事家。齐桓公时为齐国国相，辅佐齐桓公成为春秋时期的第一位霸主。有《管子》一书传世。管仲主张法治，认为国家治理的好坏，根本在于能否以法治国。管仲非常重视发展经济，认为"仓廪实而知礼节，衣食足而知荣辱。"也就是国家的安定与不安定，人民的守法与不守法，与经济发展关系十分密切。管仲思想中有不少可贵的地方，如他主张尊重民意，他说"顺民心为本"，"政之兴，在顺民心；政之所废，在逆民心。"管仲的思想对后代影响很大。孔子对管仲推崇备至，说："管仲相桓公，霸诸侯，一匡天下，民到于今受其赐。微管仲，吾其被发左衽矣！"就是在"仁"这个核心方面，也给管仲以充分的肯定，曰："桓公九合诸侯，不以兵车，管仲之力也。如其仁，如其仁！"意思说管仲帮助齐桓公打天下，不用武力就可以统一诸侯，施行的是大大的仁政。

"孔门十哲"指什么？

"孔子以诗书礼乐教，弟子盖三千焉，身通六艺者七十有二人。"孔门十哲是德行、言语、政事、文学孔门四科中表现出类拔萃的十位弟子，分别是德行：颜渊，闵子骞，冉伯牛，仲弓；言语：宰我，子贡；政事：冉有，季路；文学：子游，子夏。

孟子为什么被尊为"亚圣"？

孟子是中国古代著名思想家，战国时期儒家代表人物。著有《孟子》一书。其学说出发点为性善论。孟子认为，人生来都有最基本的共同的天赋本性，这就是"性善"或"不忍人之心"，或者说对别人的怜悯之心、同情心。孟子还提出"仁政"，主张君主行仁政，承接性善论，孟子认为"人有不忍人之心"，乃有"不忍人之政"，君主只要将自己的仁德推广，所谓"幼吾幼以及人之幼，老吾老以及人之老，由爱护自己的家人，到爱护国民，就是仁政。而推行仁政的具体措施是行"王道"，要使人民富足，百姓安乐，即"保民而王"，人民自然拥戴君主，国家自然富强安定。孟子继承并发扬了孔子的思想，成为仅次于孔子的一代儒家宗师，被后人尊称为"亚圣"。

为什么说老子被尊为"中国哲学之父"？

老子，姓李，名耳，又曰聃，字伯阳，楚国苦县（今涡阳县）人。约生活于前571年至前471年之间，曾做过周朝的守藏史。老子是我国古代伟大的思想家，他所撰述的《道德经》开创了我国古代哲学思想的先河。《道德经》全文尽管只有五千余字，却历来被看做是"万经之王"，因为其包含形上宇宙论、阴谋诡诈、帝王权术、兵家诡道、养生等众多思想。老子的哲学思想和由他创立的道家学派，不但对我国古代思想文化的发展作出了重要贡献，而且对我国2000多年来思想文化的发展，产生了深远的影响。因此胡适先生称老子是"中国哲学的鼻祖"。

庄子的思想对后世有哪些影响？

庄子的思想在中国两千多年的历史进程中产生了极大的影响。从汉、魏晋"黄老"并称转而为"老庄"并称，老庄之学在魏晋玄学中扮演了一种重要的角色，并且真正开始渗进中国文人的骨髓。庄子开创了兼容并蓄的思想格局。庄子的思想批判与汲取了儒家思想，在中国历史上第一次奠定了儒道互补的思想格局，从而孕育了中国古代知识分子外儒内道的人格形态。而庄子所提出来的人格理想，超然适己的生活精神，更是深刻地参与构建了中国传统文人的内在精神世界。庄子以其汪洋恣肆、瑰丽多姿的文辞深深地吸引了历代文士，深深地影响了中国古典文学的发展方向，丰富了绘画及音乐艺术理论。此外庄子旷放任情、羁傲不群的性情品格，也影响了后世人的才性品质。

荀子的儒家思想有哪些特点？

荀子思想虽然与孔子、孟子思想都属于儒家思想范畴，但有其独特见解，自成一说。荀子提倡性恶论，常被与孟子的性善论比较。孔子、孟子在修身与治国方面提出的实践规范和原则，虽然都是很具体的，但同时又带有浓厚的理想主义成分。孔子竭力强调"克己"、"修身"、"为仁由己"等。而孟子则以"性善"为根据，认为只要不断扩充其"恻隐之心"、"羞恶之心"、"辞让之心"、"是非之心"、"求其放心"，即可恢复人的"良知"、"良能"，即可实现"仁政"理想。与孔、孟相比，荀子的思想则具有更多的现实主义倾向。他在重视礼义道德教育的同时，也强调了政法制度的惩罚作用。

墨子的"十大主张"是什么？

墨子的"十大主张"是兼爱、非攻、天志、明鬼、尚同、尚贤、节用、节葬、非乐、非命。

兼爱、非攻。墨子要求君臣、父子、兄弟都要在平等的基础上相互友爱，"爱人若爱其身"，并认为社会上出现强执弱、富侮贫、贵傲贱的现象，是因天下人不相爱所致。同时，墨子反对战争，因此，从兼爱的思想中，引申出了非攻。兼爱非攻是墨子最著名的思想。

天志、明鬼。墨子认为天之有志——兼爱天下之百姓，君主若违天意就要受天之罚；反之，则会得天之赏。墨子不仅坚信有鬼神，而且认为它们对人间君主或贵族会有赏善罚暴。

尚同、尚贤。尚同是要求百姓与天子皆上同于天志，上下一心，实行义政。尚贤则包括选举贤者为官吏，选举贤者为天子国君。

节用、节葬。墨家抨击君主、贵族的奢侈浪费，尤其反对儒家看重的久丧厚葬之俗，认为久丧厚葬无益于社会。认为君主、贵族都应像古代三代圣王一样，过着清廉俭朴的生活。

非乐。墨子极其反对音乐，认为音乐虽然动听，但是会影响农民耕种，妇女纺织，大臣处理政务，上不合圣王行事的原则，下不合人民的利益，所以反对音乐。

非命。墨子反对儒家所说的"生死有命，富贵在天"，认为这种说法是对人的创造力的消磨与损伤，所以提出非命。

为什么说李悝是法家的始祖？

李悝（前455—前395），战国时代著名思想家。公元前422年，李悝任魏文侯的北地守和魏相。在魏文侯的支持下进行变法。取消奴隶主的世袭特权，"食有劳而禄有功，使有能而赏必行，罚必当。"建立新的封建官僚制度，按功劳大小授予爵位和俸禄，按才能大小授予职位，实行赏罚严明的制度。又主张"夺淫民之禄，以徕四方之士"。即对那些无功食禄的旧贵族进行剥夺，用它来奖励外来的"士"。在经济上实行"尽地力之教"和"平籴法"。为了进一步实行变法，巩固变法成果，汇集各国刑典，著成《法经》一书，通过魏文侯予以公布，使之成为法律，以法律的形式肯定和保护变法，固定封建法权。《法经》是中国历史上的第一部封建法典，同时是法家学派的第一部著作。《法经》开创了成文法典编纂的新体系，一改在此之前法令、法规重叠、混乱的局面。《法经》为法家学派的学术理论体系勾勒出了一个大概的框架。李悝重农与法治结合的思想对商鞅、韩非影响极大，被后世称为法家的始祖。

为何说韩非子是法家集大成者？

韩非为中国古代著名法家思想的代表人物。也是先秦诸子百家史料可证中最后一位子家思想人物。司马迁指韩非好

"刑名法术"且归本于"黄老"之学，一套由"道"、"法"共同完善的政治统治理论。韩非总结法家三位代表人物商鞅、申不害、慎到的思想，主张君王应该用"法"、"术"、"势"三者结合起来治理国家，此为法家之博采众长之集大成者。韩非反对政治治理的原则建构在私人情感联系与当代社会道德水平的提升上，主张将人的自利本性作为社会秩序建立的前提，强调君主统治权视为一切事物的决策核心，君权是神圣不可侵犯的，君主应当运用苛刑峻法重赏来御臣治民，以建立一个君主集权的封建国家。

邓析为何被称为"名家之祖"？

邓析（前545—前501）。先秦名家的开创者。春秋末年郑国人，做过郑国的大夫。他反对不许民知争端以及禁止民有争心的礼治，主张刑名之治。子产治政时，邓析屡屡与之作对，以致郑国大乱，遂被子产杀害。《汉书·艺文志》中著录其《邓析子》两篇，但其书已失传，今本《邓析子》为隋唐时抄缀的伪作。现在所知邓析的生平和言论，见于《吕氏春秋·离谓》。他是代表新兴地主阶级利益的革新派，他第一个提出反对"礼治"思想。他的主要思想倾向是"不法先王，不是礼义"。邓析善于利用"刑名之辩"开展诉讼活动，并教人辩讼的技巧和议政的方法。比如子产禁止议论时政，他就教人们张贴"县（悬）书"批评朝政，禁止"县书"时则写信"致书"，禁止"致书"则"传书"，因为新的方法有批评朝政之实却并不违犯已有的禁令（名）。这反映了邓析关于名必须具有确定性和名实必须一致的逻辑思想。《汉书·艺文志》把邓析列为名家第一，后人把他称为"名家之祖"。

邹衍对阴阳家学说的发展有何贡献？

邹衍（约前305—前240），战国时期阴阳家的代表。齐国人，曾在稷下学宫讲学，号"谈天衍"。他喜好谈宇宙变化。他的"大九州"和"五德始终"说适应时势，受到诸侯王隆重的"尊礼"。著作有《邹子》49篇、《邹子始终》56篇，但都已散佚；其学说只能从清代人的辑佚书中看到。邹衍思想的突出之处是把阴阳家的"五行生胜"的原理，由自然界的四时变化、万物生息扩展到了人类社会，提出了"五德始终"、循环相生的历史观，即整个物质世界是由金、木、水、火、土构成的，事物发展变化是通过五行相克相生来实现的；而人类社会历史的发展是一种客观必然，像自然一样。这种观点为现存或即将出现的封建王朝提供了理论基础。邹衍的另一个重要观点是"大九州"说：中国名为"赤县神州"，内有九州；而宇宙像"赤县神州"这样的州共有九个，即共有九个大九州。

董仲舒对儒家学说的贡献有哪些？

董仲舒是西汉一位与时俱进的思想家，儒学家，西汉时期著名的唯心主义哲学家和今文经学大师。汉景帝时任博士，讲授《公羊春秋》。他把儒家的伦理思想概括为"三纲五常"，汉武帝采纳了董仲舒的建议，从此儒学开始成为官方哲学。其教育思想和"大一统"、"天人感应"理论，为后世封建统治者提供了统治的理论基础。时至今日，仍有学者在研究他的思想体系及故里等方面的文化，他的著作汇集于《春秋繁露》一书。

王充的思想有哪些独特之处？

王充是东汉杰出的唯物主义思想家和教育家，他的哲学思想可以概括为以下几点：一、天自然无为。王充认为天和地都是无意志的自然的物质实体，宇宙万物的运动变化和事物的生成是自然无为的结果。二、天不能故生人。王充认为天是自然，而人也是自然的产物，"人，物也；物，亦物也"，这样就割断了天人之间的联系。三、神灭无鬼。王充认为人有生即有死。四、今胜于古。王充反对"奉天法古"的思想，认为今人和古人相"齐"，今人与古人气禀相同，古今不异，没有根据说古人总是胜于今人，没有理由颂古非今。

何晏是个怎样的人？

何晏是三国时期魏国玄学家，与夏侯玄、王弼等倡导玄学，竞事清谈，遂开一时风气，为魏晋玄学的创始者之一。与王弼等祖述老庄，立论以为天地万物皆以无为本。他认为"道"或"无"能够创造一切，"无"是最根本的，"有"靠"无"才能存在，由此建立起"以无为本"，"贵无"而"贱有"的唯心主义本体论学说。还认为圣人无喜怒哀乐，圣人无累于物，也不复应物，因此主"圣人无情"说，即认为圣人可完全不受外物影响，而是以"无为"为体。在思想上重"自然"而轻"名教"，与其仗势专权的实际行为多相乖违，故当时的名士傅嘏说他是"言远而情近，好辩而无诚，所谓利口覆邦国之人也"。其主要著作有《论语集解》十卷、《道德论》二卷、集十一卷，集已佚。今存《论语集解》、《无名记》、《无为论》、《景福殿赋》等。

王弼有哪些成就？

王弼，魏晋玄学理论的奠基人。王弼"贵无"，以无为本。"无"是其哲学思想的基本范畴，是其哲学思想体系的基石。王弼综合儒道，借用、吸收了老庄的思想，建立了体系完备、抽象思辩的玄学哲学。其对易学玄学化的批判性研究，尽扫先秦、两汉易学研究之腐迂学风，其本体论和认识论中所提出的新观点、新见解对以后中国思想史的发展具有深远的影响。在儒学方面，王弼注《易》具有重要的地位和影响，是古文《易》学的支流和东汉古文经学演变的新形态。王弼以言简意赅的论证代替前人的繁琐注释，以抽象思维和义理分析摈弃象数之学与谶纬迷信，在经学上开创了一代新风。

孔颖达对经学发展有何贡献？

孔颖达编订《五经正义》，排除经学内部的家法师说等门户之见，于众学中择优而定一尊，广采以备博览，从而结束了自西汉以来的各种纷争；是他摒弃南学与北学的地域偏见，兼容百氏，融合南北，将西汉以来的经学成果尽行保存，使前师之说不致泯灭，后代学者有所钻仰；也由于他的《五经正义》被唐王朝颁为经学的标准解释，从而完成了中国经学史上从纷争到统一的演变过程。他就是这样一个对中国经学具有总结和统一之功的大经学家。

张载对理学有哪些贡献？

张载认为，宇宙的本原是气。气有聚散而无生天，气聚则有形而见形成万物，气散则无形可见化为太虚。他认为宇宙是一个无始无终的过程，在这个过程中充满浮与沉、升与降、动与静等矛盾的对立运动。他还把事物的矛盾变化概括为"两与一"的关系，认为两与一互相联系、互相依存，"有两则有一"，"若一则有两"。在认识论方面，他提出"见闻之知"与"德性之知"的区别，见闻之知是由感觉经验得来的，德性之知是由修养获得的精神境界，进入这种境界的人就能"大其心则能体天下之物"。在社会伦理方面，他提出"天地之性"与"气质之性"的区别，主张通过道德修养和认识能力的扩充去"尽性"。他主张温和的社会变革，实行井田制，实现均平，"富者不失其富"贫者"不失其贫"。张载还提倡"民胞物与"的思想。

周敦颐对理学有哪些贡献？

周敦颐是我国理学的开山鼻祖，他的理学思想在中国哲学史上起了承前启后的作用。他继承《易传》和部分道家以及道教思想，提出一个简单而又系统的宇宙构成论，说"无极而太极"，"太极"一动一静，产生阴阳万物。"万物生而变化无穷焉，惟人也得其秀而最灵。"圣人又模仿"太极"建立"人极"。"人极"即"诚"，"诚"是"纯粹至善"的"五常之本，百行之源也，是道德的最高境界"。只有通过主静、无欲，才能达到这一境界。在以后七百多年的学术上产生了广泛的影响，他所提出的哲学范畴，如无极、太极、阴阳、五行、动静、性命、善恶等，成为后世理学研究的课题。

"二程"对理学的发展有什么贡献？

北宋思想家、教育家程颢、程颐根据北宋社会的实际情况，对儒家进行创新和发展。二程提出正统理学的核心理念天理，由此引发后世理学家关于理事关系、理气关系、理心关系的热烈讨论。他们重提人性论话题，提出二重人性论学说，引导后世理学家深入探讨理欲关系以及人心与道心、义利、王霸关系等问题。他们提出"知先行后"说和"主敬"说，开启后世理学家关于知行关系、内心与外物关系、本体与工夫的关系、"尊德性"与"道问学"的关系等问题的研究。二程学说的出现，标志着宋代理学思想体系的正式形成。二程的学说，后来被南宋朱熹所继承和发展，成为中国封建社会后期的官方统治思想——程朱理学。

朱熹对理学的发展有哪些贡献？

朱熹是理学的集大成者，中国封建时代儒家的主要代表人物之一。朱熹对理学的贡献主要有三点：一是极力维护道统论，维护孔孟儒学的正统地位；二是朱熹的理气论和人性论将孔孟儒学的哲学思辨性推向一个新的高度；三是朱熹以《四书》为中心，对孔孟儒学作了全新的解释。朱熹深化和完善了理学本体论思想，他在二程初创的唯心主义理学基础上，总结了北宋以来唯心主义理学和唯物主义理学斗争的经验教训，建立了一个精致的、富于理性思辨的唯心主义理学体系，使之达到了唯心主义理学的最高水平。他的学术思想，在中国元明清三代，一直是封建统治阶级的官方哲学，标志着封建社会意识形态的更趋完备。它强化了"三纲五常"，对后期封建社会的变革，起了一定的阻碍作用。朱熹的学术思想在世界文化史上，也有重要影响。朱熹的《四书集注》一直是明清时期科举考试的指定教材。

陆九渊的"心学"是怎么回事？

陆九渊融合孟子"万物皆备于我"和"良知"、"良能"的观点以及佛教禅宗"心生"、"心灭"等论点，提出"心即理"的哲学命题，形成一个新的学派——"心学"。断言天理、人理、物理只在吾心中，心是唯一实在："宇宙是吾心，吾心便是宇宙"；认为心即理是永恒不变的："千万世之前，有圣人出焉，同此心同此理也；千万世之后，有圣人出焉，同此心同此理也。"人同此心，心同此理。往古来今，概莫能外。这就把心和理、心和封建伦理纲常等同起来。企图由此证明所谓"天理"即封建等级秩序、封建道德教条，都是人心所固有，是恒久不变的。他认为治学的方法，主要是"发明本心"，不必多读书外求，"学苟知本，六经皆我注脚"。

王守仁对"心学"的发展有哪些贡献？

王守仁是我国宋明时期主观唯心主义集大成者。他发展了陆九渊的学说，用以对抗程朱学派。他说："无善无恶心之体，有善有恶意之动，知善知恶是良知，为善去恶是格物。"并以此作为讲学的宗旨。他断言："夫万事万物之理不外于吾心"，"天理即是人欲"；否认心外有理、有事、有物。认为为学"惟学得其心"，"譬之植焉，心其根也。学也者，其培壅之者也，灌溉之者也，扶植而删锄之者也，无非有事于根焉而已。"要求用这种反求内心的修养方法，以达到所谓"万物一体"的境界。他的"知行合一"和"知行并进"说，旨在反对宋儒如程颐等"知先后行"以及各种割裂知行关系的说法。

李贽的思想中有哪些进步因素？

李贽深受"泰州学派"影响。针对当时官学和知识阶层独奉儒家程朱理学为权威的情况，贬斥程朱理学为伪道学，提出不能"以孔子之是非为是非"。李贽承认个人私欲，"私者，人之心也，人必有私而后其心乃见"。"天尽世道以交"，认为人与人之间的交换关系、商业交易合乎天理。他的思想方法与当时官方的儒家主流思想格格不入，包括反对八股文、歌颂秦始皇，主张男女平等、自由婚姻等，但仍受到不少儒士文人包括李廷机等当时有影响的人物的好评。

罗钦顺的"气学"是怎么回事？

罗钦顺认为："通天地，亘古今，无非一气而已。气本一也，而一动一静，一往一来，一阖一辟，一升一降，循环无已，积微而著，由著复微，为四时之温凉寒暑，为万物之生长收藏，为斯民之日用彝伦，为人事之成败得失。千条万绪，纷纭胶轕，而卒不克乱，莫如其所以然而然，是即所谓理也。初非别有一物，依于气而立，附于气以行也。""气"是宇宙万物之根本，"理"是"气"运动变化之一定条理秩序，批判了朱熹"理与气是二物"的见解和王阳明的"天地万物皆吾心之变化"的观点，但仍接受程朱"理一分殊"之说。他继承和发展了宋代以来的唯物主义观点，不但讲明气是万物之源，并进一步阐明气与理的关系，论证了气为本体，理不离气的唯物主义观点。他还进一步说："或者因《易》有

太极一言,乃疑阴阳之变易,类有一物主宰乎其间者,是不然。"这就进一步否定了有神论,坚持了唯物主义。

王夫之是一个怎样的人物？

王夫之,字而农,号涢斋,别号一壶道人,湖南衡阳人,汉族。晚年居衡阳之石船山,世称"船山先生"。明末清初杰出的思想家,哲学家,与方以智,顾炎武,黄宗羲同称明末四大学者。王夫之学问渊博,对天文、历法、数学、地理学等均有研究,尤精于经学、史学、文学。主要著作有《周易外传》、《周易内传》、《尚书引义》、《张子正蒙注》等。

颜元的思想主张是什么？

颜元,清代唯物主义思想家,明末清初杰出的教育家。颜元的思想主"气",认为气先于理,理在事中,所以气不能离开事物而独立存在。反对程朱分理气为二、理先于气的观点。在教育思想上,颜元深刻地批判了程朱理学脱离实际的书本教育,并在批判中创立了以"实学"为特征的教育理论体系。他主张学校为"人才之本",必须培养"实才实德之士",提出应该传授包括诸多门类的自然科技知识、各种军事知识和技能在内的"真学"、"实学",强调接触实际,从躬行获得知识的"习行"教学法,重视向学生进行劳动教育等。在人性问题上,反对理善而气质有恶的说法,指出:气即是理的气,理即是气的理,怎么可能说理是纯粹善良而气质偏偏会恶劣吗!在政治上,主张平均田地,减少税收,使家家都有粮食吃;军民合一,采用严刑峻法,强化国家政权。

戴震的哲学思想有哪些？

戴震哲学思想的产生,是对于中国以往"形而上学"本体论的批判。他在否定朱熹的形而上学本体论的过程中,建构了"天道—性—人道"的思想逻辑结构,"天道论"是戴震的世界图式。戴震认为世界是"气"之变化过程,而"气化流行,生生不息",即为"道"。"气"即"道"之实体。又以为《易·系辞》所谓"形而上"之"道",即"未成形质"以前之"气";"形而下"之器,即"已成形质"以后之物,反对理学家"理在事先"等说。戴震的"天性论"是对于自然生命的关怀,肯定"欲"也是人性,一反理学家"去人欲、存天理"之说教。戴震与章学诚算是清代学术史与思想史上两大高峰,他们的出现,代表了清代儒家智识主义的兴起,是儒家学术思想由"尊德性"向"道问学"这一学术转向的表征与逻辑结果。

怎样正确理解正史、别史、杂史、野史、稗史？

我国的史书卷帙浩繁,种类很多,大致可以分为下列五种:

正史:以纪传体、编年体的体例,记载帝王政绩、王朝历史、人物传记和经济、军事、文化、地理等诸方面情况的史书叫正史。如通常所说的"二十四史",除少数是个人著述(如司马迁的《史记》)外,大部分正史是由官修的。

杂史:只记载一事之始末、一时之见闻或一家之私记,是带有掌故性的史书。如《松漠纪闻》、《钦定蒙古源流》等。

别史:主要指编年体、纪传体之外,杂记历代或一代史实的史书,是正史类史籍的重要补充部分,有时与杂史难以区分。如《东观汉纪》、《东都事略》、《大金国志》以及《通志》等史书都属于别史。

野史：有别于官撰正史的私家编写的史书以及流传在民间的传闻，其中不乏有真实的历史事实，但也有道听途说、添油加醋的虚伪的传闻。

稗史：通常指记载闾巷风俗、民间琐事及旧闻之类的史籍，如清代人潘永因的《宋稗类钞》，近代人徐珂的《清稗类钞》。有时也用来泛指"野史"。

纪传体都有哪些体裁？

纪传体是以本纪、列传人物为纲、时间为纬、反映历史事件的一种史书编纂体例。我国的"二十四史"都是纪传体史书。从体裁的形式上看，纪传体是本纪、世家、载记、列传、书志、史表和史论的综合。本纪，基本上是编年体，兼述帝王本人事迹。世家，主要是记载诸侯和贵族的历史。《晋书》独创"载记"，记述与东晋对立的北方十六国历史。这种史书体例记载不属于正统王朝的割据政权的事迹。列传，是各方面代表人物的传记。书志，是关于典章制度和有关自然、社会各方面的历史。史表，是用来排列历史大事和无法一一写入列传的众多人物。优秀的纪传体史书把这些体裁配合起来，在一部史书里形成一个相辅相成的整体。它既有多种体裁的混合，又有自己特殊的规格。

通史和断代史有何区别？

通史是连贯地记叙各个朝代史实的史书，与断代史正好相反。断代史是只记述某一时期或某一朝代的历史。通史侧重研究整个历史变迁的规律，富于动态感；而断代史侧重记述一个朝代的兴衰变化和状态，富于静态。

编年体和国别体有何不同？

编年体史书以时间为中心，按年、月、日顺序记述史事。因为它以时间为经，以史事为纬，比较容易反映出同一时期各个历史事件的联系，但缺点是不易集中反映同一历史事件前后的联系。国别体史书是以国家为单位，分别记叙历史事件。编年体和国别体是两种截然不同的史书体裁。

五纪事本末和九朝纪事本末分别指什么？

"五纪事本末"指宋代袁枢《通鉴纪事本末》，明代陈邦瞻《宋史纪事本末》、《元史纪事本末》，清代高士奇《左传纪事本末》，清代谷应泰《明史纪事本末》。"五纪事本末"再加上清代张鉴《西夏纪事本末》，李有棠《辽史纪事本末》、《金史纪事本末》，杨陆荣《三藩纪事本末》被合称为"九朝纪事本末"。

三通、九通、十通分别指什么？

"三通"指唐朝杜佑的《通典》、宋朝郑樵的《通志》、元朝马端临的《文献通考》。清代乾隆年间，以官修的《续通典》、《清通典》、《续通志》、《清通志》、《续文献通考》、《清文献通考》六书与"三通"合称为九通。1935年再加上《清续文献通考》，总称为"十通"。《十通》系统完整地记录了中国历代典章制度的沿革和发展。

什么是会典？

会典是记载一个朝代官署职掌制度的

书。源出于《周官》（《周礼》）。唐代有《唐六典》，明清时期改称"会典"，意思是"典章会要"。会典大多属官修断代式政书，以职官为纲，记录中央与地方官职制度沿革；会典注重记述法令典章，而不详备史实。现存的会典有《唐六典》、《元典章》、《明会典》、《清会典》。

历代"会要"是怎么回事？

"会要"属政书类的断代典志体史书，是专门针对某一朝代典章制度原始资料的摘录，多由当朝史官收集当时诏书奏章原文并分类编排，能够称补二十四史的不足，所以具有非常高的史料价值。

会要的编撰始于唐代的苏冕，他所撰的《唐会要》与崔铉等所撰的《续唐会要》草创了这一史书体裁，但它们皆非严格意义上的一代会要。直至五代、宋初王溥在苏、崔两家会要的基础上，续修唐宣宗以后至唐末部分，撰成《新编唐会要》，"会要体"才算正式确立。

唐以后，宋代于众多的修史机构之外，还专门设立了"会要所"以编纂当代会要，册秩达两千多卷。著名的《宋会要辑稿》是清代徐松根据《永乐大典》中收录的宋代官修《宋会要》加以辑录而成，全书366卷，分为帝系、后妃、乐、礼、舆服、仪制、瑞异、运历、崇儒、职官、选举、食货、刑法、兵、方域、番夷、道释等17门。内容丰富，十之七八为《宋史》各志所无，是研究宋朝法律典制的重要资料。

到元明之际，主政者的注意力转移到了会典的编修上，并未编修会要。直到清初乾隆时期又有大量的会要出炉，计有：姚彦渠《春秋会要》、孙凯《秦会要》、杨晨《三国会要》、汪兆庸《晋会要》、朱铭盘《西晋会要》与《南朝会要》、龙文彬《明会要》等。近代又有增补《春秋会要》、《秦会要》及新修的《战国会要》、《辽会要》。

什么是起居注？

起居注是按照日期先后顺序编辑的、以当朝皇帝言行和政务活动为中心的朝廷大事记。负责修起居注的官员，在皇帝公开的各种活动中均随侍在旁，因此起居注记录的内容甚为广泛，首先记载关于礼仪方面的记事或是行踪，再写皇帝的圣旨，次写中央各部重要的奏折、题本，后写地方官员的奏折、题本。同类的事情中，则以事务轻重为顺序加以记载。为历代编修实录及正史的主要史料来源之一。中国周代就设有左史、右史，为天子记行记言。起居注的正式名称始于汉代。西汉武帝时有《禁中起居注》，东汉明德马皇后自撰有《明帝起居注》，均成书于内宫。魏晋以后始设专官编撰，历代沿袭。清以前的历代起居注，除三卷《大唐创业起居注》及明代的一些零星起居注外，原件均已佚失，惟清代起居注保存较完整。起居注为当时人记当时事，对与皇帝相关的国家大事有详细的记录，而且内容丰富，通常皇帝不能阅览，不易篡改，所载史实较一般官修史书翔实可靠，具有重要的史料价值。

方志是如何分类的？

方志是一种传统的史地类书籍，也叫地志、地方志、志书。它以地区为主，综合记录该地自然和社会方面的有关历史与现状；此外，专门记载名山大川、城池都邑、寺庙宫观、名胜古迹、风土人情的书籍，也可以归入此类之中。按传统的分类法，此类书籍归史部。方志起源于古地理书，如《山海经》、《禹贡》。秦汉魏晋南北朝时期是方志的形成阶段，内容侧重于地理方面，名称多为"地志"、"志记"。此后各代，修志日多，至清而达到全盛。我国地方志数量庞大，种类繁多。就所写地域范围而言，可分为全国性总志和地区性方志两类；而后一类除省志（一般称"通志"）、府志、县志之外，还有更小行政区划的乡村镇志、里坊志，专门行政（或军事、经济）单位的志书如卫所司志、边关志、盐井志等，也属此类。就所写内容的范围而言，可分为通志和专志，通志即一般意义上的志书，内容包括该区域各方面的内容；而专志则是记述某一专门内容的志书，如山川、寺庙、都邑、人物、风土等等。

如何区分类书和丛书？

类书是辑录各门类或某一门类的资料，并依内容或字、韵分门别类编排供寻检、征引的工具书。丛书是按一定的目的，在一个总名之下，将各种著作汇编于一体的一种集群式图书，叫丛书，又称丛刊、丛刻或汇刻等。类书与丛书的区别在于：类书是在搜集大量文献资料的基础上，分门别类整理成为类似今天百科全书式的工具书；丛书是将原来属于单本流传的书籍，汇编成一部大书，题以概括的总名，成套传存古籍，以供人们检阅。类书的编纂需要收集、整理大量的文献资料；丛书收书不等，一部丛书多者辑书达数千种以上，少者只有2种。丛书没有特定的编纂体例，只是将多种著作编印在一起，原书仍各自独立；至于类书则是由各书中择抄材料，分类编次。

第三章 文　学

什么是汉字的"六书"？

"六书"是指汉字的造字方法，即"象形、指事、会意、形声、转注、假借"。象形、象事、象意、象声指的是文字形体结构，转注、假借指的是文字的使用方式。六书大约反映了战国末到汉代人们对汉字的结构和使用情况的认识。它基本上是建立在小篆的基础上的，是一个不够完善周密的条例。但是，它对于大多数的汉字，特别是对古文字，它还是能够予以说明。"六书说"是我国文字学史上的一个重大创见。

什么是"平上去入"？

古代汉语分为平、上、去、入四声。平声即是现在国音中的阴平和阳平，上声即是国音的上声，去声即是国音的去声，入声音调短促而急，分布在国音声调中。古人作诗讲究平仄，如果以现代汉语来看，阴平、阳平属于平声，上声、去声属于仄声，现在普通话里不存在的入声也属于仄声。古代汉语中这四种声调，现在普通话中已经没有了，仅存留在一些方言中。

何谓"押韵"？

押韵（也叫压韵、叶韵），就是诗词歌赋中，为了使音调和谐优美，把相同韵部的字放在规定的位置上，某些句子的末一字用韵母相同或相近的字。所谓韵部，就是将相同韵母的字归纳到一类，这种类别即为韵部。同一韵部内的字都为同韵字。任何诗歌都要求押韵，古今中外概莫能外，所不同者，对于押韵的限制多与少、严与宽的不同而已。这也是诗歌同其它文学体裁的最大分别。

什么是"风、雅、颂"？

风、雅、颂是我国第一部诗歌总集《诗经》根据乐调的不同在内容上分的三个部分。"风"是不同地区的地方音乐。《风》诗是从周南、召南等15个地区采集上来的土风歌谣，共160篇，大部分是民歌。"雅"是周王朝直辖地区的音乐，即所谓正声雅乐，按音乐的不同又分为《大雅》31篇，《小雅》74篇，共105篇。除《小雅》中有少量民歌外，大部分是贵族文人的作品。"颂"是宗庙祭祀的舞曲歌辞，内容多是歌颂祖先的功业的，《颂》诗又分为《周颂》31篇，《鲁颂》4篇，《商颂》5篇，共40篇。全部是贵族文人的作品。

先秦散文有哪些特点？

先秦散文可分为历史散文和诸子散文两大类。历史散文主要有《春秋》、《左传》《国语》、《战国策》等，诸子散文的名著有《论语》、《墨子》、《孟子》、《庄子》、《荀子》《韩非子》等。《左传》叙述复杂的历史事件，具体生动，剪裁恰当，详略有致，各种叙事手法运用自如。《战国策》长于辞令，其所记载的谋臣策士为了增强游说效果，精心创作了许多譬喻和寓言故事运用于游说辞令中，使辞令显得既委婉曲折又机智幽默、生动有趣。《论语》文辞简朴平实而富于形象性，在简短的记言、记事中常能表现人物性格，不少格言式的语句也富有文学色彩。《庄子》善用大量的神话传说和寓言故事来论说极为抽象的哲理，想象丰富，构思奇特，有浓厚的浪漫色彩。《孟子》锐气逼人，感情充沛，言辞犀利，又善用譬喻说理。《荀子》论点明确，论证缜密，善用类比，造语简约。

什么是楚辞？

楚辞又称"楚词"，是战国时代的伟大诗人屈原创造的一种诗体。作品运用楚地（今两湖一带）的文学样式、方言声韵，叙写楚地的山川人物、历史风情，具有浓厚的地方特色。代表作有屈原的《离骚》等。汉代时，刘向把屈原的作品及宋玉等人"承袭屈赋"的作品编辑成集，名为《楚辞》，并成为继《诗经》以后，对我国文学具有深远影响的一部诗歌总集，并且是我国第一部浪漫主义诗歌总集。

赋是怎样的一种文学体裁？

赋，是由楚辞衍化出来的，也继承了《诗经》讽刺的传统。关于诗和赋的区别，晋代文学家陆机在《文赋》里曾说：诗缘情而绮靡，赋体物而浏亮。也就是说，诗是用来抒发主观感情的，要写得华丽而细腻；赋是用来描绘客观事物的，要写得爽朗而通畅。陆机是晋代人，他的话说出了晋代以前的诗和赋的主要特点，但不能作机械的理解，诗也要描写事物，赋也有抒发感情的成分，特别是到南北朝时代抒情小赋发达起来，赋从内容到形式都起了变化。

"骚体"指的是什么体裁的诗歌？

骚体，古典文学体裁的一种。起于战国时楚国，以大诗人屈原所作《离骚》为代表，并因此而得名。由于后人常以"骚"来概括《楚辞》，所以"骚体"亦可称为"楚辞体"。这类作品，富于抒情成分和浪漫气息；篇幅较长，形式也较自由；多用"兮"字以助语势。由于汉代司马相如的《长门赋》、《大人赋》，班固的《幽通赋》，张衡的《思玄赋》等作品与《离骚》体裁相类，所以后者被称之为"骚体赋"。这样，"骚体"又包括了与《离骚》形式相近的一些赋。

什么是乐府诗？

乐府诗是指两汉时期由朝廷乐府系统或相当于乐府职能的音乐管理机关搜集、保存而流传下来的汉代诗歌。汉乐府掌管的诗歌按作用主要分为两部分，一部分是供执政者祭祀祖先神明使用的效庙歌辞，其性质与《诗经》中"颂"相同；另一部分则是采集民间流传的无主名的俗乐，世称之为乐府民歌。这些诗，原本在民间流传，经由乐府保存下来，汉人叫做"歌诗"，魏晋时始称"乐府"或"汉乐府"。后世文人仿此形式所作的诗，亦称"乐府诗"。

骈文有哪些特点？

骈文是魏晋以来产生的一种文体，也称"骈体文"、"骈俪文"或"骈偶文"；因其常用四字、六字句，故也称

"四六文"或"骈四俪六"。全篇以双句（俪句、偶句）为主，讲究对仗的工整和声律的铿锵。骈文是与散文相对而言的。其主要特点是以四六句式为主，讲究对仗，因句式两两相对，犹如两马并驾齐驱，故被称为骈体。在声韵上，则讲究运用平仄，韵律和谐；修辞上注重藻饰和用典。由于骈文注重形式技巧，故内容的表达往往受到束缚，但运用得当，也能增强文章的艺术效果。而南北朝时期，亦不乏内容深刻的作品，如庾信的《哀江南赋》，他一方面描写了自己身世之悲，一方面则谴责了梁朝君臣的昏庸，表达对故国怀念之情。唐以后。骈文的形式日趋完善，出现了通篇四、六句式的骈文，所以宋代一般又称骈文为四六文。直至清末，骈文仍十分流行。

什么是古体诗？

古体诗一般又叫古风，这是依照古诗的作法写的，形式比较自由，不受格律的束缚。从诗句的字数看，有所谓四言诗、五言诗和七言诗。四言是四个字一句，五言是五个字一句，七言是七个字一句。唐代以后，四言诗很少见了，所以通常只分五言、七言两类。五言古体诗简称五古；七言古体诗简称七古；三五七言兼用者，一般也算七古。

什么是近体诗？

近体诗，又称今体诗或格律诗，是中国讲究平仄、对仗和押韵的诗体。为有别于古体诗而有近体之名。指唐代形成的格律诗体。在近体诗篇中句数、字数、平仄、押韵都有严格的限制。近体诗是唐代以后的主要诗体，代表诗人有：李白、杜甫、李商隐、陆游等。在中国诗歌史上有着重要地位。

什么是四言诗、五言诗、七言诗？

四言诗、五言诗、七言诗是诗体的种类。四言诗指四字组成的诗句。四言诗指通首都是或基本是四字句写成的诗歌。在上古歌谣及《周易》韵语中，已有所见，到中国第一部诗歌总集《诗经》中，虽杂有三、五、七、八、九言之句，而基本上是四言体。五言诗是指每句五个字的诗体，全篇由五字句构成的诗。五言诗可以容纳更多的词汇，从而扩展了诗歌的容量，能够更灵活细致地抒情和叙事。因此，它更为适应汉以后发展了的社会生活，从而逐步取代了四言诗的正统地位，成为古典诗歌的主要形式之一。初唐以后，产生了近体诗，其中即有五言律诗、五言绝句。唐代以前的五言诗便通称为"五言古诗"或"五古"。七言诗是指全诗每句七字或以七字句为主。起源于先秦和汉代的民间歌谣。不过，汉、魏之际七言诗极少，在南北朝时期至隋渐有发展，直到唐代，才真正发达起来，成为我国古典诗歌的又一种主要形式。

什么是词？

词是诗的别体，是唐代兴起的一种新的文学样式，到了宋代，经过长期不断的发展，进入了全盛时期。词又称曲子词、长短句、诗余，是配合宴乐乐曲而填写的歌诗，词牌是词的调子的名称，不同的词牌在总句数、句数，每句的字数、平仄上都有规定。

什么是词牌？

词牌，就是词的格式的名称。词

的格式和律诗的格式不同：律诗只有四种格式，而词则总共有一千多个格式。人们不好把它们称为第一式、第二式等等，所以给它们起了一些名字。这些名字就是词牌。有时候，几个格式合用一个词牌，因为它们是同一个格式的若干变体；有时候，同一个格式而有几个名称。

词的令、引、近、慢具体指什么？

词牌曲调按音乐分又有令、引、近、慢之别。"令"一般比较短，早期的文人词多填小令。如《十六字令》、《如梦令》、《捣练子令》等。"引"和"近"一般比较长，如《江梅引》、《阳关引》、《祝英台近》、《诉衷情近》。而"慢"又较"引"和"近"更长，盛行于北宋中叶以后，有柳永"始衍慢词"的说法。词牌如《木兰花慢》、《雨霖铃慢》等。依其字数的多少，又有"小令"、"中调"、"长调"之分。据清代毛先舒《填词名解》之说，58字以内为小令，59—90字为中调，90字以外为长调。最长的词牌《莺啼序》240字。

什么是"古文"？

古文是指春秋战国及其以前古书上的文字。许慎在《说文解字叙》中说："周太史籀著大篆十五篇，与古文或异。"把古文与大篆相提并论，说古文是史籀以前的文字的通称。古文另有一种意思，即是对1954年以前的文言文的统称（一般不包括"骈文"）。

什么是"八股文"？

"八股文"是明清科举考试的一种文体，也称制艺、制义、时艺、时文、八比文。其体源于宋元的经义，而成于明成化以后，至清光绪末年始废。文章就四书取题。开始先揭示题旨，为"破题"。接着承上文而加以阐发，叫"承题"。然后开始议论，称"起讲"。再后为"入手"，为起讲后的入手之处。以下再分"起股"、"中股"、"后股"和"束股"四个段落，而每个段落中，都有两股排比对偶的文字，合共八股，故称八股文。其所论内容，都要根据宋朱熹《四书集注》等书"代圣人立说"，不许作者自由发挥。它是封建统治者束缚人民思想、维护封建统治的工具。

什么是"传奇"？

传奇本是传述奇闻异事的意思，唐传奇是指唐代流行的文言短篇小说。它远继神话传说和史传文学，近承魏晋南北朝志怪和志人小说，发展成为一种以史传笔法写奇闻异事的小说体式。唐传奇内容更加丰富，题材更为广泛，艺术上也更成熟。唐传奇的代表作有沈既济的《任氏传》、李朝威的《柳毅传》、元稹的《莺莺传》、白行简的《李娃传》、蒋防的《霍小玉传》、陈鸿的《长恨歌传》、杜光庭的《虬髯客传》等。元末明初时也有人将元杂剧称为"传奇"。自从宋元南戏在明代规范化、典雅化、声腔化和全国化之后，传奇就成为不包括杂剧在内的明清中长篇戏曲剧本的总称。

什么是"变文"？

变文是唐代兴起的一种说唱文学，多用韵文和散文交错组成，内容原为佛经故事，后来范围扩大，包括历史故事、民间传说等，如敦煌石窟里发现的《大目乾连冥间救母变文》、《伍子胥变文》等。从现存的文本来看，唐代变文在艺术上显得比较粗糙，但作为一种适应民间娱乐需要而兴起的文学形式，它具有很强的生命力，对后代的白话小说和民间讲唱文学产生了深远的影响。

什么是"话本"？

宋代兴起的白话小说，用通俗文字写成，多以历史故事和当时社会生活为题材，是宋元民间艺人说唱的底本，也称为"话文"或简称"话"。周朝已经出现讲故事的说唱文学，如《荀子·成相篇》一文，被认为是当时民间的讲唱文学。三国时代已经出现过"俳优小说"，将表演与说唱融为一体，可能是说话艺术的雏型。唐代"说话"已在宫庭中流行。话本小说到了宋朝达到颠峰，宋朝的话本能兴盛发展，其原因主要有：一是文言小说的没落，二是说唱艺术的繁盛。话本的形式比起一般小说较为特别，一篇话本可分为三个部分：入话、正文、结尾。入话是在全篇开始时先引一至数首诗词，再说个与内容相关的小故事；正文是话本的主体，以白话文为主，也可穿插诗词，如描写景物或人物感情时便可以诗词表达；故事结束时以诗词结尾，可点明主题，也可评论故事内容或劝诫听众。最初的话本只是说书人的讲稿，并不是专对文学的创作，常赖说书人的发挥。《醉翁谈录》将话本小说分为灵怪、烟粉、传奇、公案、朴刀、杆棒、神仙、妖术八类。短篇集大多收录在《京本通俗小说》、《清平山堂话本》等集中，明代冯梦龙所编《三言》亦收罗不少。长篇大多是说经讲史，有《新编五代史平话》、《大宋宣和遗事》、《金相平话五种》等流传。

什么是"诸宫调"？

诸宫调是指中国宋、金、元时期的一种大型说唱艺术。由韵文和散文两部分组成，演唱时采取歌唱和说白相间的方式，基本上属叙事体，其中唱词有接近代言体的部分，歌唱部分是用多种宫调的若干不同曲调组成，故称为"诸宫调"，亦称"诸般宫调"。诸宫调的出现，为后世戏曲音乐开辟了道路。曲调对北方杂剧的形成起到了重要作用，它的主要的艺术手段，都为元杂剧所吸收。元杂剧分为旦本、末本，一本由一个角色主唱到底，套曲的组织方式等，都直接受到诸宫调的影响。

什么是"诗话"？

诗话是中国古代的一种独特的论诗的文体，狭义的诗话是指诗歌的话本，即关于诗歌的故事，随笔体，如欧阳修的《六一诗话》，广义的是指诗歌的评论样式，崛起于北宋，是中国古代诗歌体制特别是唐代律诗高度发展的产物，改变了中国古代文学批评原有的格局。

什么是"散曲"？

散曲，是一种同音乐结合的长短句歌词。元人称为"乐府"或"今乐府"。经过长期酝酿，到宋金时期又吸收了一些民间流行的曲词，尤其是少数民族的乐曲的侵入并与中原正乐融合，导致传统的词和词曲不能再适应新的音乐形式，于是逐步形成了种新的诗歌形式——散曲。散曲之名最早见之于文献，是明初朱有燉的《诚斋乐府》。包括小令和套数，以及介于两者之间的带过曲。

什么是杂剧？

元杂剧又称北杂剧、北曲、元曲，是在金院本和诸宫调的直接影响之下，融合各种表演艺术形式而成的一种完整的戏剧形式，并在唐宋以来话本、词曲、讲唱文学的基础上创造了成熟的文学剧本。作为一种成熟的戏剧，元杂剧在内容上不仅丰富了久已在民间传唱的故事，而且广泛地反映了当时的社会现实，成为广大人民群众最喜爱的文艺形式之一。元杂剧分为前后两期，以大德年间为界。前期是高度繁盛的时期，活动的中心在大都，主要作家有关汉卿、王实甫、马致远、白朴等，后期活动的中心南移，主要作家有秦简夫、郑光祖、乔吉等。

什么是南戏？

南戏也称"戏文"，是元朝时用南曲演唱的戏曲形式。由宋杂剧、唱赚、宋词以及里巷歌谣等形式综合发展而形成的。一般认为是中国戏曲最早的成熟形式。在南方民间广为流传。在元代南北统一之后，南戏逐渐北上，出现了南北戏剧艺术交流的局面。到了元末明初，南戏就更加成熟，在创作上出现了新的高峰，当时产生了"五大南戏"：《荆钗记》、《白兔记》、《拜月亭记》、《杀狗记》、《琵琶记》。在戏曲史上有着重大的影响和作用。在明成化、弘治以后，南戏进一步发展演变为"传奇"，对明、清两代的戏曲影响很大。剧本有一百七十多种，但是全本留传的仅有《小孙屠》、《张协状元》、《宦门子弟错上身》等。

什么是小说？小说是如何分类的？

现代所谓小说，指以人物形象的塑造为中心，通过完整的故事情节和具体的环境描写，广泛地反映社会生活的一种叙事性文学体裁。我国古代的"小说"含义与此不同。《庄子·外物篇》云："饰小说以干县令，其于大达亦远矣。""小说"与"大达"相对，指无关宏旨的琐屑言论。汉代班固《汉书·艺文志》云："小说家者流，盖出于稗官，街谈巷议，道听途说者之所造也。"从所录小说家书15种，1380篇目录看，是指一种记叙性文体。我国具有小说特征的文学创作，可以上溯到史前的神话和传说，但直接源头是汉魏六朝的志怪小说。其后，唐发展为传奇，宋元明清扩大为笔记小说，这是文言小说的一支。另一支为白话小说，滥觞于唐宋间的平话（话本），光大于元明清的章回小说。

我国古代小说可以做如下分类：

一、语言上分为文言小说、白话小说；

二、形式上分为短篇小说、中篇小说、长篇小说；

三、题材上可以分笔记小说、社会谴责小说类、神怪传奇小说类、古典历史小说、公案侠义小说类、风月小说；或者，可以将古典小说分为"志怪神魔"、"英雄传奇"、"社会人情"三大类。

笔记小说有哪些特点？

笔记小说是泛指一切用文言写的志怪、传奇、杂录、琐闻、传记、随笔之类的著作，内容广泛驳杂，举凡天文地理、朝章典制、草木虫鱼、风俗民情、学术考证、鬼怪神仙、艳情传奇、笑话奇谈、逸事琐闻等等。它的特点就是兼有"笔记"和"小说"特征。"笔记"使其在记叙上获得了一种散文化的记叙空间，在这一空间里，作者可以叙述，也可以表达别人及自己的思考以及观点，而"小说"则是一种带有故事性的叙述和创作，由于"笔记"本身获得的自由空间，又可以使"小说"创作与散文化的"笔记"叙述相互交叉，使其优势十分明显。

章回小说有哪些特点？

章回小说是长篇小说的一种，是我国古典小说的主要形式，其特点是将全书分为若干章节，称为"回"。少则十几回、几十回，多则百余回。每回前用两句对偶的文字标目，称为"回目"，概括本回的故事内容。如三国演义第一回正文前标有"宴桃园豪杰三结义，斩黄巾英雄首立功"。每回末有"……如何，且看下文分解"，如三国演义第一回末写道"毕竟董卓性命如何，且看下文分解"。一回叙述一个较为完整的故事段落，具有相对的独立性，但又承上启下。这类小说段落整齐，叙事清楚，符合民众的欣赏习惯，便于读者间歇阅读，故其形式为明、清两代长篇小说所普遍采用。

什么是"建安风骨"？

建安文学指东汉汉献帝建安年间和曹魏前期的文学，其代表人物是以曹操、曹丕、曹植为中心，包括孔融、陈琳、王粲等的一批文人。他们有着自己的政治理想与抱负，在汉乐府民歌朴实叙事的基础上，注入文人自己个性，使诗歌富于文采和抒情性，为中国诗歌打开了一个新的局面。代表作有曹操的《观沧海》、曹丕的《燕歌行》、曹植《白马篇》、《洛神赋》等。建安文人们对于政治理想的追求，对于人生短暂的嗟叹，以及强烈的个性和悲剧色彩都构成了建安文学慷慨悲凉的特点，被后世誉为"建安风骨"。

正始文学的基本特点是什么？

正始是魏齐王曹芳的年号，正始文学泛指曹魏后期的文学。这一时期，玄学开始盛行。玄学家们重视庄子所强调的精神自由，当时，有人主张"越名教而任自然"，以"竹林七贤"（阮籍、嵇康、阮咸、山涛、向秀、王戎、刘伶）为代表，也有主张名教与自然相统一的，以何晏、王弼为代表。这一时期是司马氏掌握曹魏大权，实行高压统治，政治黑暗。正始文人面对这种严酷的现实，发展了建安文学中"忧生之嗟"，集中抒发了个人在外部力量强大压迫下的悲哀。以阮籍、嵇康为代表的文人们，用诗歌来揭露礼教的虚伪，抒发内心的苦闷。正始文学呈现出浓厚的哲理色彩，深刻的理性思考和尖锐的人生悲哀，是它的基本特点。

太康体诗歌有哪些特点？

太康体诗歌指西晋武帝太康时期的一种诗风，或一种诗体。太康前后是西晋文坛上比较繁荣的时期，众多的作家都有不少传世之作。太康诗歌一般以陆机、潘岳为代表。他们的诗歌比较注重艺术形式的追求，讲究辞藻华美和对偶工整。诗歌的技巧虽更臻精美，但有时过分追求形式，往往失于雕琢，流于拙滞，笔力平弱。总之"采缛于正始，力柔于建安，或析文以为妙，或流靡以自妍"（《文心雕龙·明诗》），是这一时期诗人的总风格。不过每个作家仍有独特之处，"潘文浅而净，陆文深而芜"（《世说新语·文学》）。其他如张协以造语新颖，"巧构形似之言"著称。左思则在太康诗风中独树一帜。其诗内容充实、语言质朴，气势雄浑，"似孟德而加以流丽，仿子建而独能简贵"（《采菽堂古诗选》卷十一），不失汉魏遗风。

玄言诗歌有哪些特点？

自魏晋以后，社会动荡不安，士大夫托意玄虚以求全身远祸。到了西晋后期，这种风气，逐步影响到诗歌创作。尤其是东晋时代，更因佛教的盛行，使玄学与佛教逐步结合，许多诗人都用诗歌的形式来表达自己对玄理的领悟。玄言诗就是以阐释老庄和佛教哲理为主要内容的诗歌，玄言诗约起于西晋之末而盛行于东晋。代表作家有孙绰、许询、庾亮、桓温等；其特点是玄理入诗，以诗为老庄哲学的说教和注解，"理过其词，淡乎寡味"，严重脱离社会生活。

元嘉体诗歌有哪些特点？

元嘉体诗歌指南朝宋文帝元嘉年间形成的一种诗风。其特点是注意描绘山水，讲究对偶。"元嘉体"之名始见于宋代严羽《沧浪诗话》，用以概括谢灵运、颜延之和鲍照的诗风。这三位诗人在注重描绘山川景物，讲究词藻的华丽和对仗的工整方面有互相类似之处。但是"元嘉体"诗人的风格也各有特点。谢灵运擅长写山水诗，以辞藻富赡，善于描写自然景物著称；颜延之以侍宴、应制之作居多，其特点是典雅、凝炼，往往雕琢过甚，用典过多，虽亦有写景之句，常有"雕缋满眼"之弊；鲍照作品以乐府诗为最有名，反映社会现实的深度远胜颜、谢。他乐府以外的一些诗则较重辞藻，与颜、谢相近，其特点是以奇险取胜。元嘉体诗人们改变了东晋多数诗人平淡无味的玄言诗风，形成了注重辞藻、讲究对仗的共同趋向。比起齐梁诗来，他们的诗又都显得较为古奥和刚劲。

永明体诗歌有哪些特点？

永明是南朝齐武帝的年号，"永明体"亦称"新体诗"，这种诗体要求严格四声八病之说，强调声韵格律。永明体诗歌讲求声律，用韵已相当考究；诗的篇幅已大大缩短，句式渐趋于定型，以五言四句、五言八句为主；讲求写作技巧，讲求骈偶、对仗，律句已大量出现；革除了刘宋时元嘉体诗痴重板滞的风气，追求流转圆美和通俗易懂的诗风；讲求诗首尾的完整性，讲求构思的巧妙，追求诗的意境，写景抒情有机地融为一体。这种诗体的出现，对于纠正晋宋以来文人诗的语言过于艰涩的弊病，使创作转向清新通畅起了一定的作用。对"近体诗"的形成产生了重大影响。

齐梁体诗歌有哪些特点？

齐梁体诗歌是在南朝齐、梁时代出现的一种诗风。齐梁体诗歌内容多吟咏风云、月露，题材狭窄；形式上，多追求音律精细，对偶工整，辞藻巧艳。

这个时代出现的文学基本格调世称"齐梁体"。对这种诗风,后来刘勰、陈子昂等都指出其弊病,李白也曾说"自从建安来,绮丽不足珍"(《古风》第一首)。但就整个齐梁诗歌时代来说还是有不少优秀诗人和作品的,如庾信、谢朓等人的作品,对诗歌形式的创造,特别是对诗歌韵律的发现是齐梁诗人的一大贡献。

什么是宫体诗?

宫体诗指以南朝梁简文帝萧纲为太子时的东宫,以及陈后主、隋炀帝、唐太宗等几个宫廷为中心的诗歌。"宫体"既指一种描写宫廷生活的诗体,又指在宫廷所形成的一种诗风,始于简文帝萧纲。萧纲为太子时,常与文人墨客在东宫相互唱和。其内容多是宫廷生活及男女私情,形式上则追求词藻靡丽,时称"宫体"。后来因称艳情诗为宫体诗。宫体诗的主要作家有萧纲、萧绎、徐摛、徐陵父子、庾肩吾、庾信父子及刘孝威等,所以又叫"徐庾体"。宫体诗为后来的吴歌西曲奠定了基础。

什么是韩孟诗派?

韩孟诗派是中唐时期崛起的一个影响很大的诗派,代表诗人是韩愈、孟郊,还包括贾岛、卢仝、姚合、李贺、刘叉等。他们不想随盛唐诗的后尘亦步亦趋,而要自创新格,另辟蹊径,"言人之所未言,辟人所未境"。他们继承并发展了杜甫"语不惊人死不休"的一面,在创作态度上,"用思艰险",崇尚"苦吟",主张"不平则鸣"与"笔补造化"。在诗歌风格上,主要追求奇崛险怪、雄奇怪异之美。韩愈评价孟郊的"横空盘硬语,妥帖力排奡"、"奋猛卷海潦"、"刿目怵心、刃迎缕解、钩章棘句、掏擢胃肾、神设鬼施、间见层出",就是这种风格的具体描述。不过在思想内容上,即使是优秀之作,也多以抒写个人的遭遇来揭示社会的弊端,直接反映现实的较少。

什么是田园诗派?

山水田园诗派是盛唐时期的两大诗派之一,这一诗派是陶渊明、谢灵运、谢朓的后继者,这一诗派的诗人以擅长描绘山水田园风光而著称,在艺术风格上也比较接近,通过描绘幽静的景色,借以反映其宁静的心境或隐逸的思想,因而被称为"山水田园诗派"。其主要作家是孟浩然、王维、常健、祖咏、裴迪等人,其中成就最高、影响最大的是王维和孟浩然,也称为"王孟"。

什么是边塞诗派?

边塞诗派是盛唐以描绘边塞风光、反映戍边将士生活为主的诗歌流派。唐代疆域广阔,为了维护各民族的团结安宁、维护国家的和平统一,开疆拓土的战争也不断出现。这样,以战事为中心的边关生活便成了盛唐诗人关注的重要内容。这一派诗人以高适、岑参、李颀、王昌龄最为知名,高、岑成就最高。这些诗人大多数亲身经历过边疆军队生活,他们的诗歌风格多样,内容丰富,既有"走马川行雪海边,平沙莽莽黄入天"的奇伟壮丽,"北风卷地白草折"的大气磅礴,也有"黄河远上白云间,一片孤城万仞山"的壮观凄凉,和"马上相逢无纸笔,凭君传语报平安"的思乡之情。

什么是元和体诗歌？

元和体诗歌是唐宪宗元和年间开始流行的诗体专称。有广狭二义：广义指唐宪宗元和以来各种新体诗文。李肇《唐国史补》卷下："元和以后，为文笔则学奇诡于韩愈，学苦涩于樊宗师；歌行则学流荡于张籍；诗章则学矫激于孟郊，学浅切于白居易，学淫靡于元稹，俱名为元和体。"认为元和以后流行的新的文风、诗风，是由韩愈等元和时的著名作家开创的，所以总称之为元和体。狭义是指元稹、白居易诗中的次韵相酬的长篇排律和包括艳体在内的流连光景的中短篇杂体诗。《旧唐书·元稹传》说，元稹"与太原白居易友善。工为诗，善状咏风态物色。当时言诗者，称元、白焉。自衣冠士子，至闾阎下俚，悉传讽之，号为元和体"。元稹《白氏长庆集序》："予始与乐天同校秘书之名，多以诗章相赠答。会予遣掾江陵，乐天犹在翰林，寄予百韵律诗及杂体，前后数十章。是后各佐江、通，复相酬寄。巴、蜀、江、楚间泊长安中少年递相仿效，竞作新词，自谓为元和诗。"说明元和体即元和时流行的新体诗，专指元、白诗体中的一个方面及其模仿的作品而言。

什么是长庆体诗歌？

"长庆体"之称始于宋人，缘于白居易、元稹的文集名。是对唐代白居易、元稹诗的泛称，所指较为宽泛。清以后，其内涵所指逐渐确定下来，成了以《长恨歌》、《琵琶行》、《连昌宫词》为代表的那种叙事风情宛转、语言摇荡多姿、平仄转韵的七言长篇歌行之专用名词。

什么是香奁体诗歌？

香奁体指唐代韩偓《香奁集》所代表的一种诗风，一名艳体。这类作品多写男女之情和妇女的服饰容态，风格绮丽纤巧。它渊源于六朝宫体，而描写范围则从宫廷贵族扩大到一般士大夫的恋情、狎邪生活，对后世诗歌有一定影响。

什么是花间词派？

花间词派是晚唐五代奉温庭筠为鼻祖而进行词的创作的一个文人词派。产生于西蜀，得名于赵崇祚编辑的《花间集》。主要的词人还有孙光宪、李珣、牛希济。这一词派题材狭窄、情致单调。大都以婉约的表达手法，写女性的美貌和服饰以及她们的离愁别恨。在这些词中描绘景物富丽、意象繁多、构图华美、刻画工细，能唤起读者视觉、听觉、嗅觉的美感。由于注重锤炼文字、音韵，从而形成隐约迷离幽深的意境。对后世的文人词产生、发展有一定的影响。

什么是南唐词派？

南唐词派主要指南唐二主（中主李璟、后主李煜）和冯延巳等人所代表的一个词派。南唐词派在总体上以"男女情事"为主要题材，在直接抒情内容上，南唐词派也大体不出"伤春"和"悲秋"的离愁别绪；在艺术风格上，南唐词人的总体格调是柔婉深约，蕴藉含蓄。南唐词人的眼界较大，感慨较深，风格亦有趋于纯任性灵。在抒写恋思别情时，有时融入了深沉的人生感慨，从而导致了词整体美学品位的上升，提高了词的表现力。

什么是西昆体诗歌？

西昆体，是宋初诗坛上声势最盛的一个诗歌流派，它是以《西昆酬唱集》而得名的，其诗人中成就较高的有杨亿、刘筠、钱惟演。它是晚唐五代诗风的沿续，大多师法李商隐诗的雕润密丽、音调铿锵，呈现出整饰、典丽的艺术特征。但是从总体上看，西昆体诗的思想内容是比较贫乏的，它们与时代、社会没有密切的关系，也很少抒写诗人的真情实感，缺乏生活气息。

豪放派诗词有哪些特点？

宋词两大流派之一。豪放词题材广阔，不仅描写花间月下，还描写军国重大题材，使词能像诗文一样地反映生活，它境界宏大，气势恢弘，不拘格律，崇尚直率，不求含蓄婉曲。北宋时豪放派的代表人物是苏轼，苏轼的词风洒脱旷达，开创豪放词风，他用广泛的题材、开阔的视野代替了五代婉约词儿女之情、离别之感；用恢宏豪放的风格取代了含蓄婉约风格；又直接抒发情感，突破了格律的限制；还用诗的语言写词，为词开拓出新天地，《念奴娇·赤壁怀古》最著名。同时代豪放词人还有王安石、范仲淹等。南宋著名豪放派词人有岳飞、张元幹、张孝祥、陆游等，辛弃疾成为最著名的豪放派词人。他的词无所不包，既写景状物又抒情议论。他更用散文的笔法填词，大量运用比兴、典故，极大丰富了词的表现手法，完成了词体的解放，实现了词风的变革，把豪放派词创作推向顶峰。辛词名篇有《水龙吟·登建康赏心亭》、《青玉案·元夕》等。豪放词派丰富了古代文学的宝库，对后代词人产生了深远的影响。

婉约派诗词有哪些特点？

婉约词派是宋词的两大流派之一。婉约词最早出现在唐五代。北宋时，国家稳定，城市繁荣，繁华的城市生活促进了婉约词的发展，形成了婉约词派。婉约词风格含蓄，隐喻曲折，寄情委婉，文辞绮丽。著名作家有欧阳修、晏殊、晏几道、柳永、秦观、贺铸、周邦彦、李清照等，柳永成就最高。婉约词派把过去的狭窄的艳情词扩展到城市生活的各个方面；过去仅有小令，后又创造出慢词长调，语言多用城市中百姓市民常用的话，因而广受欢迎。婉约词历来被当作词学正宗，名篇佳作有柳永《雨霖铃·寒蝉凄切》、秦观《鹊桥仙·纤云弄巧》、李清照《声声慢·寻寻觅觅》。南宋又出现了姜夔、吴文英、张炎等优秀婉约派词人。

什么是元祐体？

北宋宋哲宗元祐前后，苏轼及其门下士黄庭坚和陈师道等人相互唱和，相互影响，形成所谓"元祐体"诗歌。黄陈在"以文学为诗"和"以才学为诗"方面更变本加厉，踵事增华，用事范围上至"儒释老庄之奥"，下至"医卜百家之说"，大大超越了西昆体所依赖的类书。他们在北宋中叶以来逐渐兴起的学杜思潮的基础上，竖起尊杜的大旗，黄诗七律的瘦劲、陈诗五律的沉挚，都颇有杜诗"句法"的神韵。

江西诗派诗人的作品有哪些特点？

江西诗派是我国文学史上第一个有正式名称的诗文派别。代表人物有黄庭坚、陈师道、潘大临、谢逸等人。江西诗派的诗歌理论强调"夺胎换骨"、"点铁成金"，即或师承前人之辞，或师承前人之意；崇尚瘦硬奇拗的诗风；

追求字字有出处。在创作中，诗派"以故为新"，重要作家的诗作风格迥异，自成一体。黄庭坚倡导求新求变，主张多读前人作品，从中汲取艺术营养，熟练地掌握炼字、造句、谋篇等写作技巧，同时力求打破技巧的束缚；陈师道作诗"闭门觅句"，和黄庭坚并称为"黄陈"。江西诗派成为宋代最有影响的诗歌流派。它的影响遍及整个南宋诗坛，延续到近代的同光体诗人。

江湖诗人有哪些特点？

江湖诗人指南宋理宗年间，由于诗歌集《江湖集》、《江湖前集》等的流传，所形成的一个组织松散诗风却比较接近的诗歌流派，通常还包括被称为"永嘉四灵"的赵师秀，徐玑，徐照，翁卷。江湖诗人大体上有两个比较明显的特征：其一，他们大多对政治并没有坚定的信念与明确的主张，对个人的前景出路却常抱有深深的忧虑与怅惘；同时由于经济繁荣、生活安定，于是便把政治理想与个人功业上的失望，转化为对一种高逸情趣的追求，参禅访道，交友吟咏，以此求得心理的平衡。其二，他们大多对诗歌的抒情性比较重视，因而都反对江西派诗风，而提倡一种清丽尖新的诗歌风格。

什么是台阁体诗歌？

台阁体诗歌出现于明朝永乐至成化年间，是指以当时馆阁文臣杨士奇、杨荣、杨溥等为代表的一种文学创作风格。它的出现，是诗歌创作的一种倒退，因为它只追求所谓"雍容典雅"，内容大多比较贫乏，多为应制、题赠、酬应而作，题材常是"颂圣德，歌太平"，毫无创新，毫无生气，体现了洪武朝以后一段长时期里上层官僚的精神面貌和审美意趣，并作为典范而广泛地影响文坛。

茶陵诗派有哪些特点？

茶陵诗派指明成化、正德年间的一个诗歌流派，因该派领袖李东阳为湖南茶陵人，故名。这一诗派主性情，反模拟，推崇李杜，不拘一格；并且重视诗歌的声调、节奏、法度、用字，要以不同的风格代替台阁体。李东阳官居相位，并主持文坛，门生众多，其诗论诗风堪称一代之盛，成为台阁体向前后七子复古运动之间的过渡。茶陵诗人还有彭民望、谢铎、张泰及"李门六君子"邵宝、何孟春、石珤、顾清、罗玘、鲁铎等。

吴江派是一个怎样的流派？

吴江派是明代戏曲文学流派。古代戏曲至明代形成以沈璟为代表的"吴江派"，属于这一派的还有顾大典、吕天成、王骥德、叶宪祖、冯梦龙、沈自晋等。沈璟戏剧理论的主要内容是要求作曲"合律依腔"，语言"僻好本色"。他与汤显祖的主张"以意趣神色为主"的"临川派"意见相左，产生了戏曲界的"汤沈之争"。吴江派厘定曲谱、规定句法，注明字句的音韵平仄，给曲家指出规范，但过分强调音韵格律，主张宁肯曲辞不工整，也要符合音律；提倡戏曲语言要"本色"，原本意在反对明初的骈俪颓风，但由于他把"本色"狭窄地理解为只是采用俗言俚语、家常语，也产生了弊病。吕天成《曲品》主张戏曲创作允许虚构，不必都符合事实，重视戏曲结构，注意舞台演出特点。戏曲创作的实践上，比较突出的当数沈璟、沈自晋和沈自征。"吴江派"活跃于明末，对后世的戏曲创作理论与实践都有重大影响。

临川派是怎样得名的？

明代戏曲文学流派，也称"玉茗堂派"。因为其领袖人物汤显祖的祖籍是临川（今江西抚州），时人称他为汤临川，而汤显祖的戏曲作品总名"玉茗堂四梦"，"临川派"和"玉茗堂派"因而得名。属于此派的曲家还有来集之、冯延年、陈情表、邹兑金、阮大铖、吴炳、孟称舜、凌濛初等。

唐宋派有哪些特点？

明代文学流派。代表人物有嘉靖年间的王慎中、唐顺之、茅坤和归有光等人。唐宋派既推尊三代两汉文章的传统地位，又承认唐宋文的继承发展。唐宋派变学秦汉为学欧阳修、曾巩，易佶屈聱牙为文从字顺，是一个进步。唐宋派还重视在散文中抒发作者的思想感情，他们批评复古派一味抄袭模拟，主张文章要直写胸臆，具有自己的本色面目。其散文创作对后世较有影响，如清代桐城派便承继了它的传统。

前后七子复古派有哪些特点？

前后七子是明朝中叶的一个复古诗文流派。当时，八股文、台阁体占据统治地位，弘治、正德间李梦阳、何景明、徐祯卿、边贡、康海、王九思、王廷相七人很活跃，被称为前七子，以李、何为首。他们主张"文必秦汉，诗必盛唐"，要以它们为学习对象，但何景明强调创造，李梦阳强调模仿。到嘉靖年间，又出现了李攀龙、王世贞、谢榛、宗臣、梁有誉、徐中行、吴国伦七人，被称为后七子，又以李、王为首，活跃于嘉靖、隆庆间。他们对于诗文的见解大体一致，主张模拟古人。前后七子对于打击"台阁体"雍容典雅、千篇一律的文风有一定积极意义，但把诗文写作引上复古道路，产生了许多毫无生气的假古董诗文，使作品失去了生命力。他们也写有少数好作品，如李梦阳的《秋望》诗、李攀龙的《挽王中丞》二绝和宗臣的《报刘一丈书》等。

公安派因何而得名？

公安派是晚明文学领域一个具有相当影响的文学流派。代表人物有袁宏道、袁中道、袁宗道三兄弟，以袁宏道为首。因为他们是湖北公安人，所以称公安派。重要成员还有江盈科、陶望龄、黄辉、雷思霈等人，他们反对前七子和后七子的拟古风气，主张"独抒性灵，不拘格套"；强调世界生活在变，文学也要随着变化；打破了诗文正宗地位，推重民歌小说，提倡通俗文学，重视从民间文学中汲取营养。但他们多描写身边琐事或自然景物，缺乏深厚的社会内容，因而创作题材愈来愈狭窄。他们的后学随意写作，不加约束，争相使用方言土语，造成了文学的低俗化。但对于解放人们的心灵，破除模拟教条，贡献很大，甚至影响到了近代文学。

复社诗文有哪些特点？

复社是明末文社。崇祯二年（1629年）成立于吴江，系由云间几社、浙西闻社、江北南社、江西则社、历亭席社、昆阳社、云簪社、吴门羽朋社、吴门匡社、武林读书社、山左朋大社、中州端社、莱阳邑社、浙东超社、浙西庄社、黄州质社与江南应社等十几个社团联合而成。主要领导人为张溥、张采。复社成员在文学方面受前后七子复古主义影响颇深，但是在创作中大都注重反映社会生活，感情激越，具有强烈的现实主义倾向，这就有别于前后七子的专意"模古"，也不同于公安、竟陵派的空疏。诗词方面造诣较高的有吴伟业、陈子龙等，他们的诗作凝炼深沉，对时政的浑浊有所揭露，关心民生疾苦，尤擅七言歌行与七言律诗。散文方面张溥风格亢爽、文笔跌宕，黄淳耀简洁明晰、活泼有致，侯方域富于浪漫气息，各有特色。

桐城派是一个怎样的文学流派？

即桐城文派，又称桐城古文派、桐城散文派，主要代表人物方苞、刘大櫆、姚鼐均是安徽省桐城人，所以叫桐城派。桐城文派是清代文坛最大的散文流派。桐城派文论体系和古文运动的形成，始于方苞，经刘大櫆、姚鼐而发展成为一个声势显赫的文学流派，其他代表人物还有戴名世、姚莹、曾国藩、吴汝纶。桐城派的文章选取素材、运用语言只求简明达意、条理清晰，不重罗列材料、堆砌辞藻，不用诗词与骈句，力求"清真雅正"，一般都清顺通畅，尤其是记叙文，如方苞的《狱中杂记》、《左忠毅公逸事》，姚鼐的《登泰山记》等，都是著名的代表作。

阳湖派文学有哪些特点？

清代乾隆、嘉庆时期的散文流派。代表人物张惠言、恽敬都是江苏阳湖人，故以名派。恽敬对桐城派多有批评，为矫桐城派卑弱狭窄之陋，主张加强作家的才学修养，提出"文集之衰，当起之以百家"。但在理论和创作上，都不及桐城派影响大。张惠言又是常州词派创始人。其古文风格骏逸，较桐城派为旷达，也比较讲求词采。

常州词派有哪些文学主张？

常州词派是清代嘉庆以后的重要词派。康熙、乾隆时期，词坛主要为浙派所左右。浙派标举南宋，推崇姜（夔）、张（炎），一味追求清空醇雅，词的内容渐趋空虚、狭窄。到了嘉庆初年，浙派的词人更是专在声律格调上著力，流弊益甚，常州词人张惠言欲挽此颓风，大声疾呼词与《风》、《骚》同科，应该强调比兴寄托，反琐屑钉饾之习，攻无病呻吟之作。一时和者颇多，蔚然成风，遂有常州词派的兴起，后经周济的推阐、发展，理论更趋完善，所倡导的主张更加切合当时内忧外患、社会急速变化的历史要求。其影响直至清末不衰。

新乐府运动是怎么回事？

新乐府运动是中唐时期由白居易、元稹倡导的，以创作新题乐府诗为中心的诗歌革新运动。新乐府是相对古乐府而言的，唐把南北朝以前的乐府诗统称作古乐府。新乐府直接继承了汉乐府的现实主义精神。唐朝贞元、元和之际，广大地主士大夫要求革新政治，以中兴唐朝。白居易、元稹等诗人主张恢复古代的采诗制度，发扬《诗经》和汉魏乐府讽喻时事的传统，使诗歌起到"补察时政"，"泄导人情"的作用，他们主张"文章合为时而著，歌诗合为事而作"，要求叙事要有根据，令人信服，词句通顺，文辞质朴易懂。这种新乐府运动的精神，为晚唐诗人皮日休、聂夷中、杜荀鹤所继承。新乐府诗中，著名的作品有白居易的《新乐府》五十首和《秦中吟》十首，元稹的《田家词》、《织妇词》等。

什么是古文运动？

唐宋古文运动是指唐代中叶及北宋时期以提倡古文、反对骈文为特点的文体改革运动。因同时涉及文学的思想内容，所以兼有思想运动和社会运动的性质。"古文"这一概念由韩愈最先提出。他把六朝以来讲求声律及辞藻、排偶的骈文视为俗下文字，认为自己的散文继承了先秦两汉文章的传统，所以称"古文"。韩愈提倡古文，目的在于恢复古代的儒学道统，将改革文风与复兴儒学变为相辅相成的运动。在提倡古文时，进一步强调要以文明道。除唐代的韩愈、柳宗元外，宋代的欧阳修、王安石、曾巩、苏洵、苏轼、苏辙等人也是其中的代表性人物。

什么是神魔小说？

中国神魔小说来源于鲁迅的提法，该类小说在明清时期较为兴盛。但虽有《西游记》、《封神演义》、《镜花缘》等优秀作品，在避讳宣传"怪、力、乱、神"的中国古代，该流派小说的作者或者湮灭，或者不知真名，或者作品被禁止。其语言风格不拘一格，想象力丰富，背景或为虚幻或为海外某地假托，综合宗教、神话等民间喜闻乐见的形式，因此至今广为传颂。不少文人或依历史事件，或依流行的神怪故事，写了大量名著。

什么是世情小说？

世情小说是中国古典白话小说的一种，又称为人情小说，世情书等。它是以"极摹人情世态之歧，备写悲欢离合之致"为主要特点的一类小说。流行于明代。从鲁迅《中国小说史略》起，学术界一般又用世情小说（或人情小说）专指描写世俗人情的长篇。明清两代的世情小说，或主要写情爱婚姻，或主要叙家庭纠纷，或广阔地描绘社会生活，或专注于讥刺儒林、官场、青楼，内容丰富，色彩斑斓。世情小说以《金瓶梅》、《红楼梦》最著名。

什么是公案小说？

公案小说，它是中国旧小说的一种，由宋话本公案类演义而成，盛行于明末。先秦两汉法律文献中的案例与史书中的清官循吏的传记，是公案小说的先导，或者说是它的酝酿期。清代后期，出现了大批公案侠义小说，较著名的有《施公案》、《彭公案》、《三侠五义》、《小五义》、《永庆升平》前后传，《圣朝鼎盛万年清》、《七剑十三侠》、《李公案》等。

什么是演义？

演义是小说体裁之一。"演义"一词，最早见于《后汉书·周党传》："党等文不能演义，武不能死君。"据《辞海》解释："谓敷陈义理而加以引申。"可见"演义"是指根据史传、融合野史经艺术加工敷演而成的一种通俗的长篇小说。

什么是谴责小说？

谴责小说，是晚清的一个小说流派，是在1900年以后繁盛起来的。清朝末年政治黑暗、腐败，外交软弱无能，具有不同程度改良思想的作家纷纷通过创作小说来抨击政府和时弊，提出挽救社会的主张。鲁迅在《中国小说史略》中概括这类小说的特点是"揭发伏藏，显其弊恶，而于时政，严加纠弹，或更扩充，并及风俗"，故称之为"谴责小说"。谴责小说的代表作有李伯元的《官场现形记》，刘鹗的《老残游记》，曾朴的《孽海花》等。

什么是"诗言志"？

"诗言志"是我国古代文论家对诗的本质特征的认识。《诗经》的作者关于作诗目的的叙述中就有"诗言志"这种观念的萌芽。作为一个理论术语提出来，最早大约是在《左传·襄公二十七年》记赵文子对叔向所说的"诗以言志"。后来"诗言志"的说法就更为普遍。《尚书·尧典》中记舜的话说："诗言志，歌永言，声依永，律和声。"《庄子·天下篇》说："诗以道志。"《荀子·儒效》篇云："《诗》言是其志也。"到汉代，人们对"诗言志"即"诗是抒发人的思想感情的，是人的心灵世界的呈现"这个诗歌的本质特征的认识基本上趋于明确。《毛诗序》说："诗者，志之所之也，在心为志，发言为诗，情动于中而形于言。"情志并提，两相联系，比较中肯而客观。从《毛诗序》到刘勰、孔颖达、白居易，直至清代的叶燮、王夫之，都是如此。他们强调诗歌既应反映现实，为教化服务，重视其社会作用；又应感物吟志，情物交融，突出其抒情性；情志并重，功利性与艺术性两不偏废。应该说，对"诗言志"的这种理解比较符合诗的本质特征和实际作用，因而为人们所普遍接受。

三表法是由谁提出来的？

《墨子·非命上》中道："何谓三表？子墨子言曰：有本之者，有原之者，有用之者。于何本之？上本之古者圣王之事。于何原之？下原察百姓耳目之实。于何用之？废（发）以为刑政，观其中国家百姓人民之利。此所谓言有三表也。"所谓"本之"，主要是根据前人的经验教训，其依据是求之于古代的典籍；所谓"原之"，是"诉诸百姓耳目之实"，也就是从普通百姓的感觉经验中寻求立论的根据。"本之"是间接经验，"原之"是直接经验，都是属于归纳法的范围。所谓"用之"，是将言论应用于实际政治，看其是否符合国家百姓人民的利益，来判断真假和决定取舍。墨子的三表法提出了道德教育的三个层次要求。

"文气说"是由谁首先提出的？

曹丕《典论·论文》中提出的"文以气为主"的著名论断，"气"是指作家在禀性气度感情等方面的特点所构成的一种特殊精神状态在文章中的体现。所谓"文气"既是描写作家的气质、个性，又是指作家创作个性在文学作品中的具体体现。创作主体即作家的气质、个性不同，决定了文学作品风格各异，"文气"说强调创作主体心理结构的先天性、稳定性和个性差异，大大丰富了中国古代文学理论"作家论"的美学涵义，开启了以"气"论作家作品的理论传统。

"诗缘情"源自哪里？

"诗缘情"出自陆机的《文赋》"诗

缘情而绮靡"，这是陆机对于文学体式风格而提出的文学批评理论，一是指诗歌因情感激动而作，二是强调诗歌整体上的美好。"诗缘情"与《诗大序》中"吟咏情性"之说一脉相承，又抛开了儒家的诗歌政教作用，只强调诗歌的审美特征。讲求诗歌发乎内心情感，追求诗歌的美好动人的作用。这是文学独立性的表现。这一主张具有开一代风气的重大意义，它使诗歌的抒情产生了不受"止乎礼仪"束缚的巨大作用，诗因情而产生的提出是中国诗学的重要理论发现之一。

什么是"意境说"？

在中国古代传统的文艺理论中，意境是指作者的主观情意与客观物境互相交融而形成的艺术境界。明代朱承爵《存馀堂诗话》："作诗之妙，全在意境融彻，出音声之外，乃得真味。"清代俞樾《春在堂随笔》卷二："云栖修篁夹道，意境殊胜。""意境"是艺术辩证法的基本范畴之一，也是美学中所要研究的重要问题。意境是属于主观范畴的"意"与属于客观范畴的"境"二者结合的一种艺术境界。这一艺术辩证法范畴内容极为丰富，"意"是情与理的统一，"境"是形与神的统一。在两个统一过程中，情理、形神相互渗透，相互制约，就形成了"意境"。

什么是"神韵说"？

中国古代诗论的一种诗歌创作和评论主张。为清初王士禛所倡导。在清代前期统治诗坛几达百年之久。"明代前后七子于诗，言必称汉、魏、盛唐，其弊流于肤廓；公安派以宋人矫七子之失，其弊又流于浅率。"王士禛为了纠正两派的偏差，吸取唐司空图《二十四诗品》和宋严羽《沧浪诗话》的理论，创为神韵说。强调"兴会神到"，追求"得意忘言"，主张以清淡闲远的风神韵致为诗歌的最高境界。

什么是"赋、比、兴"？

《诗经》在艺术上对后代文学影响最大的是赋、比、兴的表现手法。所谓赋、比、兴就是："赋者，敷陈其事而直言之也；比者，以彼物比此物也；兴者，先言他物以引起所咏之辞也。"赋是《诗经》中运用最多的表现手法。赋从本质上讲，就是直接描绘，直接抒情，直接铺叙。《诗经》中使用赋法较多的是"雅"、"颂"，而"国风"里也不乏用赋法写出的优秀篇章，例如：《静女》、《七月》。比，即比喻。使被说明对象生动形象具体，给人深刻印象。例如：《氓》用桑树由繁茂到凋落比喻女子由风华正茂到年老色衰，也比喻夫妇间爱情的变化。兴即起头、开端，借外物以引出所歌咏的对象和所抒发的感情，《诗经》中大多借句起兴，借"外物"起兴，所"借"之物和内容没很大联系，有的甚至能起到比的作用。例如：《关雎》用"雎鸠"的鸣叫起兴，引出诗人即景生情的联想。

红学是研究什么的？

红学一词最早见于清代李放的《八旗画录》。其中记载："光绪初，京朝上大夫尤喜读之（指《红楼梦》），自相矜为红学云。"红学是专攻中国古典文学名著《红楼梦》的一门研究，从狭义范围来说，红学主要包括曹雪芹学、版本学、脂学、探佚学，即对《红楼梦》的作者、版本、脂砚斋评以及"佚稿"的研究。从广义来说，除了包括上述研究范围，还包括对小说时代背景、思想、艺术、人物等各方面的研究。总之，凡是有关《红楼梦》的学问，都可纳入红学的范畴，如对《红楼梦》主题的研究、人物的研究；对《红楼梦》作者生平的研究；对《红楼梦》版本的研究，《红楼梦》与其它古典名著的相互影响等等。

什么是训诂学？

所谓"训诂"，也叫"训故"、"故训"、"古训"、"解故"、"解诂"，是汉文古籍释读术，是一门综合性的应用型学科。"训诂"连用，最早见于春秋时期鲁国人毛亨注释《诗经》的书，书名叫《诗故训传》，"故"、"训"、"传"是三种注解古文的方法。"训诂"合用始见于汉朝的典籍。释读汉文古籍均从词句入手，最终目的是弄懂文本的旨意。训诂学是汉语语言学、语文学的一个部门，是综合性学科，是一门主要根据文字的形体与声音，以解释文字意义的学问。偏重于研究古代的词义，尤其注重于研究汉魏以前古书中的词义、语法、修辞等语文现象，但不等于语义学、词义学。训诂学可以有广义和狭义之分。广义的训诂学包括音韵学和文字学，狭义的训诂学只是小学中与音韵、文字相对的学科。也有人将训诂学分为新旧两种。

为什么说屈原是伟大的爱国诗人？

屈原（约前340—约前278），名平，字原，战国末期楚国人，是楚国"公室"贵族。屈原是中国文学史上第一位伟大的爱国诗人，自此中国有了以文学著称于世的作家。他早年受楚怀王信任，任左徒、三闾大夫，常与怀王商议国事，主张联合当时的齐国抗衡秦国。公元前305年，屈原因反对楚怀王与秦国结盟，被楚怀王逐出郢都，流放到汉北。屈原流放期间，创作了大量的文学作品，《离骚》、《九章》、《九歌》、《天问》等。其中《离骚》是我国最长的抒情诗。公元前278年，秦国大将白起挥兵南下，攻破了郢都，屈原在绝望和悲愤之下投身汨罗江。传说当地百姓投下粽子喂鱼以此防止屈原遗体被鱼所食，后来逐渐形成一种仪式。以后每年的农历五月初五为端午节，人们吃粽子，划龙舟以纪念这位伟大的爱国诗人。

贾谊有哪些作品？

贾谊（前201—前169），洛阳人。年轻时便受到汉文帝赏识，任太中大夫，由于他性格尖锐，敢于说话，引起朝中元老的不满，被贬谪到楚地任长沙王太傅，期间写下了他的两篇主要赋作：《吊屈原赋》和《鵩鸟赋》。《吊屈原赋》是贾谊赴长沙途经湘水，感念屈原生平而作，名为吊屈原，实是自吊。《鵩鸟赋》中作者以万物变化不息、吉凶相倚，不可执著于毁誉得失乃至生死存亡的道家哲学为解脱之方，却在解脱的语言中深藏不可解脱的痛苦。这种表现方法，以此赋为开端，成为中国文学中常见的和典型的表现方法之一。

为什么司马相如被称为"赋圣"？

司马相如（约前179—？），字长卿，汉族，蜀郡（今四川省成都人）。西汉大辞赋家。其代表作品为《子虚赋》、《上林赋》、《司马相如上书谏猎》、《长门赋》、《美人赋》等。作品词藻富丽，结构宏大，使他成为汉赋的代表作

家,后人称之为赋圣。鲁迅的《汉文学史纲要》中还把司马相如与司马迁放在一个专节里加以评述,指出:"武帝时文人,赋莫若司马相如,文莫若司马迁"。

班固有哪些文学成就?

班固(32—92),东汉著名史学家、文学家。史学家班彪之子,字孟坚,扶风安陵人(今陕西咸阳东北)。班固潜心二十余年修成《汉书》一百篇,是我国第一部纪传体断代史,这是继《史记》之后的又一部重要史书,与《史记》、《后汉书》、《三国志》并称为"前四史"。班固同时也是东汉前期最著名的辞赋家,著有《两都赋》、《答宾戏》、《幽通赋》等。

曹操诗歌有哪些特点?

曹操,字孟德,沛国谯(今安徽亳州)人。东汉末年著名的军事家、政治家和诗人。曹操在文学上有很深的造诣,《蒿里行》、《观沧海》、《龟虽寿》、《步出夏门行》等是其诗歌的代表作。曹操诗歌朴实无华、不尚藻饰,以感情深挚、气韵沉雄取胜。在诗歌情调上,则以慷慨悲凉为其特色。慷慨悲凉,这本来是建安文学的共同基调,不过在曹操的诗中,它表现得最为典型,最为突出。在诗歌体裁上,曹操的乐府诗并不照搬汉乐府成规,而是有所发展。曹操开创了以乐府写时事的传统,影响深远。

曹丕在文学上有哪些贡献?

曹丕(187—226),字子桓,三国时期著名的政治家、文学家,曹魏的开国皇帝,公元220—226年在位。沛国谯(今安徽省亳州市)人。由于其在文学方面的成就而与其父曹操、其弟曹植并称为"三曹",是建安诗人中的代表者。其《燕歌行》是中国现存最早的文人七言诗;他的五言和乐府清绮动人;所著《典论·论文》,在中国文学批评史上占有重要地位,是我国文学批评史上第一篇专题论文,所论的"文"是广义上的文章,也包括文学作品在内,涉及了文学批评中几个很重要的问题,虽不免有些粗略,但在文学批评史上起了开风气的作用。

七步成诗的曹植有哪些文学成就?

曹植(192—232),字子建,沛国谯(今安徽省亳州市)人。三国时期曹魏诗人、文学家,建安文学的代表人物。他是曹操之子,魏文帝曹丕之弟。他前期诗歌主要表现他贵族王子的优游生活,反映他"生乎乱、长乎军"的时代感受。后期诗歌,主要抒发他在压制之下时而愤慨时而哀怨的心情,表现他不甘被弃置,希冀用世立功的愿望。今存曹植比较完整的诗歌有80余首。曹植在诗歌艺术上有很多创新发展。特别是在五言诗的创作上贡献尤大。他把抒情和叙事有机地结合起来,使五言诗既能描写复杂的事态变化,又能表达曲折的心理感受,大大丰富了它的艺术功能。曹植还是建安文学之集大成者,对于后世的影响很大。南朝大诗人谢灵运更是赞许有加:"天下才共一石,子建独得八斗。"

建安七子的诗文有哪些特点?

东汉献帝建安年间(196~220),孔融、陈琳、王粲、徐干、阮瑀、应玚、刘桢七位文学家合称为"建安七子"。这七人大体上代表了建安时期除曹氏父子而外的优秀作者,对于诗、赋、散文的发展,都曾作出过贡献，在中国文学史上具有相当重要的地位。他们与"三曹"一起，构成建安作家的主力军。"七子"的创作各有个性，各有独特的风貌。孔融长于奏议散文，作品体气高妙。王粲诗、赋、散文，号称"兼善"，其作品抒情性强。刘桢擅长诗歌，所作气势高峻，格调苍凉。陈琳、阮瑀，以章表书记闻名当时，在诗歌方面也都有一定成就，其风格的差异在于陈琳比较刚劲有力，阮瑀比较自然畅达。徐干诗、赋皆能，文笔细腻、体气舒缓。应场亦能诗、赋，其作品和谐而多文采。"七子"的创作风格也具有一些共同的特点，这也就是建安文学的时代风格。这种时代风格的具体内容及其形成原因，便是刘勰在《文心雕龙·时序》中所说的："观其时文，雅好慷慨，良由世积乱离，风衰俗怨，并志深而笔长，故梗概而多气也。"

"竹林七贤"是哪七位名士的合称？

魏正始年间，嵇康、阮籍、山涛、向秀、刘伶、王戎及阮咸七人常聚在当时的山阳县竹林之下，肆意酣畅，世谓"竹林七贤"。"竹林七贤"的作品基本上继承了建安文学的精神，但由于当时的血腥统治，作家不能直抒胸臆，所以不得不采用比兴、象征、神话等手法，隐晦曲折地表达自己的思想感情。"竹林七贤"之中嵇康和阮籍的成就最高。

嵇康是一位怎样的文学家？

嵇康（223—262），字叔夜，三国时曹魏文学家、思想家与音乐家，魏晋玄学的代表人物之一，"竹林七贤"之一，世称嵇中散。后因不愿屈从司马氏，被司马昭杀害。善于音律，创作有《长清》、《短清》、《长侧》、《短侧》，合称"嵇氏四弄"，与东汉的"蔡氏五弄"合称"九弄"。有《嵇中散集》。

陶渊明的诗歌有哪些特点？

陶渊明（约365—427），又名潜，字元亮，号五柳先生，谥号靖节先生。东晋末期南朝宋初期诗人、文学家、辞赋家、散文家。东晋浔阳柴桑（今江西省九江市）人。曾做过几年小官，后辞官回家，从此隐居，田园生活是陶渊明诗的主要题材，相关作品有《饮酒》、《归园田居》、《桃花源记》、《五柳先生传》、《归去来兮辞》、《桃花源诗》等。陶渊明长于诗文辞赋，诗多描绘自然景色及其在农村生活的情景，其中的优秀作品寄寓着对官场与世俗社会的厌倦，表露出其洁身自好，不愿屈身逢迎的志趣，其作品兼有平淡与爽朗之胜，语言质朴自然，而又极为精练，具有独特风格。

谢灵运的山水诗对后世有哪些影响？

谢灵运（385—433），浙江会稽人。东晋名将谢玄之孙，小名"客"，人称谢客。又以袭封康乐公，称谢康公、谢康乐。著名山水诗人，主要创作活动在刘宋时代。谢灵运的诗充满道法自然的精神，贯穿着一种清新自然恬静之韵味，一改魏晋以来晦涩的玄言诗之风，是中国文学史上山水诗派的开创者。李白、杜甫、王维、孟浩然、韦应物、柳宗元诸大家，都曾取法于谢灵运。

刘义庆是怎样的一个人？

刘义庆，字季伯，南朝宋时文学家。

爱好文学，广招四方文学之士，聚于门下。刘宋宗室，袭封临川王赠任荆州刺史等官职，在政8年，政绩颇佳。后任江州刺史，到任一年，因同情贬官王义康而触怒文帝，责调回京，改任南京州刺史、都督和开府仪同三司。不久，以病告退，公元444年（元嘉21年）死于建康（今南京）。刘义庆自幼才华出众，爱好文学。其所著《世说新语》是魏晋南北朝时期"志人小说"的代表作。除《世说新语》外，还著有志怪小说《幽明录》。

你知道昭明太子萧统吗？

萧统（501—531），字德施，小字维摩，南朝梁代文学家，南兰陵（今江苏常州）人，梁武帝萧衍长子、太子。未即位即卒，谥号"昭明"，故后世又称"昭明太子"。萧统招集文人学士，广集古今书籍三万卷，编集成《文选》三十卷，又称《昭明文选》。《文选》是中国古代第一部文学作品选集，选编了先秦至梁以前的各种文体代表作品，对后世有较大影响。

陈子昂的诗歌有哪些特点？

陈子昂（约661—702），唐代文学家，初唐诗文革新人物之一。字伯玉，梓州射洪（今属四川）人。因曾任右拾遗，后世称为陈拾遗。陈子昂为初唐后期才智志向过人的诗人，在诗歌的理论与创作上都表现出大胆的创新精神。他于诗标举汉魏风骨，强调风雅比兴，反对形式主义的齐梁诗风。他是倡导唐代诗歌革新的先驱，对唐诗发展影响很大。其存诗共100多首，其中最有代表性的是《感遇》诗38首，《蓟丘览古赠卢居士藏用》7首和《登幽州台歌》。

李白为什么被称为"诗仙"？

李白（701—762），字太白，号青莲居士，又号"谪仙人"，祖籍陇西郡（今甘肃省），出生于西域碎叶（今吉尔吉斯斯坦）。盛唐最杰出的诗人，也是中国文学史上继屈原之后又一伟大的浪漫主义诗人，素有"诗仙"之称。他的诗具有"笔落惊风雨，诗成泣鬼神"的艺术魅力，主观抒情色彩十分浓烈，感情的表达具有一种排山倒海、一泻千里的气势。他还擅长运用极度的夸张、贴切的比喻和惊人的幻想，如"抽刀断水水更流，举杯消愁愁更愁"，"白发三千丈，缘愁似个长"等诗句。李白的诗现存900多首，有《李太白集》传世，代表作有《望庐山瀑布》、《行路难》、《蜀道难》、《将进酒》、《梁甫吟》、《早发白帝城》等多首。

王维为何被称为"诗佛"？

王维（701—761），字摩诘，唐代杰出的诗人、画家，山水田园诗派的代表者。他在中年以后日益消沉，常常以佛理和山水寄托怀抱，也反映在他的诗歌创作上，因此后人称他为"诗佛"。他的诗今存400多首。其中的山水田园诗主要是写他隐居终南、辋川的闲适生活和山水风光。"大漠孤烟直，长河落日圆"、"明月松间照，清泉石上流"等便是其留下的著名诗句。后人赞其诗说：诗中有画，画中有诗。现存《王右丞集》。

"初唐四杰"都是谁？

"初唐四杰"是我国唐代初期四位文学家王勃、杨炯、卢照邻、骆宾王的合称，简称"王杨卢骆"。"四杰"力图冲破齐梁遗风和"上官体"的牢笼，把诗歌从狭隘的宫廷转到了广大的市井，从狭窄的台阁移向了广阔的江山和边塞,开拓了诗歌的题材,丰富了诗歌的内容,赋予了诗歌新的生命力,提高了当时诗歌的思想意义,展现了带有新气息的诗风,推动了初唐诗歌向着健康的道路发展。

高适的诗歌有哪些特点?

高适(700—765),字达夫、仲武,沧州(今河北省景县)人。高适是盛唐时期"边塞诗派"的领军人物,与岑参并称"高岑"。"雄浑悲壮"是他的边塞诗的突出特点。其诗歌尚质主理,雄壮而浑厚古朴,笔力雄健,气势奔放,洋溢着盛唐时期所特有的奋发进取、蓬勃向上的时代精神。作品收录于《高常侍集》。

杜甫为什么被称为"诗圣"?

杜甫(712—770),字子美,世称杜工部,是中国文学史上伟大的现实主义诗人,被尊称为"诗圣"。他的诗深刻地反映了唐朝由兴盛走向衰亡时期的社会面貌,具有丰富的社会内容,鲜明的时代色彩和强烈的政治倾向。他一生写下了1000多首诗,其中著名的有《三吏》、《三别》、《兵车行》、《茅屋为秋风所破歌》、《丽人行》、《春望》等。如"朱门酒肉臭,路有冻死骨!"表达了他对人民的深刻同情,揭露了封建社会剥削者与被剥削者之间的尖锐对立。杜甫诗歌的风格可以概括为"沉郁顿挫",这里的沉郁是指文章的深沉蕴蓄,顿挫则是指感情的抑扬曲折,语气、音节的跌宕摇曳。杜诗语言平易朴素、通俗、写实,却极见功力。有《杜工部集》存世。

韦应物的诗歌有哪些特点?

韦应物(737—792),唐代诗人。长安(今陕西西安)人。因做过苏州刺史,世称"韦苏州"。诗风恬淡高远,以善于写景和描写隐逸生活著称。韦应物是山水田园诗派诗人,其山水诗景致优美,感受深细,清新自然而饶有生意。其田园诗实质为反映民间疾苦的政治诗。代表作有《观田家》。此外,他还有一些感情慷慨悲愤之作。但是部分诗篇思想消极,孤寂低沉。韦诗各体俱长,七言歌行音调流美,"才丽之外,颇近兴讽"(白居易《与元九书》)。五律一气流转,情文相生,耐人寻味。五、七绝清韵秀朗,《滁州西涧》的"春潮带雨晚来急,野渡无人舟自横"句,写景如画,为后世称许。韦诗以五言成就最高,风格冲淡闲远,语言简洁朴素。但亦有秾丽秀逸的一面。其五言以学陶渊明为主,但在山水写景等方面,受谢灵运、谢朓的影响。此外,他偶亦作小词。

岑参的诗歌有哪些特点?

岑参(约715—770),荆州江陵(湖北江陵)人,是唐代著名的边塞诗人,与高适齐名,并称"高岑"。其诗歌富有浪漫主义的特色,气势雄伟,想象丰富,色彩瑰丽,热情奔放,尤其擅长七言歌行。岑参诗歌的题材涉及到述志、赠答、山水、行旅各方面,而以边塞诗写得最出色,"雄奇瑰丽"是其突出特点。《走马川行奉送封大夫出师西征》、《轮台歌奉送封大夫出师西征》、《白雪歌送武判官归京》等是岑参边塞诗中的代表作。有《岑嘉州集》存世。

为什么称韩愈是"文起八代之衰"?

韩愈(768—824),字退之,世称

韩昌黎，谥号文公，故世称韩文公，河内河阳（今河南孟县）人。唐代古文运动的倡导者，后人推他为唐宋八大家之首，与柳宗元并称"韩柳"，有"文章巨公"和"百代文宗"之名。韩愈提倡继承先秦两汉散文的优良传统，摒弃华而不实的骈文，从而开创了散文写作的新局面。宋代苏轼称他"文起八代之衰"，著有《韩昌黎集》四十卷，《外集》十卷，《师说》等等。

为什么说张若虚《春江花月夜》"孤篇压全唐"？

《春江花月夜》是唐代诗人张若虚仅存的一首名诗，描绘春天夜晚江畔的景色，词句优美，被称为是"孤篇盖全唐"的杰作。《春江花月夜》抒写真挚感人的离别情绪和富有哲理意味的人生感慨，语言清新优美，韵律婉转悠扬，完全洗去了宫体诗的浓脂艳粉，给人以澄澈空明、清丽自然的感觉。该诗中的"春江潮水连海平，海上明月共潮生"、"江天一色无纤尘，皎皎空中孤月轮"、"此时相望不相闻，愿逐月华流照君"和"不知乘月几人归，落月摇情满江树"等皆是描摹细腻、情景交融的极佳之句。

白居易的诗歌有哪些特点？

白居易（772—846），字乐天，号香山居士，河南新郑（今郑州）人，我国唐代伟大的现实主义诗人，中国文学史上负有盛名且影响深远的诗人和文学家，他的诗歌题材广泛，形式多样，语言平易通俗，有"诗魔"和"诗王"之称。白居易在文学上积极倡导新乐府运动，主张"文章合为时而著，歌诗合为事而作"，写下了不少感叹时世、反映人民疾苦的诗篇，

白居易故居

有《白氏长庆集》传世，代表诗作有《长恨歌》、《卖炭翁》、《琵琶行》等。

刘禹锡的诗歌有哪些特点？

刘禹锡（772—842），字梦得，彭城人，祖籍洛阳，唐代中晚期著名诗人，有"诗豪"之称。刘禹锡诗歌的思想内容丰富多彩，内涵深刻，艺术特点上市取境优美、精练含蓄、韵律自然。刘诗的代表作有《乌衣巷》、《秋词》、《浪淘沙》、《浪淘沙》、《酬乐天扬州初逢席上见赠》等。

王昌龄为何被称为"七绝圣手"？

王昌龄（698—756），字少伯，盛唐著名边塞诗人，后人誉为"七绝圣手"。他的边塞诗气势雄浑，格调高昂，充满了积极向上的精神，其诗歌体裁很大一部分是易于入乐的七言绝句。内容基本上选用乐府旧题来抒写战士爱国立功和思念家乡的心情。其诗歌语言圆润蕴藉，音调婉转和谐，意境深远，耐人寻味。他的许多描写边塞生活的七绝被推为边塞名作，《出塞》一诗被推为唐人七绝的压卷之作。由于王昌龄的诗歌最专于七绝，并且取得了很高的成就，后人称其为"七绝圣手"。

存诗170余首，作品有《王昌龄集》。

孟浩然的诗歌有哪些特点？

孟浩然（689—740），字浩然，襄州襄阳（今湖北襄阳）人，世称"孟襄阳"。唐代山水田园诗派的代表者之一，与王维合称为"王孟"。孟浩然诗歌绝大部分为五言短篇，题材不宽，多写山水田园和隐逸、行旅等内容。虽不无愤世嫉俗之作，但更多属于诗人的自我表现。孟诗不事雕饰，清淡简朴，感受亲切真实，生活气息浓厚，富有超妙自得之趣。如《秋登万山寄张五》、《过故人庄》、《春晓》等篇。现存《孟浩然集》收诗263首。

孟郊、贾岛的诗歌各有哪些特点？

孟郊和贾岛是唐时的两位著名诗人，二人以苦吟著称，因其平生遭际大体相当，诗风相似，被后世并称为"郊寒岛瘦"。孟郊（751—814），字东野，湖州武康（今浙江德清）人。孟郊前期由隐而仕，诗皆言志，有为而作；后期仕途坎坷，诗转向抒情，形成险怪诗风。"寒"既指诗内容之嗟悲叹苦，亦谓其诗有清冷之意境美，力避平庸浅率，追求生新瘦硬。其《游子吟》为唐诗中之极品。贾岛（779—843），字浪仙，自称碣石山人，范阳（今北京附近）人。贾岛的诗风清奇僻苦，峭直深刻，以寄情偏僻，铸字炼句取胜。"推敲"便是其留下的千古佳话。

"大历十才子"的诗歌有哪些特点？

"大历十才子"是唐代宗大历年间十位诗人所代表的一个诗歌流派。据《新唐书》载：十才子为李端、卢纶、吉中孚、韩翃、钱起、司空曙、苗发、崔洞（一作峒）、耿湋、夏侯审。他们大都以王维为宗，秉承山水田园诗派的风格，寄情于山水，歌咏自然，其中也有一些佳作。格律归整、字句精工也是他们作品中最明显的特点，歌颂升平、吟咏山水、称道隐逸是其基本主题。不过也有反映真实的作品。十才子都擅长五言近体，善写自然景物及乡情旅思等，语词优美，音律协和，但题材风格比较单调，偏重诗歌形式技巧。其中以钱起、卢纶成就较高。

李贺为什么被称为"诗鬼"？

李贺（790—816），字长吉。晚唐诗人。福昌（今河南宜阳）人。因家居福昌昌谷，后世因称他为李昌谷。李贺为唐宗室郑王李亮的后裔，但其家已没落，一生体弱多病，27岁逝世。今存诗242首。他的诗作有讽刺黑暗政治和不良社会现象的，如《秦王饮酒》、《猛虎行》、《金铜仙人辞汉歌》；有发愤抒情的，如《开愁歌》、《致酒行》、《浩歌》等；有写神仙鬼魅的，如《梦天》、《天上谣》、《古悠悠行》等；有咏物等其他题材的，如《李凭箜篌引》、《马诗二十三首》等。李贺诗的艺术特色是想象力非常丰富奇特，句锻字炼，色彩瑰丽，尤其是写神仙鬼魅的作品，常常让人感到幽灵出没，阴森可怖。因此，后人称李贺为"诗鬼"。

李商隐的诗歌有哪些特点？

李商隐，字义山，号玉溪生、樊南生，是晚唐最著名的诗人。擅长骈文写作，诗作文学价值也很高，他和杜牧合称"小李杜"，与温庭筠合称为"温李"。其诗构思新奇，风格浓丽，尤其是一些爱

情诗写得缠绵悱恻，为人传诵。但过于隐晦迷离，难于索解，致有"诗家总爱西昆好，独恨无人作郑笺"之说。据《新唐书》有《樊南甲集》二十卷，《樊南乙集》二十卷，《玉溪生诗》三卷，《赋》一卷，《文》一卷，部分作品已佚。

杜牧的诗歌有哪些特点？

杜牧（803—约852），字牧之，号樊川居士，京兆万年（今陕西西安）人，唐代诗人。与李商隐并称"小李杜"。因晚年居长安南樊川别墅，故后世称"杜樊川"。杜牧在诗、赋、古文等方面都堪称名家。他的古体诗受杜甫、韩愈的影响，题材广阔，笔力峭健。他的近体诗则以文词清丽、情韵跌宕见长。如七律《早雁》用比兴托物的手法，对遭受回纥侵扰而流离失所的北方边塞人民表示关怀同情，婉曲而有余味。《九日齐山登高》却是以豪放的笔调写自己旷达的胸怀，而又寓有深沉的悲慨。著有《樊川文集》。

唐代最杰出的女诗人是谁？

唐代的女诗人数量虽然不多，但是却具有独特的光芒。这其中名气最大最为后人所知的便是薛涛了，这不仅是因为她的诗，还有她专为写诗发明了一种深红色的笺，这种笺便被称为"薛涛笺"。薛涛，字洪度，长安人。幼时随父入蜀，后为乐妓，有诗名，时称女校书。薛涛的诗，不仅如《送友人》、《题竹郎庙》等以清词丽句见长，还有一些具有思想深度的关怀现实的作品，如《罚赴边有怀上韦令公》，便表达了其对防守边疆士兵的艰苦生活寄以深切同情。有《锦江集》5卷，今佚。《全唐诗》录存其诗1卷。

皮日休的诗歌有哪些特点？

皮日休，生卒年不详，字袭美，一字逸少。尝居鹿门山，自号鹿门子，又号间气布衣、醉吟先生。晚唐文学家、散文家，与陆龟蒙齐名，世称"皮陆"。唐代襄阳竟陵（今湖北襄阳）人。咸通八年（867年）进士及第，在唐时历任苏州军事判官、著作佐郎、太常博士、毗陵副使。后参加黄巢起义，或言"陷巢贼中"（《唐才子传》），任翰林学士，起义失败后不知所踪。诗文兼有奇朴二态，且多为同情民间疾苦之作。《新唐书·艺文志》录有《皮日休集》、《皮子》、《皮氏鹿门家钞》多部。

温庭筠的诗词有哪些特点？

温庭筠（约812—870），唐代诗人、词人。本名岐，字飞卿，太原祁（今山西祁县）人。温庭筠的诗词工于体物，有声调色彩之美。诗辞藻华丽，多写个人遭际，于时政亦有所反映，吊古行旅之作感慨深切，气韵清新，犹存风骨。词多写女子闺情，风格秾艳精巧，清新明快，是花间词派的重要作家之一，被称为花间鼻祖。现存词数量在唐人中最多，大都收入《花间集》。

李煜在诗词方面取得了怎样的成就？

李煜，南唐第三任国君，史称李后主。李煜虽在政治上无甚作为，但他精书法，善绘画，通音律，诗和文均有一定造诣，尤以词的成就最高。李煜降宋之前所写的诗词主要反映宫廷生活和男女情爱，题材较窄；成为阶下囚之后，李煜词作大多哀婉凄绝，主要抒写了自己凭栏远望、梦里重归的情景，表达了对往事的无限留恋。千古杰作《虞美人》、《浪淘沙》、《乌夜啼》、《相见欢》等，皆成于此时。李煜在中国词史上占有重要的地位，被称为"千古词帝"，对后世影响甚大。他继承了晚唐以来花间派词人的传统，但又通过具体可感的个性形象，反映现实生活中具有一般意义的某种意境，将词的创作向前推进了一大步，扩大了词的表现领域。其词主要收集在《南唐二主词》中。

"梅妻鹤子"说的是哪位诗人？

林逋（967—1024），字君复，浙江钱塘人，出生于儒学世家，是北宋时代诗人。早年曾游历于江淮等地，后隐居于杭州西湖孤山之下，由于常年足不出户，以植梅养鹤为乐，又因传说他终生未娶，故有"梅妻鹤子"佳话的流传。

欧阳修的文学成就有哪些？

欧阳修（1007—1073），字永叔，号醉翁，又号六一居士。吉安永丰（今属江西）人。谥号文忠，世称欧阳文忠公，北宋卓越的文学家、史学家。欧阳修在文学上的成就以散文最高，是"唐宋八大家"之一，他一生写了500多篇散文，各体兼备，政论文有《本论》、《原弊》、《与高司谏书》、《朋党论》、《新五代史·伶官传序》等，抒情、叙事散文有《释秘演诗集序》、《祭石曼卿文》、《苏氏文集序》、《丰乐亭记》、《醉翁亭记》等。欧阳修的散文大都内容充实，气势旺盛，深入浅出，精练流畅，叙事说理，娓娓动听，抒情写景，引人入胜，寓奇于平，一新文坛面目。

苏轼的文学艺术成就有哪些？

苏轼（1037—1101），字子瞻，又字和仲，号东坡居士，眉州（今四川眉山）人，祖籍栾城。北宋著名文学家、书画家、词人、诗人，美食家，唐宋八大家之一，豪放派词人代表。其诗、词、赋、散文，均成就极高，且善书法和绘画，是中国文学艺术史上罕见的全才，也是中国数千年历史上被公认文学艺术造诣最杰出的大家之一。其散文与欧阳修并称欧苏，代表作有《范增论》、《贾谊论》、《东栏梨花》等；诗与黄庭坚并称苏黄；词与辛弃疾并称苏辛，《念奴娇·赤壁怀古》、《水调歌头·丙辰中秋》传诵甚广；书法名列"苏、黄、米、蔡"北宋四大书法家之一；其画则开创了湖州画派。

"唐宋八大家"指的都是谁？

唐宋八大家是唐宋时期八大散文作家的合称，即唐代的韩愈、柳宗元和宋代的苏轼、苏洵、苏辙、欧阳修、王安石、曾巩。他们都是"古文运动"的领导者和中坚人物，反对骈文，不满浮华的文风，提倡恢复和发展秦汉散文的优良传统，为把散文从骈文中解放出来，确立散句单行、自由书写的新型散文"古文"作出了重大贡献，使古代散文的发展进入了一个新时期。

柳永的词有哪些特点？

柳永（约987—约1053），又名三变，字耆卿，崇安（今福建武夷山）人。排行第七，又称柳七。北宋词人，婉约派最具代表性的人物之一，代表作《雨霖铃》。柳永词最重要的贡献是成熟地运用了长调词适于铺叙、层次丰富、变化多端的特点，为后人在词中融抒情、叙事、说理、写景于一体，容纳更复杂的内涵，开拓了新路。他的作品内容主要写男女相思和作客流浪生活,如《雨霖铃》等,反映出封建社会失意文人的思想情绪,不少作品带有消极颓废的倾向。

李清照的词有哪些特点?

李清照(1084—1155),济南章丘人,号易安居士。宋代女词人,婉约派代表。生于书香门第,对诗词散文书画音乐无不通晓,以词的成就最高。词清新委婉,感情真挚,且以北宋南宋生活变化呈现不同特点。前期反映闺中生活感情自然风光别思离愁,清丽明快。后来因为丈夫去世再加亡国伤痛,诗词变为凄凉悲痛,抒发怀乡悼亡情感也寄托强烈亡国之思。有《易安居士文集》等传世。代表作有《声声慢》、《一剪梅》、《如梦令》等。其文学创作具鲜明独特的艺术风格,居婉约派之首,对后世影响较大,称为"易安体"。

姜夔的词有哪些特点?

姜夔(1154—1221),字尧章,别号白石道人,饶州鄱阳(今江西鄱阳县)人。今存词80多首,多为记游、咏物和抒写个人身世、离别相思之作,偶然也流露出对于时事的感慨。姜夔的作品素以空灵含蓄著称,其词情意真挚,格律严密,语言华美,风格清幽冷隽,有以瘦硬清刚之笔调矫婉约词媚无力之意。代表作《暗香》、《疏影》,借咏叹梅花,感伤身世,抒发郁郁不平之情。有词集《白石道人歌曲》。

辛弃疾的词有哪些特点?

辛弃疾(1140—1207),原字坦夫,改字幼安,中年名所居曰稼轩,因此自号"稼轩居士",历城人。南宋著名的爱国诗人,豪放派词人的杰出代表。辛弃疾出生时北方久已陷入金人之手,他一生为了收复失地、减轻百姓痛苦而努力,但是一生抱负未得伸展,终因忧愤而卒。辛词现存600多首,是两宋存词最多的作家。其词多以国家、民族的现实问题为题材,抒发慷慨激昂的爱国之情。如《水龙吟》(渡江天马南来)、《水调歌头》(千里渥洼种)、《满江红》(鹏翼垂空)等,表现了恢复祖国统一的豪情壮志;《贺新郎》(细把君诗说)、《菩萨蛮》(郁孤台下清江水)、《破阵子》(醉里挑灯看剑)等,表现对北方地区的怀念和对抗金斗争的赞扬。辛词继承了苏轼豪放词风和南宋初期爱国词人的战斗传统,进一步开拓了词的境界,扩大了词的题材,融合了诗、文、赋等多种文学形式的优点,丰富了词的表现手法,形成了辛词的独特风格,被称作"稼轩体"。有《稼轩长短句》。今人辑有《辛稼轩诗文钞存》。

陆游取得了哪些诗词成就?

陆游(1125—1210),字务观,自号放翁,越州山阴(今浙江绍兴)人。南宋伟大的爱国诗人。他勤于创作,现存诗9300多首,词139首。陆游的诗题材极为广泛,内容丰富,艺术方法主要为现实主义,他的绝大多数的篇章都是南宋时代的社会现实的真切反映,因此有人把他的诗誉为"诗史";同时他在创作理论方面也主张写实,要从事社会实践,他说:"纸上得来终觉浅,绝知此事要躬行。"但是,在他的作品中也常常表现出现实主义和浪漫主义这两种精神、两种艺术方法的不同程度的结合。他在揭示现实的种种不合理现象的时候,总是把他的社会理想、强烈的爱憎和明确的褒贬体现在作品之中。有《剑南诗稿》、《渭南文集》等数十个文集存世。

"南宋中兴四大诗人"都是谁？

南宋中兴四大诗人，又称南宋四大家，是南宋前期尤袤、杨万里、范成大、陆游四位诗人的合称。当时杨、陆的声名尤著。尤袤流传下来的作品很少；杨、范虽比不上陆游，但各有特色。杨万里一反江西诗派的生硬槎桠，创立了活泼自然的诚斋体。杨万里、陆游流传下来的作品，数量之多是惊人的。中兴四大诗人代表了宋代诗歌第二个最繁荣的时期。杨万里有《诚斋集》，范成大有《范石湖集》，陆游有《陆放翁集》传世。

宋代四大女词人是哪四位？

李清照、朱淑真、吴淑姬、张玉娘被称为宋代四大女词人。

李清照（1084—1155），号易安居士，山东济南人，婉约词宗。历史上与济南历城人辛弃疾并称"济南二安"。她的诗文感时咏史，与词风迥异。她还擅长书画，兼通音律。现存诗文及词为后人所辑，有《漱玉词》等。主张"词，当别具一家也"。

南宋女词人朱淑真"幼警慧"，"善读书"，但一生爱情郁郁不得志。她无法敌过顽固的封建势力的压制，受父母之命、媒妁之言嫁给了一个市井商人为妻。婚后，她与丈夫没有共同语言，精神生活十分贫乏，苦闷不堪。后来丈夫变心，她毅然写下一首《断肠词》。

吴淑姬，失其本名，湖州人。生卒年均不详，约宋孝宗淳熙十二年前后在世。父为秀才。家贫，貌美，慧而能诗词。为富家子年据，或投郡诉其奸淫，时王十朋为太守，判处徒刑。郡僚相与诣理院观之，乃具酒引使至席，命脱枷侍饮，即席成二词，众皆叹赏。明日，以告十朋，言其冤，乃释放。后为周姓子买以为妾，名曰淑姬。淑姬工词，有阳春白雪词五卷，《花庵词选》黄升以为佳处不减李易安。

张玉娘（1250—1276），宋末文学家。字若琼，自号一贞居士，张玉娘自幼喜好文墨，尤其擅长诗词，当时人曾经将她比作东汉班昭。她著有《兰雪集》两卷，留存诗词100余首，其中只有词16首，有人称之为李清照《漱玉集》后第一词集。

元好问在文学方面取得了哪些成就？

元好问（1190—1257），字裕之，号遗山，世称遗山先生，山西秀容（今山西忻州）人。他是我国金末元初最有成就的作家和历史学家，文坛盟主，是宋金元时期北方文学的代表，被尊为"北方文雄"、"一代文宗"，诗、文、词、曲皆有成就，诗作成就最高，真实地描写了人们遭涂炭的"丧乱诗"尤为有名；其词为金代一朝之冠，可与两宋名家媲美；其散曲虽传世不多，但当时影响很大。著有《壬辰杂编》、《遗山先生文集》四十卷、《续夷坚志》四卷、《遗山先生新乐府》五卷等。

关汉卿在元杂剧方面取得了哪些成就？

关汉卿（约1220—1300），元代著名杂剧作家，号已斋、已斋叟，大都（今北京市）人，亦有解州（今山西）、祁州（今河北）等说法。关汉卿是中国古代戏曲创作的代表人物。贾仲明《录鬼簿》

著录关汉卿杂剧名目共62种,今存18种,《窦娥冤》、《救风尘》、《望江亭》、《拜月亭》、《鲁斋郎》、《单刀会》、《调风月》等是其代表作。后人将其与马致远、郑光祖、白朴并称为"元曲四大家",关汉卿位于"元曲四大家"之首。

"元曲四大家"都是谁?

元曲四大家指关汉卿、白朴、马致远、郑光祖四位元代杂剧作家。四者代表了元代不同时期不同流派杂剧创作的成就,因此被称为"元曲四大家"。但历史上还有部分人认为元曲四大家是关汉卿、王实甫、马致远和白朴。

"明朝三大才子"都有谁?

明朝三大才子,是明朝解缙、杨慎及徐渭三人通称。徐渭、解缙、杨慎一起被称为明朝三大才子。纵观整个明代,以博学多才而论,有三人最强,而后世学者大都认为,其中以杨慎学问最为渊博,足以排名第一。明朝三大才子评选标准是博览群书、博学多才。《永乐大典》总编纂解缙被公推为博学第一。超级才子杨慎被贬云南地区,整天看书,被评为博览第一,人称"无书不读"。徐渭(就是青藤先生徐文长)则是最多才的一位——诗、书、字、画、兵法样样精通。

明代"前七子"、"后七子"都指谁?

前七子是明弘治、正德年间的文学流派,成员包括李梦阳、何景明、徐祯卿、边贡、康海、王九思和王廷相七人,以李梦阳、何景明为代表。后七子是明嘉靖、隆庆年间的文学流派。成员包括李攀龙、王世贞、谢榛、宗臣、梁有誉、徐中行和吴国伦。以李攀龙、王世贞为代表。这号称"前、后七子"的十四人,标榜所谓的"复古",并且提出"文必秦汉,诗必盛唐"的口号。这种复古,实为拟古。

"吴门四才子"是哪四个人?

吴门四才子,也即是明朝时期的江南四大才子,是指明代时生活在江苏苏州的四位才华横溢且性情洒脱的文化人。一般认为是指唐伯虎、祝枝山、文征明、徐祯卿。

"聊斋先生"指谁?

蒲松龄(1640—1715),清代小说家,字留仙,一字剑臣,号柳泉居士,世称聊斋先生,淄川(今山东淄博)人。出身于一个逐渐败落的地主家庭,书香世家,但功名不显。一生热衷科举,却不得志,72岁时才补了一个岁贡生,因此对科举制度的不合理深有体验。加之自幼喜欢民间文学,广泛搜集精怪鬼魅的奇闻异事,吸取创作营养,熔铸进自己的生活体验,创作出杰出的文言短篇小说集《聊斋志异》。以花妖狐魅的幻想故事,反映现实生活,寄托了作者的理想。除《聊斋志异》外,还有文集4卷,诗集6卷等。

曹雪芹的生平事迹如何?

曹雪芹(约1724—约1764),清代小说家。满族正白旗包衣,名沾,字梦阮,号雪芹、芹圃、芹溪。其祖父曹寅做过康熙的伴读和御前侍卫,后任江宁织造,兼任两淮巡盐监察御使,极受玄烨宠信。后在雍正年间,受朝廷内部政治斗争的牵连,家产被抄没。曹雪芹随家人移居北京。经历了生活中的重大转折,曹雪芹深感世态炎凉,对封建社会有了更清醒、

曹雪芹画像

更深刻的认识。晚年，曹雪芹移居北京西郊，他以坚韧不拔的毅力，在极度贫苦的生活环境中创作出了《红楼梦》，《红楼梦》内容丰富、情节曲折、思想认识深刻、艺术手法精湛，是中国古典小说中伟大的现实主义作品。乾隆二十八年（1763年），曹雪芹因贫病无医而逝世。

纳兰性德的诗词有哪些特点？

纳兰性德（1655—1685），满洲正黄旗人，字容若，号楞伽山人。纳兰性德是清代最著名的词人之一。他的词哀感顽艳，情真意切，痛彻肺腑，令人不忍卒读。纳兰词在我国文学史上亦占有重要地位。纳兰虽生活在高官显贵的家族之中，但在情感上却受尽挫折，这使得他的词充满着哀叹伤悲。他虽然能文能武，出类拔萃，却无法驾驭自己的情感，为情所困。他的大部分词中传承了凄切婉约的词风，被称为"千古伤心"词人。纳兰性德的这些特殊的环境与背景，加上他的超逸才华，使其诗词的创作呈现特有的个性特征和鲜明的艺术风格。

龚自珍的诗作有哪些特点？

龚自珍（1792—1841），清代思想家、文学家及改良主义的先驱者。龚自珍的诗文主张"更法"、"改图"，揭露清统治者的腐朽，洋溢着爱国热情，被柳亚子誉为"三百年来第一流"。著有《定庵文集》，留存文章300余篇，诗词近800首，今人辑为《龚自珍全集》。著名诗作《己亥杂诗》共350首。他的许多诗既是抒情，又是议论，但不涉事实，议论亦不具体，而只是把现实的普遍现象，提到社会历史的高度，提出问题，抒发感慨，表示态度和愿望。他的诗作具有丰富奇异的想象，形式、风格多样。他的古体诗，五言凝练，七言奔放；近体诗，七言律诗含蓄稳当，绝句则通脱自然。

第四章 政治、经济与军事

我国各朝代国号是怎样来的？

我国许多朝代的名称，或因地域名而命名，或与先人爵位、创建者封号或前朝有关联。

夏：禹原为夏后氏部落首领，因此，禹的儿子建立的奴隶制国家起名叫夏。

商（殷）：殷是商部族的始祖，曾居于商（河南商丘），因此在灭夏后以商为国名。又因盘庚将都城西迁到殷（河南安阳），所以商朝也叫殷朝、殷商。

周：因太王居于岐山下的周原，因此武王克殷后，以周为国名。

秦：周孝王赐非子"嬴"姓，并封"秦"（甘肃天水）地，因此以后立国就以秦为国号。

汉：因为刘邦原来被项羽封为汉王，所以国号为汉。

三国：魏——曹操在汉献帝时被封爵魏王，他的儿子曹丕称帝后就以魏为国号；蜀汉——刘备在成都称帝时，国号"汉"，因"建都"于蜀，是以称之为蜀汉；吴——孙权建都于建业（今南京），为古吴地，所以称吴。

晋：司马昭在魏国时被封爵"晋公"（后为"晋王"），他的儿子司马炎做了皇帝后，就命国号为晋。

隋：杨坚原来是后周之随王，废周帝后，欲改国名为"随"，因讳"随"有"走"义，故去旁为隋。

唐：唐太宗李世民的祖辈李虎在西魏时，被封为"唐国公"。李渊称帝后就将国名定为唐。

宋：赵匡胤在后周时被封为"宋州节度使"，因发迹于宋州，所以国号为宋。

辽：原称"契丹"，改"辽"是因居于辽河上游之故。

金：都城上京会宁（今黑龙江阿城南），位于按出虎水（今阿什河），相传其水产金，女真语"金"为"按出虎"。

元：本无国号，称蒙古。始祖忽必烈始建国号大元。此取《易经》之"大哉乾元"义。

明：出于明教。名教有"明王出世"的传说。

清：努尔哈赤建立政权后，国号"大金"。皇太极继位后，为了避免汉族对历史上金国侵略的民族仇恨，改金为清（"清"是"金"的音转）。

何谓"天下"？

天下，是中华民族对世界的专有概念。字义上的意思为"普天之下"，没有地理和空间的限制，不过，也有不同的用法，用来形容某一种地理概念。天下的概念，伴随一定的秩序原理，为某个地域、民众、国家的世界观。就算对世界观不明确的地域民众，他们的"天下"的概念亦会根据一定的秩序成立着。中国的天下概念，指被中国皇朝的皇帝主宰，在一定普遍的秩序原则所支配下的空间。为天下中心的中国王朝直接支配的地域，被称为"夏"、"华"、"中夏"、"中华"、

"中国"等，与周围的"四方"、"夷"等的地域作区别。不过，若这些地域接受中国皇帝主宰的秩序原则，他们就被认可和接纳。

"九州"是什么意思？

古代分中国为九州。说法不一。《尚书·禹贡》作冀、兖、青、徐、扬、荆、豫、梁、雍；《尔雅·释地》有幽、营州而无青、梁州；《周礼·夏官·职方》有幽、并州而无徐、梁州。后以"九州"泛指天下，全中国。荆州（占有南阳，南郡，江夏，零陵，桂阳，长沙，武陵，章陵八郡，治在襄阳；在今两湖，两广部分，河南，贵州一带）；兖州（今河北省东南部、山东省西北部和河南省的东北部）；雍州（今陕西中部北部，甘肃东南部除外，青海东南部，宁夏一带）；青州（东至海而西至泰山，在今山东的东部一带）；冀州（今山西省和河北省的西部和北部，还有太行山南的河南省一部分土地）；徐州（今山东省东南部和江苏省的北部）；豫州（今河南省的大部，兼有山东省的西部和安徽省的北部）；扬州（北起淮水，东南到海滨，在今江苏和安徽两省淮水以南，兼有浙江、江西两省的土地）；梁州（自华山之阳起，直到黑水，应包括今陕西南部和四川省，或者还包括四川省以南的一些地方）。

"中国"一词的由来是怎样的？

我国历史上第一个朝代是夏朝。古时候，黄河流域一带的先民自称"华夏"，或简称"华"、"夏"。"华夏"一词最早见于《左传》襄公二十六年（公元前547年）："楚失华夏"。唐孔颖达疏："华夏为中国也"。从字义上来讲，"华"字有美丽的含义，"夏"字有盛大的意义，连起来的确是个美好的词。"华夏"所指即为中原诸侯，也是汉族前身的称谓，所以"华夏"至今仍为中国的别称。

中国为什么又称"华夏"？

华夏族的祖先是生活在黄河流域的黄帝和炎帝，后由于合并融合，蛮，夷，戎，狄等民族相继融入华夏族，构成后来汉族的主体，汉族由汉王朝而得名，此前称华夏族，所以汉族本身就是由不同民族融合而成的，其主体是华夏族，这就是中国之所以称为华夏的原由。

古代的"四夷"指什么？

四夷，据《吕氏春秋通诠·审分览·知度》载，四夷是古代华夏族对四方少数民族的统称，指东夷、西戎、南蛮、北狄。四夷，为对中国边区文化较低各族之泛称也。黄河中下游地区，气候温宜，雨量适中，土壤肥腴，故较早即进入城廓农耕社会，地称为中国，人称为华夏。边区自然条件较差，多为游猎畜牧之族所居，故称为夷。夷者，带弓之人也。此外尚有赤狄、白狄、犬戎、骊戎、林胡、楼烦等，名目繁多，四夷乃其统称。

汉族是怎样形成的？

汉族是中国的主体民族。"汉"原指天河、宇宙银河，《诗经》云："维天有汉"。华夏族称为"汉人"，始于汉朝。汉族是一个历史从未中断过的、

第四章　政治、经济与军事

历史悠久的民族。

汉族是我国同时也是世界上最大的民族群体，其人数约占我国总人数的93%，占世界总人数的1/5。汉族的形成是一个持续的民族融合和扩张过程，大约始于公元前21—公元前8世纪居住于黄河流域中上游的华夏部落。汉族的起源是多元的，而且既有主源又有支源。炎黄集团是汉族的一个主源。它经历了夏、商、周、楚、越等族从部落到民族的发展过程，又经历了夏、商、周、楚、越等族及部分蛮、夷、戎、狄融合成华夏民族的阶段，最后形成于汉代漫长而复杂的历史阶段。

古代北方曾经出现过哪些民族？

中国北方的游牧民族，有的在历史上昙花一现，有的经过岁月的磨砺蜿蜒至今。在历史上留下过印记的名字非常多，根源主要是以下五族：匈奴系、东胡系、突厥系、肃慎系、羌藏系。包括匈奴、乌桓、鲜卑、柔然、契丹、蒙古、突厥、回鹘、女真、党项、羌、氐、吐蕃、羯等民族。

奴隶社会时期我国有哪些朝代？

我国的奴隶制是从大禹的儿子启建立夏朝时开始的，夏、商、周都是奴隶制，夏是建立初期，商是发展时期，周（西周）是鼎盛时期。到了东周时期，诸侯争霸，齐桓公的葵丘会盟标志着周王朝名存实亡。春秋时期是奴隶制瓦解时期，战国是封建制形成时期。

历史中少数民族曾建立过哪些国家？

从公元304年匈奴贵族刘渊建立汉国，316年灭掉西晋，到439年鲜卑拓拔部统一北方，这130多年里，北方各民族相互争战，先后建立了前赵（匈奴）、后赵（羯）、前燕（鲜卑）、前凉（汉）、前秦（氐）、后秦（羌）、后燕（鲜卑）、西秦（鲜卑）、后凉（氐）、南凉（鲜卑）、西凉（汉）、北凉（卢水胡）、南燕（鲜卑）、北燕（汉）、夏（匈奴）、仇池国（氐）、西燕（鲜卑慕容氏）、代（鲜卑拓跋氏）等十八个政权。辽国（907—1125）契丹族，与北宋并立，初称契丹，后改辽。国号多次变动。西夏（1038—1227）党项族。大理（937—1253）白族。金国（1115—1234）女真族。西辽（1124—1218）契丹族，辽灭后残部所建。元朝，蒙古族。清朝，女真族。此外还有藏人建立的吐蕃，汉代北方的匈奴政权，此后的鲜卑政权，柔然政权，高车政权，突厥政权，粟末靺鞨族在极北建立的渤海国政权，回鹘在北方的政权等等。

"十六国"时期只有十六个国家吗？

五胡十六国，简称十六国，是中国历史上的一段时期。该时期自304年李雄和刘渊分别在蜀地建立成国（成汉）、在中原建立汉赵（后称前赵）时起，至439年北魏太武帝拓跋焘灭北凉为止。这一期间，中国江南、荆湘地区有东晋控制，而北方和西南则先后建立了二十多个国家。"十六国"是北方所有大大小小的政权中祚较长、影响力大、较具代表性的政权。主要分布在华北地区和四川地区，共有成汉、前赵、后赵、前凉、前燕、前秦、后燕、后秦、西秦、后凉、南凉、西凉、北凉、南燕、北燕及胡夏等国。而在十六国之外，还有汉人冉闵建立的冉魏、丁灵翟氏建立的翟魏、武都氐帅杨氏建立的仇池国、鲜卑慕容氏建立的西燕、汉人谯纵在蜀地所建的谯蜀、鲜卑拓跋氏建立的代及北魏等政权，总计先后建立了二十多个政权。上述政权中，后赵、前燕、前秦都曾占据过北方的大部分疆域，尤其是前秦曾一度统一了北方，不过时间都很短暂。在这百年间，北方战乱基本上没有停息。

历史上有哪些为史家称道的盛世？

"成康之治"（西周初姬诵、姬钊的统治），康王在位期间，国力强盛，经济繁荣，文化昌盛，社会安定。后世将这段时期和成王末年的统治誉称为"成康之治"。

"文景之治"（西汉初年），西汉文帝、景帝两代四十年左右的时间，政治稳定，经济生产得到显著发展，历来被视为封建社会的"盛世"，史称"文景之治"。

"光武中兴"（东汉初年），刘秀，东汉的开国皇帝，谥号"光武"。他领导舂陵等义军，扫灭新莽，绍续汉业，成功地实现了"光武中兴"。在他当政的中、后期乃至明帝时期，出现了一个"马放牧，邑门不闭"、"四夷宾服，家给人足，政教清明"的稳定和谐的社会局面。

"开皇之治"（隋文帝初年），鉴于东汉至隋南北分裂达四百多年之久，民生困苦，国库空虚，故自开皇九年（589年），杨坚统一天下后，即以富国为首要目标，轻徭薄赋以解民困，大索貌阅，推行输籍法，作全国性户口调查，增加国家税收，改善经济，尽扫魏晋南北朝以来隐瞒户籍之积弊，促成开皇之盛世。

"贞观之治"（唐太宗时期），贞观之治是指唐朝初期出现的太平盛世。由于唐太宗能任人唯贤，知人善用；开言路，虚心纳谏，重用魏征等；并采取了以农为本，减轻徭赋，休养生息，厉行节约，完善科举制度等政策，使得社会出现了安宁的局面。当时年号为"贞观"（627年—649年），史称"贞观之治"，这是唐朝的第一个盛世，同时为后来的开元盛世奠定了基础。

"开元盛世"（唐玄宗初年），开元之治是唐玄宗（李隆基）统治前期所出现的盛世。唐玄宗治国初期，以开元作为年号，那时玄宗励精图治，并且任用贤能，发展经济，提倡文教，使得天下大治，成为当时世界上最强盛的国家，史称"开元盛世"。

"康乾盛世"（清朝前叶），起于康熙二十年（1681年）平定三藩之乱，止于嘉庆元年（1796年）川陕楚白莲教起义爆发，持续时间长达115年。这一时期在政治、经济、文化等诸多方面将中国传统社会推向了一个新的高峰，创造了中国历史的奇迹。

中国专制主义中央集权制度是如何形成与发展的？

专制主义中央集权制度，是我国封建社会的基本政治制度。是指君主掌握国家最高权力，并通过军政官僚机关管理、控制国家的政体。包括皇帝制、官僚政治和中央集权等方面，其基本特征是皇权至高无上和不可分割，皇权不可

转让，皇位实行世袭，君尊臣卑等。皇权愈来愈尊，臣民愈来愈卑，是古代专制主义中央集权发展的总趋势。

战国时期初步形成：战国时期封建经济的发展、新兴地主阶级力量的增长、国家局部统一局面的出现，为中央集权制度的形成创造了社会条件。为适应新兴地主加强专政和保护封建经济发展的需要，初步确立起君主集权的政治体制。这为秦建立专制主义中央集权制度提供了成功的经验。法家的重要代表人物韩非子提出的中央集权和以法治国的思想，形成了一套系统的中央集权理论。

秦朝正式建立：秦始皇统一中国后，继承了商鞅变法的成果并实践了韩非子的理论，创立专制主义中央集权的政治制度。它既包括皇帝对中央百官的控制，又包括对地方及各级官吏和百姓的控制，从而把专制主义的决策方式和中央集权的政治制度有机地结合在了一起，正式确立了专制主义中央集权的政治制度。这对战国前的分封制来说是一大进步；对于巩固国家统一、维护封建统治基础有十分重要的作用。

西汉巩固：西汉建立后，实行郡国并行制，导致了王国问题的出现，使专制主义中央集权的政治制度面临严峻的挑战。为解决王国问题，景帝在削藩的基础上，平定七国之乱，收回王国官吏任免权。武帝时，又颁布了推恩令及其他举措，解除了王国的威胁。武帝又接受了董仲舒的建议，实行"罢黜百家，独尊儒术"，终于找到了一种最适合封建专制主义中央集权政治制度所需要的理论基础。从此，封建政治制度的政体基本定型，专制主义中央集权的制度得以巩固。

隋唐完善：专制主义中央集权政治制度在加强过程中，不仅要克服中央与地方的矛盾，而且还要克服君权与相权的矛盾。隋朝实行三省六部制，把原为丞相的权力分散于三省六部。这项新的措施，被唐朝沿袭并有所发展，从而使中央集权制度得以完善。隋唐以来的科举制也是与当时政治制度的发展相适应的。三省六部制与科举制的实行，提高了行政效率，扩大了统治基础，有利于官僚队伍文化素质的提高，使专制主义中央集权制度进一步完善。

北宋加强：北宋建立后，宋太祖吸取唐末五代以来藩镇割据的教训，接受赵普的建议，采取"杯酒释兵权"等举措，收回朝中大将和节度使兵权，将地方的行政、军事、财政权力收归中央，防止地方割据局面的出现，加强了中央集议，但也造成了一些不良后果，使北宋形成了庞大的官僚机构和庞大的军队，导致了后来严重的社会危机。

元朝新发展：元朝实现了全国性的大统一。为了加强封建统治和对辽阔疆域的管辖，在中央设中书省；地方实行行省制度。既是元朝巩固统一的多民族国家的成功的尝试，同时又是加强中央集权的新举措，是对古代郡县制度的重大发展，对后世产生了深远影响。

明清达到顶峰：明朝建立后，为处理君臣关系和中央与地方的关系，在中央废丞相，权分六部，使秦朝以来的宰相制度走到了尽头；在地方废行省，设三司，地方势力进一步削弱。明朝还遍设厂卫特务组织，实行八股取士，这是专制主义加强的突出表现。清朝沿用明制，后增设军机处，大兴文字狱，使我国专制主义中央集权的政治制度发展到登峰造极的程度。

我国古代专制主义中央集权制度有哪些影响?

专制主义中央集权制度是建立于封建经济基础之上的。封建经济的分散性要求有一个强有力的中央集权来维护国家统一和社会稳定，以保障封建经济的发展。封建地主阶级为维持统治，需要一个强有力的政权来镇压农民的反抗，巩固自己的统治地位。分散的个体小农，也需要依赖于政治上强大的力量，以稳定社会，抵御外敌和抗击大的灾害。

专制主义中央集权制度是与中国封建生产方式相适应的。作为封建国家的管理体制，其承担着两方面的国家职能：一方面压迫、剥削、镇压人民，另一方面也起着组织公共事务的职能。

它促进了统一多民族国家的形成和发展，巩固了国家统一，为封建经济的发展创造了条件，也有利于民族融合，使中国产生了高于同一时期世界上其他国家的物质文明和精神文明。但是也加强了对人民的控制，影响了政治、经济、文化等方面的自由活泼发展。这种制度又往往取决于君主个人政治品质的优劣，因为皇帝个人因素对政局影响巨大，统治集团内部的各种矛盾斗争(宦官专权、朋党之争、外戚干政等)可以说都是专制主义中央集权制度的副产品。其消极作用在封建社会后期越来越大，特别是明清以后，阻碍了资本主义萌芽的发展和社会的变革，禁锢了人们的头脑，造成了生产力的停滞。这也是中国长期停滞于封建社会的重要政治原因。

"禅让"是怎么回事?

禅让指在位君主生前便将统治权让给他人。形式上，禅让是在位君主自愿进行的，通过选举继承人让更贤能的人统治国家。通常，禅让是将权力让给异姓，这会导致朝代更替，称为"外禅"；而让给自己的同姓血亲，则被称为"内禅"，让位者通常称"太上皇"，不导致朝代更替。禅让制，指中国原始社会部落联盟民主推选首领的制度。

什么叫"家天下"?

"家天下"指帝王把国家政权据为己有，世代相袭。《礼记·礼运篇》讲禹以前的社会是大同社会。在那时，一切财产都是公共所有（天下为公），首领依其才能选举产生（选贤与能）。讲到禹以后的社会时，指出国家财产成了一家私产（天下为家），私有制已成合法，父死子继也是理所当然的事（大人世及以为礼）。所以，家天下是历史发展到一定阶段的产物。到了西周时期，进一步提出了"普天之下，莫非王土，率土之滨，莫非王臣"的口号，把天下的土地、臣民都当成君王一家的私产，世代相传。

什么是礼治、德治、人治?

中国奴隶社会、封建社会主张根据"礼"的原则治理国家的一种统治方式。"礼"在殷商即已出现。《说文解字》："礼，履也，所以事神致福也。"殷人"尊神"，认为只有履行这样的仪式才能得到鬼神的赐福和保佑。可见"礼"一开始就和神权、族权紧密联系并含有行为规范的意义。周人提出"明德慎刑"、"为政以德"，后经两

第四章 政治、经济与军事

汉魏晋南北朝的法律儒家化运动，礼法合流，《唐律》最终确定了"德礼为政教之本，刑罚为政教之用"的德治方略，并为以后历代所尊崇。"人治"，就是重视人的特殊化，重视人可能的道德发展，重视人的同情心，把人当作可以变化并可以有很复杂的选择主动性和有伦理天性的"人"来管理统治的思想。

传统的封建官制有哪些特点？

历代王朝的文武职官设置及其实际职、权、责的规定也都体现了对皇权的维护。中国古代的官制以皇权为核心向全国各级伸展，构成网络式的结构，历代皇帝总是极力保持和加强对它的绝对控制，并为此目的不时进行调整。中国古代官制的演变轨迹，大体是皇帝将身边的侍从人员逐步演化为朝廷的正式官吏，由职秩较低的事务性官吏提拔为位阶较高、拥有相当权力的政务官僚，将身边的侍卫人员提拔为军事将领，其中少数人甚至一度执掌过重大的军政实权。但是，当这些部门或人员掌握的权力已构成对皇权的威胁或被认为已存在潜在的危险时，皇帝便毫不犹豫地采取保留其官衔名称，削弱其实权，再将新的亲信侍从或宦官外戚等以新的名义取而代之。

什么是郡县制？

郡县制是古代中央集权制在地方政权上的体现，它形成于战国时期。春秋初期，秦、晋、楚等国往往在新兼并的地方设县。县与卿大夫的封邑不同，是直接隶属于国君的地方行政区域，有利于国君对边远地区的统治。春秋中期以后，设县的国家增多，有的在内地也设置了县，县开始成为地方行政组织。春秋末期，有的国家又在新得到的边远地区设置了郡。这时的郡，虽然面积比县大，但是由于偏僻荒凉，地广人稀，地位却比县低。进入战国后，郡所辖的地区逐渐繁荣，人口增多，于是在郡的下面分设了县。战国时期，各国先后在边地和内地设置了郡县，产生了郡统辖县的两级地方行政组织。至此，郡县制开始形成。郡的长官称"守"，县的长官称"令"，均由国君任免。郡县制使各诸侯国形成了中央、郡、县一套比较系统的行政机构，对地主阶级实行集权统治起了重要的作用。战国时期，郡县制虽然形成并得到了很大的发展，但由于各国分立，执行情况不尽相同。直到秦统一中国后，为了加强中央集权，才健全了郡县制，进而在全国推广。郡县制于分封制最大的不同是：郡守、县令和县长由皇帝直接任免，不得世袭。郡县制使君主有效地加强了中央集权，有利于政治的安定和经济的发展。

中国历代年号是如何产生的？

年号是历代帝王纪年的名号，也是时代的标志。"纪元"亦称建元，是纪录年度之始。西汉以前，一个皇帝无论时间长短，都是既不改元，又无年号，一元到底，概称××帝的××年。但随着历史的发展，封建帝王们出于政治的需要，便逐渐改变了纪年的方式。我国历史上正式改元是从汉武帝开始。正式建立"年号"作为制度传袭下来，则在前140年汉武帝即位后。年号实行后，每一位新皇帝登基都要重建"年号"，即称为改元，一直延续至清末"宣统"为止。辛亥革命后，所用的民国岁次和

77

袁世凯的"洪宪"仍留有年号的遗迹。我国历代各朝所定的年号，为了称谓之便，大多以两个字命名，如汉初建、晋永和、唐贞观、宋元嘉、明万历等等。但也有很少数是三个字、四个字以至六个字的。三个字年号是从公元9年王莽的"始建国"开始的。之后的还有"中大同"和"中大通"等。四个字的年号就不少了，如北魏太武帝的"太平真君"，唐代武则天称帝后采用的"天册万岁"、"万岁通天"，宋真宗的"大中祥符"等。还有六字年号，如西夏景宗的"天授礼法延祚"，惠宗"天赐礼盛国庆"等。

"皇帝"一词是怎么产生的？

"皇，大也；""大君也"（《说文解字》），《风俗通义》说："皇者，中也，光也"，因而"皇"是至无上、光明无比的意思。"帝"据其甲骨文形，王国维说它是花的全形。《说文解字》："帝，谛也，王天下之号也。"商王生称王，死称帝。"帝"的本义是"花蒂"。由于"帝"（花蒂）能生花结果，故古人将主观想象中的生育万物的"天神"称为"帝"。后亦用指人君。《白虎通义》称"得天地者称帝"，也就是说，"帝"是统御万众，象征人间权力的称号。秦始皇统一全国后，自认为是"德兼三皇，功高五帝"，将"皇"、"帝"两个人间最高的称呼结合起来，为自己的帝号，从此天子称为皇帝。

"陛下"一词最初来源何处？

"陛下"一词是臣子对君主的称呼，自秦以后只用来称呼皇帝一人。而其实，"陛下"中的"陛"即指由台榭下段通向台顶的台阶。"陛"有时是土筑，有时是木构，有时还有花哨的形式，如"飞陛"。又因为古代只有王或者诸侯有资格建造台榭作为自己的居所，久而久之，"陛"就特指君主宫殿的台阶。在古代，这条通往君主的台阶是有侍卫把守的，只有经过陛下的允许才可登阶升殿，见到君主，"皇帝陛下"即是通过陛下的卫士向皇帝转达的意思，表示卑者向尊者进言。蔡邕《独断》卷上："谓之陛下者，群臣与天子言，不敢指斥天子，故呼在陛下者而告之，因卑达尊之意也。"后来，"陛下"就成为对帝王的敬辞。《史记·秦始皇本纪》："今陛下兴义兵，诛残贼，平定天下，海内为郡县，法令由一统。自古以来未尝有，五帝所不及。"也就是说，到了西汉，以"陛下"代指皇帝已经被普遍接受了。

古代的后妃都有哪些称谓？

皇帝后妃的称谓来源于周代帝王后妃的名称。周代帝王的后妃制度并不定形。秦朝建立之后，后妃制度开始了系统化。秦建立的嫔妃级别有8品，宫女人数达千人。汉代增至14级别，宫人的数量达几千人。唐代皇帝后宫设6局24司，历代皇帝都是如此，拥有数量相当大的青春少女，以满足皇帝的私欲。皇帝的后妃的称谓，正妻为后，即皇后，历代相沿不变。汉代以"昭仪"为妃嫔中的第一级，而三国魏晋以"贵嫔"为妃嫔中的第一级。

古代的皇位继承制度经历了哪些变化？

皇位继承制度从我国的历史来看，大致有四种情况：一、预立太子。皇位世袭制中，以父死子替为正宗。但历代

第四章 政治、经济与军事

皇帝妻妾众多，儿孙满堂，为了避免皇子之间因争夺皇位而不顾手足之情，预立太子就成了皇位世袭制的核心。从汉到明，历代王朝都将册立太子看作一件国家大事。立太子的法则是"立嫡不立长"、"立长不立贤"。二、密定皇储。这是清代特有的制度。雍正年间，下诏废太子之制，改由皇帝生前秘密确定皇储，写下遗诏，秘而不宣，等皇帝驾崩后由大臣当众宣诏，被立为皇储者即刻登基。三、禅让于子。我国历史上曾出现过当朝皇帝让位于子而自成太上皇的情况。如乾隆帝让位于嘉庆帝。四、逼宫夺位。由于封建皇帝至高无上，因而父子兄弟间为争夺皇位而自相残杀的事例不绝于史。皇位的异姓相代存在两种形式，要么是通过大规模农民起义或外族入侵来达到改朝换代的目的，要么就是以外戚、权臣、后宫的身份夺取皇位。

"三公九卿"包括哪些官职？

秦朝的中央行政机关实行三公九卿制。皇帝之下设三公，三公为：（1）丞相，承受皇帝之命，辅助皇帝掌管天下行政的官；（2）太尉，掌管军事的最高官吏；（3）御史大夫，主要管理记事，其地位相当于副丞相，主要职责是管理图籍、奏章，监察文武百官。御史大夫下设御史中丞，掌管图书秘籍，同时监察文武官吏；侍御史，掌管文书；监御史，中央派到地方各郡负责监督郡守的御史。三公之下设九卿，作为中央行政机关分掌具体行政事务，如祭祀、礼仪、军事、行政、司法、文化教育等。包括：（1）奉常，掌管宗庙礼仪，地位很高，属九卿之首；（2）郎中令，掌管宫殿警卫；（3）卫尉，掌管宫门警卫；（4）太仆，掌管宫廷御马和国家马政；（5）廷尉，掌管司法审判；（6）典客，掌管外交和民族事务；（7）宗正，掌管皇族、宗室事务；（8）治粟内史，掌管租税钱谷和财政收支；（9）少府，掌管专供皇室需用的山海池泽之税。

"宰相"的职责是什么？

宰相是国君之下辅助国君处理政务的最高官职。夏商是巫史，西周春秋是公卿，战国以后是宰相。宰相，是我国历史上一个泛指的职官称号。宰是主宰，相是辅助之。对君主负责、总揽政务。关于宰相职责，西汉的丞相陈平有过总结："宰相者，上佐天子，理阴阳，顺四时，下遂万物之宜，外镇抚四夷诸侯，内亲附百姓，使卿大夫各得任其职也。"

大学士为什么称"中堂"？

"学士"原是掌管文学著作的官，唐代开始设置，当时由宰相兼管"学士"，就把宰相称为"大学士"。到了宋代，大学士的含义有所变化，"学士"中资望特别高的人，被称为"大学士"。明代，设大学士若干人，替皇帝批答奏章，参议政务，官阶五品。如果兼任尚书、侍郎，还可以加官到一品，成为事实上的宰相，俗称"阁老"。清代的大学士是内阁的主官，官阶为正一品，一般称为"中堂"。

"中堂"之说起于北宋（一说起于唐），唐宋时期把政事堂设置在中书省内，是宰相处理政务的地方，中堂因宰相在中书省内办公而得名，后来把宰相也称为中堂。元代继续沿用这个称呼，没有多少变化。明朝时候，统治者为了进一步集中权力而不设宰相、中书省等机构，宰相的权力转移到内阁，由内阁来处理国家政务。明代大学士实际掌握宰相的权力，他们的办公处在内阁，中书居东西两房，大学士居中，所以称大学士为中堂。清朝继承了这一做法，内阁的首辅大学士以及协办大学士都被称为中堂，大学士成了宰相的别称。清朝共设置六部，每部有尚书二人，一汉一满，在大堂上左右对坐，分庭抗礼，如果某个大臣以大学士的身份管部，就坐在大堂中间，称为"中堂"。不过这只是虚名，并不代表实际权力，实权由军机处掌握。

三省六部中的三省和六部各有哪些职能？

三省：从唐朝开始正式设立的中央政权体系，分别为：尚书省——最高行政机构，负责执行国家的重要政令；门下省——审议机构，负责审核政令；中书省——决策机构，负责草拟和颁发皇帝的诏令。中书省主要负责与皇帝讨论法案的起草，草拟皇帝诏令。门下省负责审查诏令内容，并根据情况退回给中书省。这两个部门是决策机构，通过审查的法令交由尚书省执行。

尚书省下设有六部，分别为：

吏部：负责考核、任免四品以下官员；

户部：负责财政、国库；

礼部：负责贡举、祭祀、典礼；

兵部：负责军事；

刑部：负责司法、审计事务。具体审判另有大理寺负责。重大案件组织刑部、御史台、大理寺会审。谓三司审；

工部：负责工程建设。

什么是总督、都督、提督？其各有哪些职能？

总督是管辖一省或数省军政的地方最高长官，这个职称起于明朝。但明代的总督，主要负责军务和粮饷，还不是固定的职务。清代，总督成了正式的封疆大臣，品级为一品，军政民刑都管了。

都督。汉末就设置了，三国时有"都督诸州军事"，周瑜，就是吴国的都督。都督一职，在汉末设置时，主要指领兵打仗的将帅，称大都督者，就是全国的军事统帅，一般不理民事。魏晋以后，有些都督往往兼任驻地的刺史，这样就总揽了军政大权，形成了"军管"。唐代各州都设有都督，大都成为当地区的军政总首长，往往会形成"割据"的独立王国。

提督。这个官职主要是在清朝成为要职。有两种提督，一种是提督学政，各省一人，掌学校政令，负责岁、科考试，考察师生的优劣，又称为学政、学台，凡全省大事，他有权和督、抚一起参加讨论。另一种提督，即提督军务总兵官，负责一个省的军务。他是从一品和总督同，比巡抚、藩台、臬台三大宪的品级还高。

"太守"是怎样的官职？

太守这一职位原来是战国时代对郡守的尊称，到了西汉景帝时，郡守才改称成太守。太守是一郡最高的行政长官，朝代不断更换，但太守这一官职却一直沿用了下来。到了南北朝时期，新增加的州、县日渐增多，各郡之间所管辖境地相对地缩小，州、郡之间的地域区别不大了，所以到了隋初，就把州留下，把郡废除了，因此太守的权力也被所谓的州刺史给剥夺了，这样，州刺史就代替了太守的官职，太守则不再是正式官名了，而成为刺史或知府的别称。到了明清时期，则专门用来称呼知府了。

"县令"、"县长"、"知县"这些名称是怎么来的？

县令，秦国的商鞅变法，合并那些小乡为县，县令就是县的长官。战国末年，郡县两级制形成，县属于郡，县令成为郡守的下属。而到了秦至南北朝时，县的行政长官有了大小区分，大县称令，小县称长。秦、汉法令规定，人口超过万户以上的县为大县，不足万户的县为小县。到了唐代，称佐官代理县令为"知县事"。宋代则经常派遣朝廷官员为县的长官，管理一县行政，亦称"知县事"，简称知县，如果当地驻有戍兵，知县则兼兵马都监或监押，兼管军事。到了明、清两代，知县就成为一县的正式长官了。

三班衙役指什么人？

三班衙役是指衙门里的勤杂人员，他们一般分成三个部分。

一是站班皂隶，类似今天的法警，负责跟随长官左右护卫开道，审判时站立在大堂的两侧，增加庄严气氛，维持秩序，押送罪犯，执行刑讯及笞杖刑。电视剧中官员出场时喊堂威的就是他们。

二是捕班快手，类似今天的刑事警察，负责传唤被告、证人、侦缉罪犯、搜寻证据。也被称为"观察"。

三是壮班民壮，他们负责把守城门、衙门、仓库、监狱等要害部门，巡逻城乡道路，类似今天的武装警察。这类人也被称为"都头"。

"官"和"吏"有哪些区别？

在古代，有官，有吏。官就是正职，即长官；官是官员，有品级（比如知县正七品，县丞正八品，主簿正九品），叫"品官"。又因为自隋以后，官由中央统一任命，因此也叫"朝廷命官"。吏即胥吏。吏则由长官自己"辟召"，不过胥吏的地位虽然低，政治影响却大，因为国家事务，尤其是地方行政，实际上是靠胥吏来处理的。

古代文武官员谥号有哪些？

谥号，通常情况下是指有一定品阶地位、社会影响或特殊事迹的人死后，由国家给予的特殊称号。文武百官是国家给谥的主体，但是什么品阶以上才有得谥资格及拟谥程序等，历朝各代不尽相同。即使有规定，亦可因皇帝特旨而打破，七品知县效职勤劳可以给谥，九品巡检殁身沙场，也可以给谥。臣下的谥号，例由礼官拟出经朝廷授予，还允许其他官员驳议和死者家属上诉。如晚清士绅论及"同光中兴"时，辄称"曾文正"、"左文襄"、"李文忠"，即分别用谥号尊称曾国藩、左宗棠和李鸿章。民族英雄岳飞，后人就常常称他为岳武穆，而"武穆"则是他的谥号。"谥"字的解释，本身就具有"称"或"号"之义，因此给"谥"的过程及相关规定便称"谥法"。又因人死得谥后，多称谥号而不再称名字，所以谥法又叫作易名礼或更名典。

古代兼代官职有哪些不同的名称？

领：常指兼任。摄：兼理，尤指暂兼。守：兼理，指比本职高的兼职。行：兼管，指比本职低的兼职。判：中枢官兼任地方官。知：同"判"。权：暂代官职。假：同"摄"。署：代理无本官的职位，也称"署理"。护：上级官员离职，由次一级官员守护印信代行职权。

古代官吏是如何休假的？

汉代官吏每工作五天休息一天，称为"休沐"。官吏工作的时候要住在官衙，只有休沐那天可以回家。大概从南北朝开始，官吏工作日可以不在官衙居住，而是编组轮流值宿。以后历代都是这样。到了唐代，官吏还有很多节庆假期，放假最长的是新年和冬至，各放假七天，算是古代的法定"黄金周"；其他节庆，则休息一、三、五天不等。有人统计，唐代官吏一年中这样的假期有53天，此外还有特殊假期，如"探亲假"。如果父母去世，更是强迫"丁忧"，文官放假三年，武官放假一百天。宋、元两代实行旬休制度，节庆假日则慢慢"缩水"。宋代节假日约为54天；元代的节假日则陡减到16天。明清两代没有旬休制，节庆假日也萎缩得厉害：最初只有新年、冬至和皇帝生辰是法定节庆日；后来，中秋、端午两节渐受重视，也有了假日。不过，明清两代的官吏每年有长约一个月的新年假或寒假，这是别的朝代所没有的。

官衙为什么又叫"衙门"？

旧时称官署为衙门。其实衙门是由"牙门"转化而来的。衙门的别称是六扇门。猛兽的利牙，古时常用来象征武力。"牙门"系古代军事用语，是军旅营门的别称。当时战事频繁，王者打天下，守江山，完全凭借武力，因此特别器重军事将领。军事长官们以此为荣，往往将猛兽的爪、牙置于办公处。后来嫌麻烦，就在军营门外以木头刻画成大型兽牙作饰，营中还出现了旗杆端饰有兽牙、边缘剪裁成齿形的牙旗。于是，营门也被形象地称作"牙门"。汉末时，"牙门"成了军旅营门的别称。这一名称逐渐移用于官府。《武瓦闻见记》中记载："近俗尚武，是以通呼公府为'公牙'，府门为'牙门'，字稍讹变转而为'衙'也。"唐朝以后，"衙门"一词广为流行。到了北宋以后，人们就几乎只知道"衙门"而不知有"牙门"了。

什么是三司？

中国古代朝廷中最尊显的三个官职的合称。周代已有此词，西汉今文经学家据《尚书大传》、《礼记》等书以为三公指司马、司徒、司空。古文经学家则据《周礼》以为太傅、太师、太保为三公。秦不设三公。东汉末年建安十三年（208年），曹操罢去三公而又置丞相、御史大夫，自为丞相。两汉时实行了两百年之久的三公制，至此遂告终止。曹魏重新恢复三公之制。在魏晋南北朝时期，三公依然位居极品，且开府置僚佐。但实权则进一步向尚书机构转移。至隋，三公不再开府，僚佐全部撤销，完全变成虚衔或"优崇之位"。

东厂和西厂是什么机构？

东厂，官署名。即东缉事厂，中国明代的特权监察机构、特务机关和秘密警察机关。明成祖于永乐十八年（1420年）设立东缉事厂（简称东厂），由亲信宦官担任首领。东厂是世界历史上最早设立的国家特务情报机关，其分支机构远达朝鲜半岛。地点位于京师（今北京）东安门之北（一说东华门旁）。东厂权力在锦衣卫之上，只对皇帝负责，不经司法机关批准，可随意监督缉拿臣民，从而开明朝宦官干政之端。

西厂，明朝官署名。即西缉事厂。明宪宗时为加强特务统治，于成化十三年（1477年）于东厂之外增设西厂，与东厂及锦衣卫合称厂卫，用太监汪直为提督，其权力超过东厂，活动范围自京师遍及各地。后因遭反对，被迫撤销。武宗时宦官刘瑾专权，正德元年（1506年）复置，刘瑾被诛后，即废去。

内阁制度是如何产生和发展的？

内阁是明、清最高官署名。主要秉承皇帝的意旨办事，直接为皇帝服务，堪称皇帝的秘书厅。内阁发轫于明太祖朱元璋时期的"殿阁大学士"。朱元璋为了加强中央集权，罢黜丞相，仿宋代制度，置华盖殿、武英殿、文渊阁、东阁诸"大学士"，侍奉皇帝左右，备皇帝顾问。为了防止擅权，这些大学士的品级都非常低，品秩从五品，大权则集中于皇帝一人。到了明成祖朱棣时，延揽大学士入内阁，正式有"内阁"之名。大学士秉承皇帝的意旨办理一些政务，俨然智囊团。内阁大学士虽无宰相之名，却有宰相之实。内阁大学士级别也有了高低之别，首辅是内阁的首席阁臣。

清承明制，内阁仍为皇帝身边最为重要的办事机构，负责代拟谕旨及诏令的传达等，但也进行了一些变革，最主要的是内阁中的最高官员大学士设了满、汉各二人，最初为满一品、汉五品，后改汉为二品，到雍正时，才规定满、汉均为正一品。但雍正时期设置军机处后，商议大政、备皇帝顾问、拟写谕旨、记录国家大事的职权，已完全被军机处取代，内阁从此就形同虚设了。

军机大臣职位的由来是怎样的？

清雍正七年（1729年），清军在西北与准噶尔蒙古激战，为及时处理军报，始设军机房，清乾隆即位后，改称总理处，三年（1738年）始名军机处。中经乾隆、嘉庆、道光、咸丰、同治、光绪，直至宣统三年（1911年）皇族内阁成立后裁撤，历时170余年。军机大臣，正式称谓是"军机处大臣上行走"，俗称"大军机"。分设满、汉员，由满汉大学士、各部尚书、侍郎、总督等官员奉特旨充当，均为兼差。其数无定额，任期无限止。军机处职能原为承命拟旨，参与军务，随着时间的推移和条件的改变，军机处已不再是单纯的军事机构，逐渐演变为清代全国政令的策源地和统治中心，其地位远高于国家行政中枢的内阁。凡经皇帝选调到军机处任职的军机大臣，称"入值"。由皇帝指派满、汉各一员为首领，称为"揆首"、"领袖"。初期，凡应皇帝召见议商政务、承皇帝旨意起草谕旨以及寄给各官员之谕旨的署名等，均为领班军机大臣专责。初入值军机处者，因资历或能力尚浅，则命在"军机大臣上学习行走"。加"学习"二字，意示见习，其地位低于一般。一二年后，再由领班的军机大臣奏请去其"学习"二字。各军机大臣之间，因资格、品位之高低而有差别，除视秩排班外，权力亦有不同。如：有的满洲军机大臣只准阅办满文奏报；新任之军机大臣不准阅办皇帝朱批过的奏报。这些等级差别，均不见有"则例"、"章制"，而是由皇帝亲定。

中国古代监察制度是怎样的？

中国古代监察制度，随同封建制度的产生而萌发，伴随封建专制主义中央集权的建立而诞生，又随着封建君主专制的不断强化而发展、完备，形成了两大系统，一是御史监察系统，二是谏官言谏系统。御史又称之为台官、宪官或察官，是皇帝的耳目，职在纠察官邪，肃正朝纲，主要运用弹劾手段进行监察。谏官又称言官或垣官，职在讽议左右，以匡人君，监察方式主要是谏诤封驳，审核诏令章奏。台官对下纠察百官言行违失，谏官对上纠正皇帝决策失误。二者构成了封建社会完整的监察体制。

明代的锦衣卫主要负责什么？

锦衣卫是皇帝的侍卫机构，也是明朝的特务机构。它是由明太祖朱元璋所设御用拱卫司演变而来的，1384年正式改立。锦衣卫的长官被称为指挥使，由皇帝指派亲信心腹担任。锦衣卫下辖17个所和南北镇抚司。锦衣卫拥有三项职能，一是具有皇帝禁卫军的作用，执掌侍卫、展列仪仗和随同皇帝出巡。其中比较著名的为"大汉将军"。大汉将军在锦衣卫中自成一营，初期人数约1500人，到明末一度增加到5000余人。二是皇帝的私人警察。朱元璋为了加强中央集权，将锦衣卫的功能提升，特令其掌管刑狱，赋予其巡察缉捕之权。他们直接听命于皇帝，可以逮捕任何人，皇帝要逮人，也通过锦衣卫去抓并且让他们审讯。锦衣卫下辖的南镇抚司从事侦察、逮捕、审问活动；北镇抚司负责传达、受理皇帝钦定的案件，拥有自己的监狱，可以自行逮捕、刑讯、处决，不必经过一般司法机构。三是"执掌廷杖"。廷杖制度始自明朝，是皇帝用来教训不听话的士大夫的一项酷刑，行刑者是锦衣卫校尉，他们受过严格的训练，技艺娴熟。

什么是分封制？

分封制也称分封制度或封建制，即狭义的"封建"，由共主或中央王朝给王室成员、贵族和功臣分封领地，属于政治制度范畴。古代宗法制是分封制的基础，在家庭范围是为宗法制，在国家范围是为分封制。中国古代帝王分封诸侯的制度。周灭商和东征以后，曾分封同姓和功臣为诸侯，以为藩屏。诸侯的君位世袭，在其国内拥有统治权，但对天子有定期朝贡和提供军赋、力役等义务。

什么是"世袭罔替"？

世袭罔替是清朝的一种爵位继承制度，俗称铁帽子王。

清王朝建立后，建立了一整套封爵制度，皇族爵位即是这个制度的组成部分之一。当时确定的皇族爵位共有十二等，依次为和硕亲王、多罗郡王、多罗贝勒、固山贝子、奉恩镇国公、奉恩辅国公、不入八分镇国公、不入八分辅国公、镇国将军、辅国将军、奉国将军和奉恩将军。

清朝封爵一般有两种，一为臣民在

战争中立功而受封，称为功封；另为皇裔受封（正常情况下必封），称为恩封。袭爵的方式也分为两种：一种是降等承袭，这是一般的惯例，即逢子孙（通常为嫡长子）袭爵时，每代要递降一个等级来承袭。由和硕亲王递降至奉恩镇国公，多罗郡王递降至奉恩辅国公，多罗贝勒递降至不入八分镇国公，固山贝子递降至不入八分辅国公，奉恩镇国公递降至镇国将军，奉恩辅国公递降至辅国将军，之后就不再递降了，以该爵一直承袭下去。另一种是原等承袭，即由皇帝颁诏允许，某些爵位逢子孙袭爵时，可以按其父、祖的原等级来承袭，世代相承不变。若是没有子嗣后代时，则以旁支后代奉始封祖先祀，并承袭该爵。这就叫做世袭罔替。在清朝国祚二百六十八年加上在关外时期约近三百年的漫长岁月之中，获此殊荣的满清贵胄仅有十二位王的后人在继承爵位时无需降级，作为皇帝对其功劳的赏赐，俗称为铁帽子王。这十二位王中，有八位是在清朝开国之初立下战功的皇亲宗室，另外四位是中后期在政治斗争中得到皇帝重用而受封。

什么是十恶大罪？

"十恶"是指直接危及君主专制统治秩序以及严重破坏封建伦常关系的重大犯罪行为。在《北齐律》"重罪十条"基础上，隋朝《开皇律》正式确立十恶制度，唐朝沿袭之。犯十恶者，"为常赦所不原"。唐代因袭隋律，对这十种犯罪予以严厉的惩治，分别是：

谋反，"谓谋危社稷"，即阴谋以各种手段推翻现存的君主制度。

谋大逆，"谓谋毁宗庙、山陵及宫阙"，即企图毁坏皇帝的宗庙、皇陵和皇宫。

谋叛，"谓谋背国从伪"，即企图背国投敌的行为。

恶逆，"谓殴及谋杀祖父母、父母，杀伯叔父母、姑、兄姊、外祖父母、夫、夫之祖父母、父母"。

不道，"谓杀一家非死罪三人，支解人，造畜蛊毒、厌魅"。这里造畜蛊毒和厌魅是以巫术害人的行为，和杀一家非死罪三人、肢解人的行为一样恶劣，后果严重。

大不敬，包括盗窃御用物品、因失误而致皇帝的人身安全受到威胁、不尊重皇帝及钦差大臣等三类犯罪行为。

不孝，即控告、咒骂祖父母父母；祖父母父母在，另立门户、分割财产、供养有缺；为父母服丧期间，谈婚论嫁、寻欢作乐、不穿孝服；知祖父母、父母丧，隐瞒不办丧事；以及谎称祖父母父母丧。这些行为在性质上，与恶逆罪一样，都是对尊亲属的侵害，只是侵害的程度更轻。

不睦，"谓谋杀及卖缌麻以上亲，殴告夫及夫大功以上尊长、小功尊属"。缌麻、小功、大功是根据服制确定的亲属范围。缌麻亲是指男性同一高祖父母之下的亲属，小功亲是指同一曾祖父母之下的亲属，大功亲是指同一祖父母之下的亲属。同一亲等的亲属还有尊卑的区别。

不义，"谓杀本属府主、刺史、县令、见受业师。吏、卒杀本部五品以上官长；及闻夫丧，匿不举哀，若作乐，释服从吉及改嫁。"

内乱，"谓奸小功以上亲、父祖妾及与和者"。"和"，指通奸。

什么是"株连九族"？

株连九族是古代刑罚族诛的一种，从古代族诛的实际情况看古代九族应包括父族四、母族三、妻族二（这里的族人指直系亲属和配偶）：

父族四：指自己一族。出嫁的姑母及其儿子一家、出嫁的姐妹及外甥一家、出嫁的女儿及外孙一家。

母族三：是指外祖父一家、外祖母的娘家、姨母及其儿子一家。

妻族二：是指岳父的一家、岳母的娘家。

什么是三法司会审？

司法制度。清制，凡是死罪中应处斩、绞的重大案件，在京的由三法司会审，在外省的由三法司会同复核。在京的会审之案，先由"小三法司"即大理寺左、右寺官及都察院有关道监察御史到刑部与承审司官一起会审录问，叫做"会小法"。审毕，小三法司各以供词呈报堂官。然后，大理寺堂官（卿或少卿）、都察院堂官（左都御史或左副都御史）挈同属员再赴刑部，与刑部堂官（尚书或侍郎）一起会审犯人，谓之"会大法"。如有翻异，则发司复审。如果三方无疑义者（即对案情认定）及所拟罪名意见一致者，由刑部定稿分送院、寺堂属一体画题。在外各省总督、巡抚具题重辟之案，同时皆以随本揭帖分送刑部、都察院和大理寺。由部、院、寺分发其下属有关司道及左、右寺承办。有关司道及左、右寺先据揭帖，详推案情与所拟罪名、所引律例是否符合，各自提出复核意见（即预定谳语）呈堂。由刑部主稿钤印，分送院、寺。如果刑部看语与院、寺看语意见一致，院、寺即画题，但必须在八日内送回刑部。如果意见不一致，有改易的，亦必须在八日内声明缘由，交回酌议。刑部再定期移知院、寺赴部，细绎案情，详推律意，各秉虚公，画一定谳。按规定，凡重辟，必须三法司的意见完全一致，才能定案。如果意见统一，由刑部主稿，院、寺画题，奏闻钦定。若意见仍不能一致，允许各抒所见，候旨酌夺。但不得一衙门立一意见，判然与刑部立异；只许两议并陈，候皇帝裁决。

古代的死刑有哪些种类？

死刑是人类社会最古老的一种刑罚，并非中国独创，然而中国古人尤其重死刑，致使中国古代的死刑颇具特色。比如，中国古代的死刑非常讲究执行方式，可谓形式多样，并且异常残忍，往往延长行刑时间以增加犯人的痛苦。古代人认为，同是处死，如方式不同，至少表明罪行轻重有别。在这种死刑观念的影响下，中国古代执行死刑的方式五花八门，常常由于犯罪主体以及被侵害客体的不同或罪行轻重的不同，行刑方式也大相径庭。中国古代法律所规定的死刑种类主要有：斩、绞、腰斩、枭首、弃市、车裂、磔、凌迟、焚等十余种。周代以后持续时间最长、影响最大的也还有三种：斩、绞、凌迟。

妇人多赐绫缎，历代沿用。

宫刑，对女犯施行的宫刑，开始于秦汉。即使用木槌击妇人腹部，人为地造成子宫脱垂，是对犯淫罪者实施的一种酷刑。

什么是宫刑？

"宫"，即"丈夫割其势，女子闭于宫"，就是阉割男子生殖器、破坏女子生殖机能的一种肉刑。宫刑又称蚕室、腐刑、阴刑和椓刑，这些不同的名称都反映出这一刑罚的残酷。宫刑的出现在中国历史上由来已久。在《尚书》中有几处提到了五刑和宫刑。周朝时将受了宫刑的男子称为"寺人"。"寺"字为"士"与"寸"二字构成，在古代，"士"是男性生殖器的象形字，史书所称"士人"即男人，"士女"即男女；"寸"像一只手拿着一把小刀，"士""寸"合在一起就是用刀割去男性生殖器。男子受宫刑，一般理解是将阴茎连根割去，但据古籍记载，也有破坏阴囊与睾丸者。如《韵会》一书云："外肾为势，宫刑男子割势。"外肾是指阴囊和睾丸，破坏了它，人的性腺即不再发育，阴茎不能勃起，从而丧失了性能力。从以上历史看来，宫刑的施行范围虽然扩大了，虽然不仅仅是惩罚被认为是男女不正当的性关系而作为镇压反抗者的一种残酷手段，但仍与性有一定的联系，就是使受刑者丧失性能力，从而断子绝孙。这在十分重视子嗣和后世香火的封建社会，确实是十分严酷！宫刑还有摧残受刑者的身体与精神的目的，受刑者终生受辱，生不如死。司马迁是个意志坚强、胸怀大志的人，可是他每当想起自己受宫刑这一耻辱，都仍然要发汗沾背，想"引决自裁"，不想再活下去了。

奴隶社会和封建社会的"五刑"各包括哪几种刑罚？

奴隶制五刑，是指我国奴隶时代长期存在的墨、劓、剕、宫、大辟等五种法定刑。这五种法定刑由轻到重，奴隶制五刑中除了大辟即死刑外，其他四种又叫做肉刑，因为这四种刑罚是对肉体的刑罚，而且受刑后无法复原。封建制五刑，唐律中的五刑制度是隋《开皇律》中首次确立的，包括笞、杖、徒、流、死五种基本的法定刑罚。

什么是"秋审"、"秋决"？

秋审是清朝的一种审判制度，从明朝发展而来。明朝的朝审制度被清朝继承后，又有了发展变化。清朝将朝审发展为两种，即朝审和秋审，但这两种审判方式形式基本相同，只是审判的对象有区别。秋审的对象是复审各省上报的被处以死刑的囚犯，而朝审则是复审刑部在押的死刑犯。审判官的组成是相同的，都是中央各部院的长官。

秋决，从西周开始就有了秋冬行刑的做法，到了汉朝成了制度。除了谋反等大罪可以立即处决外，一般死刑犯都要等到秋天霜降后冬至以前才能执行。古代有行刑的禁忌，唐、宋规定正月、五月、九月为断屠月，每月的十斋日为禁杀日（初一、初八、十四、十五、十八、二十三、二十四、二十八、二十九），即使谋反重罪也不能在这些日子处死。明朝也规定十斋日禁止行刑，否则笞四十。国家进行大的祭祀活动时也禁止行刑。行刑的具体时间有的规定在下午1点到5点之间。过时则要等到第二天。

什么是人殉？

人殉是阶级对抗的产物，也是一种残忍而野蛮的宗教行为，它出现于原始社会末期，盛行于奴隶制时代。指的是用活人为死去的氏族首领、家长、奴隶主或封建主殉葬。被殉葬者多是死者的近亲、近臣、近侍，以及战争中的俘虏等。在阶级出现的时代里，人殉成为一种广泛流行的古代丧葬仪式。产生这种现象的主要原因，是由于当时生产力有所提高，商品交换的发展和私有制的产生，这一系列的变化，引起氏族内部出现了阶级分化。因此，这种宗教活动的出现，同私有制的出现是密切相关的。古代人们思想迷信，认为人死后还会同生前一样生活，因而在人死后，将其生前用过的物品随葬。原始社会人们只是把工具、武器、日用品等和死者埋在一起。到了奴隶社会，奴隶主死后，不但用自己的妻妾、亲信等陪葬，更多的是将大量奴隶杀死或活埋来殉葬。让他们在"阴间"继续供主人役使。人殉的风气，在商代达到了顶峰。到了汉朝，殉葬之风衰败了。

什么是"免死铁券"？

在明朝，皇帝给大臣最高的奖赏就是免死铁券，其作用是将来大臣犯法，只要拿出免死铁券来，就可以免除一死。有幸拿到的，就会放在家里的大堂供起来。明史载：洪武二年（1369年），太祖欲封功臣，议为铁券，而未有定制。或言台州民钱允一有家藏吴越王镠唐赐铁券，遂遣使取之，因其式而损益焉。其制如瓦，第为七等。公二等：一高尺，广一尺六寸五分；一高九寸五分，广一尺六寸。侯三等：一高九寸，广一尺五寸五分；一高八寸五分，广一尺五寸；一高八寸，广一尺四寸五分。伯二等：一高七寸五分，广一尺三寸五分；一高六寸五分，广一尺二寸五分。外刻履历、恩数之详，以记其功；中镌免罪、减禄之数，以防其过。字嵌以金。凡九十七副，各分左右，左颁功臣，右藏内府，有故则合之，以取信焉。

历代颁布过哪些法典？

战国时期魏国的《法经》，晋国的《被庐之法》。秦的《田律》，汉朝《九章律》，魏晋之后，有《魏律》、《晋律》、《北齐律》、《隋律》、《唐律》、《大明律》、《大清律》。《开皇令》和《贞观令》。最早出现于唐朝的《唐六典》，是中国历史上第一部行政法典。

我国最早的婚姻法典是哪一部？

在西汉时期，我国已经有了第一部婚姻法典《汉婚律》，它的内容包括婚姻范围（禁止直系亲属通婚），夫妻双方的权利和义务，以及后嗣，离婚等六方面的法规。

中国古代选拔官员制度如何？

古代官员的选拔制度基本经历了这样的几个阶段：世袭制度，举荐和征辟制度，九品中正制度和科举考试。

一、世袭制度。夏禹的儿子启废除了古代天子的禅让制度，世袭了父亲的王位，这也许是世袭制度的开始。到了周朝，官员的选拔基本是在贵族的范围内世袭继承。周天子把自己的领地分封给各诸侯国，诸侯国把自己的国家分封给大夫。士人虽然没有领地，却可以参与到国家朝政的治理。对一个士人来说，他要做的有几件事情：修身，即提高自己的综合素质；齐家，帮助大夫管理好自己的领地；治国，帮助诸侯王治理好自己的国家；平天下，为周天子服务，谋求天下的太平。诸侯和大夫一般都是长子承继。世袭制几乎贯穿了整个封建社会的历史，只是由于时代的不同，世袭所取得官位在父子之间也会有很大的差别。

二、举荐和征辟制度。秦朝统一

第四章 政治、经济与军事

天下之后，诸侯国没有了，取而代之的是郡县；郡县制度延续到了汉朝。这时候的官员选拔开始了一种全新的制度。首先由民间选举那些有孝行和有才能的人，即孝廉和秀才，推荐到官府，然后再由官府考核并征召任命，这就是举荐制和征辟制。这样的选拔官吏制度有非同寻常的意义，给很多有才之士和有道之士提供了晋身上流社会的机会和可能。但是，举荐制度不能杜绝作弊的行为，所谓"举孝廉，父别居；为秀才，不识书"，这种情况的存在决定这样选拔官员的制度不会长久。

三、九品中正制。汉朝以后，中国进入魏、蜀、吴三国鼎立的时代。曹操执政的魏国，为了招揽人才，提出"唯才是举"的任命官员的标准。这样的标准就是只考虑被任命者的才能，而不顾及被任命者的品行。这样的制度延续到晋朝之后，慢慢地形成了一种新的士族阶级，而这样的士族阶级垄断了朝政，并且考虑到自身的利益，开始恢复了世袭制度，从而造成了很多的社会寄生虫，因此有人说，晋朝的官场是很黑暗的。

四、科举考试。从隋朝开始，中国开始开科取士，即通过考试的方式来选拔官吏。在西方，有人把科举考试当作中国贡献给世界的第五大发明。科举考试使更多的人有机会有可能成为社会的管理者，给更多的普通的知识分子提供了展示自己才能的空间，因此这样的方式受到普遍的欢迎，而且通过这样的考试确实选拔出很多管理和治理国家的优秀人才。可惜这样的考试制度最终因为在命题范围，考试制度，考试管理各方面存在的越来越多的漏洞，尤其是对知识分子个性和才能的束缚，最终导致科举制度的废除。

察举制是怎样操作的？

汉代，为了适应国家统治的需要，建立了一整套选拔官吏的制度，名为察举制。察举是自下而上推选人才的制度，也叫选举。汉高祖刘邦首下求贤诏，要求郡国推荐具有治国才能的贤士大夫，开察举制先河。惠帝、吕后（二人执政时间为公元前194—前180年）诏举"孝弟力田"，察举开始有了科目。

汉代察举制度，严格地说是从文帝（公元前179—前157年在位）开始，他下诏要求"举贤良方正能直言极谏"者，并且定下了"对策"（考试）和等第。武帝时"察举制"达到完备，各种规定相继推出。其后，各种科目不断充实，特别是有了统一的选才标准和考试办法。

考试是汉代察举制度的重要环节。被举者经考试后，由政府量才录用，这样既保证了选才标准能贯彻实行，选出真正的人才，还能保证竞争的相对公平，令下层人士有进入国家管理层的可能。随着考试制度不断发展和完善，逐渐被隋唐"科举制度"所取代。

什么是"孝廉"？

孝廉是汉武帝时设立的察举考试的一种科目，孝廉是孝顺父母、办事廉正的意思。孝廉是察举制常科中最主要、最重要的科目。汉武帝时，采纳董仲舒的建议于元光元年（前134年）下诏郡国每年察举孝者、廉者各一人。不久，这种察举就通称为举孝廉，并成为汉代察举制中最为重要的岁举科目，"名公巨卿多出之"，是汉代政府官员的重要来源。

孝廉举至中央后，按制度并不立即授以实职，而是入郎署为郎官，承担宫廷宿卫，目的是使之"观大臣之能"，熟悉朝廷行政事务。然后经选拔，根据品第结果被任命不同的职位，如地方的县令、长、相，或中央的有关官职。一般情况下，举孝廉者都能被授与大小不一的官职。汉顺帝阳嘉元年（132年），根据尚书令左雄的建议，规定应孝廉举者必须年满四十岁；同时又制定了"诸生试家法、文吏课笺奏"这一重要制度，即中央对儒生出身的孝廉，要考试经术，文吏出身的则考试笺奏。从此以后，岁举这一途径就出现了正规的考试之法，孝廉科因而也由一种地方长官的推荐制度，开始向中央考试制度过渡。

什么叫"九品中正制"？

九品中正制也叫"九品官人法"，是我国魏晋南北朝时期实行的人才选拔制度。"中正"指的是有名望的推荐官，人才的等级就由他们评定。一般各州郡的中正官都由本籍人在中央任职的官员兼任，他们的职责是根据家世、才、德，评定辖区内士人的品级、等级。品级分上、中、下三等，每等又分上、中、下三级，共分成九级，即上上、上中、上下、中上、中中、中下、下上、下中、下下。朝廷根据品级的高低任命官职，大官多由品级高的人担任，品级低的人多担任小官。九品芝麻官就属于最低级别的下下级官员了。那么，这一制度是从何时开始实行的呢？东汉末年由于战乱，人口流动频繁，使过去乡举里选的人才评定方法已难以推行，旧有的人才档案已经失去作用，要想选拔出好的人才，必须建立新的人才档案，因此曹操建立了九品官人法作为临时选拔人才的一种方法。公元221年吏部尚书陈群重申和修订，并经曹丕同意，将其正式颁布全国。由于中正官大多是由当时的豪门大族担任，为了维护他们自己的利益，巩固其统治地位，因此在评品论级时他们往往只看门第高下，出现了"上品无寒门，下品无士族"的局面。望族的纨绔子弟平步青云，坐取公卿，而那些有才能的人却受到排挤，难以施展抱负和才干。由此，九品中正制成了保护士族世袭政治特权的官僚选拔制度，远远背离了量才授官、以期公正的初衷。到了隋代，这一制度被科举制所取代。九品中正制在中国历史上持续了400多年。

科举的发展历程是怎样的？

科举制创立于隋朝。魏晋以来选官注重门第，不利于选拔有真才实学的人做官，为改变此弊端，隋文帝开始用分科考试的方法选拔官员，隋炀帝时正式设进士科，按考试成绩选拔人才，我国科举制度正式诞生。科举制完善于唐朝。唐太宗时，扩充国学的规模，增加考试科目；武则天时，大量增加科举取士的人数，首创武举和殿试；唐玄宗时，诗赋成为进士科的考试内容。科举制度发展在宋代。宋代在革除了唐代科举制弊病的基础上，建立起一套相当完整、严密的科举制度，成为封建专制主义中央集权制的一个重要组成部分。科举制度的鼎盛和僵化于明清。明代至清代中叶前这一时期，科举制度走向鼎盛阶段。科举制度各方面的规定已经成熟，建立了系统的法令法规，社会各阶层从上到下无不重视科举考试，科举制度成为了国家政治生活中影响最大、最基本的制度之一。实行八股取士，规定科举考试只许在四书五经范围内命题，考生只能根据指定的观点答卷，不准发挥自己的见解。清朝末年，在我国封建社会延续了一千三百多年的科举制度被废除。

隋唐时期科举考试包括哪些科目？

隋炀帝时的科举分两科，一称明经，另一称进士。虽然唐代大大增加了科目数量，但明经和进士仍是选拔官员的主要科目。明经科的主要考试内容包括帖经和墨义。帖经有点像现代考试的填充，试题一般是摘录经书的一句并遮去几个字，考生需填充缺去的字词；至于墨义则是一些关于经文的问答。进士科的考试主要是要求考生就特定的题目创作诗、赋，有时也会加入帖经。唐高宗时代以后，进士科的地位慢慢超越了明经，成为科举中唯一的重要科目。造成这种现象的原因主要是进士科考生需要发挥创意方能及第，而明经只需熟读经书便能考上。而且进士科的评选标准甚严格，考上的人数往往只是明经科的十分之一。另外，在武则天时代开始，亦设立了武举考试，用以挑选武官。

宋代以后科举考试科目发生了哪些变化？

宋代大部分时间的科举内容与唐代分别不大，但王安石执政时，曾对科举制度进行改革，把帖经、墨义和诗赋等考试都取消了，改为以经义（解释经书）、论（对时局的评论）和策（提出解决时弊的办法）作为考试内容。

元代的科举虽然对自身的统治影响不大，但它的内容却有重大转变。第一是科举不再分科，专以进士科取士。第二是考试的指定读物有所变动。新的规定是，如果经义的考试内容包括四书，则以朱熹著述的《四书集注》作为主要的依据。

这两项改动并没有随元朝的消亡而消亡，而是成为明、清两代八股文的基础。

明清时期科举考试在乡试及会试皆以四书的内容命题，要求考生以古人的语气阐述经义，"代圣人立言"，用八股文作答。八股文有很多格式上的要求，极为讲究形式。只有到了科举最后一关，用以决定名次的殿试，才会改为考时务策问。

什么是八股取士？

八股文是明清科举考试的文章格式，是一种非常严格的注重格式的文体。每篇文章的格式非常标准，分为破题、承题、起讲、入手、起股、中股、后股、束股、落下等组成部分。在起股、中股、后股、束股4个部分，各有两股互相对应的文字，共有八股，所以称八股文。八股也称八比，比是对偶的意思。在这8个部分中，句子的长短、字的繁简、声调高低等都要相对成文，字体也有明确规定。对于文章的内容，八股文要求立言必须用古人的语气，题目主要从四书里出，议论的内容也必须根据宋代理学家朱熹写的《四书章句集注》，绝对不允许自由发挥，字数也有限制。这种文体极大地束缚了人们的思想。自采用八股文考试后，学校教育的重心就是教学生读八股、写八股，史学、算学、天文学等科根本无人问津。明末清初大学者顾炎武曾说，八股的害处等于秦始皇焚书，而它对人才的摧残比坑儒还要严重。

科举考试要经过哪些步骤？

童子试（县试，府试，院试），由各省的学政主持。通过的称为进学，通名生员，也就是俗称的秀才，通不过的一律称为童生。秀才们通过科考选拔，有资格参加本届的乡试（各省举行的考试，取中者就成为举人），人们尊称秀才为"相公"。

乡试在秋天举行，也称"秋闱"。考中的称举人。明清的举人，不仅具备会试的资格，而且可以因此进入仕途，算是有了做官的"正途出身"。考中乡试第一名者称为"解元"。

第二年的春天举行会试，称为"春闱"，由朝庭的礼部主持，所以也称为"礼部试"、"礼闱"等。通过会试的举人称为"中式举人"或"贡士"，得第一名者称为"会元"，他们具备了参加殿试的资格，可以向进士的高峰攀登。人们尊称举人为"老爷"。

进士，是古代士子们通过最高一级的考试（殿试），进入为仕的行列，受赐正途出身的荣名。通常是三年考一次，遇到特别的庆典，增加考试，称为"恩科"。一般进士榜分为三个级别，第一等为"第一甲赐进士及第"，第二等为"第二甲赐进士出身"，第三等为"第三甲赐同进士出身"，殿试的第一名得主被称为"状元"。俗话说"连中三元"，就是乡试、会试、殿试均得第一名，这是非常难得的，明朝三百多年也只有两人（黄观，商辂）"连中三元"，人们尊称进士为"大人"。

什么是状元、榜眼、探花？

科举考试以名列第一者为元。唐代举人赴京应礼部考试都须投状，因此称进士科及第的第一名为状元，也叫状头。宋代以殿试首名称状元。明、清会试以后，贡士须作殿试，分三甲取士，一甲三名，第一名为状元。殿试取中的前三名进士，分别称为状元、榜眼、探花，合称三鼎甲。殿试在唐代已有，至宋初才成为定制。唐武则天时，试贡举之士立于殿前，门下省长官奏状，名次最高者置于最前，因而称为状头，也叫做状元。自宋代起，沿用旧称，以殿试第一甲第一名为状元。状元虽亦被称状头，但已不算正式名称了。宋代初期，以第一甲第二、第三名进士为榜眼。因为填进士榜时，状元的姓名居上端正中，二、三名分列左右，在进士榜上的位置好像人体的眼部地位，所以称作榜眼。北宋陈若拙并无文才而取中第二名，人们都嘲笑他是"瞎榜"。到了南宋后期，第三名进士改称为探花，于是榜眼成为第二名的专名。因此说，状元、榜眼、探花作为三鼎甲的三个专称，合成于南宋。

进士、举人、秀才各是什么意思？

科举时代，应考者一般被称为"赶考者"，他们必须要跨过四大步，极少数才能到达顶峰——考取"状元"。首先要经过县州级考试，这级考试叫"童试"，考中者称为秀才；再经省级考试，这级考试也叫"乡试"，考中者称举人；再经过国家级考试，这级考试叫"会试"，考中者称贡士；贡士再经皇上亲自监考，这级考试叫"殿试",考中者为进士,前三名为鼎甲三元,考中第一名者称"状元",第二名称"榜眼",第三名称"探花"。其他进士称"进士出身"或"同进士出身"。秀才是一种身份,举人有当官的资格,但不一定能当官,进士是全国统一分配的官员,状元、探花、榜眼就留在皇上身边当官了。

什么是荫生、监生、贡生?

荫生,凭借上代余荫取得的监生资格。由汉的"任子"制度继承而来。有各种不同名目。明凡按上代品级取得的称官生,不按品级而由皇帝特赐的称恩生。清凡因上代系现任大官或遇庆典给予的称恩荫,因上代殉难而给予的称难荫。通称荫生。荫生名义上是入监读书,实际只须经一次考试,即可给予一定官职。

监生,是国子监学生的简称。国子监是明清两代的最高学府,照规定必须贡生或荫生才有资格入监读书,监生也可以用钱捐到,这种监生,通称例监,亦称捐监。

贡生相当于举人副榜。贡生有几种:每一年或两三年由地方选送年资长久的廪生入国子监读书的,称为岁贡,由于大都挨次升贡,故有"挨贡"的俗语;逢国家庆典进贡的生员,称为恩贡;每三年各省学政就本省生员择优报送国子监的,称为优贡,每十二年各省学政考选本省生员择优报送中央参加朝考合格的,称为拔贡;乡试取入副榜直接送往国子监的,称为副贡。

何谓"天子门生"?

所谓天子门生,是指参加殿试被录取的进士。因为在科举时代,士子科考被录取后,称监考官员为宗师,自称学生。考官与考生以师生关系的名义互相勾结,朋比为奸。而殿试是国家最高级考试,皇帝为了防止大臣特别是宰相借做考官扩充势力,在殿试时往往亲自充当考官,那么在殿试中录取的进士自然都成了天子门生。

什么叫"连中三元"?

三元:科举制度称乡试、会试、殿试的第一名为解元、会元、状元,合称"三元"。接连在乡试、会试、殿试中考中了第一名,称"连中三元"。出自明代冯梦龙《警世通言》卷十八:"论他的志气,便像冯京商辂连中三元,也只算他便袋里东西,真个是足蹑风云,气冲斗牛。"

什么是"五魁"?

清代科举考试,习惯上称乡试前五名为五经魁,简称"五魁"。五魁指在科举乡试中荣获前五名者。

"科举四宴"是哪四宴?

科举考试是中国封建社会选拔官吏的一种考试制度,它始于隋炀帝大业四年(公元607年),一直沿袭到清光绪31年(1905年),历时1300多年。为了笼络天下士人通过科举考试,踏上仕途为统治者效劳,古代科举制度还组织顺利通过科举考试的士子参加由官方、朝廷主办的盛大庆祝宴会,以示恩典,这就是我国古代著名的科举四宴。由于科举制度自唐代以来,分设文武两科,故四宴中鹿鸣宴、琼林宴为文科宴,鹰扬宴、会武宴为武科宴。

为什么科举考试要弥封试卷？

为了有效地防止考官在评选时作弊。唐代的科举考试，因试卷前写有举人的姓名、籍贯等项，世家豪族仍可靠其特权，在发榜前知其是否录取，考官也可从中耍弄手法，拉拢亲信。武则天时，因吏部选举多有不实，便命令应试举人自己将试卷上的名字糊起来，暗考以定等第。但是此后并未形成一种制度，考官在录取中，仍然"兼采时望，不专词章"。

北宋初年，仍沿袭唐代这种风气，同时考生"投卷"也很盛行。为了防止权贵干扰，考官徇私，师生结党，赵匡胤和他的继承人采取了许多有力的措施，宋太宗采纳将作监丞陈靖的建议，初次实行"糊名考校"法。即在举人考前先糊其试卷上的姓名、籍贯等项，在决定录取卷后，再拆弥封，查对姓名、籍贯，借以杜绝考官"容私之弊"。从此，糊名考校就不仅施行于殿试、省试，也施行于诸州取解试了。

"食货"是什么意思？

有两种解释。

一、古代用以称国家财政经济。语出《书·洪范》："八政：一曰食，二曰货。"孙星衍疏："《汉书·食货志》云：'《洪范》八政，一曰食，二曰货。食谓农殖嘉谷可食之物；货谓布帛可衣，及金刀龟贝所以分财布利通有无者也。'二者，生民之本。"《东观汉记·马援传》："富民之本，在於食货。"

二、食和货。粮食等食物和钱财、货物。《汉书·叙传下》："厥初生民，食货惟先。"唐杨炯《益州温江县令任晃神道碑》："崇高在於宠禄，大欲存於食货。"

古代为什么要"崇本抑末"？

"崇本抑末"中"本"指的是农业；"末"指的是商业。实际上就是重农抑商。重农抑商政策与封建制度相始终绝不是偶然的，而是封建自然经济的必然产物。一个国家或政权实行什么样的经济政策，归根到底是由其经济基础和统治阶级利益所决定的。中国封建社会的经济基础是自给自足的自然经济，对于人们来说拥有土地可以榨取巨额财富，且地租收入较稳定，是发家致富的最好手段；同时对封建国家而言，农业的发展可使人民安居乐业，人丁兴旺，使国库粮仓充盈，既可内无粮荒、动乱之虞，也可外无侵扰之虑。因此历代统治者都把发展农业当作"立国之本"，而把商业（有时也包括手工业）当成"末业"来加以抑制。与此同时，在封建帝王看来，私人工商业主一方面通过商品交换与高利贷盘剥农民，另一方面商业活动丰厚的利益回报又吸引着相当一部分农民"舍本趋末"，从而大大削弱了王朝的统治基础。

什么是井田制？

井田制是我国古代奴隶社会的土地管理制度，商时有文字记载，西周时盛行。所谓"井田"是指将方圆九百亩土地，划为九块，每块一百亩，八家共耕中间的一百亩公田，每家都有一百亩私田，这种土地的划分使用方式，其形犹如"井"字。是一种农业、行政与军事组织形式合一的重要制度。井田属周王所有，分配给庶民使用。领主不得买卖和转让井田，还要交一定的贡赋。领主强迫庶民集体耕种井田，周边为私田，中间为公田。而其实质是一种土地私有制度。

什么是屯田制？

屯田制指的是利用士兵和农民垦种荒地，以取得军队供养和税粮。又有军屯、民屯和商屯之分。汉末饥荒之际，曹操总结汉朝西域屯田经验，在许下屯田，后大面积推广。招募流亡农民，按军事编制，几十个人一屯，开垦荒地，并设官管理。屯田农民享有土地使用权，按比例向官府交纳收获物。商屯亦称盐屯，是明盐商为了便于在边境地区纳粮换盐而办的屯垦。民屯和军屯就是狭义的屯田。而屯田制就是以屯田为目的而建立的一种制度，由曹操建立。

何谓"占田法"？

西晋时实行，是一种限制占有土地的制度，规定了男女不同的占田数量，官僚依官品高低相应地享有不同数量的土地。占田法是一项巩固自耕农经济、保障官僚经济特权的制度。占田法实施后，西晋户口增加了二分之一以上。

什么是均田制？

485年，北魏孝文帝采纳汉族谋臣建议，在不触动官僚地主土地前提下，颁布均田令，推行均田制。国家将掌握的土地实行分配。丁男受露田40亩，桑田20亩；妇女受露田20亩，奴婢和耕牛也相应受田。土地不得买卖。受田者年老或死亡，露田归还国家，桑田传给后代。官吏在任时可按级别在官府所在地就近受田。均田制是我国历史上较完备的一种土地制度。它以法律形式确认受田者的土地占有权和使用权。有利于减轻负担，有利于恢复经济，有利于民族融合。

隋初重颁均田令，受田数量和北魏相近。隋文帝派官到各地推行均田令，但多数农民受田不足。唐朝继续实行均田制，具体也有一些变化。如，经隋末农民起义，许多奴婢获释为民，所以奴婢不再受田；对买卖土地的限制有所放宽；各级官吏可按品位受田，这助长了土地私有制的发展。隋朝和唐朝前期推行的均田制，限制了土地的买卖和无限占有，在一定程度上抑制了土地兼并。随着封建经济的发展，天宝年间，土地买卖和兼并之风盛行，政府直接支配的土地日益减少，均田制无法推行。

什么是庄田？

中国明代朝廷赐给属下或亲王的田园。有勋贵庄田和王府庄田两种形式。因授爵而拨赐的庄田，称为勋贵庄田。勋贵指勋臣（武将功臣）和贵戚（皇亲国戚），即所谓异姓贵族。勋贵庄田在洪武年间特别盛行。勋贵庄田的来源，除皇帝拨赐外，也有额外奏讨的庄田、占夺的民田、霸佃的官田等。明太祖朱元璋曾于洪武五年（1372年）六月铸公侯铁榜，对公侯等侵占田土加以限制。洪武之后，钦赐功臣田土之事少见。此后勋贵庄田的来源多是占夺。在内地多占夺民人纳粮当差的田土；在北方九边，则占夺军屯土地和民田。宣宗以后，滥赐勋贵庄田，受恩眷的主要是外戚、公主、驸马和太监。佃种勋贵庄田的农民，除钦赐者外，还有私自役占的官军、隐占的逃亡人户、投为门下的人户、召募的人户等，称佃户，也有庄户或庄民等名称。

王府庄田是指明代各亲王王府的庄田。皇帝诸子（除皇太子）封王，又称亲王。朝廷赐给亲王田园，作为庄田，始自宣宗。洪熙元年（1425年）宣宗曾赐给其叔父田园80顷。此后亲王就藩，辄奏讨庄田，且数量越来越多。王府庄田地土的来源除钦赐外，还有奏讨，即指某处田土为荒闲地，具奏请乞，据为己有；受纳投献；侵夺，即民人因生活所迫，被迫出卖田土，王府乘危抑价勒买，夺田侵税，名曰"买置"。佃种庄田者称庄民，俗称佃户。王府庄田和庄民不隶有司册籍，故庄田顷亩和庄民数量，不可确知。王府庄田都享有优免田赋的特权。佃户要向王府缴纳地租，名曰庄田子粒。

庄田亦指隋唐时期的封建皇室、贵族、官僚、地主及寺院道观所占有的以土地为主的产业。又称田庄、别业等。在开元、天宝时期，地主、官僚庄宅周围的田地不断扩大，庄田或庄园的称呼普遍使用。建中元年（780年）实行两税法后，庄田成为土地占有的主要形式。唐代地主一般把庄田租给农民耕种，收取地租。租种庄田的农民，一般称为庄客、田客，他们要把收获粮食的一半以上作为地租交给地主，他们对地主有一定的人身依附关系，还要服一些临时的劳役，有的庄客也要从事一些手工业劳动。庄田产品多用于自给，少数也出卖。

古代的户籍包括哪些？

中国古代历代政府用以稽查户口、征收赋税、调派徭役、维护统治秩序的制度。户籍是登记、管理人户的册籍，亦称籍帐。

户籍起源很早。春秋时发展为书社制度，战国时，强国"少料其民"，并实行上计制度，地方长官每年要将境内户口登记状况和赋税收入预算呈报国君。秦国商鞅变法后，严格户籍管理，又将之与军事编组相结合，五家为保，十家为连，行"什伍连坐法"。秦统一后，使黔首自实田，遂系田亩于户籍。汉代定户律，户籍这时是人口、土地、赋役三种册籍的合一。唐代也是三年一造户籍。上计已改为一年一次，两次造籍中间年份按各年呈报的手实注于籍册，相当于异动登记。又为防止低报丁龄、伪报病老等，由官员检阅人丁形貌，称"团貌"（三百家为一团）。户籍制度趋于完备。宋代，土地私有制进一步发展，征收赋税渐以田亩为主，户籍遂按有无土地分为主户、客户，并按土地多少分别户等（农村分五等）。同时，设置各种单行的田亩帐册图簿，地籍逐渐从户籍中分离出去。宋以后，金的户籍登记包括男女老少，较宋为全面。元代则户类、户等复杂，户籍制度颇乱。

明初整理户籍，进行人口普查，颁发户帖，登记户种（民户、匠户等）、原籍贯、现籍贯、居住地、各口姓名、性别、年龄、与户主关系等，相当完备。又在户帖的基础上建立黄册，除记录户帖项目外，并列徭役税粮科则。清初，户籍散失。顺治初，为征收丁银，行户籍人丁编审制度：将户籍分为军、民、灶、匠四类，以户为单位核登丁口，三年（后改五年）一造丁册，其他人口不备载。康熙五十一年（1712年）规定以后滋生人丁不再加征丁银，其后逐步实行摊丁入地，丁银全部并入田赋，人丁编审作用消失。乾隆五年（1750年）首令岁奏民数，次年规定通过保甲系统统计男女老少全部人口，保甲成为户籍管理的基础，一直沿用下

第四章 政治、经济与军事

来。这时，户籍已与赋役无关了。

"算赋"、"口赋"分别指什么？

秦汉时政府向成年人征收的人头税。创于商鞅。这种作为军赋征收的人头税，在秦时或称口赋。汉四年（前203年）汉高祖刘邦下令，确定民年十五以上到五十六岁出赋钱，每人一百二十钱为一算，是为算赋（东汉时也称口算），从此成为定制。

汉代政府向十四岁及其以下的儿童征收的人头税。亦称口钱、口赋钱。汉初是人二十钱，起征年龄是七岁，武帝时提前至三岁起征。元帝同意贡禹的主张，把起纳年龄再推迟到七岁。武帝时为弥补抗匈奴战争的军费支出，自元狩四年（前119年）起，在起征年龄提前的同时，又在原口赋的二十钱外附加了三钱，以供军马粮刍的用费，故称作"马口钱"，以后遂成定制。汉代的算赋是政府的税收，归大司农；口赋是帝室的税收，归少府；据《汉仪注》，马口钱是"以补车骑马"，系特殊军用的附加税，不属少府，而属大农，以供军用（军用车马及兵器费用均由大农开支）。口赋和马口钱，在昭帝、宣帝以后以及东汉安帝、顺帝时，也偶然酌减或蠲免，但都是很少见的措施。东汉末年政治混乱，口赋甚至婴儿一岁即令起纳。

"均输"、"平准"都是什么意思？

西汉的一项财政措施，由桑弘羊制定。原意为"齐劳逸而便贡输"。西汉元鼎二年（前115年）桑弘羊出任大农丞时试行。五年后他升任大农令，将此法颁行全国。当时，各郡国都必须把本地的土特产品作为贡品送往京师。这种做法有很多弊端：一、须役使大批农民进行运输，民户不堪其苦；二、长途运输，贡品难免受损变质，而且运费常超过原价很多；三、各地贡品在本地属珍品，但运抵京师后与其他地区同类贡品相比，可能属下品，这样既不能供皇室享用，又造成贡品的积压浪费，使朝廷得不偿失。均输法就是为了克服以上弊端而推行的。其具体做法是：各郡置均输官，其贡品除品质特优者仍须运送京师外，一般贡品不再运送，或由当地均输官运往邻近高价地区售卖，或将贡品按当地售价折成现金，再另购丰产而廉价的商品运往高价地区发售。这样，既可减少以往贡品运送造成的损失，又可相对减轻民户负担，同时还增加了财政收入。

西汉元封元年（前110年），桑弘羊在京师长安专设机构，执行平准业务。后又于太初元年（前104年）扩充大农令机构，改称大司农，并在其下设立平准令丞，专司其事。桑弘羊的平准思想是先秦范蠡和《管子》一书的价格概念具体发挥的结果。它产生的直接经济背景有二：一、上林三官（当时皇室的财务机构）统一铸钱以后，曾一度发给京师各中央部门少量现金由其自由支配。这些部门即利用此现金到市场上争购物资，致使币制统一后曾一度下跌的物价重新上涨，故设置平准机构的主要目的是要使物价恢复常态。二、自均输机构成立后，各郡国仍有不少物资运京出售。为防止私商操纵市场，牟取暴利，有必要设立平准机构。从稳定物价的角度来看，桑弘羊的平准设想是周密而有

97

效的。在此后100年，王莽实行的所谓"市平"，基本上是沿着这个方向发展出来的。唐代刘晏也曾运用平准思想以"制万物低昂，常操天下赢资"。北宋王安石推行的市易法，事实上是平准的变形。随着封建社会商品经济的发展，元明以后大规模的官营平准机构未再出现。

什么是常平仓？

中国古代政府为调节粮价，储粮备荒以供应官需民食而设置的粮仓。主要是运用价值规律来调剂粮食供应，充分发挥稳定粮食市场价格的作用。在市场粮价低的时候，适当提高粮价进行大量收购，不仅使朝廷储藏粮食的大谷仓太仓和甘泉仓都充满了粮食，而且边郡地方也仓廪充盈。在市场粮价高的时候，适当降低价格进行出售。这一措施，既避免了"谷贱伤农"，又防止了"谷贵伤民"，对平抑粮食市场和巩固封建政权起到了积极作用，在一定程度上反映了人民群众的利益和愿望。

古代人口统计中的"丁"、"口"是什么意思？

丁口即男女人口。清朝时规定，凡男子自十六至六十岁称丁，妇女称口，合称丁口。丁口既是统计人口的基本计量单位，亦是派征丁银、徭役的依据单位。清代在雍正初年推行"摊丁入亩"措施之前，男丁需交纳丁银及承担徭役；女口则除浙江、江西、福建、广东等省需交纳一定数量的食盐税外，一般免纳丁银和免服徭役。自乾隆五年（1740年）以后，清政府推行保甲户口统计法，改变以前每五年一次编审人丁时计丁而不计口的做法，而将人丁、女口全都分别加以统计，总称丁口。

什么是"初税亩"？

春秋时期，由于牛耕和铁农具的普及和应用，农业生产力提高，大量的荒地被开垦后，隐瞒在私人手中，成为私有财产；同时贵族之间通过转让、互相劫夺、赏赐等途径转化的私有土地也急剧增加。实行"初税亩"田赋制度之前，鲁国实行按井田征收田赋的制度，私田不向国家纳税，因此国家财政收入占全部农业产量的比重不断下降。初税亩是春秋时期鲁国在宣公十五年（公元前594年）实行的按亩征税的田赋制度，它是承认私有土地合法化的开始。鲁国实行初税亩，即履亩而税，按田亩征税，不分公田、私田，凡占有土地者均按土地面积纳税，税率为产量的10%。初税亩的实行增加了财政收入，适应和促进了新生的封建土地占有关系。

租庸调制是怎样的赋税制度？

租庸调制是以均田制的推行为基础的赋役制度。此制规定，凡是均田人户，不论其家授田是多少，均按丁交纳定额的赋税并服一定的徭役。它的内容是：每丁每年要向国家交纳粟二石，称做租；交纳绢二丈、绵三两或布二丈五尺、麻三斤，称做调；服徭役二十天，是为正役，国家若不需要其服役，则每丁可按每天交纳绢三尺或布三尺七寸五分的标准，交足二十天的数额以代役，这称做庸，也叫"输庸代役"。国家若需要其服役，每丁服役二十天外，若加役十五天，免其调，加役三十天，则租调全免。若出现水旱等严重自然灾害，

农作物损失十分之四以上免租，损失十分之六以上免调，损失十分之七以上，赋役全免。

两税法对赋税制度有哪些改变？

首先，在均田制下，国家对租调徭役的征敛，主要依据是丁身；两税法则主要是依据土地多少征税。两税中的地税是履亩征粟，户税虽说依据资产，但土地是资产中的重要内容，所以也主要是依据土地征税。这种变化，主要是因为均田制破坏后，土地占有情况愈来愈不均，于是舍人税地就成为发展的必然趋势。舍人税地也意味着封建官府对农民的人身控制有所松弛。

其次，在"以丁身为本"的租庸调制下，不管是地主、贫民，他们向国家纳税的数量却完全一样，这当然极不合理。两税法推行后，没有土地而租种地主土地的人，就只交户税，不交地税。这样，就多少改变了贫富负担不均的现象。

再次，租庸调是以均田制为基础，流亡客户因为不在当地受田，所以既不编入户籍，也不纳税。两税法"唯以资产为宗"，不管土户、客户，只要略有资产，就一律得纳税。又因为贵族官僚原来就得负担户税和地税，所以也得交纳两税。这样，两税法的推行就极大地扩大了纳税面，即使国家不增税，也会大大增加收入。

一条鞭法包括哪些内容？

"一条鞭法"是我国明朝初年实行的一种配赋定役的税收制度，根据以纳税户为主的黄册和以田地为主的鱼鳞册进行征收。一条鞭法的推行，是继唐朝杨炎的两税法以后，我国封建税制史上的又一次具有历史意义的变革。它的主要内容是：

（1）清丈土地，扩大征收面，使税负相对均平。针对当时存在的占地多者田增而税减的情况，只有从清丈土地入手，才能做到赋役均平。仅据部分清丈的结果，就增加了土地2.8亿亩，使不少地主隐瞒的土地缴了税。

（2）统一赋役，限制苛扰，使税赋趋于稳定。实行一条鞭法以前是赋役分开。赋以田亩纳课，役以户丁征集，赋役之外还有名目繁多的方物、土贡之类的额外加派。实行一条鞭法以后，全部简并为一体。将役归于地，计亩征收；把力役改为雇役，由政府雇人代役。由于赋役统一，各级官吏难以巧立名目。因此，丛弊为之一清，使税赋趋向稳定，农民得以稍安。

（3）计亩征银，官收官解，使征收办法更加完备。我国封建田赋，唐以前基本上都是征实。唐代两税法虽以货币计算，但缴纳仍折实物。宋代征税，只是偶有折银。元代科差虽行色银，但积粮仍为谷粟实物。唯自明代一条鞭法实行以后，不仅差役全部改为银差，而且田赋除苏杭等少数地区仍征实物以供皇室食用之外，其余也均已一律改征折色，即折为色银。与此同时，赋役征课也不再由里长、粮长办理，改由地方官吏直接征收，解缴入库。从此，不按实物征课，省却了输送储存之费；不由保甲人员代办征解，免除了侵蚀分款之弊，使征收方法更臻完善。

摊丁入亩有何重要意义？

摊丁入亩这一赋税制度的实施，是

清王朝在总结以前历代封建王朝的经验的基础上，依据自身实际而实施的重要赋税举措。是在既不触动封建统治的基础，又尽可能地减轻人民负担；既缓和阶级矛盾，又增加国家财政收入的一项制度性改革。在我国漫长的赋税改革历史上占据着极其重要的地位，是我国古代两千多年的赋役变革的结晶。虽然它最终未能摆脱其自身阶级属性的限制，但它所取得的成就又是有目共睹的。它给我们的启示在于，在税制改革中，必须考虑国内政治制度和经济制度背景，税制改革必须围绕着税制的公平、简化的方向变革，加强依法治税，特别是为了使摊丁入亩政策能顺利地实施下去而实施的配套政策和政策的分区实行、区别对待等，对于我们当今的农村税收改革以及我们今天的现代化建设都有积极的借鉴意义。

我国古代有哪些兵制？

应招之制。春秋战国时期，各个诸侯国为了壮大自己不被别国并吞，纷纷招兵买马扩充军力，秦、齐、魏等国率先采取了"应招之制"。望文生义，"应招"，就是响应招兵，但并非人人可以入伍，而是对应招的人通过考核，录用身体强健、有相当武艺者。

调兵之制。刘邦建立汉朝后实行的兵制，男子年满23岁，开始承担服兵役的义务，直至55岁。在这32年里，每年农闲时接受军事训练，而正式在军队中服役的时间只有二年，其中的一年在本郡服役，另一年调守京师或是戍守边疆。

世兵之制。三国鼎足之势时，处于了长期的战争状态，为适应这特殊形势，魏、蜀、吴都实施了"世兵之制"。就是凡是符合当兵条件的人，一律另编户籍，由军府专管，随时听调上前线，父子世代为兵，当时叫做"士家"、"军户"。

府兵之制。南北朝时，先由西魏创立的兵役制度。全国各地的军队，全由军府管辖，不受地方政府节制。府兵与上面所说的世兵一样，也是另立户籍，平日里训练屯垦，发生战事就去打仗。隋、唐两朝都沿用"府兵之制"。

北宋王朝建立以后，改用"募兵之制"，就是让老百姓自己报名应征，合乎相关条件的，准予入伍服兵役。

辽、金实行"部落之制"。各部落男子15岁以上、70岁以下的，都是属于兵的范围，和平环境没有战事，就在家种田放牧；一旦发生战争就出征。

旗兵之制。这是满清王朝实行的兵制，以部落为单位组成"旗"，每个旗7500人，他们平时为民，战时为兵。初时只有满洲八旗，以旗的颜色为识别标志，后又增编了蒙古八旗和汉军八旗，合为二十四旗。

"三军"的意义经历了哪些演变？

古代所说的三军是指前、中、后三军。前军一般是先锋营负责开路（架桥、修路）、侦察、应付小规模的战斗，带部分军需物资。中军就是统帅所处的大军，有当时作战的大部分作战兵种（骑兵步兵）。后军主要就是全军的主要军用物资、工匠、以及大量的民工（当时负责军队一切杂务的都是民工，当兵员不够时民工也要打仗的）。春秋时，大国通常都设三军，但各国称谓有所区别，如晋国称中军、上军、下军；

第四章　政治、经济与军事

楚国称中军、左军、右军；齐国、鲁国和吴国都称上、中、下三军。魏国称前军、中军、后军。三军各设将、佐等军衔，而中军将则是三军统帅。随着时代演进，上、下、中军渐渐被前军、中军、后军所代替。到了唐、宋代以后，这样的编制已成为军队的固定建制。这时三军的主要标志是担任不同作战任务的各种部队。前军是先锋部队；中军是主将统率的部队，也是主力；后军主要担任掩护和警戒任务。在中国古代的军队中，最大的编制单位就是军。今天，前军、中军、后军编制已完全消亡，而被现代的陆、海、空三军所替代。

什么叫"烽燧传警"？

西周人发明了一套烽燧传警的通信系统，即在从王都通向诸侯国都和边境的方向上，利用山头和高岗，设置烽火台，预备燃料火种，派专人守候，敌至则燃，白天放烟，夜间举火，以传递警报，召集援军。这是古代在没有远距离快速通信工具时，一种比较快速的远距离警报、号令传递方法。它在其后的中国军事史上沿用很久，直到两千多年后的明代，烽火台仍是长城上的主要设施。

古代都有哪些军衔？

元帅：唐代设有元帅、副元帅等战时最高统帅，宋有兵马大元帅，元有都元帅、元帅。

将军：春秋时晋国以卿为将军，战国时始为武官名，汉代将军名号颇多，魏晋南北朝更繁，隋唐以后历代皆设有将军官名。

校：古代军队的编制单位，统带一校之官称校尉。汉武帝初置中垒、屯骑、步兵、越骑、长水、胡骑、射声、虎贲等八校尉，为专掌特种军队的将领，其地位略次于将军，后通称将佐为八校。晋武帝时设有军校，为任辅助之职的军官。清代有步军校、护军校等官职。

尉：春秋时晋国上中下三军皆设尉，秦汉时太尉、大尉、中尉地位颇高，以后带尉字的官员地位逐渐下降。唐代折冲府以300人为团，团设校尉。明清时的卫士和八九品阶官称校尉，清代七品官中有正尉、副尉。

士：夏商周三代，天子、诸侯皆有上士、中士、下士之官，是卿大夫以下的低级官职，秦以后间有袭用古制而以上、中、下士为官职者。

古代兵役制度是怎样的？

中国历史上曾实行过多种兵役制度。

夏、商、西周时期，士卒由奴隶主和平民充任，奴隶不能服兵役，只能随军服杂役。西周时服兵役者有"正卒"（正式兵役）和"羡卒"（后备兵役）之分。春秋中、后期，逐步允许奴隶从军和充当甲士，并已出现郡县征兵制。

战国时期，各诸侯国为进行兼并战争，竞相扩编常备军，普遍实行郡县征兵制。秦、汉时期，主要实行郡县征兵制。秦朝沿袭前制，更趋完善。西汉初年，凡20岁的男子都要向官府登记，从23岁起服兵役两年：一年在本郡县服役，学习骑、射等军事技术，称"正卒"；一年守卫京师或戍守边郡，称"卫士"或"戍卒"。另一说认为，服这两年兵役统称"正卒"。服役期满转

101

为后备兵，随时准备应征，至56岁免役。汉武帝时，除实行征兵制外，兼行募兵制，招募善骑射的壮丁从军。

三国初期，主要实行募兵制。后因战争频繁，人口减少，募兵困难，改行世兵制。士兵之家列为兵户。兵户世代出兵，父死子继，兄终弟及。两晋时期盛行这种制度。

蒙古装甲骑兵，蒙古装甲是用被硬化的皮革做成。另有钢板在胸口提供保护，轻重装甲的混合使蒙古士兵能反抗各种攻击。

隋、唐这两朝前期，主要实行府兵制。此制始于西魏，至隋、唐逐渐完善。府兵由设置在各地的军府管理，平时散居务农，农隙训练，并轮番宿卫京师或戍守边防；战时领命出征。出征时，自备兵器、口粮；战争结束，"兵散于府，将归于朝"。唐初，府兵社会地位较高，可免除赋役，征战有功者可得勋级，死亡者家属可受抚恤。高宗显庆五年（660年）以后，由于均田制的破坏，优待办法被取消，府兵社会地位下降，导致大批逃亡。玄宗开元十年（722年）起，"召募壮士充宿卫"，逐步改为主要实行募兵制。

宋朝，盛行募兵制。对应召者，根据身长、体魄及技巧等条件确定等级。凡"亢健"者，编入朝廷直接统辖的禁兵，"短弱者"编入隶属地方州府的厢兵。边境地区的蕃兵，由当地部族组成。就地执行戍守任务的乡兵（民兵），由按户籍抽调的壮丁或招募土民组成。

元朝和明、清朝前、中期，主要实行世兵制。元初，规定15岁以上、70岁以下的蒙古族男子"尽金为兵"。凡当过兵或"壮士及有力之家"定为军户，世代为兵。明朝前期，各卫所的军士，少数驻防，多数屯田，农时耕种，农隙训练，战时出征。军士之家列为军户，世代服兵役。英宗正统年间，屯田制遭破坏，军士大量逃亡，改为主要实行募兵制。清朝，凡16岁以上的八旗子弟，"人尽为兵"，世代相袭。清末，编练新军，招募兵员，士兵在常备军中服现役3年后，转为续备军和后备军。

什么是虎符？

虎符最早出现于春秋战国时期，当时采用铜制的虎形作为中央发给地方官或驻军首领的调兵凭证，称为虎符。虎符的背面刻有铭文，分为两半，右半存于朝廷，左半发给统兵将帅或地方长官，并且从来都是专符专用，一地一符，绝不可能用一个兵符同时调动两个地方的军队，调兵遣将时需要两半勘合验真，才能生效。在历史上，虎符的形状、数量、刻铭以及尊卑也有很多较大的变化。从汉朝开始至隋朝，虎符均为铜质，骑缝刻铭以右为尊。隋朝时改为麟符。唐朝因为讳虎，改用鱼符或兔符，后来又改用龟符。南宋时恢复使用虎符。元朝则用虎头牌，后世演变为铜牌。

号角有哪些作用？

古代军旅中使用的号角是用兽角做成的，故称角，东汉时由边地少数民族传入中原。由于号角发声高亢凌厉，在战场上用于发号施令或振气壮威，如"鸣角收兵"，后来角也用于帝王出行时的仪仗。随着角被广泛使用，制角材料也改用可轻易获得的竹木，皮革，铜角，螺角。其型号也长短大小有别，以适应不同需要。元明以后，竹木、皮革制作的角消失，铜角广泛使用，到清末新军创建，洋式军号盛行，角就退出历史舞台了。

中国传统兵书有哪些？

《孙子兵法》：亦称《孙子》、《吴孙子兵法》、《孙武兵法》，是我国现存最早的兵书，为春秋末孙武所作，共八十二篇，图九卷。今存本十三篇：有计、作战、谋攻、形势、虚实、军事、九变、行军、地形、九地、火攻、用间等，历来被称为"兵经"，受到国内外的推崇。

《孙膑兵法》：亦称《齐孙子》，为战国时齐国孙膑所作，共八十九篇，图四卷，隋以前失传，1972年在山东临沂县银省山西汉墓中重新发现其残简。该书总结了战国中期以前的作战经验，继承和发展了《孙子兵法》的军事思想，包含着朴素的唯物论和辩证法。

《吴子》：由吴起、魏文侯、魏武侯辑录，共四十八篇，今存图国、料敌、治兵、论将、应变、励士等六篇，都系后人所托，有英、日、法、俄等译本。

《六韬》：传说为周代吕望（姜太公）所作，后经研究，认定为战国时的作品，现存六卷，即文韬、武韬、龙韬、虎韬、豹韬、犬韬。

《尉缭子》：传说为战国时尉缭所作，共三十一篇，今存有五卷，共二十四篇：天官、兵谈、制谈、战威、攻权、守权、十二陵、武议、将理、原官、治本、战权、重刑令、伍制令、分塞令、束伍令、经卒令、勒卒令、将令、踵军令、兵教上、兵令上、兵令下。

《司马法》：战国时齐威王命大夫整理古司马兵法，共一百五十篇，今令术仅五篇：仁本、天子之义、定爵、严位、用众。

《太白阴经》：由唐代李筌撰写。共十卷。《四库全书》收录了八卷本，是后人合并的。

《虎钤经》：由宋代许洞撰写，全书二十卷，共一百二十篇，内容主要发挥《孙子兵法》和《太白阴经》的观点，前十卷论述实际用兵的问题。

《纪效新书》：亦称《纪效》，由明代戚继光在东南沿海平倭寇时撰写，共十八卷，每篇都各附图说。卷首有《或问篇》作为总序，是一本练兵和作战经验的总结。

《练兵实纪》：由戚继光在蓟镇练兵时撰写，正集九卷，附杂集六卷，此书和《纪效新书》亦称戚氏兵书姐妹篇。

中国第一支骑兵产生于什么时候？

中国最早使用骑兵的是北方的中山国，中山国是一个小国，在以战车为主战兵器的当时，他不可能有多大的财力、人力去发展战车。其君主又有北狄血统，所以很自然的就想到了发展骑兵。这样，中国的第一支骑兵部队出现了。《吴子兵法》中亦有武候与吴起关于战马的征用、骑兵的战法的对话，可见此时中原各大国也普遍有了骑兵部队。

中国古代有海军吗？

有。中国是滨海大国，又是文明古国。海洋与中华民族的统一、稳定和昌盛休戚相关。远在2500多年以前的春秋末期，随着造船和航海技术的发展以及诸侯争霸战争的需要，中国古代海军便应运而生。中国古代海军,在中国史籍中称舟师、水军或水师。它在漫长的历史进程中,经历了形成、发展、鼎盛和衰亡四个时期。回顾中国古代海军的历史,可以看出,中国古代海军在奴隶社会末期形成,在整个封建社会时期不断发展壮大,成为一支装备精良、能征善战的海军,为统一中国,抗击外敌海上入侵,起了重大作用。

什么叫"府兵制"?

中国古代兵制之一。该制度最重要的特点是兵农合一。府兵平时为耕种土地的农民,农隙训练,战时从军打仗。府兵参战武器和马匹自备,全国都有负责府兵选拔训练的折冲府。由西魏权臣宇文泰建于大统年间(535—551年),历北周、隋至唐初期而日趋完备,唐太宗时期达到鼎盛,唐玄宗天宝年间(742—755年)停废,历时约二百年。

什么是"募兵制"?

中国古代兵制之一。自唐五代以后,募兵制取代征兵制,为封建时代兵制的一大变革。宋朝不论禁兵、厢兵,还是南宋的屯驻大军等,一般都采用招募的办法。灾年招募流民和饥民当兵,是宋朝一项传统国策。统治者认为,将壮健者招募当兵后,老弱者就不可能揭竿反抗,这是防止灾年爆发农民起义的对策。招募军伍子弟,也成为宋朝重要兵源。此外,壮健的罪犯也刺配当兵,特别是充当厢兵。在兵源枯竭的情况下,统治者也往往强行抓夫,给民间造成很大的骚扰和痛苦。

都护府是如何设立的?

"都护府"源自西汉宣帝神爵二年(公元前60年)设在乌垒的西域都护府,统领大宛及其以东城郭诸国,兼督察乌孙、康居等游牧行国。魏、西晋设有西域长史府,唐朝统一西域,设立安西、北庭(金山)、昆陵、蒙池等都护府,疆域不仅包括今新疆在内的西域,更达里海之滨。都护府置都护、副都护、长史、司马等职,"掌统诸蕃,抚慰征讨,叙功罚过"。又置录事参军事、录事、诸曹参军事、参军事等,如州府之职。有大、上、中之分,大都护府由亲王遥领大都护,别置副大都护主府事。自贞观十四年(640年)创设安西都护府起,终唐一代,建置时有改易。都护的职责是"抚慰诸藩,辑宁外寇",凡对周边民族之"抚慰、征讨、叙功、罚过事宜",皆其所统。它的出现,是发展中原政权与边疆地区民族关系的客观需要。

"节度使"是怎样的官职?

官名。唐初沿北周及隋朝旧制,重要地区置总管统兵,旋改称都督,惟朔方仍称总管,边州别置经略使,有屯田州置营田使。节度使是唐代开始设立的地方军政长官。因受职之时,朝廷赐以旌节,故称。《资治通鉴》第二百一十卷唐纪二十六有载:唐睿宗景云元年(公元710年),丁酉,以幽州镇守经略节度大使薛讷为左武卫大将军兼幽州都督,节度使之名自讷始。景云二年,贺拔延嗣为凉州都督充河西节度使,节度使开始成为正式的官职。至玄宗开元、天宝间,节度使集军、民、财三政于一身,又常以一人兼统两至三镇,多者达四镇,威权之重,超过魏晋时期的持节都督,时称节镇。于是外重内轻,到天宝末酿成安史之乱。安史乱起,唐廷为

第四章 政治、经济与军事

了平叛，内地也相继设置节镇。节度使的僚属，都由节度使辟举，然后上报朝廷批准。所统州县长吏虽由中央任命，而实际则听命于节镇。内地节度使辖区虽是藩卫朝廷的军镇，但实际上往往对朝廷保持不同程度的离心状态。唐末农民战争爆发后，朝廷进一步失去对地方的控制，节度使林立，他们拥兵自雄，互相兼并。其中武力最强、在唐亡后建号称帝者，先后有五代；其余割据一方，立国改元（也有未改元者）自传子孙者为十国。而五代十国境内之节度使亦多桀骜跋扈，节度使部下更多悍将骄卒，逐帅杀使之军变事件不断发生。宋初承五代旧规，节度使除本州府外，还统领一州或数州府，称为支郡，实际上是个半独立的小王国。赵匡胤、宋太宗采取各种政策，削弱节度使的军、政、财权，以加强中央集权。此后，节度使一般不赴本州府治理政事，而成为一种荣誉性的虚衔，授予宗室、外戚、少数民族首领和文武大臣，对武将更是晋升的"极致"，礼遇优厚。辽、金分别于大州或节镇诸州置节度使，掌管军民两政。元代废。

禁军和厢军有何不同？

两宋军队种类。禁军为北宋时期的正规军队，包括皇帝亲兵。集中于京师，有捧日、天武、龙卫、神卫等号。也曾屯驻、驻泊、就粮于各地，是人数最多、素质最好、武备精良的军种。分别由殿前司、侍卫亲军马军、步军司三衙统属。捧日等军又以兵力情况分为厢、军、指挥（营）、都四级编制。后又特立粮禁兵，常戍地方。禁兵又采用唐制，五十人为一队。此时在京禁军未采用将编制，是机动力量。禁军士兵多从社会上雇佣，也有从厢军、乡兵中选拔素质优等者充任。人数最多时达80余万。宋朝末叶兵制松弛，京师三衙仅有3万余人，北宋灭亡时，禁军主力溃散。南宋时期，禁军地位下降，不是作战主力，专供杂役。

厢军为两宋时诸州之军。厢军内总于侍卫司。也有一军分镇于数州的情况，有的则镇一州兼屯数州。京城诸司厢军有五，隶于宣政院管理，不同于各州，各自担负镇戍之责。厢军中壮勇者多拣选为禁军，余者为厢军驻本城，没有更戍之役。北宋时期，厢军更多从事役力，不为战争主力。厢军士兵来自招募、流放罪犯，以及禁军中淘汰的士兵。诸州厢军一般分为两级，即都和指挥。部分有军一级设置。名义上又有马军与步军之区别。马军和步军分属侍卫亲军、马军司和步军司三衙统帅。南宋时期各地驻军成为主要战斗部队，渐代禁军地位。

卫所制度是怎样形成的？

卫所制为明朝最主要的军事制度。洪武元年（1368年），明太祖采纳刘基的建议，在全国实行卫所兵制，其构想来自于隋唐时代的府兵制。明代在与元朝及元末群雄争战期间，军队的来源，有诸将原有之兵，即所谓从征，有元兵及群雄兵归附的，有获罪而谪发的，而最主要的来源则是籍选，亦即垛集军，是由户籍中抽丁而来。除此之外尚有简拔、投充及收集等方式。此外，明朝中期以后又有强使民为军的方式，不过都属于少数，卫所制仍然是最主要的军制。明洪武十七年（1384年），在全国

105

的各军事要地,设立卫所。卫所遍布于京师和地方,5600人为一卫,其长官为卫指挥使。卫下辖5个千户所,每千户为1120人,设千户负责统领。千户所下辖10个百户所,每个百户所112人,设百户负责统领,其下还有总旗及小旗等单位。卫所大部分军队在各地屯田耕种,称为屯军,少部分驻守操练,称为旗军,定期轮换。

八旗制度的发展历程是怎样的?

"八旗制度"是满族的一种社会组织形式,1615年,努尔哈赤正式建立"八旗制度"。八旗分为黄、白、蓝、红,将此色镶之为八色,成八固山。八色为正黄、正白、正蓝、正红,镶黄、镶白、镶蓝、镶红。每旗设固山额真(满语)一人,即都统之意;梅勒额真(满语)二人,即副都统之意。管辖五甲喇,每甲喇高甲喇额真(满语)一人,即参领之意,管辖五牛录,每牛录设牛录额真(满语)一人,即佐领之意,管辖300人。每旗有7500人。当时八旗总共60000人。牛录是八旗制度的基层单位,它以"地缘"为主、"血缘"为辅组成。牛录额真(佐领)下设带子2人为副职,再设5名牛章京(音牛占音),4名拨什库(音拨十户),并把300人组成为牛录,分编成四个"塔坦"(满语)即村落或部落之意。一牛章京与一拨什库管理一个塔坦的各种事务。足见其为"以旗统人,以旗统兵",军政合一的征兵制全族组织。出则备战,入则务农,具有行政管理、军事征伐、组织生产三大职能。

清太宗皇太极在推行盟旗制度的同时,又仿照清太祖所建满州八旗,将降附的蒙古人和汉人编为"八旗蒙古"和"八旗汉军",以后又将达斡尔、鄂伦春等少数民族编入"布特哈八旗"。因此形成满洲、蒙古、汉军八旗二十四固山(旗),成为满族八旗永恒制度。

什么是绿营兵?

清代军制。其制与满洲八旗兵不同,清朝在统一全国过程中,将收编的明军和其他汉人按明军旧制,以营为单位组建军队,因用绿色旗而名绿旗兵,又因是以营为主要基层编制亦称绿营兵。绿营兵除在京师五城戍卫以外,绝大部分分驻全国各省。在京师担任卫戍的称为巡捕五营,与八旗步军营同隶步军统领。步军统领下辖左右翼总兵及16门(内城9门,外城7门)千总。其营制为"标"、"协"、"营"、"汛"。标分督标,由总督统辖;抚标,由巡抚统辖;军标,设于四川、新疆,由将军统辖;河标,由河道总督统辖;漕标,由漕运总督统辖;提标,由提督统辖;镇标,由总兵统辖。实际各省绿营独立组织为提标、镇标。提督为各省绿营的最高武官,分为陆路与水师,共设水陆提督23人,惟东北三省不设。提标一般设左、右、中、前、后5营,并辖城守营与分防营。所辖军队一般为五六千人或六七千人。统辖镇标的总兵是仅次于提督的武官,也分陆路与水师,共有83人,镇标所辖一般为三营、二营,兵力一般为三四千人。各军标下设协,由副将统领,协下设营,由参将、游击、都司、守备分别统领,营下设汛,由千总、把总分别统领。兵分步兵、马兵两种,此外还有马兵水师。绿营兵直辖于兵部,将官的铨叙也属于兵部。绿营兵初期作为清王朝的辅助兵力，配合八旗兵驻守京师与全国各地，并受到八旗兵的监视和控制，中叶以后变为主力，其兵额时有增减，最多时达到60多万。清末渐裁，仅存营制而已。

清代的"兵"与"勇"有何不同？

"兵"，是清代国家的常备武装力量，包括八旗和绿营。清朝在入关以前，主要依靠由旗人编组的八旗兵的力量。1644年入关"定鼎中原"后，为了弥补八旗兵员之不足，又建立了由汉族人组成的汉兵。这种军队以绿旗为标志，故称绿营。也称绿旗营，简称营兵。八旗兵大部分用来卫戍北京，小部分驻防全国某些要地。绿营兵则遍布全国各地。八旗兵入关后，由于养尊处优，迅速腐化，到康熙初年三藩起事时，八旗已无力镇压，只有依靠绿营了。乾隆末年，绿营也逐渐腐朽，这两种军队虽然有区别，但都是清朝的正规军，其驻防地、兵额、饷银等都有规定，不经过朝廷是不能随便更易的，也就是所谓"经制兵"。

"勇"则不同。勇又叫"乡勇"，是由于军事的需要而临时召募的军队，以补八旗、绿营之不足。战事完了即解散，不是国家正式的军队。乡勇始建于1787年，清将福康安去台湾镇压林爽文起义。他的"官兵"屡遭失败，遂采取"以土著破土著"的方法，广募"乡勇以厚兵威"，终于镇压了林爽文起义。嘉庆初年时，川、楚白莲教起义，绿营已无力镇压，清廷就广事召募川、陕、楚三省"乡勇"帮助绿营作战，才将白莲起义扑灭。但这"乡勇"仍不是清朝的正规军队，起义被镇压下去以后，就纷纷解散了。到太平天国革命时，曾国藩以团练起家，改非正式的乡勇为练军（即湘军），定营哨之制，优给饷银，称为勇营。这时，清廷因八旗、绿营腐败，不得不依靠曾国藩的湘军、李鸿章的淮军（也是召募的）镇压太平天国革命和后来的捻军，从此，"勇"代替了"兵"（"绿营"仍存，但已无多大作用），成为国家的正规军，即"经制兵"。

"三皇五帝"是指哪些领袖人物？

"三皇五帝"是夏朝以前出现在传说中的帝王。现在看来，他们都是部落首领，由于实力强大而成为部落联盟的领导者。但是不同史家对"三皇五帝"都有不同的定义。具体"三皇"是谁，"五帝"是谁，存在多种说法。基本上，无论是按照史书的记载，还是神话传说，都认为"三"皇所处的年代早于"五帝"的年代。大致上，"三皇"时代距今久远，或在四五千年至七八千年以前乃至更为久远，时间跨度亦可能很大；而"五帝"时代则距夏朝不远，在4000多年前。人们一般认为"三皇"是指伏羲氏、燧人氏、神农氏；"五帝"是指黄帝、颛顼、帝喾、尧、舜。

尧帝有哪些功绩？

尧帝，上古帝王，姓尹祁，号放勋。他在历史上的功绩主要可以归纳为以下几点：一、确定四季，为后世农业发展奠定坚实的基础。二、成功治理水患，为后世百姓安居乐业建立了千秋功业。三、制定法律和"五种家庭伦理"，设立执法官员，开创了"依法治国"和"以德治国"相结合的国家管理方式，为后世国家管理模式提供了借鉴。四、完善了祭祀鬼神、祭祀祖先和接见诸侯等礼制。五、统一了音律和度量衡。六、在政治体制上,打破了以往国家权力"传子不传外人"的做法,第一次将国家最高权力"禅让"给有才能的外人,任用人才不分地位的高低贵贱。七、开创了中国最早的民主议事制度。八、采取有力措施,维护了国家安定团结的大好局面。

舜帝有哪些功绩?

舜帝,上古帝王,名重华,字都君。今山东诸城市万家庄乡诸冯村人,为四部落联盟首领,以受尧的"禅让"而称帝于天下,其国号为"有虞",故号为"有虞氏帝舜"。帝舜、大舜、虞帝舜、舜帝皆虞舜之帝王号,故后世以舜简称之。他在历史上的功绩主要可以归纳为以下几点:一、选贤任能,分工执政;二、完善政治机制,分州封爵;三、以善施政,执政为民;四、统一历法,指导农业;五、统一律法,以法治民;六、命禹治水,英名远扬;七、发展艺术,推动文明;八、以德感召,团结诸族;九、以礼教化,规范标准。

大禹有哪些功绩?

传相禹治黄河水患有功,受舜禅让继帝位,同时禹是夏朝的第一位天子。他的主要功绩可以归纳为以下几个方面:一、治水,就是历来被传颂的治理滔天洪水。治水成功不仅造福百姓,而且他在治水过程中"三过家门而不入"和吃苦耐劳、克己奉公的忘我精神被传为千古佳话,成为中华民族精神的重要组成部分;二、政权建设,他治水是与治国养民结合进行的,每治理一个地方,都主动团结氏族部落酋长,完善政权建设,使百姓安居乐业;三、分九州,禹为了巩固夏王朝,把全国分为九州(即冀州、兖州、青州、徐州、扬州、荆州、豫州、梁州、雍州)进行管理;四、"禹传启,家天下",这一举措顺应了历史发展趋势,建立了我国历史上第一个奴隶制国家。

商汤有哪些功绩?

商汤,商朝的创建者。汤建立商朝后,对内减轻征敛,鼓励生产,安抚民心,从而扩展了统治区域,影响远至黄河上游,氐、羌部落都来纳贡归服。鉴于夏朝灭亡的经验教训又作《汤诰》,要求其臣属"有功于民,勤力乃事",否则就要"大罚殛汝"。对那些亡了国的夏民,则仍保留"夏社",并封其后人。汤注意"以宽治民",因此在他统治期间,阶级矛盾较为缓和,政权较为稳定,国力也日益强盛。《诗·商颂·殷武》称:"昔有成汤,自彼氐羌,莫敢不来享,莫敢不来王,曰商是常。"

周文王有哪些功绩?

姬姓,名昌。周太王之孙,季历之子。商纣时为西伯,即西部诸侯(方国)之长。亦称西伯昌。相传西伯在位五十年,已为蕲商大业作好充分准备,但未及出师便先期死去。周人谥西伯为文王。其次子姬发继位,是为周武王。周文王主要功绩是为灭商做好了充分准备,勤于政事,重视发展农业生产,礼贤下士,广罗人才,拜姜尚为军师,问以军国大计,使"天下三分,其二归周"。其次,创立八卦,即流传后世的"文王八卦"和"文王六十四卦";著《易经》,《史记》记载"文王拘而演周易",被商王囚禁期间在

狱中写了《周易》一书。

周公为周朝的巩固作了哪些贡献？

周公，生卒年不详，是西周初年著名政治思想家、教育家，周文王的第四子、周武王之弟，姓姬名旦，又称叔旦，谥文公。因其采邑在周地（今陕西凤翔），故称"周"。又因其为太傅，系三公之一，故尊称为周公。曾先后辅助周武王灭商、周成王治国。其政绩，《尚书大传》概括为："一年救乱，二年克殷，三年践奄，四年建侯卫，五年营成周，六年制礼乐，七年致政成王。"在武装镇压商纣王子武庚、周武王兄弟管叔、蔡叔、霍叔及东方各国武装反叛以后，"制礼作乐"，制定和完善宗法、分封等各种制度，使西周奴隶制获得进一步的巩固。

管仲的改革对后世有哪些影响？

管仲（约前723或前716—前645），中国春秋时期齐国颍上（今安徽颍上）人，春秋时期齐国著名的政治家、军事家。管仲注重经济，反对空谈主义，主张改革以富国强兵，齐桓公授权让他主持一系列政治和经济改革：在全国划分政区，组织军事编制，设官吏管理；建立选拔人才制度，士经三审选，可为"上卿之赞"（助理）；按土地分等征税，禁止贵族掠夺私产；发展盐铁业，铸造货币，调剂物价。管仲改革的实质是改革土地和人口制度。管仲改革成效显著，齐国由此国力大振。对外，管仲提出"尊王攘夷"，联合北方邻国，抵抗山戎族南侵。管仲的一系列内政外交政策不仅在当时振兴了齐国，而且对后世也产生了深远的影响。

商鞅是怎样变法的？

商鞅（约前390—前338年），卫国

第四章　政治、经济与军事

人。战国时期政治家，思想家，著名法家代表人物。秦孝公即位以后，决心图强改革，便下令招贤。商鞅自魏国入秦，并提出了废井田、重农桑、奖军功、实行统一度量和郡县制等一整套变法求新的发展策略，深得秦孝公的信任，任他为左庶长，开始变法。经过商鞅变法，秦国的经济得到发展，军队战斗力不断加强，发展成为战国后期最富强的封建国家。

应该如何看待秦始皇的功过？

秦始皇是对中国历史发展有巨大贡献的杰出的历史人物，同时也是一个残酷的暴君。他的功绩是主要方面，但不能因此掩盖罪恶；他的罪恶是深重的，但也不应因此抹煞其巨大的历史功绩。秦始皇最重要的历史功绩，在于完成了统一事业，建立了历史上第一个封建的中央集权的国家。秦始皇的贡献还在于奠定了多民族封建国家的基础。秦统一后实行的各种政策和措施，有的不仅影响至以后两千年的封建社会，而且及于现在，如文字的统一就是一例。秦始皇采取的各种统一措施和制度，对当时的历史发展来说，是一种大胆的革新，他改变了割据状态的政治和文化，从而使封建的社会经济顺利地向前发展。

李斯有哪些政绩？

李斯（约前281—前208年），战国末年楚国上蔡人，著名的政治家、文学家和书法家。李斯在秦王政统一六国的事业中起了较大作用。秦统一天下后，与王绾、冯劫议定尊秦王政为皇帝，并制定有关的礼仪制度。被任为丞相。他建议拆除郡县城墙，销毁民间的兵器，以加强对人民的统治；反对分封制，坚持郡县制；又主张焚烧民间收藏的《诗》、《书》、百家语，禁止私学，以加强专制主义中央集权的统治。还参与制定了法律，统一车轨、文字、度量衡制度。

汉高祖对中华文化有哪些影响？

汉太祖高皇帝刘邦，沛郡丰邑中阳里人，汉朝开国皇帝，汉民族和汉文化伟大的开拓者之一，我国历史上杰出的政治家、卓越的军事家和楚辞家。刘邦是汉族族名的开创者，经过他的开创以及其后世子孙皇帝的进一步开拓发展，汉族成为中华民族主体的族名，汉人成为中国人的代称，汉语成为中国语言的代称，汉字成为中国文字的代称，汉学也成为研究中国文化的代称。刘邦是汉文化的开拓者之一和汉文化的保护者。作为楚国人，刘邦将楚文化和中原文化结合，促进南方文化和北方文化大融合，从而形成了兼容并包的汉文化，也拓展了多元的中华文明。

汉武帝对中华文化作出了哪些贡献？

汉孝武皇帝刘彻（前156—前87），在位期间击灭匈奴、吞并朝鲜、遣使出使西域、独尊儒术、首创年号。他开拓汉朝最大版图，功业辉煌。公元前87年刘彻崩于五柞宫，享年70岁，葬于茂陵，谥号"孝武"，庙号世宗。他对中华文化的主要贡献主要表现在以下几个方面：一、"罢黜百家，独尊儒术"将春秋战国时期百家之一的"儒家"抬升至至尊的地位，对中华思想、文化产生了深远的影响，时至今日犹存；二、通过发动战争，扩大了王朝的疆土，同时也为汉文化，或者说是中华文化的延续与传播营造了良好的氛围。

桑弘羊推行的经济政策有哪些？

桑弘羊（前152—前80），西汉名臣。自元狩三年（前120年）起，终武帝之世，历任大司农中丞、大司农、御史大夫等重要职务。元狩年间以后，在桑弘羊的参与和主持下，先后实行了盐、铁、酒官营，均输、平准、算缗、告缗，统一铸币等经济政策。此外，还组织了60万人屯田戍边，防御匈奴。这些措施都在不同程度上取得了成功。

"王莽改制"的具体内容有哪些？

王莽改制是新朝皇帝王莽为缓和西汉末年日益加剧的社会矛盾而采取的一系列新的措施，包括土地改革、币制改革、商业改革和官名县名改革，但王莽的改制不仅未能挽救西汉末年的社会危机，反而使各种矛盾进一步激化，终于引发了以赤眉绿林为主的农民大起义，新朝遂告灭亡。

什么是"光武中兴"？

"光武中兴"是说刘秀平息战乱，再续汉祚，开创治世。西汉末年，刘秀领导舂陵等义军，扫灭新莽，绍续汉业，建立东汉。在他当政的中、后期乃至明帝时期，出现了一个"马放牧，邑门不闭"、"四夷宾服，家给人足，政教清明"的稳定和谐的社会局面。因刘秀本人是汉皇后裔，所见王朝仍以"汉"为名，所以由他开创的治世被称作"光武中兴"。

曹操为统一北方作出了哪些贡献？

曹操（155—220年），沛国谯（今安徽亳州）人。东汉末年著名的军事家、政治家和诗人，三国时代魏国的奠基人和主要缔造者，后为魏王。曹操一生征战，就统一中国北方所作的贡献，主要体现在以下几个方面：一、广泛屯田，兴修水利，对当时的农业生产恢复有一定作用；其次，他用人唯才，打破世族门第观念，抑制豪强，促进了北方地区社会经济与文化发展；三、"远征乌桓、官渡灭袁"，直接加快了统一北方的步伐。

魏孝文帝改革对后世有何影响？

魏孝文帝（467—499年），本姓拓跋，名宏，471—499年在位，为北魏第六位皇帝，谥号孝文皇帝。484年孝文帝下令实行俸禄制，使吏治贪污腐败现象有所好转，485年冯太后、孝文帝颁布了均田令，495年正式迁都洛阳，命鲜卑贵族汉化，采用了汉族统治阶级的政治制度。这些改革，加速了当时北方各少数民族封建化的过程，促进了北方民族的大融合，有利于我国的民族大融合，有利于我国少数民族经济的发展，有利于我国少数民族从奴隶制向封建制度的过渡，有利于我国民族的团结。

为什么说唐太宗是一位卓越的政治家？

唐太宗李世民（599—649）是唐朝第二位皇帝，他名字的意思是"济世安民"。汉族，陇西成纪人，祖籍赵郡隆庆（今邢台市隆尧县），政治家、军事家、书法家、诗人。即位后，积极听取群臣的意见，努力学习文治天下。他成功转型为中国史上最出名的政治家与明君之一。唐太宗开创了历史上的"贞观之治"，经过主动消灭各地割据势力、虚心纳谏、在国内厉行节约、使百姓休养生息等措施的实行，终于使得社会出现了国泰民安的局面。为后来全盛的开元盛世奠定了重要的基础，将中国传统农业社会推向鼎盛时期。

为什么说武则天是中国历史上唯一的女皇帝？

武则天（624—705），中国历史上唯一一个正统的女皇帝。唐高宗时为皇后（655—683）、唐中宗和唐睿宗时为皇太后（683—690），后自立为皇帝（690—705），改国号"唐"为"周"，定都洛阳，并号其为"神都"。史称"武周"或"南周"，705年退位。武则天也是一位女诗人和政治家。武则天对历史做出过巨大的贡献，其一打击了保守的门阀贵族；其二促进了经济的发展；其三稳定了边疆形势；其四推动了文化的发展。

为什么说杨炎是唐代杰出的财政改革家？

杨炎（727—781），唐代中期著名财政改革家，两税法的创始人。建中元年（780年），杨炎主持在全国施行两税法。他提出与西周以后的"量出为入"原则相对立的"量入为出"的财政概念；并主张"人无丁（丁男）、中（中男），以贫富为差"，作为两税法的课税基础，抛弃了唐代原来以人丁为征课标准的租庸调制，以土地、业产等财富的多寡，按每户的贫富差别进行课征。这使得封建人身依附关系有所削弱，适应了当时社会经济发展的需要。计资而税的两税法代替西晋以来计丁而税的制度，是一项带有划时代意义的措施，在中国财政思想史上是一个大突破。

为什么说黄巢是唐末农民起义最重要的领袖？

黄巢（820—884），是唐末农民起义的领袖人物。他出身盐商家庭，善于骑射，粗通笔墨，少有诗才，但成年后却屡试不第。乾符二年（公元875年），王仙芝、尚让等在长垣（今河南长垣东北）起兵。黄巢在冤句（今山东菏泽市西南）与子侄黄揆和黄恩邺等八人起兵，响应王仙芝。黄巢领导的起义军摧毁了腐朽的李唐王朝，打破了唐末军阀割据混战的黑暗社会的僵死局面。为社会由分裂向统一过渡准备了条件，从而推动了历史继续向前发展。

哪个皇帝被史家贬称为"儿皇帝"？

石敬瑭（892—942）唐朝沙陀部人，初为李嗣源麾下骁将，军事和政治方面很有韬略，后与李氏分道扬镳，建立后晋。石敬瑭曾将幽云十六州，即现在河北和山西北部的大片领土割让给契丹，并称比他小十岁的耶律德光为"父皇帝"，自称"儿皇帝"，以此来换取契丹的军事援助。

应该如何看待宋太祖的功过？

宋太祖赵匡胤（927—976），祖籍涿州（今河北），生于河南洛阳。北宋王朝的开国皇帝。周世宗时官至殿前都点检，后发动陈桥兵变，黄袍加身，代周称帝，建立宋朝，定都开封，先后攻灭后蜀、南汉和南唐等割据政权。赵匡胤统治时期，吸取唐朝宦官专权、藩镇割据导致灭亡的教训，削夺了武官的权力，从而重文轻武，加强中央集权，使宋朝没有宦官专权、藩镇割据的问题。宋太祖大力兴办儒学，增加科举取录的名额。比起其他朝代，宋朝社会比较安定和公平，文学、哲学、美术、科技、教育等也比较发达。但重文轻武的结果也导致宋朝军事力量不足，和外族战争多以败仗收场。

为什么说王安石是一位伟大的改革家？

王安石（1021—1086），临川人，北宋杰出的政治家、思想家、文学家、改革家，唐宋八大家之一。他主政时期针对北宋当时"积贫积弱"的社会现实，以富国强兵为目的，而掀起了一场轰轰烈烈的改革。王安石以"因天下之力以生天下之财，取天下之财以供天下之费"为原则，从理财入手，颁布了"农田水利法"、均输法、青苗法、免役法（又称募役法）、市易法、方田均税法，并推行保甲法和将兵法以强兵。王安石变法虽然最终以失败而告终，但是取得的成就也是有目共睹的，其改革开创精神值得后人学习。

岳飞为什么会被以"莫须有"的罪名杀害？

岳飞（1103—1142），相州汤阴人，南宋著名军事家、抗金名将。岳飞在军事方面的才能则被誉为宋、辽、金、西夏时期最为杰出的军事统帅、连结河朔之谋的缔造者，同时又是两宋以来最年轻的建节封侯者，位居南宋中兴四将（岳飞、韩世忠、张俊、刘光世）之首。后因南宋高宗惧怕岳飞破金迎回钦徽二帝威胁到自己的统治，授意秦桧诬陷岳飞。但岳飞正气凛然，光明正大，忠心报国。从他身上，秦桧一伙找不到任何反叛朝廷的证据，韩世忠当面质问秦桧，秦桧支吾其词"其事莫须有。"韩世忠当场驳斥："'莫须有'三字，何以服天下？"绍兴十一年（1142年）农历除夕夜，高宗下令赐岳飞死于临安大理寺内，时年39岁。

第四章　政治、经济与军事

为什么说成吉思汗是"一代天骄"？

成吉思汗（1162—1227），庙号元太祖，孛儿只斤氏，名铁木真，世界历史上最伟大和杰出的政治家、军事家。1206年，被推举为蒙古帝国的大汗，统一蒙古各部。在位期间多次发动对外征服战争，征服地域西达西亚、中欧的黑海海滨。成吉思汗建立统一的蒙古汗国，制定军事、政治、法律等制度，创制并使用文字，对蒙古社会的发展起了积极的推动作用。即位以后，通过一系列战争建立了世界上空前庞大的帝国，打通了亚洲的陆路交通线，促进了东西方文化、经济的交流，特别是西方社会的发展和世界文明的进步。成吉思汗的主要功绩主要可以归纳为以下几条：一、创建了世界上版图最大的帝国；二、建立了最早的运输联络系统；三、将军事艺术推向冷兵器时代的最高峰。

明太祖是怎样强化中央集权的？

洪武年间，明太祖朱元璋大力强化封建专制主义的统治，建立极端君主专制的中央集权制度，成为继唐、宋之后我国历史上专制主义封建国家进一步发展的重要时期。朱元璋登上皇位后，通过以下几个途径全面强化中央集权统治：首先改革国家机构，具体措施是废除宰相，设立内阁；置五军都督府，设置卫所；改御史台为都察院；其次制定大明律，编撰《大诰》；其三强化对官员的控制和对部分豪强的打击力度。此外，朱元璋还大搞文化专制，借助国家政权加强对思想领域的统治。朱元璋极端中央集权的统治制度，不仅为其子孙所承袭，并且被后来的清朝统治者稍加易损而沿用。

为什么说张居正是明朝著名的改革家？

张居正（1525—1582），湖广江陵人，明代政治家，改革家。针对明朝中叶吏治腐败、国库空虚、土地兼并日益严重等问题，万历年间位居内阁首辅的张居正采取以下措施，进行改革：在内政方面，创制了"考成法"严格考察各级官吏，裁撤冗官冗员，提拔和重用有才能的官员，从而提高了行政效率；在经济方面，任用著名水利学家潘季驯督修黄河，使黄河不再南流入淮，于是"田庐皆尽已出，数十年弃地转为耕桑"，而漕河也可直达北京；颁行"一条鞭法"则是张居正在经济改革方面的重要内容，主要措施可以概括为："总括一县之赋役，量地计丁，一概征银，官为分解，雇役应付。"在军事上，张居正派戚继光守蓟门，李成梁镇辽东，又在东起山海关，西至居庸关的长城上加修了"敌台"3000余座，从而极大地巩固了明朝北边防务。经过上述改革，强化了中央集权的封建国家机器，基本上实现了"法之必行"、"言之必效"，国家的经济状况有了改善，财政收入有所增加，在国防上增强了反侵略的能力。

魏忠贤是如何祸国殃民的？

魏忠贤（1568—1627），明末宦官，明熹宗即位后，开始平步青云，拉开了中国历史上最昏暗的宦官专权的序幕，一时厂卫之毒流满天下，一大批不满魏忠贤的官员士子惨死狱中；一大批无耻之徒都先后阿附于他，更有某些阿谀之臣到处为他修建生祠，耗费民财数千万。他自称九千岁，排除异己，专断国政，以致人们"只知有忠贤，而不知有皇上"。总之在其僭主擅权期间，魏忠贤迫害宗室、后妃、同

113

僚、东林党人无数，此外他还擅理国政，在内政外交上制定和实施了许多错误政策与政令，从而加速了明朝的灭亡。明崇祯继位后，打击惩治阉党，治魏忠贤十大罪，命逮捕法办，魏忠贤自缢而亡，其余党亦被彻底肃清。

李自成失败的原因有哪些？

明末农民起义领袖李自成败亡的原因主要可以归纳为以下几点：一、起义军进入北京后，日益腐化，腐朽堕落思想逐渐侵蚀了李自成本人；二、明王朝虽已灭亡，但尚有百万明军盘踞于长江以南和辽东一带，取得政权的李自成没有率部乘胜歼灭，最后遗患无穷；三、吴三桂的倒戈，本已答应归降大顺政权的明朝山海关总兵吴三桂倒戈反攻，联合清军，击溃了李自成的农民军；四、山海关战败后，李自成没有及时制定正确的应对策略，反而一路西逃，于是逐渐走向灭亡。李自成起义是中国历史上一次伟大的农民革命，但是由于自身的局限性以及内外反动势力的联合绞杀，最终败亡。

为什么说黄宗羲是"中国思想启蒙之父"？

黄宗羲（1610—1695），明末清初经学家、史学家、思想家、地理学家、天文历算学家、教育家。学问极博，思想深邃，著作宏富，与顾炎武、王夫之并称明末清初三大思想家。黄宗羲对封建君主专制制度进行了激烈的批评，认为是"天下之大害"；提倡法治，反对人治；反对重农抑商，提出"工商皆本"的主张。其思想震动了当时的学术界，对晚清民主思想的兴起有一定作用。因此被誉为"中国思想启蒙之父"。

康熙帝有哪些功绩？

爱新觉罗·玄烨（1654—1722），清圣祖，清朝第四位皇帝，清定都北京后第二位皇帝，年号康熙。康熙帝8岁登基，在位61年，是中国历史上在位时间最长的君主。他奠定了清朝兴盛的根基，开创出康乾盛世的大局面，是一位英明的君主、伟大的政治家。历史功绩主要有：削平三藩，巩固统一；统一台湾，开府设县；反击侵略，签证条约，抵抗了当时沙俄对我国东北地区的侵略，中俄签定了《尼布楚条约》，维持了东北边境一百五十多年的边界和平；亲征朔漠，和善蒙古；重农治河，兴修水利，六次下江南巡察黄河和水利，修黄河、淮河、永定河；移天缩地，兴修园林，康熙修建了畅春园、承德避暑山庄等；兴文重教，编纂典籍，亲自主持编纂了许多重要的典籍譬如说《康熙字典》、《佩文韵府》、《清文鉴》、《康熙全览图》、《古今图书集成》等；对自己讲学习，对朝政讲勤慎。

如何评说乾隆帝的功过是非？

乾隆帝是中国清代杰出的皇帝，也是中国历史上掌权时间最长的皇帝。他的前期统治既推动了又一个封建盛世的到来，又阻碍了中国向近代化迈进，其统治后期出现了更多的腐败没落现象。乾隆帝即位后，政治上矫其祖宽父严之弊，实行"宽严相济"之策，整顿吏治，厘定各项典章制度；优待士人，安抚起复雍正朝受打击之宗室；经济上奖励垦荒，兴修水利，蠲免钱粮，促进了封建经济的繁荣；军事上多次平定西部少数民族贵族叛乱，反击廓尔喀对西藏的入侵，完善了清朝对新疆和西藏等地区的管理，进一步巩固了多民族封建国家的统一，奠定了今日中国的版

第四章 政治、经济与军事

图；文化上编修了《四库全书》等大型文化典籍；外交上乾隆时清朝继续以"天朝上国"自居，和周边属国友好往来，而对西方则坚持"闭关锁国"。他六下江南，大修宫殿、园林；大兴文字狱加强思想统治。后期宠信大贪官和珅，加之乾隆帝年事已高，吏治败坏，弊政丛出，激化了社会矛盾。

林则徐为什么被称为民族英雄？

林则徐（1785—1850），福建侯官人（今福建省福州）。清朝后期政治家、思想家和诗人。其主要功绩是虎门销烟。官至一品，曾任江苏巡抚、两广总督、湖广总督、陕甘总督和云贵总督，两次受命为钦差大臣；因其主张严禁鸦片、抵抗西方的侵略、坚持维护中国主权和民族利益，深受全世界中国人的敬仰，是中华民族抵御外辱过程中伟大的民族英雄。

洪秀全领导的太平天国运动失败的原因是什么？

太平天国运动失败的原因：一、太平天国失败的客观原因，清政府与西方势力联合起来进行镇压，是太平天国起义失败的重要原因之一。二、太平天国起义的理论基础是破碎的神学理论，并不代表时代潮流。三、农民阶级的局限性，小生产者的自私、狭隘的一面，导致了享乐主义、腐败、分裂甚至自相残杀。对内外政策的失误，尤其是对西方资本主义侵略者还缺乏理性的认识。四、太平天国对知识分子大加排斥，使其缺乏知识分子为其出谋划策、制定纲领。五、洪秀全实行严厉的等级制和神权的思想钳制，动辄以各种酷刑伺候。而太平天国的领导人却躲在深宫里花天酒地。南京城破时，所剩军民不足十五万，而天王府后宫佳丽就有两万。所以说太平天国的灭亡是不足为奇的，也是必然的。

慈禧太后对中国历史发展产生了哪些影响？

慈禧太后长期作为晚清的实际最高统治者，与中国近代化历程关系密切，对中国近代化产生了复杂的影响。虽然学界中也有肯定慈禧太后对中国近代化所做的积极贡献，但大多数研究结果对这一问题的看法是毁多于誉。慈禧太后对中国近代化的贡献主要表现在：重用汉族官员；派遣留学生及废除科举；清末政治改革。慈禧太后对中国近代化的消极阻碍作用：阻挠进行宪政改革，极力维护君主专制政体，且在戊戌变法之后，禁止言论自由，不准改革科举考试办法，进而支持义和团，围攻使馆，向八国宣战，导致联军入侵，几乎亡国。

左宗棠有哪些功绩？

左宗棠（1812—1885），晚清重臣，军事家、政治家、著名湘军将领、洋务派首领。左宗棠少时屡试不第，转而留意农事，遍读群书，钻研舆地、兵法。后竟因此成为清朝后期著名大臣。一生经历了湘军平定太平天国运动，洋务运动，镇压陕甘回变和收复新疆等重要历史事件。1866年在福州马尾办船厂，并创办求是堂艺局，培养海军人才。同年改任陕甘总督，其间创办兰州制造局。后创办甘肃织呢总局。此为中国第一个机器纺织厂。1875年5月奉命以钦差大臣督办新疆军务。1876年定"缓进急战"方略，讨伐阿古柏、白彦虎，次年收复除伊犁地区外的新疆全部领土。在新疆期间，为保证军粮供给，发

115

展地方经济，曾大力兴办屯垦业，其功绩遗泽至今。为延续清朝统治、维护中国领土完整作出了巨大的贡献。

曾国藩为什么被后世所推崇？

中国自古就有立功（完成大事业）、立德（成为世人的精神楷模）、立言（为后人留下学说）的"三不朽"之说，而真正能够实现者却寥若星辰，曾国藩就是其中之一。他打败太平天国，保住了大清江山，是清朝的"救命恩人"；他"匡救时弊"、整肃政风、学习西方文化，使晚清出现了"同治中兴"；他克己唯严，崇尚气节，标榜道德，身体力行，获得上下一致的拥戴；他的学问文章兼收并蓄，博大精深，是近代儒家宗师，"其著作为任何政治家所必读"（蒋介石），实现了儒家修身、齐家、治国、平天下、立功、立德、立言"三不朽"事业，所以被后世推崇。

李鸿章为什么招致生前身后骂名？

梁启超说："李鸿章之负重望于外国也以外交，李鸿章之负重谤于中国也亦以外交"。从19世纪70年代起，李鸿章就代表清政府经办了许许多多的对外交涉：天津教案、中日建交、中法新约、马关条约、中俄密约、辛丑条约……，绝大部分不平等对外条约都是由他出面签订的。由于对这些事件他负有直接责任，不可避免地成为口诛笔伐的对象，进而成了某种国家落后的象征，是"投降派"和"卖国贼"的典型代表。

张之洞为发展洋务运动提出了哪些主张？

张之洞（1837—1909），字孝达，号香涛、香岩，又号壹公、无竞居士，晚年自号抱冰。汉族，清代直隶南皮（今河北南皮）人，洋务派代表人物之一，其提出的"中学为体，西学为用"，是对洋务派和早期改良派基本纲领的一个总结和概括；毛泽东对其在推动中国民族工业发展方面所作的贡献评价甚高，曾说过"提起中国民族工业，重工业不能忘记张之洞"。张之洞与曾国藩、李鸿章、左宗棠并称晚清"四大名臣"。

孙中山为什么被称为"伟大的革命先行者"？

孙中山是中国民族民主革命的先行者，20世纪站在时代前列的第一位伟大的人，他在20世纪中国社会巨变中的历史作用：领导了中国历史上第一次比较完全意义上的反帝反封建的资产阶级民主革命，推翻了统治中国两千余年的封建君主专制制度，建立了民主共和制，使民主共和观念深入人心，促进了资本主义经济的发展；提出新三民主义，促成第一次国共合作，推动了国民革命进程。

中国早期的教育机构有哪些？

中国在4000多年前就有了学校。那时学校的名字叫"庠"。高一级的大学叫"上庠"，低一级的小学叫"下庠"。到了夏朝（公元前21世纪——公元前16世纪）把学校又分成了四个等级，按级别叫做："学"、"东序"、"西序"、"校"。到商朝（公元前16世纪——公元前1066年）时，又把这四种学校的名字称为："学"、"右学"、"左学"、"序"。后来的朝代还有在王府里设立的学校，叫"辟雍"、"成均"等。到汉代（公元前206年——公元23年），最高一级的学校称做"太学",下面分别称做"东学""西学""南学""北学"。再后来把"太学"改为"国子学","国子寺","国子监"。汉代,是中国古代教育史上一个比较昌盛的时期。汉代的学校分为官学与私学两种。其中私学的书馆,亦称蒙学,系私塾性质,相当于小学程度。

中国古代学制发展状况如何?

古代各类学校的学制并无一定,历代也有不同。官学至少要学习九年。两汉太学,并无明确的学习年限规定,但考试却是十分严格的,西汉时每年考试一次,方式是"设科射策",东汉中期改为每两年考试一次,通过者就授予官职,未通过者留下继续学习。隋唐官学明确规定儒学招收14岁到18岁官员子弟(律学为18岁至25岁),学习年限为九年,书学和律学为六年。考试分"旬考"、"岁考"、"毕业考"三种,旬考内容为十日之内所学课程,不及格者有罚,岁考内容为一年之内所学课程,不及格者留级。毕业考及格则取得科举资格,若九年学而无成者亦令其退学。宋元时期在学习制度上有所改革,较为突出的是北宋王安石在太学实行"三舍法",即将生员分为外舍、内舍、上舍三个等级,生员必须依照学业程度,通过考核,依次升舍,外舍升内舍,内舍升上舍。平时有品行("行")和学业("艺")的考察记录,每月由任课教师举行"私试",每年由学校举行"公试",合格者就可依次升舍。元代又将学生分为三等六斋,通过考核积分逐级升斋。明代仍然沿用元代的积分制,入国子监就读的学生必须先入低级班,一年半以后,文理通者升中级班,再过一年半,"经史兼通,文理俱优"者升入高级班,而后采用"积分制",按月考试,一年积满8分为及格,这样就可以待补为官,不及格者仍坐监肄业。清代以后,积分制已名存实亡,入监读书只是熬年头了。

西周官学出师需要几年?

《礼记·学记》中记载了西周时官学的学制,它说:"比年入学,中年考核。一年视离经辨志,三年视敬业乐群,五年视博习亲师,七年视论学取友,谓之小成;九年知类通达,强立而不反,谓之大成。"用现代汉语说,就是"每年入学一次,隔年考核一次。一年考察辨明志向,三年考察是否专心和亲近同学,五年考察是否博学和亲近师长,七年考察是否有独立见解和择友能力,这些都达到了,就是小成;如果九年触类旁通,坚强而不违背师训,就是大成。足见那时的官学至少要学习九年。

西周教育的主要特征是什么?

西周建立了典型的政教合一的官学体系,并有了官学和乡学之分,形成了以礼乐为中心的文武兼备的六艺教育,其典型特征是"学在官府"和"政教合一"。西周的"国学"是周天子和诸侯在其都城专为奴隶主贵族子弟设立的学校,依学生入学年龄与程度的高下,分为大学与小学两级。周天子所设大学,规模较大,分为五学,辟雍居中,四周分设南(成均)、北(上庠)、东(东序)、西(瞽宗)四学,是进行各种教学活动的场所。诸侯所设大学,规模比较简单,仅有一学。西周设在王都郊外六乡行政区中的地方官学,总称为乡学。西周学校的教学内容的确定,主要体现"明人伦"的教育宗旨,贯彻了德艺兼求、文武并重的意图。并随教育对象不同而有所不同。

"六艺教育"是西周教育内容的总称，源于夏代，发展于商代，成型、完备于西周。"六艺教育"也是西周教育的特征和标志。六艺教育的内容：礼、乐、射、御、书、数。各自包含着丰富的教育内容。六艺教育的特色及其影响是六艺教育包含多方面的教育因素，既重视思想道德，也重视文化知识；既注意传统文化，也注意实用技能；既重视文事，也重视武备；既要符合礼仪规范，也要求内心情感修养。它提供了一种"文武兼备"、"知能兼求"的教育模式，对后世产生了深远影响。

什么是"设科射策"？

汉代太学内部的考试形式，"策"是指主考官所出的题目；"射"是以射箭的过程来形象描写学生对试题的理解和回答过程；"科"是主考用以评定学生成绩的等级标记。学生根据考试所取得的等级作为受官的标准。《汉书·儒林传赞》："自武帝立五经博士，开弟子员，设科射策，劝以官禄。"

古人是如何称呼老师的？

教师最早称"师氏"、"父师"、"少师"，由官吏担任。"师氏"简称"师"，是周时掌管辅导王室、教育贵族子弟及其朝仪得失之事的官，也是国学中的教师。"父师"是退休的大夫，"少师"是退休的士。他们在致仕之后一般会在乡学中担任教师。东汉经学家郑玄为《仪礼·乡饮酒礼》作注时说："古者年七十而致仕，老于乡里。大夫名曰父师，士名曰少师，而教学焉。"

"老师"最初指年老资深的学者，是对教师的尊称。《史记·孟子荀卿列传》说："齐襄王时，而荀卿最为老师。"私学教师被称为"塾师"、"书师"、"馆师"、"馆宾"等。私塾是古代私人设立的学校，故教师称"塾师"。"书师"是指汉时教启蒙的教师，王国维《观堂集林》中解释道："汉时教初学之所，名曰书馆，其师名曰书师。""馆"是旧时私塾的别称。故"馆客"、"馆宾"、"馆师"也指教师。

后人对教师的尊称还有西席或西宾、先生、夫子、绛帐等等。

西席：古人席地而坐，以居西而面东为尊，故教师被称为西席。据《称谓录》卷八记载："汉明帝尊桓荣以师礼，上幸太常府，令荣坐东面，设几。故师曰西席。"

先生：起初是指年长而有学问的人，后来称老师。

夫子：起初指年长者，后来成为对孔子的尊称，再后来用于称呼教师，以示尊敬。

绛帐：汉代著名学者马融在授课之时常居于高堂之上，身边放下红色的帷帐，"前门授徒，后列女乐"。后人因此将绛帐或绛帷作为师长的尊称。

什么是"有教无类，因材施教"？

有教无类出自《论语·卫灵公》："子曰：'有教无类。'"意思是指，不因为贫富、贵贱、智愚、善恶等原因把一些人排除在教育对象之外，对谁都要进行教育。"有教无类"的意思是无分贵族与平民，不分国界与华夷，只要有心向学，都可以入学受教。孔子弟子三千来自鲁、齐、晋、宋、陈、蔡、秦、楚等不同国度，这不仅打破了当时的国界，也打破了当时的夷夏之分。孔子吸收了被中原人视为"蛮夷之邦"的楚国人公孙龙和秦商入学，还欲居"九夷"施教，充分体现了孔子的教育主张。"有教无类"思想的实施，扩大了教育的社会基础和人才来源，对于全体社会成员素质的提高起到了积极的推动作用。

因材施教指针对学习的人的志趣、能力等具体情况进行不同的教育。是指教师要从学生的实际情况、个别差异出发，有的放矢地进行有差别的教学，使每个学生都能扬长避短，获得最佳发展。

什么是"书馆"？

书馆是中国古代教授初学或典籍之所。汉代王充《论衡·自纪》："八岁出於书馆。书馆小僮百人以上，皆以过失袒谪，或以书丑得鞭。充书日进，又无过失。手书既成，辞师受《论语》、《尚书》，日讽千字。"《新唐书·后妃传上·上官昭容》："婉儿劝帝侈大书馆，增学士员，引大臣名儒充选。"宋代王谠《唐语林·补遗一》："学旧六馆：有国子馆、太学馆、四门馆、书馆、律馆、算馆，国子监都领之。"

什么是"经馆"？

私塾是我国古代家庭、宗教或者教师个人所设立的教学场所。古人称私塾为学塾、教馆、书房、书屋、乡塾、家塾等等。私塾学生既有儿童，也有成年人。按照施教程度，人们把私塾分成蒙馆和经馆两类。蒙馆的学生由儿童组成，重在识字；经馆的学生以成年人为主，大多忙于举业。

什么是唐代的"国子监六馆"？

唐代国子监六馆也称之为六学，有国子学、太学、四门学、律学、书学、算学。皆为国子监所属。唐太宗振兴学校的主要措施，首先是调整教育行政机构，重建国子监。国子监是封建王朝的中央教育机构，早在西晋时就已建立，"北齐立国子寺，隋初亦然"（《唐会要》卷六十六）。隋末大乱以后，不复设立。李世民在贞观元年五月重建国子监，以加强对学校的领导。当时国子学、太学、四门学、书学、算学，律学，统称六学，直属国子监领导，在全国影响很大，"四方儒士，多抱负典籍，云会京师。"

学士、硕士、博士的名称最早起源于何时？

学士，《周礼·春官·乐师》："帅学士而歌《彻》。"郑玄注："学士，国子也。"《仪礼·丧服》："大夫及学士则知尊祖矣。"孔颖达疏："此学士谓乡庠、序及国之大学、小学之学士。"

硕士的称呼最早起源于五代，指的也是品德高尚、学问渊博的人，但是一直不是官职。古人曰，硕者，大也。古代常用与硕士含意相似的"硕老"、"硕儒"称呼那些博学之士。

"博士"最早是一种官名，始见于两千多年前的战国时代，负责保管文献档案，编撰著述，掌通古今，传授学问，培养人才。秦有七十人。汉初沿置。秩为比六百石，属奉常。汉武帝时，还设立了五经博士，博士成为专门传授儒家经学的学官。汉初，《易》、《书》、《诗》、《礼》、《春秋》每经置一博士，故称五经博士。秦朝时，博士官掌管全国古今史事以及书籍典章。到了唐朝，把对某一种职业有专门精通的人称之为"博士"，如"医学博士"、"算学博士"等。而宋朝，则对服务性行业的服务员也称为"博士"。据《封氏闻见记》"饮茶"条记载:"命奴子取钱三十文,酬煎茶博士。"

什么是"鸿儒"?

"鸿"是一种体积硕大的鸟,故有"大"的意思。"儒"原为古代从巫、史、祝、卜中分化出来的,熟悉诗书礼乐而为贵族服务的一批知识分子,后来泛指学者、读书人,也称大儒,泛指博学之士。汉代王充《论衡·本性》:"自孟子以下至刘子政,鸿儒博生,闻见多矣。"唐代刘禹锡《陋室铭》:"谈笑有鸿儒,往来无白丁。"《明史·吴山等传赞》:"吴山等雍容馆阁,敭历台省,固所谓词苑之鸿儒,庙堂之岿望也。"

"师范"一词是如何发展而来的?

"师"的名称,在夏、商、周时就有了。而"师"字最早的出现是在甲骨文中,甲骨文中有"文师"之称。以后,西汉的董仲舒用了"师"一词,司马迁用了"师表"一词,他们都着重在师的表率作用这点上。西汉末年,扬雄在言论集《法言》中说:"师者,从之模范也。"他第一次将"师"和"范"联系起来看,明确强调了老师所负有塑造教育对象的重大责任。《后汉书·赵壹传》松皇甫规书:"君学成师范,缙绅归慕。""师范"已作为一个词组出现了。现代"师范"一词是指培养"堪为人师而模范之"的人才的,由此可见,"师范"一词的深义,古今无异。

古代的"学官"是一种什么职务?

学官又称教官,是指主管学务的官员和官学教师。传说夏代就有学校。最早的学校叫庠、序、校,以教武艺为主。西周的学校有大学、小学之分。天子的大学叫辟雍,诸侯的大学叫頖(泮pàn)宫,以师氏掌教武艺,以乐正掌教诗书礼乐,以司成为掌学之官。秦及汉初有博士官。汉武帝采纳公孙弘的建议,设五经博士,从此后博士专掌经学传授,成为一种教职。西汉有博士仆射为其首领,东汉改称博士祭酒。博士讲学的地方称太学,博士弟子称太学生,博士就是当时的大学教师之称。郡县也普遍设立学校,郡国曰学,县邑曰校,乡曰庠,聚曰序。北齐始立中央专门的教育机构,称为国子寺,主官为祭酒。隋炀帝改国子寺为国子监。所属有国子学、太学、四门学、书学、算学等,各置博士。藏书与讲学相结合的书院,出现在五代,兴盛于宋代,创办者或为私人,或为官府,受业者称创办者为山长。明国子监与国子学合一,清代国子监沿袭明制。光绪年间改设学部,各省设提督学政,简称学政,也称督学使者,别称学台。学政为一省教育事业的最高长官。

"太学"是我国最早的大学吗?

太学是中国古代的大学。汉武帝元朔五年开创太学,它是中国当时最高学府。太学选聘学优德劭者任教授,称为博士;招收学生,随教授学习,称为博士弟子。太学的课程以通经致用为主,学生分经受业,经考试及格,任用为政府官吏。太学以《诗》、《书》、《礼》、《易》、《春秋》等儒家经典为教材。其后,经曹魏、西晋,洛阳太学至北朝末衰落,历时六七百年,是屹立在世界东方的第一所国立中央大学,对后世产生了深远的影响,

堪称我国教育史上的奇葩。

"太学"里是怎么进行考试的？

太学是中国古代的一种大学，始设于汉代。汉武帝罢黜百家定儒一尊之后，采纳董仲舒的建议，始在长安建立太学。最初太学中只设五经博士，置博士弟子五十名。从武帝到新莽，太学中科目及人数逐渐加多，开设了讲解《易经》、《诗经》、《尚书》《礼记》、《公羊传》、《谷梁传》、《左传》、《周官》、《尔雅》等的课程。王莽时期规模急剧扩大。唐代的太学面向三品、五品、七品以上官僚子弟，学习儒家经典，律学、书学、算学学生则学习专门技术。太学生入学后，要根据将来考进士科还是考明经而分科学习。所习儒家经典分为大中小三种，《礼记》、《左传》为大经，《诗经》、《周礼》、《仪礼》为中经，《易经》、《尚书》、《公羊传》、《谷梁传》为小经。通三经者，大、中、小经各一；通五经者，大经皆通，余经各一；《孝经》、《论语》则都要掌握。这与进士、明经科的考试要求，基本一致。学校每岁向礼部荐送参加科举考试者。如学业不佳而多年不堪荐送，或荐送后屡年落第，则往往被学校解退除名。宋代实行分级考试的办法，考核学生成绩和学生升等的制度，称"三舍法"。

什么是国子监？什么是稷下学宫？

国子监是中国古代的一种大学，始设于隋代。上古的大学，称为成均、上庠。董仲舒："五帝名大学曰成均"，郑玄："上庠为大学。"至于夏商周，大学在夏为东序，在殷为右学，在周有东胶，而周朝又曾设五大学：东为东序，西为瞽宗，

南为成均，北为上庠，中为辟雍。汉代始设太学，隋代始设国子监。明朝由于首都北迁，在北京、南京分别都设有国子监，于是设在南京的国子监被称为"南监"或"南雍"，而设在北京的国子监则被称为"北监"或"北雍"。北京国子监始建于元朝大德十年（公元1306年），是我国元、明、清三代国家管理教育的最高行政机关和国家设立的最高学府。

稷下学宫，又称稷下之学，战国时期田齐的官办高等学府，始建于齐桓公。稷下是齐国国都城门，位于齐国国都临淄（今山东淄博市）稷门附近。稷下学宫在其兴盛时期，曾容纳了当时"诸子百家"中的几乎各个学派，其中主要的如道、儒、法、名、兵、农、阴阳、轻重诸家。稷下学宫实行"不任职而论国事"、"不治而议论"、"无官守，无言责"的方针，学术氛围浓厚，思想自由，各个学派并存。人们称稷下学宫的学者为稷下先生，随其门徒，被誉为稷下学士。稷下学宫是齐国君主咨询问政及稷下学者议论国事的场所。又具有培养人才，传播文化知识的性质，被后人称为"田氏封建政权兴办的大学堂"，"齐国的最高学府"，其在教育史上的影响也是巨大的。从稷下学宫的施行方针及其成果意义来看，稷下学宫完全可以说是世界历史上真正的第一所大学，第一所学术思想自由学科林立的高等学府。

什么是书院？

书院，是中国古代教育制度有别于官学的另一种教育系统。唐宋至明清出现的一种独立的教育机构，是私人或官府所设的聚徒讲授、研究学问的场所，宋代著名的四大书院是：江西庐山的白鹿洞书院、

湖南长沙的岳麓书院、湖南衡阳的石鼓书院和河南商丘的应天府书院。中国最早的官办书院开始于唐朝，为开元六年（718年）唐玄宗所创设的丽正修书院。宋代书院的兴起是始于范仲淹执掌南都府学，特别是庆历新政之后，在北宋盛极一时。这时候出现了四大书院的说法。到了南宋更盛，各延大儒主持，成为理学书院。元朝时书院制度更为兴盛，专讲程朱之学，并供祀两宋理学家。明朝初年书院转衰，直到王阳明出，书院再度兴盛。随后书院因批评时政，遭当道之忌，明世宗、张居正皆曾毁书院，尤其是东林书院事件，魏忠贤尽毁天下书院，书院乃大没落。满清入主中原，对书院所保存的元气，犹有余悸，继续抑制书院。雍正十一年（1733年），正式明令各省建书院，改采鼓励态度，书院渐兴；惟不分官立私立，皆受政府监督，不复宋元时的讲学自由。直到戊戌变法，中国的书院全部消失。自民国年代起在香港、台湾均有不同学校称作"书院"，但已与古代的书院有所出入。

什么是"鸿都门学"？

鸿都门学是汉代学习、研究文学艺术的高等专科学校。创立于东汉灵帝光和元年（178年）二月。因校址设在洛阳鸿都门而得名，是中国最早的专科大学。鸿都门学是统治阶级内部斗争的产物，即宦官派为了培养拥护自己的知识分子而与士族势力占据地盘的太学相抗衡的产物。又借汉灵帝酷爱辞、赋、书、画的缘由，办了这所新型学校。鸿都门学所招收的学生和教学内容都与太学相反。学生由州、郡三公择优选送，多数是士族看不起的社会地位不高的平民子弟。开设辞赋、小说、尺牍、字画等课程，打破了专习儒家经典的惯例。宦官派为了壮大自己的势力，对鸿都门学的学生特别优待。学生毕业后，多给予高官厚禄，有些出为刺史、太守，入为尚书、侍中，还有的封侯赐爵。鸿都门学一时非常兴盛，学生多达千人，但延续时间不长。一因士族猛烈的攻击，二因黄巾起义，它随着汉王朝的衰亡而结束。鸿都门学不仅是中国最早的专科大学，而且也是世界上创立最早的文艺专科大学。在"独尊儒术"的汉代，改变以儒家经学为唯一教育内容的旧观念，提倡对文学艺术的研究，是对教育的一大贡献。它招收平民子弟入学，突破贵族、地主阶级对学校的垄断，使平民得到施展才能的机会，也是有进步意义的。鸿都门学的出现，为后来特别是唐代的科举和设立各种专科学校开辟了道路。

山东曲阜孔庙为何被称为"杏坛"？

孔氏家学，源于杏坛讲学。杏坛之名最早见于《庄子·渔父篇》，原文为："孔子游于缁帷之林，休坐于杏坛之上，弟子读书，孔子弦歌鼓琴。"由此可见，杏坛即为孔子讲学旧址。孔子死后，鲁国国君哀公为祭祀这位文化巨人，将此地改为庙宇（现在的孔庙所在地）。因为当时只有"庙屋三间"，其后，历代王朝不断加以扩建，"不欲毁其基"，"除地为坛，环植为杏，名曰杏坛"。孔子在杏坛"开门设教"、"有教无类"、"广收弟子"，首开私人讲学之风，开创了平民教育的先例，打破了"学在官府"收教限于贵族子弟、教育垄断的传统，杏坛因此而名扬四海。

地方官学是怎么回事？

中国古代地方官学：又称乡学，学宫。指中国古代社会历代官府，按照地方行政区划，在地方所办的学校。地方官学的设立，或由国家制定出地方官学制度，或由地方官吏重视教育在其治所设置学校，经费皆来源于官府。封建王朝的地方官学及其中央官学，共同构成中国古代社会最主要的官学教育制度。中国地方官学成为儒学教官的衙署所在，主要担负承传孔儒文化、施行礼乐教化的职能，也是地方官学师生祭孔、奏乐、习礼之处。早在西周时期就有"乡学"之设的传说。《周礼》称："乡有庠，州有序，党有校，闾有塾"。《礼记·学记》称："家有塾，党有庠，术有序"。但是此种"乡学"仅有"教化"的意义，从严格意义来讲，古代地方官学，则是自汉代开始设立的。

"四大书院"分别是哪四个？

白鹿洞书院：在江西省庐山五老峰下的山谷中。唐朝时，喜养白鹿自娱的李渤任江州刺史期间，在其隐居旧址建台，称白鹿洞。宋初扩建为书院，以后屡经兴废，朱熹、陆象山、王阳明等都曾在此建院或讲学。现存建筑为清道光年间所修，其中碑廊有碑百余块，刻有朱熹手制书院学规，历次修建文记及名人书法。

岳麓书院：在湖南省岳麓山东面山下。北宋开宝九年谭州太守朱洞创建，天禧二年真宗赐以"岳麓书院"门额。现存建筑为清代所建，存有朱熹"忠孝廉节"四字石刻。

石鼓书院：在湖南省衡阳市北面的石鼓山。唐明李宽筑庐读书于此，宋至道三年建立书院，柳宗元、韩愈、范成大、朱熹、张载、文天祥、徐霞客、王夫之等都曾到此游览或讲学。今存明、清碑刻等文物，已辟为公园。

应天府书院：原址在今河南省商丘县城。院址属应天府管辖，因此为名。应称睢阳书院。书院历史最早追溯到五代的后晋，杨悫在归德军将军赵直扶助下聚众讲学，后来他的学生戚同文继续办学，赵直为其筑室聚徒，应天府书院的前身就是当时归德军的南都学舍。宋真宗大中祥符二年（1009年），曹诚就其地筑学舍150间，聚书1500余卷，广招学生。使应天府书院扬名的另一位人物就是范仲淹。随着范仲淹等资深名人的加入，商丘应天府书院逐渐发展成为北宋最具影响力的书院，并且位居北宋四大书院之首。

中国古代私学发展状况如何？

古代中国的私学兴起于春秋，到清朝结束。中国古代私学教育产生于春秋时期，其中以孔子的私学规模最大、影响最深远。秦朝采纳丞相李斯的建议颁"禁私学令"，否定私学教育的作用。汉武帝罢黜百家、独尊儒术，以今文经学为官学，但是并不禁止私学。于是古文经学变为由私人传授的私学，到东汉末年已取得了压倒官学的地位，如马融、郑玄等古文经学大师的私学学生多达千人以上。汉代尤其重视师传家法，皆由孔丘以来的私学培养而成。汉代私学在组织形式上可分为"蒙学和精舍"（精庐）两种。前者是小学程度的书馆、学馆，属启蒙教育；后者为专攻经学的经馆精舍、精庐等，属提高教育。魏晋南北朝时期，官学衰颓，私学却呈现繁荣局面，名儒聚徒讲学仍占重要地位，学生人数上百人或计千人屡见不鲜。这个时期的私学教学内容突破了传统的儒学，还包括玄学、佛学、道教以及科学技术等。唐代私学遍布城乡，制度不一，程度悬殊，既有名士大儒，如颜师古、孔颖达在任官之前，均是私学教师，"以教授为业"、"以教授为务"，另一方面也有村野启蒙识字的私立小学。宋元明清私学教育，一方面是书院制度的产生和发展，形成私学的重要形式；另一方面蒙学教育主要是私人设立的学塾、村学和蒙学。其中明清，学塾有坐馆（或教馆）、家塾（或私塾）、义学（或义塾）等三种形式。

中国古代有专科学校吗？

中国古代教育，除建立学习儒家经典的学校系统外，还设立专科学校，培养各种能切实用的专门人才。早在东汉时，就建立了中国古代第一所文艺专科学校"鸿都门学"，直到明、清，曾设立过律学、医学、武学、阴阳学、算学、书学、画学、玄学、音乐学校、工艺学校等各种专科学校。这些学校培养出不少专业人才，对发展中国的自然科学、法学、文艺等方面起过很大的作用，并对世界文化作出了一定的贡献。

中国古代有"留学生"吗？

"留学生"这个词是日本人创造的，起源于唐朝时期中日文化交流。唐朝时，日本政府为了吸取中国的先进文化，曾多次派遣唐使来中国。遣唐使团是外交使节，在中国停留的时间不能过长，因而难以更好地吸取中国的先进文化。所以日本政府从第二次派遣唐使起，就同时派遣"留学生"和"还学生"。所谓"留学生"就是当遣唐使等回国后仍然留在中国学习的学生，"还学生"则在遣唐使回国时一起回国。后来，"留学生"这个词就一直沿用下来，其语义也有了变化发展：凡是留居外国学习或研究的学生，都称作"留学生"。

京师大学堂是北京大学的前身吗？

北京大学的前身是维新变法时期创立的京师大学堂。北京大学创立于1898年，初名京师大学堂，是中国第一所国立大学，也是中国在近代史上正式设立的第一所大学，其成立标志着中国近代高等教育的开端。北大以中国最高学府的身份创立，最初也是当时的中国最高教育行政机关，身兼中国最高学府与国家教育部的双重职能。北大传承着中华数千年来国家最高学府——"太学"的学统，是中国古代最高学府在现代的延续，自建校以来一直享有崇高的名声和地位，可谓"上承太学正统，下立大学祖庭"。辛亥革命后（1912年），京师大学堂更名为"北京大学"。

第五章 宗教学

什么是佛教？

佛教，由古印度的释迦牟尼（被称为佛陀）在大约公元前6世纪建立，与基督教和伊斯兰教并列为世界三大宗教之一。"佛"，全称"佛陀"，意思是觉悟者。佛教重视人类心灵的进步和觉悟，人们的一切烦恼（苦）都是有因有缘的，"诸法因缘生，诸法因缘灭"。人和其他众生一样，沉沦于苦迫之中，并不断地生死轮回。惟有断灭贪、嗔、痴的圣人（佛陀、辟支佛和阿罗汉）才能脱离生死轮回，达到涅槃（清凉寂静之意，即无有烦恼），释迦牟尼就在35岁时成佛，并对众人宣扬他所发现的真理。佛教徒的目的即在于从佛陀的教育（正法）里，看透苦迫和"自我"的真相（缘起法），最终超越生死和苦，断尽一切烦恼，成佛或阿罗汉。现代佛教可分为南传佛教与北传佛教两大传承，北传佛教又可分为汉传佛教与藏传佛教。南传佛教大致上就是上座部佛教（又被称为小乘佛教）。各传承在佛教的根本教义上基本没有大分别，在修行特色上与一些理论上则有分别，以菩萨行理论的分别最为显著。佛教目前主要流行于东亚、东南亚及南亚等地区，在欧洲、美洲、大洋洲和非洲也有少量信徒。

佛教是如何传入中国并发展起来的？

东汉明帝永平十年（67年），汉明帝夜梦金人飞行殿庭，第二天早朝时问于群臣。太史傅毅答说："西方大圣人，其名曰佛；陛下所梦恐怕就是他。"汉明帝于是派遣中郎将蔡愔等十八人去西域，访求佛道。蔡愔等于西域遇竺法兰、摄摩腾两人，并得佛像经卷，用白马驮着共还洛阳。汉明帝特为建立精舍给他们居住，称做白马寺。于是摄摩腾与竺法兰在寺里译出《四十二章经》。这是佛教传入中国的普遍说法，也为我国历史教科书所采用。佛教传入中国之后，到了后汉末桓、灵二帝时（147—189年），记载才逐渐翔实，史料也逐渐丰富。其时西域的佛教学者相继来到中国，如安世高、安玄从安息来，支娄迦谶、支曜从月氏来，竺佛朔从天竺来，康孟详从康居来。由此译事渐盛，法事也渐兴。

佛教分为哪些宗派？

中国佛教是由汉语系佛教亦称大乘佛教、巴利语系佛教亦称南传上座部佛教（俗称小乘佛教）、藏语系佛教亦称喇嘛教三部派组成的。其中，南传上座部佛教仅云南独有。从隋唐开始，中国佛教有了宗派。当时印度佛教，因有"大乘"、"小乘"两大流派，都曾在我国流行过（现在云南的傣族地区信奉小乘佛教，其它地区信奉大乘佛教），由于有各自的理解和悟性，从而形成了中国特有的许多佛教宗派，主要有：三论宗（又名法性宗）、瑜伽宗（又名法相宗）、天台宗、华严宗（又名贤道宗）、禅宗、净土宗、律宗、密宗等八大宗派（都属于大乘佛教）。

佛教有哪些戒律？

佛教的戒律是为了防止行为、语言、思想三方面的过失。由于大小乘的不同，其戒律也有所不同。另外对出家的僧侣和在家的居士也有所区别。例如小乘有五戒、八戒、二百五十戒等；大乘有三聚净戒、十重禁戒四十八轻戒等。小乘五戒为：杀生、偷盗、邪淫、妄语、饮酒。八戒为：在五戒外另加卧高广大床、花鬘璎珞、歌舞戏乐。二百五十戒：即二百五十项应戒的言行细目，合并为五项时，称五篇门。大乘三聚净戒为：摄律仪戒、摄善法戒、摄众生戒。十重禁戒为：杀生、偷盗、邪淫、妄语、饮酒、说过罪、自赞毁他、悭、瞋、谤三宝。四十八轻戒为：不敬师长、不举教忏、背正向邪、不瞻病苦等四十八项具体戒条。

佛教有哪些节日？

我国汉族地区佛教的重要节日有两个：一是四月初八日的佛诞节，亦称浴佛节。在这一天，寺院里要举行"浴佛法会"，僧众们以香花灯烛茶果珍肴供养佛像，并用各种名香浸水泡洗释迦牟尼诞生像，作为对释迦牟尼佛诞生的纪念。二是七月十五日的盂兰盆节，另称中元节，民间习俗称为鬼节。"盂兰盆"是梵文的意译，意思是"救倒悬"。佛经传说，释迦牟尼的弟子目犍连看到死去的母亲在地狱受苦，如处倒悬，便求佛救度。释迦牟尼要他在七月十五备百味饮食供养十方僧众，可使其母解脱。后来，在这一天寺院里都举行多种佛事活动，以超度历代祖先。除上述两个节日外，在二月八日释迦牟尼出家日，二月十五日释迦牟尼涅槃日，腊月初八释迦牟尼成道日，寺院中也要举行纪念活动。另外，与诸佛、菩萨有关的日子，寺院里，也常举行一些纪念活动，比较重要的如农历七月三十为地藏菩萨生日，届时九华山地藏道场将举行盛大地藏会。二月十九、六月十九和九月十九日分别是观音菩萨的诞生、成道、出家的纪念日，届时普陀山观音圣地也会举行重大庆祝活动。

南传佛教和北传佛教有什么不同？

公元3世纪，佛教由印度向南传入斯里兰卡、缅甸等地，形成了南传佛教。公元前1世纪～公元10世纪期间，大乘佛教在印度兴起。其间佛教陆续由印度往北经中亚细亚，沿着丝绸之路传到中国汉地，称为"汉传佛教"。5世纪～11世纪，印度本土的佛教发展为"大乘密教"。当时，佛教越过喜马拉雅山传到西藏，故称为"喇嘛教"。汉传佛教和喇嘛教因为是由印度往北传播而成，故合称为"北传佛教"。因此，南传佛教传承的是印度佛教早期形式的上座部佛教，汉传佛教传承的是印度中期的大乘佛教，喇嘛教传承的是印度晚期的密乘佛教。

南传佛教的特点是"保守"——保守佛陀教法的纯洁性，以及上座部佛教的传统性。在对待佛陀的教导方面，南传佛教坚持三个原则：1.非佛所说不添加；2.佛陀所说不删改；3.如佛所教而遵行。南传佛教认为：作为佛陀的弟子，有义务让佛法纯正无杂地传承下去，以令正法久住世间，让未来的有缘众生也能学习和实践纯正的佛法。

北传佛教以大乘佛教为主流，强调"圆融"、"慈悲"、"方便"，只要能随顺众生，兼收并蓄、海纳百川也无妨。北传佛教认为：佛法的目的在于给众生带来利益，所以可因时、因地、因人而调整、改变和发展佛教。正因如此，佛教在中国融合了大量的汉地文化、儒道思想，形成带有浓厚中华特色的汉传佛教。佛教在藏地也一样，吸收了苯教等当地信仰因素，形成现在所看到的喇嘛教。

南传佛教只礼敬、尊奉历史上的苟答马佛陀，并视为导师；不崇拜菩萨、祖师、鬼神等。北传佛教供奉诸多的佛、菩萨、罗汉、金刚、祖师、诸天鬼神等，例如阿弥陀佛、药师佛、观世音菩萨、地藏菩萨等等；对于人间的佛陀，有人尊为导师，但许多人也视之为"千百亿化身释迦牟尼佛"。

南传佛教强调持戒、修行止观、四念处等，修行方式以禅坐、经行为主。多数比库也学习经教、说法利生。大部分人希望能断除烦恼、证悟涅槃。北传佛教的修行方法有"八万四千法门"之说，例如参禅、念佛、诵经、持咒、礼佛、拜忏、放焰口、打水陆、放生等等。对于修行目标也多种多样，有人发愿世世常行菩萨道，有人追求往生净土，有人追求明心见性，有人追求即身成佛，有人追求消除业障等等。

现在，南传佛教主要流传于斯里兰卡、缅甸、泰国、柬埔寨、老挝等南亚、东南亚国家，以及中国云南的西双版纳、德宏等地区。汉传佛教主要流传于中国汉地、韩国、日本、越南等国。喇嘛教主要流传于中国藏蒙地区、尼泊尔、不丹等地。

佛教虽然依印度佛教向外传播的时期以及流传的区域而分为南传和北传两大体系，但它们却是同根同源，皆源自印度佛教，而且在许多基本点上都是一致的，比如皆共尊佛法僧三宝，皆注重戒定慧的修持，皆强调智慧与慈悲等等。

什么是"禅宗"？

禅宗是汉传佛教的一个主要宗派。用参究方法彻见本有佛性为宗旨，亦称"佛心宗"。"禅"本来是佛教的一种修行法门。在南北朝时期，印度僧人菩提达摩来到中国，提倡"不立文字，直指人心"的法门，经慧能等发展为禅宗。禅宗认为解脱不在身外，解脱之道在人心。提倡心性本净，佛性本有，见性成佛。禅宗奉菩提达摩、慧可、僧璨、道信、弘忍、惠能为前六祖。唐高宗凤仪二年（677年），六祖惠能到曹溪宝林寺（今广东韶关南华寺），弘扬禅宗，影响渐大。唐玄宗开元二年（730年），在洛阳的明定南北总是非大会上，惠能弟子神会辩倒其余宗派，使得禅宗树立了全国性的影响。

禅宗时世主张成佛不必打坐，修道不见得要读经，也无须出家，世俗活动照样可以正常进行。禅宗认为，禅并非思想，也非哲学，而是一种超越思想与哲学的心灵世界。禅宗思想认为语言文字会约束思想，故不立文字。禅宗认为要真正达到"悟道"，唯有隔绝语言文字，或透过与语言文字的冲突，避开任何抽象性的论证，凭个体自己亲身感受去体会。

禅宗为加强"悟心"，创造出许多新禅法，诸如云游等，这一切方法在于使人心有立即足以悟道的敏感性。禅宗的顿悟是指超越了一切时空、因果、过去、未来，而获得了从一切世事和所有束缚中解脱出来的自由感，从而"超凡入圣"，不再拘泥于世俗的事物，却依然进行正常的日常生活。

禅宗不特别要求特别的修行环境，而随着某种机缘，偶然得道，获得身处尘世之中，而心在尘世之外的"无念"境界，而"无念"的境界要求的不是"从凡入圣"，而更是要"从圣入凡"。得道者日常生活与常人无异，而是精神生活不同。在与日常事物接触时，心境能够不受外界的影响，换言之，凡人与佛只在一念之差。

什么是喇嘛教？

喇嘛教，又称为藏传佛教，或称藏语系佛教，是指传入西藏的佛教分支。藏传佛教，与汉传佛教、南传佛教并称佛教三大体系。藏传佛教是以大乘佛教为主，其下又可分成密教与显教传承。主要分为格鲁派、萨迦派、宁玛派、噶举派。根据这些派别的服饰和建筑物的颜色，又将他们称为"黄教"、"花教"、"红教"和"白教"。7世纪时，松赞干布迎娶唐朝文成公主和尼泊尔尺尊公主，她们的嫁妆中有佛像、佛经等物，佛教开始在西藏传播。8世纪中期，赤松德赞派人规定了"七户养僧"制度，令高僧掌管军政大权，翻译了大量佛经，佛教在西藏广泛传播。11世纪时，印度佛教的"大乘密教"传到西藏，藏传佛教正式形成，并逐渐形成了宁玛派、噶当派、萨迦派、噶举派等前期四大派和后期的格鲁派等派别。格鲁派兴起后，噶当派则并入格鲁派而不单独存在。

什么是佛教的"四圣谛"？

释加牟尼把佛教解释为"四谛"。"谛"即"真理"，"四谛"也就是四个"真理"：苦谛、集谛、灭谛、道谛。"苦谛"是说人的一生到处都是苦，生老病死喜怒哀乐其实都是苦。"集谛"指人受苦的原因。因为人有各种各样的欲望，将愿望付诸行动，就会出现相应的结果，那么在来世就要为今世的行为付出代价，即所谓的善有善报，恶有恶报。"灭谛"是说如何消灭致苦的原因。要摆脱苦就要消灭欲望。"道谛"是说如何消灭苦因，消灭苦因就得修道。这四谛构成了佛教的基本教理之一，指导教徒定心修行。

什么是"八正道"？

八正道，也叫八支正道、八支圣道或者八圣道，是指佛教徒修行达到最高理想境地涅槃的八种方法和途径，故又称八船、八筏。包括：正见、正思维、正语、正业、正命、正精进、正念、正定。

正见即正确的见解，亦即坚持佛教四谛的真理；通过三法印（诸行无常、诸法无我、涅槃静寂）来鉴定见解的正确性。正思维又称正志、正思、正分别等，是通过正见的原则使得心中勿起贪、嗔之念，这是清净意业的功夫。正语即说话要符合佛陀的教导，不说妄语、绮语、恶口、两舌等违背佛陀教导的话；这是清净口业的功夫。正业指一切行为都要符合佛陀的教导，不作杀生、偷盗、邪淫等恶行；这是清净身业的功夫。正命是顺从佛陀的教导，远离五种被认为不正当的职业（相互标榜、乍现奇特、占卜巫术等），从事正当的职业来获得生活的来源。正方便又称正精进，即毫不懈怠地修行佛法，以达到涅槃的理想境地。正念系念正道，不起邪念；即是以不净观等方法，摄心制心，使之不受外物欲念所动摇。正定指专心致志地修习佛教禅定，于内心静观四谛真理，以进入清净无漏的境界。

佛教"三法印"的说法概括了怎样的教义？

法指佛法；印是梵语的音译，意为

印鉴、印证。佛教的"三法印"是指验证或检验佛法真伪的三条标准，包括"诸行无常印、诸法无我印、涅槃寂静印"，凡符合此三原则的，便是佛正法。"诸行无常"是说一切世间法无时不在生住异灭中，过去有的，现在起了变异，现在有的，将来终归幻灭；"诸法无我"是说在一切有为无为的诸法中，无有我的实体，所谓我的存在只是相对的生理和心理幻象；"涅槃寂静"是说涅槃的境界，灭除一切生死的痛苦，无为安乐，故涅槃是寂静的。三法印是佛教的核心价值，与其他宗教不同，佛教允许在谨守三法印的价值与教义上，对其他方面进行方便性变动、改变、变化，因此使佛教富于变化与多样性。

什么是"戒定慧"？

"戒定慧"即三无漏学，指戒、定、慧三学。出自《楞严经》卷六："摄心为戒，因戒生定，因定发慧，是则名为三无漏学。"佛教认为，世间的其他宗教与学问，都是有所缺憾，苦乐夹杂的，虽然看似有益处，但是随着因缘变迁，就会转变成烦恼，所以称呼这些学问为"有漏"之学。"无漏"，意指没有缺憾，可以为人们带来益处、止息烦恼。而三无漏学，即是达到解脱烦恼，得到漏尽通的三种修行方式。三无漏学是八正道的总结，其中包括了持戒、禅定、智慧三者，亦即由戒生定，由定发慧，由慧起修，分别对治人的贪、瞋、痴三毒，最终可以解脱烦恼、究竟涅槃。三者彼此加强，缺一不可，而且相辅相成。只要精进修行三无漏学，必定可以达到最终的解脱之道。三学是对付三毒之法。防非止恶即为戒，戒能伏贪爱心；息虑静缘即为定，定能伏嗔恚心；破恶证真叫做慧，慧能伏邪痴心。

佛教的"十二因缘"是指什么？

"十二因缘"说（亦称"十二缘生"说）是佛教对于人生过程的一种划分方法。因指引发结果的直接内在原因，缘指外来相助的间接原因。佛教认为，一切万有皆由因缘之聚散而生灭，称为因缘生、缘生、缘成、缘起。因此，由因缘生灭产生万事万物的道理，称为因缘生灭法；而由因与缘和合所产生的结果，称为因缘和合。一切万有皆由因缘和合而假生，没有自性，此即"因缘即空"的道理。如果以烦恼为因（内在原因），以业为缘（外部条件），能招感迷界之果；以智为因，以定为缘，则能招感悟界之果。

"十二因缘"说把整个人生过程划分为无明（贪嗔痴等烦恼为生死的根本）、行（造作诸业）、识（业识投胎）、名色（但有胎形六根未具）、六入（胎儿长成眼、耳等六根的人形）、触（出胎与外境接触）、受（与外境接触而生的苦乐等感受）、爱（对境生爱欲）、取（追求造作）、有（成业因能招感未来果报）、生（再受未来五蕴身）、老死（未来之身又渐老而死）等十二个前后相续、周流不停的部分。它们之间的关系是：无明缘行、行缘识、识缘名色、名色缘六入、六入缘触、触缘受、受缘爱、爱缘取、取缘有、有缘生、生缘老死。无明灭即行灭，行灭即识灭，识灭即名色灭，名色灭即六入灭，六入灭即触灭，触灭即受灭，受灭即爱灭，爱灭即取灭，取灭即有灭，有灭即生灭，生灭即老死忧悲苦恼灭。一切众生，不能见于十二因缘，是故轮转生死苦趣。

佛教的"轮回"是怎样的概念？

轮回是梵语，指一切芸芸众生的灵魂都在他生前或善或恶的业力支配下，在六道（天、人、阿修罗、畜生、鬼和地狱）和四生（胎生、卵生、化生、湿生）中生死循环，如车轮之回转，永无止尽，又叫生死、生死轮回、生死相续、轮回转生、流转、轮转。六道是由于五戒十善及十恶五逆而有的类别，五戒十善分为上中下三品，感生天、人、阿修罗三道，十恶五逆分为下中上三品，感生地狱、饿鬼、畜生三道。作善业，生于上三道，作恶业，生于下三道。

佛教认为众生行善则得善报，行恶则得恶报。而得到了善恶果报的众生，又会在新的生命活动中造作新的身、语、意业，招致新的果报，故使凡未解脱的一切众生，都会在天道、人道、阿修罗道、畜生道、恶鬼道、地狱道中循环往复，这就是佛教所说的轮回。

"无间地狱"是什么意思？

无间地狱出自《法华经》、《俱舍论》、《玄应音义》等经书，音译即"阿鼻地狱"，无间地狱是八大地狱之第八，也是八大地狱中最苦一个。泛指十八层地狱的最底层。堕入无间地狱的，都是极恶的人，犯了极重的罪，就被打入无间地狱。在无间地狱之中，永远没有任何解脱的希望，除了受苦之外，绝无其他感受，而且受苦无间，一身无间，时无间，行无间。在无间地狱之中，猛火烧人，所以也叫"阿鼻焦热地狱"。

因果报应是怎么回事？

"因果报应"这一习语来自佛家。简单说来，"因果"就是原因与结果，即因果律。其中"因"又称作"因缘"，分为"六因"（能作因、俱有因、相应因、同类因、遍行因、异熟因）、"十因"（随说因、观待因、牵引因、摄受因、生起因、引发因、定别因、同事因、相违因、不相违因）、"四缘"（因缘、所缘缘、等无间缘、增上缘）等；"果"又称为"果报"，一般分为"五果"（等流果、异熟果、离系果、士用果、增上果）。佛教因果论的特点可以概括为八个字"已作不失，未作不得"，即任何思想或行为，都会导致相应的后果，"因"未得"果"之前，不会自行消失，反之，不作一定之业因，亦不会得相应之结果。因果可分为世间之因果、出世间之因果、迷界之因果、悟界之因果。且依四谛而言，苦、集为世间、迷界之因果。灭、道是出世间、悟界之因果。在时间上，因果遍于过去、现在、未来三世。在空间上，则除无为法（无生灭变化而寂然常住之法，比如说涅槃）之外，一切事物皆受因果律支配。佛、菩萨亦然。所以佛也只能是证得因果报应的人，即有因必有果，只不过佛种的是善因，结的是善果。

什么是佛陀？

佛陀，简称为佛，是梵文Buddha的音译，亦译作"佛驮"、"浮陀"、"浮屠"、"浮图"等，意译为"觉者"、"知者"、"觉"。觉有三义：自觉、觉他（使众生觉悟）、觉行圆满，是佛教修行的最高果位。凡夫缺此三项，声闻、缘觉缺后二项，菩萨缺最后一项，只有佛才三项俱全。小乘佛教讲的"佛"一般是用作对释迦牟尼的尊称。大乘佛教除指释迦牟尼外，还泛指一切觉行圆满者。宣称三世十方，到处有佛，其数如恒河沙子。如

过去有七佛、燃灯佛；未来有弥勒佛；东方有阿閦佛、药师佛；西方有阿弥陀佛，信仰面很大的还有毗卢佛（大日佛）等。从佛身说，有法身佛、报身佛、应身佛等。

什么是菩萨？

菩萨是梵文菩提萨埵的简译音。菩提意思为觉悟，萨埵意译为有情意的生物或众生。大乘佛教认为，以阿罗汉果为修行的目标还不够，应修持佛果，即达到成佛的境地。但在成佛前，应先作菩萨，即一面修持佛果自度，一面教化众生，度众生到极乐彼岸。佛经中常提到的及在我国汉族地区影响较大的菩萨，有观音菩萨、文殊菩萨、地藏王菩萨和普贤菩萨。

什么是罗汉？

罗汉是阿罗汉的简称，小乘佛教修行的最高果位就叫阿罗汉果。修持佛法的人达到了脱生死，即不再生死轮回就叫阿罗汉。我国汉族地区佛寺常塑有十八罗汉像，其实本应是十六罗汉。据佛经上说，佛陀曾嘱咐他的十六位弟子不入涅槃，住世济人。二世纪师子国（今斯里兰卡）庆友尊者作的《法住记》记载了十六位罗汉的姓名，这本书唐代时由玄奘译出。后代画家画像时不知为什么却画成了十八罗汉，据推测可能是把庆友与玄奘也画了进去，但在标姓名时，虽把庆友标为第十七位住世罗汉，却重复地把第一位罗汉的名字标在第十八位罗汉上。宋代即有人指出这一错误，然而十八罗汉却已经在我国广泛流传开了。

十八罗汉包括：

举钵罗汉：迦诺迦跋厘隋阁，是一位托钵化缘的行者。

伏虎罗汉：宾头卢尊者，曾降伏过猛虎。

喜庆罗汉：迦诺伐蹉尊者，原是古印度一位雄辩家。

看门罗汉：注荼半托迦尊者，为人尽忠职守。

静坐罗汉：诺距罗尊者，又为大力罗汉，因过去乃武士出身，故力大无穷。

长眉罗汉：阿氏多尊者，传说出生时就有两条长眉。

挖耳罗汉：那迦犀那尊者，以论"耳根清净"闻名，故称挖耳罗汉。

骑象罗汉：迦理迦尊者，本是一名驯象师。

乘鹿罗汉：宾罗跋罗多尊者，曾乘鹿入皇宫劝喻国王学佛修行。

开心罗汉：戍博迦尊者，曾袒露其心，使人觉知佛于心中。

探手罗汉：半托迦尊者，因打坐完常只手举起伸懒腰，而得此名。

托塔罗汉：苏频陀，是佛陀所收最后一名弟子，他因怀念佛陀而常手托佛塔。

芭蕉罗汉：伐那婆斯尊者，出家后常在芭蕉树下修行用功。

过江罗汉：跋陀罗尊者，过江似蜻蜓点水。

布袋罗汉：因揭陀尊者，常背一布袋笑口常开。

降龙罗汉：庆友尊者，传说曾降伏恶龙。

笑狮罗汉：罗弗多尊者，原为猎人，因学佛不再杀生，狮子来谢，故有此名。

沉思罗汉：罗怙罗尊者，佛陀十大弟子中，以密行居首。

什么是金刚？

金刚是梵文的意译，汉语近似音译

为"嚩日罗"或"伐折罗"。金刚（即钻石）是古印度矿石，坚硬无比。佛教用来形容教法的坚固和能够破斥天魔与外道，而不被其所破坏。后金刚指卫护佛门的护法神。而原为古代印度武器的金刚杵，也成为佛教法器之一。"金刚"一词被佛教广泛运用。譬如："金刚乘"，就是"密宗"，是形容无坚不摧的"密乘"；"金刚禅"，就是指"密宗禅法"，是形容战胜外道禅法的"密法"。佛教有"四大金刚"之说，指五台山秘魔岩神通广大泼法金刚；峨眉山清凉洞法力无量胜至金刚；须弥山摩耳崖毗卢沙门大力金刚；昆仑山金霅岭不坏尊王永住金刚。

什么是居士？

居士，意为家长、家主、长者、有财产或"居家之士"。原指印度第三商工阶级毗舍族的富翁或德高望重的有道之士而言。在今天中国佛教社会，已普称一切信佛教的在家佛教徒为居士了。"居士"一词，也非佛教的专有，在中国的《礼记》中就已有了"居士锦带"一语，那是指的为道为艺的处士，含有隐士的意义。佛教对在家信徒尊称为居士的由来，大概是出源于《维摩诘经》，维摩诘共有四个尊称：方便品称为长者，文殊问疾品称为上人及大士，菩萨品等则称为居士。因据罗什、智者、玄奘等大师的解释，维摩诘是东方阿閦佛国的一生补处菩萨，示现在家相化度众生，所以用居士一词称在家的佛教徒，也含有尊为大菩萨的意味在内了。唐宋时期，佛教在我国盛行，对中上层知识分子影响很深，所以许多人便以"居士"为号。李白号"青莲居士"；白居易自称"香山居士"；苏轼号"东坡居士"，范成大自号"石湖居士"；李清照自号"易安居士"。

什么是出家？

出家（梵名波吠儞野），佛教用语，又称从释。指离开家庭生活，加入僧伽成为佛教僧侣，修沙门清净，追求心灵上的解脱。这样的人，又被称为出家人。而所有佛教僧侣的集合名词，称出家众，僧侣共同生活的团体，称为僧团。民间经常认为人出家是由于受到严重的打击之后看破红尘，然而此见解因人而异。有些人反而称出家为真正的"回家"，意思是从宗教中，回到属于自己内心深处真实的自我。

佛教徒为什么称别人为"施主"？

"施主"梵文音为陀那钵底，音译檀越、陀那钵底、陀那婆。又作布施家。又梵汉兼举而称檀越施主、檀那主、檀主。即施与僧众衣食，或出资举行法会等之信众。施主惠施有五功德：一、名闻四远，众人叹誉；二、若至众中，不怀惭愧，亦无所畏；三、受众人敬仰，见者欢悦；四、命终之后，或生天上，为天所敬；或生人中，为人尊贵；五、智慧远出众人之上，现身漏尽，不经后世。"施主"的称呼就是警醒信徒要做到五事：一者身行慈，二者口行慈，三者意行慈，四者以时施，五者门不制止。

什么是佛教六字真言？

唵嘛呢叭咪吽（ǎn Má Ní Bā Mī Hōng），又名六字真言或六字大明咒，是佛教里最常见的真言，是观世音菩萨愿力与加持的结晶，故又称为观世音的心咒，经上说："此六字大明陀罗尼（注：六字真言），是观自在菩萨摩诃萨微妙本心，若有知是微妙本心，即知解脱"。在藏传佛教中相传达赖喇嘛是观世音菩萨的化身，故六字真言亦为他的信众所经常念诵。六字真言除了刻在石上，亦多刻在转经筒上。

唵表示佛部心，代表法、报、化三身，也可以说成三金刚（身金刚、语金刚、意金刚），是所有诸佛菩萨的智慧身、语、意。

嘛呢表示宝部心，就是摩尼宝珠，取之不尽、用之不竭、随心所愿、无不满足，向它祈求自然会得到精神需求和各种物质财富。

叭咪表示莲花部心，就是出污泥而不染的莲花，表示现代人虽处于五浊恶世的轮回中，但诵此真言，就能去除烦恼，获得清净。

吽表示金刚部心，是祈愿成就的意思，必须依靠佛的力量，才能循序渐进、勤勉修行、普渡众生、成就一切，最后达到佛的境界。

念"唵嘛呢叭咪吽"能够清除贪、瞋、痴、傲慢、嫉妒以及吝啬这六种烦恼，堵塞六道之门，超脱六道轮回，往生净土而证菩提。

观世音菩萨的由来是怎样的？

观世音是梵文的意译，传说唐代避李世民名讳，略去"世"字简称观音。他是阿弥陀佛的左胁侍。佛教认为他大慈大悲，遇难众生只要念诵他的名号"菩萨即观其音声"，即前往拯救解脱，故叫观世音。据说观音可以应机以种种化身救苦救难，所以有各种不同名称和形象的观音，如白衣观音、送子观音、鱼篮观音、水月观音、千手千眼观音等。观世音菩萨在印度原为男像，自传入中国后，逐渐被汉化，大约从南北朝起，他的塑像也由男转女，成为大受我国俗众欢迎的女菩萨，以

至千百年来，有"家家观世音，户户阿弥陀"之称，相传其显灵说法的道场在浙江省普陀山。

弥勒佛的由来是怎样的？

弥勒菩萨，意译为慈氏，音译为梅呾利耶、梅呾俪药，佛教八大菩萨之一，大乘佛教经典中又常被称为阿逸多菩萨，是释迦牟尼佛的继任者，常被尊称为弥勒佛。据佛经记载，弥勒出生于古印度波罗奈国的一个婆罗门家庭，与释迦牟尼佛是同时代人。后来随释迦出家，成为佛弟子，他在释迦入灭之前先行入灭。现在兜率天内院与诸天演说佛法，直到释迦佛灭度后五十六亿六千万年时，从兜率天宫下生人间。据《弥勒下生成佛经》所说，到那时，娑婆世界（即我们所生活的世间）阎浮提有翅头末城，其王名儴佉的，弥勒届时将托生于此城中一个名叫修梵摩的大臣家中，降生、出家、成道、说法，其经历一如释迦牟尼佛。弥勒继释迦成佛后，将在华林园龙华树下以三会的说法，化度无量无边的众生。

五代后梁时期在江浙地区开始出现以契此和尚为原型塑成的笑容可掬的大肚比丘。契此和尚圆寂前，曾留下偈颂："弥勒真弥勒，化身千百亿，时时示时人，时人自不识"，因此被认为是弥勒菩萨的化身，所以此后弥勒菩萨的塑像就经常被塑成和蔼慈祥、满面笑容、豁达大度、坦胸露腹的慈爱形象，常被华人称为笑佛、欢喜佛、大肚弥勒佛。

鸠摩罗什是何许人？

鸠摩罗什（344—413），音译为鸠摩罗耆婆，又作鸠摩罗什婆，简称罗什。东晋时后秦高僧，著名的佛经翻译家。

与真谛（499—569）、玄奘（602—664）并称为中国佛教三大翻译家。另说还有义净（635—713）（又说为不空（705—774））并称为四大译经师。鸠摩罗什原籍天竺，生于西域龟兹国（今新疆库车县）。幼年出家，初学小乘，后遍习大乘，尤善般若，并精通汉语文，曾游学天竺诸国，遍访名师大德，深究妙义。他年少精进，又博闻强记，于是备受瞩目和赞叹。在东晋后秦弘始三年（公元401年），姚兴派人迎至长安从事译经，成为我国一大译经家。率弟子僧肇等八百余人，译出《摩诃般若》、《妙法莲华》、《维摩诘》、《阿弥陀》、《金刚》等经和《中》、《百》、《十二门》和《大智度》等论，共74部，384卷。由于译文非常简洁晓畅，妙义自然诠显无碍，所以深受众人的喜爱，而广为流传，对于佛教的发展，有很大贡献。所介绍之中观宗学说，为后世三论宗之渊源。佛教成实师、天台宗，均由其所译经论而创立。著名弟子有道生、僧肇、道融、僧叡，时称"四圣"。中国之佛教由鸠摩罗什而面目一新。

达摩祖师是谁？

菩提达摩（？—536年，另说532、528年）通称达摩，是中国禅宗的始祖。他生于南天竺（印度），婆罗门族，出家后倾心大乘佛法。南朝梁普通年中（一说南朝宋末），他自印度航海来到广州，从这里北行至北魏，到处以禅法教人。菩提达摩在中国始传禅宗，"直指人心，见性成佛，不立文字，教外别传"。佛陀拈花微笑，迦叶会意，被认为是禅宗的开始。不立文字的意思是禅是脱离文字的，语言和文字只是描述万事万物的代号而已。这也是为什么慧能大字不认识一个，但是却通晓佛经的原因。只要明心见性，了解自己的心性，就可以成佛。经二祖慧可、三祖僧璨、四祖道信、五祖弘忍、六祖慧能等大力弘扬，终于一花五叶，盛开秘苑，成为中国佛教最大宗门，后人便尊达摩为中国禅宗初祖，尊少林寺为中国禅宗祖庭。东魏天平三年（公元536年）卒死于洛滨，葬熊耳山。

何谓七情六欲？

《礼记·礼运》中记载道："喜、怒、哀、惧、爱、恶、欲七者弗学而能。"就是说，这几种情态是与生俱来的，不学就会。佛教的"七情"与儒家的"七情"大同小异，指的是"喜、怒、忧、惧、爱、憎、欲"七种情愫。佛教著作《大智度论》中，把六欲解释为俗人对异性的六种欲望，这六种欲望统称为"情欲"。这六种欲望是：色欲、形貌欲、威仪姿态欲、言语声音欲、细滑欲、人想欲。今所用"七情六欲"一语，即套用佛典中之"六欲"，泛指人之情绪、欲望等。

"六根"指的是什么？怎样才能做到"六根清净"？

六根，又作六情，指六种感觉器官或认识能力，即眼根（视觉器官与视觉能力）、耳根（听觉器官及其能力）、鼻根（嗅觉器官及其能力）、舌根（味觉器官及其能力）、身根（触觉器官及其能力）、意根（思惟器官及其能力）。"六根"通过接触和加工外物（六尘，即六官所感应到的不同对象），生成六种认识（色声香味触法）。佛教认为没有修行的凡人通常只是用眼贪色、用耳贪声、用鼻贪香、用舌贪味、用身贪细滑、用意贪乐境。如果想改变这种境遇，就必须清净六根。《法华经·法师品》谓，依受持、读、诵、解说、书写经典等五种行，则可依经典之力量，而使六根清净，并得清净六根后的种种功德，就是要戒（持戒）、定（禅定）、慧（般若）。所以，要想达到"清净六根"就要修身、修心，进而通达无上智慧。达到"六根互通"，即任何一根都可以兼备其他五根的效用，就能通达无上智慧。

舍利子是怎么回事？

舍利子原指佛教祖师释迦牟尼佛圆寂火化后留下的遗骨和珠状宝石样生成物。舍利子印度语叫做驮都，也叫设利罗，译成中文叫灵骨、身骨、遗身。是一个人往生，经过火葬后所留下的结晶体。不过舍利子跟一般死人的骨头是完全不同的。它的形状千变万化，有圆形、椭圆形，有的成莲花形，有的成佛或菩萨状；它的颜色有白、黑、绿、红的，也有各种颜色；舍利子有的像珍珠、有的像玛瑙、水晶；有的透明，有的光明照人，就像钻石一般。历来被视为佛门珍宝。

佛家的"三宝"是哪三样呢？

"三宝"是指为佛教徒所尊敬供养的佛、法、僧，又作三尊。其中"佛"指觉悟了人生真相，并教导他人的佛祖释迦牟尼，或泛指修成正果的一切诸佛；"法"指佛所说之法；"僧"指奉行佛所说之法的人。此三者在佛家看来，威德至高无上，永不变移，如世间之宝，故称三宝。

"佛宝"包括佛身、佛德，前者说的是法身，是诸佛的清净无漏功德所依，为真如实相的理体，常住不灭。后者说的是成就佛果的诸佛具足十力、四无所畏、十八不共法、四无量心及寿命自在、神通自在等德相。综言之，即是智、断、恩三德。法宝包括：一、以涅槃解脱，常乐我净为体性；二、以三十七道品为方便；三、以八万四千法门为调伏众生的甘露法药。僧宝也可略分为三种：义僧：即诸佛如法而住于世间，随众生的机缘和悟境显现差别相，而其实相不可亲见、不可捉持、不可破坏、不可思议，为一切众生的良佑福田。贤圣僧：为见道位以上的贤圣。若在小乘，指证得初果以上的境界，大乘指初发心住以上的菩萨。福田僧：指在凡夫位的出家沙门，虽然未证道果，但亦能庇荫众生，能给予众生安稳快乐，所以为众生种福田的处所。

禅宗六祖惠能在《坛经》里面讲到，佛宝是自性觉，法宝是自性正，僧宝是自性净。所以慧能传授的"三皈依"，准确点来说，就不再是"皈依佛、皈依法、皈依僧"，而是"皈依觉、皈依正、皈依净"，即自性三宝。

"天龙八部"是什么意思？

天龙八部，又叫"龙神八部"、"八部众"，是佛教八大护法神，数量很多。具体如下：

一、天众。"天"就是神。著名的护法二十诸天的大梵天、帝释天、四大天王、韦驮、阎王等皆是。二十诸天常被供奉在大雄宝殿两侧，如杭洲的灵隐寺、北京大慧寺、大同华严寺、普陀山慧济寺等。

二、龙众。佛经上说，有无数龙王，专管兴云降雨。这与中国的龙王传说十分相似。

三、夜叉。

四、乾闼婆。是香神，又是乐神，

多达6000多位。他们在佛面前弹琴唱赞歌时，"三千世界皆为震动"。

五、迦楼罗。就是金翅鸟神，大得不得了，两只翅膀张开，就有336万里！他以蛇为食，可除掉世间各种毒蛇，益于众生。中国的神魔小说中，把他说成是在佛爷头上护法的大鹏金翅鸟。

六、紧那罗。歌神。与乾闼婆各有分工，乾闼婆专管演唱俗乐，是流行歌曲音乐家，紧那罗则专门演奏法乐，是专业音乐家。

七、阿修罗。本为古印度神话中的一种恶神。其容貌丑陋，佛教收为护法。

八、摩侯罗迦。是大蟒神，古印度是个多蛇并崇拜蛇的国家。大蟒神也被吸收为护法神。

以上八部分，以天众和龙众最为重要，故统称"天龙八部"。

什么叫"涅槃"？

涅槃一词来自古印度，在各古印度宗教里一般指一种从痛苦中解脱出来的状态。在中文里，这个词专指佛教里的涅槃概念。佛教用语中，涅槃是指清凉寂静，恼烦不现，众苦永寂；具有不生不灭、不垢不净、不增不减，远离一异、生灭、常断、俱不俱等等的中道体性意义；也即成佛。佛教认为，轮回是一个必然过程；人死去以后，"识"会离开人体，经过一些过程以后进入另一个刚刚出生的新生命体内，该新生命体可以是人类，也可以是动物、鬼、神。只有到达涅槃的境界方可摆脱轮回。

佛教经典知多少？

佛教经典：统称藏经，俗称佛经，也叫《大藏经》，一般由经、律、论三部分组成。"经"是指释迦牟尼佛亲口所说，由其弟子所集成的法本。"律"是指佛陀为其弟子所制定的戒条。"论"是佛陀的弟子们在学习佛经后所得的心得。佛教经典主要包括：

三大经：《华严经》、《法华经》、《楞严经》；

三大咒和十小咒：佛门主要以三大咒和十小咒为主。三大咒为《楞严咒》、《大悲咒》、《尊胜咒》十小咒为《如意宝轮王陀罗尼》、《消灾吉祥神咒》、《功德宝山神咒》、《准提神咒》、《圣无量寿决定光明王陀罗尼》、《药师灌顶真言》、《观音灵感真言》《七佛灭罪真言》、《往生咒》、《大吉祥天女咒》；

四阿含经：《长阿含经》、《中阿含经》、《杂阿含经》、《增一阿含经》；

方等多部：佛广说方等大乘经典，如《维摩诘所说经》、《圆觉经》、《阿弥陀经》、《无量寿经》、《观无量寿佛经》、《大宝积经》、《大集经》、《楞伽经》、《药师经》、《地藏经》等多部；

十大般若：《大般若经》、《放光般若》、《摩诃般若》、《光赞般若》、《道行般若》、《学品般若》、《胜天王所说般若》、《仁王护国般若经》、《实相般若》、《文殊般若》。

玄奘对中国佛教的发展作出了哪些贡献？

玄奘（600—664），名陈祎，洛州缑氏（今河南偃师市）人。唐代著名三藏法师，佛教学者、旅行家，与鸠摩罗什、真谛并称为中国佛教三大翻译家，唯识宗的创始者之一。出家后遍访佛教名师，因感各派学说纷歧，难得定论，便决心至天竺学习佛教。唐太宗贞观三年（629年，一作贞观元年），从凉州出玉门关西行，历经艰难抵达天竺。初在那烂陀寺从戒贤受学。后又游学天竺各地，并与当地学者论辩，名震五竺。经十七年，贞观十九年（645年）回到长安，组织译经，共译出经、论七十五部，凡一千三百三十五卷。所译佛经，多用直译，笔法谨严，丰富了祖国古代文化，并为古印度佛教保存了珍贵典籍，世称"新译"。曾编译《成唯识论》，论证"我"（主体）、"法"不过是"识"的变现，都非真实存在，只有破除"我执"、"法执"，才能达到"成佛"境界。所撰又有《大唐西域记》，为研究印度、尼泊尔、巴基斯坦、孟加拉国以及中亚等地古代历史地理之重要资料。

"鉴真东渡"是怎么回事？

鉴真是唐代赴日传法名僧，日本常称为"过海大师"、"唐大和尚"。俗姓淳于，扬州江阳县（今江苏扬州）人。十四岁（一说十六岁）于扬州大明寺出家。曾巡游长安、洛阳。回扬州后，修崇福寺、奉法寺等大殿，造塔塑像，宣讲律藏。四十余年间，为俗人剃度，传授戒律，先后达四万余人，江淮间尊为"授戒大师"。当时，日本佛教戒律不完备，僧人不能按照律仪受戒。天宝元年（742年），日本留学僧荣睿、普照到达扬州，恳请鉴真东渡日本传授"真正的"佛教，为日本信徒授戒。当时，大明寺众僧"默然无应"，唯有鉴真表示"是为法事也，何惜身命"。遂决意东渡。由于地方官阻挠和海上风涛险恶，先后四次都未能成行。第五次漂流到海南岛，荣睿病死，鉴真双目失明，天宝十年（751年）又回到扬州。经过十二年努力，鉴真终于在753年冬搭乘日本遣唐使团的船东渡，同行弟子中包括女尼三人和胡人安如宝、昆仑人军法力、占婆人善所。鉴真所乘船于754年1月17日到达萨摩国川边郡秋妻屋浦（今鹿儿岛县川边郡秋目浦），一个多月后（754年3月2日）在盛大隆重的欢迎下进入首都奈良。当年，鉴真在奈良东大寺设立戒坛，日本僧人在称为"三师七证"的十位和尚参加下受戒，此为日本正规受戒之始。天皇任命鉴真为大僧都，成为日本律宗始祖。759年他建立的唐招提寺开基。鉴真携带不少佛经、佛像、佛具等到日本，虽已双目失明，还能协助校订写本佛经的讹误，用嗅觉鉴定草药。同行弟子有的擅长雕塑、绘画、建筑等，传播了唐朝文化。763年鉴真圆寂。他对中日文化交流作出了巨大贡献，弟子为他所塑干漆夹像，一千二百余年来，始终受到日本人民的景仰。

佛教四大名山是哪四座山？

中国佛教四大名山包括山西五台山、浙江普陀山、四川峨眉山、安徽九华山，有"金五台、银普陀、铜峨眉、铁九华"之称，分别供奉文殊菩萨、观音菩萨、普贤菩萨、地藏王菩萨。

什么是道教？

道教是中国主要宗教之一。主要思想《易经》为伏羲、周公、孔子三圣创立，伏羲创造了八卦，周文王创造了六十四卦，孔子则为易经作《易传》，由此形成了中华文化的总源头，是诸子百家的开始。东汉时形成宗教，到南北朝时盛行起来。道教徒尊称创立者之一张道陵为天师，因而又叫"天师道"。后又分化为许多派别。道教奉老子为教祖，尊称他为

"太上老君"。它与中华本土文化紧密相连，深深扎根于中华沃土之中，具有鲜明的中国特色，并对中华文化的各个层面产生了深远影响。

道教和道家是一回事吗？

道教与道家是决然不同的两码事。道家所讲的道学不是宗教，也不主张立教。《老子》是道家思想的源流之一，被后世的张道陵等人奉为"经书"，并不是"太上老君"为布道而写的经书。一般学术界认为，道教的第一部正式经典是《太平经》，完成于东汉，因此将东汉时期视作道教的初创时期。道教正式有道教实体活动是在东汉末年太平道和五斗米道的出现，而《太平经》、《周易参同契》、《老子想尔注》三书是道教信仰和理论形成的标志。近年来，道家的"天人合一"的思想、宇宙观日益受到重视，并引起了西方世界的兴趣，也使得道教获得更多关注。道教教义中虽有道学成分，但远远不足以代表道学精神，远远不足以传达老庄思想，二者万万不可混同。

道教是如何起源的？

道教的名称来源，一则起于古代之《易经》，一部既古老又新奇，既陌生又熟悉，既高深莫测，又简单容易，一部解开宇宙人生密码的宝典；二则起于《老子》的道论，首见于《老子想尔注》。道教以"道"名教，或言老庄学说，或言内外修炼，或言符箓方术，认为天地万物都由"道"而派生，即所谓"道生一，一生二，二生三，三生万物"，社会人生都应法"道"而行，最后回归自然。道教徒有两种：一种是神职教徒，即"道士"。另一种是一般教徒，人称"居士"或"信徒"。

道教对中国文化有什么影响？

首先，道教认为：社会只是一方存在的客体，在其中生存的人类，应有其独立自存的自由性，而不受任何意识形态的束缚。其次，主张人类应学习好处世的智慧和自我修养的能力。强调人在自然天地间应有积极的作为，不忧天、不畏天才是最好的生存状态。第三、道教要每个人都要用心感受周围的事物，热爱生活，享受生活。道教的中心思想就是"自我、平常、和谐和循环"，也就是万物循环、太极长转的道理。这些理论曾在我国西汉年间用于治国的思想，使广大人民得以从秦朝的苛政中休养生息，使西汉社会得以发展和强盛。

道教有哪些派别？

道教的分派，一般认为是开始于宋、元。道教历史上比较有影响的大派有：

妙真道：源于战国的方仙道和秦汉的黄老道，后来的玄学和重玄派都和妙真派息息相关，以隐宗存在。

正一道：下面又分有灵宝派、正一派、净明派。

全真道：又有南宗和北宗之分。支派也有很多，如龙门派、遇仙派、南无派、随山派、嵛山派、华山派、清静派等。

真大道教：金朝时创立，元朝以后逐渐衰微。

太一道：金朝时创立，元末以后逐渐衰微。

净明道：南宋时创建，明朝以后衰微。

明朝以后，道教分为正一道和全真道两大派别，其他宗派全部归纳到这两个宗

派之下。

道教有哪些戒律？

道教戒律是一些约束道士思想言行的准则。道教的戒律依照不同的教派，有着不同的内容。一般说来，全真派的戒律严于符箓派。戒律的内容主要有不得杀生，不得喝酒吃肉，不得偷盗，不得邪淫等。戒律是教徒必须遵守的，而且必须有一个受戒仪式一名道士才能算作教徒。根据规则的严紧程度，戒律可以分成上品戒、中品戒、下品戒。根据戒律的多少有"三戒"、"五戒"、"八戒"、"十戒"、"老君二十七戒"等。除戒律外，还有道教清规，就是道士犯戒以后的处罚手段。具体条例派别不同则规定也不同。道教的戒律，在吸取了佛教的一些内容和儒家三纲五常等要求的基础上，形成了一套自己特有的内容。道教的清规戒律也是随时事的变化而变化的，当与政权的法律相冲突时，会进行适当的调整。

道教有哪些节日？

道教以与自己信仰关系重大的日子和所奉神灵、祖师之诞辰日为节日。某些重大节日，将举行盛大斋醮，以示庆祝。由于各个节日庆祝的对象不同，其始年并不一样。据现存资料看，三会日、三元日、五腊日等是较早的节日，其余皆后起。由于各派在信仰上的差异，所崇奉的神灵和祖师有同有异。一般说来，各派共尊的最高神三清，最高天神玉皇及历史悠久的三官，社会影响很大的西王母、东岳大帝、文昌帝君、真武大帝等之"诞辰"日，是各派共奉的节日。各派所奉的祖师，如正一派的张陵、三茅真君、许真君，全真道的吕洞宾、王重阳、丘处机等之诞辰日，则是分奉的节日。

什么是炼丹术？

古代道家或道教徒等以金石类矿物为原料，采用化学方法炼制成自以为令人长生不老而实际上有毒"丹"药的技术与方法。炼丹术，包括点金术（黄白术）。道家倡"自然"，道教重养生。养生之术五花八门，炼丹术是其中最受关注的一项。炼丹炼制丹药。"丹"药，以丹砂（HgS）为主要原料，通过烧炼而成的药。为什么要炼丹即呢？一是服了金丹以后，可以长生不死，羽化成仙；二是用丹砂等烧炼，可以点化成黄金或白银。

老子为什么被道教奉为"太上老君"？

两晋以来，道教中人奉"老子"为教主，遂尊称为"太上老君"。"太上"二字是至高无上之义，也就是说没有比这个更高上的了。老子自己在《道德经》中早已说过："太上，下知有之；其次，亲之誉之"。《左传》也说"太上有立德，其次有立功"；《礼记》又说"太上贵德，其次务施报"。所谓立德、贵德正合于老子无为而治的教义，故曰"太上"；所谓立功、施报，也并非不好，但已博得人民的爱戴和歌颂，比较"自然"之道只能算是第二义，故曰"其次"。现就教理教义而论，道教中人把"太上"这个尊号奉给老君，我们认为是很恰当的。

张道陵为什么被道教尊为"祖天师"？

张道陵因在蜀汉之境设二十四治为布化行道的机构，凡入道者交五斗米为信，后人因称其教为"五斗米道"。因张道陵为该教第一代天师，故教徒尊称"祖天师"。人们又称其教为"天师道"。张天师尊老子为教祖，奉《老子五千文》为最高经典，并自撰《老子想尔注》发挥老子的道家思想。以"道"为最高信仰，将"道"和老子相提并论，宣称即是"一"，"二散为气，聚形为太上老君"。

神与仙有哪些区别？

"神"和"仙"的含义是不同的，他们的区别，简言之，由天而人的是神（人鬼之神例外）；由人而天的谓仙。神多为先天的，而仙多是后天的。仙是有着超强体魄和无尽生命的修行者，是由人类的修真者通过了漫长的修炼后，再经过大自然的考验而成的。在修真的过程中凶险万分，只要稍有差错就可能魂飞魄散，比死了都可怕。因为人死了之后只是身体腐败，而魂魄还在的话还可以修炼成鬼仙，或者是借尸还魂重返人间。神和仙的区别在于：神是天上有官职的，受人管制的。而仙则没有官职，不受人约束，自由自在地住在自己的仙山上。

道教中有哪些著名的神仙？

道教中著名的神仙有："三清"指元始天尊、灵宝天尊、道德天尊。他们是道教的最高主神，实是"道"的一体三位。"四御"是地位仅次于三清的四位天帝，具体指：北极紫微大帝（总御万星），南极长生大帝（主掌人间福寿），勾陈上宫天皇大帝（统御万雷），承天效法后土皇帝地祇（主宰大地山川）。诸星神星辰之神在道教中的地位很高，主要有五曜（五星）——岁星（木星）、镇星（土星）、太白星（金星）、辰星（水星）、荧惑星（火星）。玉皇大帝在普通民众的心目中似乎是天界最高的神灵，有人以为其乃是由殷商时期最高的天神"帝"或"上帝"发展而来。

道教信奉的最高神灵有哪些？

"三清"是道教信奉的最高神灵，总称谓是"虚无自然大罗三清三境三宝天尊"，位于玉几下三宝景阳宫。指道教所尊的玉清、上清、太清三清境。也指居于三清仙境的三位尊神，即玉清元始天尊、上清灵宝天尊、太清道德天尊。其中所谓玉清境、上清境、太清境是所居仙境的区别，清微天、禹馀天、大赤天是所统天界的划分，而天尊的意思则是说，极道之尊，至尊至极，故名天尊。

道家的"真人"是什么样的人？

"真人"一词最早出于《黄帝内经·素问·上古天真论》第一篇："上古有真人者，提挈天地，把握阴阳，呼吸精气，独立守神，肌肉若一，故能寿敝天地，无有终时，此其道生。"是形容医术高明，养生有方的人。道家称存养本性或修真得道的人。亦泛称"成仙"之人。

道教中"三清四御五老君"分别指什么？

"三清"道教尊奉的三位最高神的统称，即玉清元始天尊、上清灵宝天尊、太清道德天尊。

"四御"为道教天界尊神中辅佐"三清"的四位尊神，所以又称"四辅"。他们的全称是：紫微北极大帝、南极长生大帝、勾陈上宫天皇大帝、承天效法后土皇帝地祇。"五老君"是早期道教尊奉的五位天神：东方安宝华林青灵始老君（简称青灵始老苍帝君），南方梵宝昌阳丹灵真老君（简称丹灵真老赤帝君）、中央玉宝元灵元老君（简称元灵元老黄帝君）、西方七宝金门皓灵皇老君（简称皓灵皇老白帝君）、北方洞阴朔单郁绝五灵玄老君（简称五灵玄老黑帝君）。

"西王母"是谁？

"西王母"，传说中的女神。原是掌管灾疫和刑罚的大神，后于流传过程中逐渐女性化与温和化，而成为慈祥的女神。相传王母住在昆仑仙岛，王母的瑶池蟠桃园种有蟠桃，食之可长生不老。亦称为金母、瑶池金母、瑶池圣母、西王母。

"五斗米道"是怎么来的？

五斗米教（天师道）是道教早期的重要流派。关于它的起源，学术界有两种观点：传统认为，五斗米教为张陵于公元126—144年（东汉顺帝时）在四川鹤鸣山创立，入道者每人需缴纳五斗米，故名五斗米教；但当代学者任继愈主编的《中国道教史》和樊光春先生著的《陕西道教2000年》则认为，五斗米教实际上由张修在公元184年（东汉灵帝中平元年）之前创立于汉中。

王重阳开创的道教全真派对道教有哪些发展？

王重阳（1112—1170），道教分支全真道的始创人，后被尊为道教的北五祖之一。他有七位出名的弟子，在道教历史上称为北七真。王重阳糅合儒家和道、释的思想，主张三教合一，声称"儒门释户道相通，三教从来一祖风"。认为"人心常许依清静，便是修行真捷径"。著作有传道诗词约千余首，另有《重阳立教十五论》、《重阳教化集》、《分梨十化集》等，均收入《正统道藏》。

丘处机为道教的兴盛作出了怎样的贡献？

丘处机（1148—1227年），字通密，道号长春子，金朝末年全真派道士。丘处机为金朝和蒙古帝国统治者敬重，并因远赴西域劝说成吉思汗减少杀戮而闻名。在道教历史和信仰中，丘处机被奉为全真道"七真"之一，以及龙门派的祖师。1203年刘处玄逝世，丘处机成为全真道第五任掌教。丘处机掌教时间长达二十四年，期间他在政治和社会上积极发挥自己的影响，使全真道的发展进入兴盛时期。

历史上有"全真七子"吗？

"全真七子"是在历史上真实存在过的七位道士。王重阳在山东传教过程中收纳了许多弟子，其中又以马钰（丹阳子）、丘处机（长春子）、谭处端（长真子）、王处一（玉阳子）、郝大通（太古子）、刘处玄（长生子）和马钰之妻孙不二（清静散人）七人为翘楚，人称"北七真"，也就是我们通常所说的"全真七子"。王重阳死后，全真七子在北方广泛传播全真教，并且各立支派，即：马钰——遇仙派、丘处机——龙门派、谭处端——南无派、刘处玄——随山派、郝大通——华山派、王处一——嵛山派、孙不二——清静派。这其中，又以丘处机及其龙门派影响最大。

张三丰究竟是怎样的一个人？

张三丰，生卒年不详，本名通，字君宝，元末儒者、道士。善书画，工诗词。自称张天师后裔，为武当派开山祖师。明英宗赐号"通微显化真人"；明宪宗特封号为"韬光尚志真仙"；明世宗赠封他为"清虚元妙真君"。张三丰著述丰富，诸如《大道论》、《玄机直讲》、《玄要篇》，被后代收积成集，这就是流传至今的《张三丰先生全集》。其中不少篇章为后代奉道者所推崇，称他的《大道论》穷尽性命归真之道，发微圣贤仙佛之理。张三丰的《无根树》丹词堪称杰作。

道教中的"洞天福地"是怎样的地方？

洞天福地是道教仙境的一部分，多以名山为主景，或兼有山水。认为此中有神仙主治，乃众仙所居，道士居此修炼或登山请乞，则可得道成仙。分而言之，"洞天"意谓山中有洞室通达上天，贯通诸山。"福地"指神仙居住之处，亦指幸福安乐的地方。"洞天福地"的观念大约形成于东晋以前，编集上清派仙人本业的《道迹经》、《真诰》均已提到有"十大洞天"、"地中洞天三十六所"，《道迹经》还称引道书《福地志》和《孔丘福地》。

什么是"斋醮"？

在道教观内，人们常常可以看到道士们身着金丝银线的道袍，手持各异的法器，吟唱着古老的曲调，在坛场里翩翩起舞，犹如演出一场折子戏，这就是道教的斋醮仪式。俗称"道场"，谓之"依科演教"，简称"科教"，也就是法事。其法为设坛摆供，焚香、化符、念咒、上章、诵经、赞颂，并配以烛灯、禹步和音乐等仪注和程式，以祭告神灵，祈求消灾赐福。

"卦辞"与"卜辞"分别代表什么？

"卦辞"是指对"卦象"的解释辞；"卜辞"，殷人占卜，常将占卜人姓名、占卜所问之事及占卜日期、结果等刻在所用龟甲或兽骨上，间或亦刻有少量与占卜有关的记事，这类纪录文字通称为卜辞。

道士是怎样修炼的？

道士们的修炼生活并不像有些人认为的那样单调乏味，个中滋味究竟如何，也许只有身处道门、躬行修炼者才能说得清楚。仅从道士们的修炼方式来看，也是多种多样的，并不仅仅局限于外丹、内丹两种。比如服食、守一、行气、导引、辟谷、房中术以及道门中讲求的记功过、守庚申和练动功（太极拳等）等等，都属于道士修炼生活的范畴。

古代帝王如何追求长生？

古代帝王求长生的秘诀就是炼丹。炼丹在早期只是炼"外丹"，即用炉鼎烧炼金石，然后配制成药饵，做成长生不死的金丹。这种炼丹术又称为"黄白术"。东晋著名道教仙家葛洪对当时流传的外丹加以总结，著有《抱朴子》一书，将外丹分为神丹、金液、黄金三种，并称"金丹之为物，烧之愈久，变化愈妙。黄金入火，百炼不消，埋之，毕天不朽。能令人不老不死"。南北朝时外丹得到进一步发展，唐代时达到兴盛，出现了孙思邈、陈少微、张果等炼丹家，服食外丹亦成为一种社会风气。但是外丹的炼丹术不易掌握，丹药也多含毒性。宋代以后外丹就渐渐衰微了。

道士分为哪些类？

《道门通教必用集》中将道士分作了七等，这个分类至今仍在通用。以下为七种道士详解：

天真道士：此类道士指得道修得天仙

后仍在世间游走的仙人，吕祖（吕洞宾）便是此类道士的代表；

神仙道士：此类道士指得道修得地仙后仍在人间游走的仙人，三国时期戏弄曹操的左慈便是其中代表；

幽隐道士：此类道士指修得高深道术即将成仙的道士，张三丰真人游戏人间时就是此类道士的代表；

山居道士：此类道士大多已了却了世间的俗务入深山修行，此类道士的代表即隐居名山的道教徒；

出家道士：此类道士指在道观内修行，起居饮食都在道观内进行的道教徒；

在家道士：又称火居道士，即在个人家中修行，在家中传道的道士，此类道士多是还未了却世间俗务的道士，如不了却则会影响修道；

祭酒道士：指熟悉道教经典规诫，了解斋醮具体操作却不愿接受传度仪式的道教徒。

道士位阶是怎样的？

《给箓坛靖元科》规定，受戒道士分九阶，称"九品"。道士必须掌握规定的经箓、达到规定的修行才能授予品位，具体规定是：第一品：必须熟悉《大洞真经》和《黄庭经》；第二至三品：必须精通《三洞五雷经箓》；第四至五品：必须精通《盟威经箓》；第六至七品：必须精通《三五都功箓》；第八至九品：必须胜任举行科仪的直香和引班。

中国第一位女道士是谁？

中国第一个女道士是西晋时的魏华存（251—334），也是中国第一个女道教学者，后被上清派奉为开派祖师。她出身官宦家庭，从小受到良好的教育，具备了深厚的文化素养。她对道教的养生理论进行过深入的研究，创三丹田、八景、二十四真的养生理论，并根据自己的修炼实践写下了具体的修习方法；还搜集了《太上宝文》、《太洞真经》、《黄庭经》等道教典籍，形成了一套完整的道教教义，是上清派的理论基础。

道教四大名山是哪些？

中国四大道教名山为中国四处最主要的道教圣地，分别是：位于湖北十堰的武当山、位于江西鹰潭的龙虎山、位于安徽黄山的齐云山、位于四川都江堰的青城山。武当山的名气最大，其古建筑群在1994年被评为世界文化遗产。青城山和都江堰一起，在2000年被评为世界文化和自然双重遗产。

道教有哪些经典名著？

道家名著有《老子》、《庄子》、《列子》、《皇极经世》、《文子》、《田子》、《黄帝四经》、《太平经》、《南华真经》、《冲虚至德真经》、《黄庭内景经》、《黄庭外景经》、《黄庭中景经》等书。此外还有《周易参同契》，这是一部关于炼丹术的最早理论著作，被后人称为"丹经王"。

葛洪在炼丹和医学方面有哪些成就？

葛洪（284—364或343年），东晋道教学者、著名炼丹家、医药学家。葛洪在其炼丹实践中，积累了丰富的经验。他在《抱朴子·内篇》中的《金丹》和《黄白》篇中，系统地总结了晋以前的炼丹成就，具体地介绍了一些炼丹方法，记载了大量的古代丹经和丹法，勾画了中国古代炼丹的历史梗概，也为我们提供了原始实验化学的珍贵资料，对隋唐炼丹术的发展具有重大影响，成为炼丹史上一位承前启后的著名炼丹家。此外葛洪精晓医学和药物学，主张道士兼修医术。"古之初为道者，莫不兼修医术，以救近祸焉"，认为修道者如不兼习医术，一旦"病痛及己"，便"无以攻疗"，不仅不能长生成仙，甚至连自己的性命也难保住。葛洪在医学方面所取得的成就主要反映在其著作《肘后备急方》中。

陆修静对道教有哪些贡献？

陆修静（406—477），一生著述很多，现存有《太上洞玄灵宝众简文》、《洞玄灵宝五感文》、《陆先生道门科略》、《太上洞玄灵宝授度仪》、《洞玄灵宝斋说光烛戒罚灯祝愿仪》等，收入《正统道藏》中。在寇谦之改革北方天师道的同时，陆修静在南方也开始了对天师道的改革。其次，陆修静还花了毕生的精力来从事道教斋仪的制订，使道教斋仪基本臻于完备。他著有斋仪百余卷，一方面注意了对天师道原有斋仪的总结，另一方面又吸取了儒家的封建礼法和佛教的"三业清静"思想，从而使经过改造增饰后的斋仪，从内容到形式都得到了很大的提高和充实，并把天师道原有的一两种斋仪扩展到包括天师、上清、灵宝各派斋仪在内的"九斋十二法"。总之，陆修静对道教的改革和充实，提高了道教的影响力，使道教在宋、齐间获得较大的发展。

什么是道藏？

道藏是道教经籍的总集，是按照一定的编纂意图、收集范围和组织结构，将许多经典编排起来的大型道教丛书。其内容十分庞杂，其中包括道教经典、论集、科戒、符图、法术、斋仪、赞颂、宫观山志、神仙谱录和道教人物传记等。此外还收入诸子百家著作，有些是道藏之外已经失传的古籍，还有不少有关中国古代科学技术的著作，如有关医药养生之书，内外丹著作，天文历法方面的著作等等。

第六章　伦理学与礼仪民俗

什么是宗法？

我国古代维护贵族世袭统治的一种制度。

宗法是以血缘关系为基础，标榜尊崇祖先，维系亲情，在宗族内部区分尊卑长幼，并规定继承秩序以及不同地位的宗族成员享有不同的权力和义务的法则。宗法制源于原始社会后期的父权家长制，经过长期演变，到周代逐渐完备。周天子是天下的共主，又是同姓贵族的最大族长，即天下的大宗。他既代表社稷，又主持宗庙的祭礼，掌握全国的政权和族权。其王位由嫡长子继承。天子的庶子有的分封为诸侯，对天子为小宗，在其封邑之内又是大宗，他们以国名为氏，其职位由嫡长子继承。诸侯的庶子有的分封为卿大夫，对诸侯为小宗，在本家为大宗，也由嫡长子继承父位，他们以官职、邑名、辈分等为氏，从卿大夫到士，其大宗与小宗的关系与上同。这些世袭的嫡长子成为宗子，他们掌握本族财产，负责本族的祭礼，管理本族成员。同时代表贵族统治人民。宗法制既用于同姓贵族，也用于异姓贵族，同姓贵族之间是兄弟叔伯关系，异姓贵族之间是甥舅亲戚关系，以此来强调贵族中血缘关系及等级观念。这一制度把宗法血缘关系和国家体制紧密地结合在一起，形成庞大的政治网，在国家的初级阶段，对巩固和加强中央政权的统治起了重大作用。战国以后，贵族统治模式解体，宗法制逐渐与国家行政分开，退到家族之内。基本上所有的宗族都制定了族规，由族长统率、处置和庇护族人。族规是家族的法律，它首先是强制家族成员尊祖；第二是维护等级制度，严格区分嫡庶、房分、辈份、年龄、地位的不同；第三强制实行儒家伦理道德，必须尊礼奉孝。宋明以来，宗族制得到统治阶级的支持，族权布满农村社会各个角落的众多宗族，成为仅次于政权的权力体系。族权与政权互补互用，是中国的封建社会得以长期延续的重要原因。

什么是"三纲五常"？

西汉董仲舒在他的著作《春秋繁露》中提出"三纲五常"这一道德规范。"三纲"指"君为臣纲、父为子纲、夫为妻纲"三条封建道德原则，要求为臣、为子、为妻必须绝对服从于君、父、夫。"五常"指仁、义、礼、智、信五个封建道德教条。"仁"即爱人、孝悌、忠恕等。"义"指封建道德规范和标准。"礼"是各种封建礼仪、制度和规范。"智"为判别是非之心。"信"系忠诚守信。这些都是用以调整君臣、父子、兄弟、夫妻、朋友等人伦关系的行为准则。三纲最早源于先秦时期，董仲舒加以改造而成"王道之三纲"。五常则是由董仲舒在孔孟宣扬的仁、义、礼、智基础上，再加上"信"而成的，即"仁、谊（义）、礼、知（智）、信，五常之道"。

什么是"五伦"？

"五伦"是中国传统社会基本的五种人伦关系，即父子、君臣、夫妇、兄弟、朋友五种关系，是狭义的"人伦"。古人以君臣、父子、夫妇、兄弟、朋友为"五伦"。孟子认为：父子之间有骨肉之亲，君臣之间有礼义之道，夫妻之间挚爱而又内外有别，老少之间有尊卑之序，朋友之间有诚信之德，这是处理人与人之间关系的道理和行为准则。《孟子·滕文公上》："使契为司徒，教以人伦：父子有亲，君臣有义，夫妇有别，长幼有序，朋友有信。"人伦中的双方都是要遵守一定的"规矩"。为臣的，要忠于职守，为君的，要以礼给他们相应的待遇；为父的，要慈祥，为子的，要孝顺；为夫的，要主外，为妇的，要主内；为兄的，要照顾兄弟，为弟的，要敬重兄长；为友的，要讲信义。中国的封建统治者一直强调用它处理人们之间的关系，以维护和加强封建的宗法等级制度。

什么是"悌"？

"悌"属儒家的伦理范畴，指敬爱兄长，顺从兄长。目的在于维护封建的宗法关系。常与"孝"并列，称为"孝悌"。儒家非常重视"孝悌"，把它看作是实行"仁"的根本条件。《论语·学而》："其为人也孝悌，而好犯上者鲜矣。不好犯上，而好作乱者，未之有也。君子务本，本立而道生。"《孟子·滕文公下》："于此有焉：入则孝，出则悌。"

什么是"忠"？

"忠"是中国古代社会的最高道德标准，指臣民对帝王的敬爱、崇拜、信仰、服从、献身等。先秦时期，"忠"并非特指君臣关系。孔子教学生四个方面的内容：文、行、忠、信，主要泛指人与人之间的关系。到西汉董仲舒时提出"君为臣纲"，君权"受命于天"，至高无上。"忠"成为特指臣民服从于君主及国家的行为规范和准则。宋代以后，"忠"在一定程度上发展到成为臣民绝对服从于君主的一种片面的道德义务。

什么是"孝"？

"孝"是中国社会的基本道德，指子女对父母应尽的义务，包括尊敬、赡养、顺从、送终、守制等。儒家孝道观的经典著作《孝经·开宗明义章》曰："身体发肤，受之父母，不敢毁伤，孝之始也；立身行道，扬名于后世，以显父母，孝之终也。"由此可见，"孝"的观念不只于孝顺父母而已，孝顺父母只是孝道的开始。历代儒学之士都大力宣扬"孝道"；封建帝王也利用"孝道"来为自己的统治服务；这二者的合力在民间的影响就是《二十四孝》的产生和流传。"孝"被封建帝王利用来为他们的统治服务。这样，"孝"就由道德范畴扩展到了政治范畴。《大学》的"八目"即格物、致知、诚意、正心、修身、齐家、治国、平天下。《大学》载："身修而后家齐，家齐而后国治，国治而后天下平……所谓治国必先齐其家，其家不可教而能教人者，无之。故君子不出家而成教于国；孝者，所以事君也，……"统治者利用孝道来教化百姓，就是修其身的过程。向广大民众宣扬孝行，就是希望以此影响人们，以齐

其家。而这两项措施最终都是为了达到治国平天下的目的。

什么是"三戒、三畏、九思"？

"三戒、三畏、九思"出自《论语·季氏》："君子有三戒：少之时，血气未定，戒之在色；及其壮也，血气方刚，戒之在斗；及其老也，血气既衰，戒之在得。""君子有三畏：畏天命，畏大人，畏圣人之言。""君子有九思：视思明，听思聪，色思温，貌思恭，言思忠，事思敬，疑思问，忿思难，见得思义。"这些思想从不同角度提出了对君子的要求，君子要处处严格要求自己，所谓"君子"，孔子认为就是具有高尚品德的人。孔子认为，君子要处处严格要求自己，除了自我修养，还要重视用"戒、畏、思"几项标准严格要求自己。这些思想从不同角度提出了对君子的要求，概括起来有三点：一是要随时注意戒除个人的欲念；二是处事中要有敬畏之心，防止肆无忌惮；三是认真处理，随时严格要求自己。

什么是"内省"？

"内省"是儒家提倡的修身方法，首见于孔子。孔子认为不论道德认识或是道德实践，都需要有主观积极的思想活动，称之为内省。他主张内省是日常必要的修养方法，并在其私学中推广。孔子的学生曾参接受并实行了自省修养方法。他自述："吾日三省吾身，为人谋而不忠乎？与朋友交而不信乎？传不习乎？"内省并不是闭门思过，而是就日常所做的事，进行自我思想检查，看其是否合乎道德规范。内省依靠的是自觉，不自觉也就难于真正进行内在的自我反省。内省的结果会对人产生重要的心理作用，《论语·颜渊》中说："内省不疚，夫何忧何惧？"内省之后如果问心无愧，心安理得就增强了道德行为的信心和勇气。孔子认为内省并没有复杂的条件，随时都可进行。他说："见贤思齐焉，见不贤而内自省也"。又说："三人行必有我师焉，择其善者而从之，其不善者而改之。"见人有好品德，就向他看齐，虚心学习他的善行；见到人有不良的品德表现，就要对照检查自己，引以为戒，防止存在类似的错误缺点。内省的范围很广，各方面的行为都有必要依靠内省的方法来帮助修养提高。

什么是"三纲八目"？

《大学》开头就说："大学之道，在明明德，在亲民，在止于至善。"这就是后人所说的《大学》"三纲领"。所谓"明明德"，就是发扬光大人所固有的天赋的光明道德。所谓"在亲民"，是使人弃旧图新、去恶从善。所谓"止于至善"，就是要求达到儒家封建伦理道德的至善境界。"为人君止于仁，为人臣止于敬，为人子止于孝，为人父止于慈，与国人交止于信。"这是《大学》提出的教育纲领和培养目标。《大学》还说："古之欲明明德于天下者，先治其国。欲治其国者，先齐其家。欲齐其家者，先修其身。欲修其身者，先正其心。欲正其心者，先诚其意。欲诚其意者，先致其知。致知在格物。"格物、致知、诚意、正心、修身、齐家、治国、平天下，后世称之为《大学》的"八条目"，这是实现"三纲领"的具体步骤。"八条目"的中心环节是修身，格物、致知是修身的外部途径，诚意、正心是修身的内在前提，齐家、治国、平天下是修身的更高一个层次的自我实现，所以《大学》第一篇在末尾的时候又说"自天子以至于庶人，壹是皆以修身为本"。对于培养目标和方法，《大学》反复强调的是个人的道德修养。

总体上来说，三纲八目学说体现了中国古代思想家中儒家学派对人的教育的根本思想，充分肯定了人的社会属性，强调人在社会中的作用和对人的教育，总结出了一个人的修养是成就事业大小的衡量标准，并且对一个人要成就如何的事业，走什么样的方向提供崇高的指导。正是这种思想造就了中国后世知识分子"达则兼济天下，穷则独善其身"的光辉思想。

什么是"十六字心传"？

"十六字心传"指"人心惟危，道心惟微；惟精惟一，允执厥中。"16个字，出自《尚书·大禹谟》意思是人心不可靠、潜藏危险，道心非常微妙；领悟道心要精益求精、专一其心，要"博学、审问、慎思、明辨、笃行"，要真诚地遵守不偏不倚的中庸之道。据传，这16个字源于尧舜禹禅让的故事。当尧把帝位传给舜、舜把帝位传给禹的时候，所托付的是天下与百姓的重任，而谆谆嘱咐代代相传的就是这十六个字。后来禹又传给汤，汤传给文、武、周公，文、武、周公又传给孔子，孔子传给孟子。这个传承过程是以心印心，以心传心，因此称为"十六字心传"。儒家主张根据这十六个字去治理国家、教化人民。

"格物致知"有何含义？

格物致知是儒家思想中关于认识论的重要概念，源于《礼记·大学》："欲诚其意者，先致其知；致知在格物。物格而后知至，知至而后意诚。"但《大学》文中只有此段提及"格物致知"，却未在其后作出任何解释，其他先秦古籍中也未见此语，遂使"格物致知"的真正意义成为儒学思想的难解之谜。《现代汉语词典》解释为：穷究事物的原理法则而总结为理性知识。朱熹认为，"致知在格物者，言欲尽吾之知，在即物而穷其理也。"这是朱熹对"格物致知"最概括、精确的表述。"推极吾之知识，欲其所知无不尽也。穷至事物之理，欲其极处无不到也。"根据朱熹的的解释，格物就是即物穷理，凡事都要弄个明白，探个究竟；致知，即做个真正的明白人，为人行事绝不糊涂。

做人为什么要"知足"？

"知足"是老子的伦理观点，语出《道德经》。《道德经》多次提到"知足"。在第三十四章说："知足者，富也。"第四十四章说："名与身孰亲？身与货孰多？得与亡孰病？甚爱必大费，多藏必厚亡。故知足不辱，知止不殆，可以长久。"第四十七章说："罪莫大于可欲，祸莫大于不知足，咎莫惨于欲得。故知足之足，恒足矣。"老子的"知足"思想含有老子的辩证思想和转化思想。告诫我们不知满足，进而追求，定招灾祸。知其足，不追求，安于所得，无为无德，反而常常满足。知足才能避免灾祸，才能全生保身。再从老子的转化论上看他知足思想的意义，他说"反者道之动"，意思是我们知足就能得到更多的东西。老子说"小则得，多则惑"，就是我们小取反而能多得，相反我们贪多就会迷惑。

什么是"知耻近乎勇"？

"知耻近乎勇"语出《礼记·中庸》："好学近乎知，力行近乎仁，知耻近乎勇。""勇"是勇于改过，意思是说一个人只有懂得羞耻，才能自省自勉，奋发图强。有羞耻心的人，才能勇敢地面对自己的错误，战胜自我，这是"勇"的表现。常怀一颗羞耻之心，不仅可正身，养浩然之气，而且知进取，成千秋伟业，盖因知耻近乎勇也。"知耻近乎勇""知耻"是前提。只有"知耻"，才能唤起洗刷耻辱、捍卫尊严的勇气，激发出改造自我与社会的巨大力量，从而战胜脆弱、委琐与渺小，为自我、群体乃至国家、民族赢得伟大与光荣。

什么是"舍生取义，杀身成仁"？

"杀身成仁"见《论语·卫灵公》："志士仁人，无求生以害仁，有杀身以成仁。"意思是志士仁人，不贪生怕死因而损害仁德，只勇于牺牲来成全仁德。"舍生取义"见《孟子·告子上》："生，我所欲也；义，亦我所欲也。二者不可得兼，舍生而取义者也。"意思是生命，是我所喜欢的，正义，也是我所喜欢的，这两样如果不能同时得到，我宁愿舍去生命而去求得正义。儒家把闻道、行道作为人生价值的指导原则，"朝闻道，夕死可矣。"儒家的人生价值理想是"显身扬名"，以立德、立功、立言的"三不朽"来超越死亡。儒家尊重生命，但不认为肉体生命具有至上性。当维持生命和道义留存相冲突时，儒家的最终选择就是"杀身成仁"、"舍生取义"，这是道德理想主义的生命价值观。

什么是"己所不欲，勿施于人"？

语出自《论语·卫灵公》："子贡问曰：'有一言而可以终生行之者乎？'子曰：'其恕乎。己所不欲，勿施于人，'"子贡向孔子求教是否有一句话可以终生奉行。孔子回答说就是恕，并解释说自己不想要的东西，切勿强加给别人。孔子所强调的是人应该宽恕待人，应提倡"恕"道，唯有如此才是仁的表现。孔子所阐释的仁以"爱人"为中心，而爱人这种行为当然就包括着宽恕待人这一方面。这句话所揭晓的是处理人际关系的重要原则。孔子所言是指人应当以对待自身的行为为参照物来对待他人。人应该有宽广的胸怀，待人处事之时切勿心胸狭窄，而应宽宏大量，宽恕待人。倘若把自己所讨厌的事物，硬推给他人，不仅会破坏与他人的关系，也会将事情弄得僵持而不可收拾。人与人之间的交往确实应该坚持这种原则，这是尊重他人，平等待人的体现。人生在世除了关注自身的存在以外，还得关注他人的存在，人与人之间是平等的，切勿将己所不欲施于人。

什么是"中庸"？

《论语·雍也》："中庸之为德也，其至矣乎！"中庸之道，亦即君子之道，是传统儒家修行的法宝。是由孔子提倡、子思阐发的提高人的基本道德、精神修养以达到天人合一、太平和合神圣境界的一整套理论与方法，是最高的道德规范。中庸之道的主题思想是教育人们自觉地进行自我修养、自我监督、自我教育、自我完善，把自己培养成为具有理想人格，达到至善、至仁、至诚、至道、至德、至圣、合外内之道的理想人物，共创"致中和天地位焉万物育焉"的"太平和合"境界；理论基础是天人合一；具体内容有五达道、三达德、九经等；主要原则是慎独自修、忠恕宽容、至诚至性；修行的方法是知行合一；主要途径是礼教。

什么是"内圣外王"？

"内圣外王"最早出现于《庄子·天下篇》："是故内圣外王之道，暗而不明，郁而不发，天下之人，各为其所欲焉，以自为方。"《天下篇》中的"内圣外王"之道是儒道法三家思想结合的产物。其内涵通俗地讲，"内圣"就是修身养德，要求人做一个有德性的人；"外王"就是齐家、治国、平天下。"内圣外王"的统一是儒家学者们追求的最高境界。虽然"内圣外王"一词不是直接出自儒学和孔子之说，但《天下篇》作者所阐述的"内圣外王之道"与孔子儒家思想有相通之处，这就为儒家采用这一术语提供了理论依据。自宋以来，随着儒道释三教合流，理学出现，"内圣外王"也成为儒家的一个命题。

什么是古代妇女的"三从四德"？

"三从四德"是为适应父权制家庭稳定、维护父权—夫权家庭（族）利益需要，根据"内外有别"、"男尊女卑"的原则，由儒家礼教对妇女的一生在道德、行为、修养方面所进行的规范要求。三从出自《仪礼·丧服·子夏传》："妇人有三从之义，无专用之道。故未嫁从父，既嫁从夫，夫死从子。"即女子在出嫁之前要听从家长的教诲；出嫁之后要礼从夫君，与丈夫一同持家执业、孝敬长辈、教育幼小；丈夫死后，要坚持本分，扶养子女。四德出自《周礼·天官·九嫔》："九嫔掌妇学之法，以九教御：妇德、妇言、妇容、妇功。"是说女子第一要紧是品德，能正身立本；然后是"容"，即相貌，指出入要端庄稳重持礼，不要轻浮随便；"言"，指与人交谈要会随意附义，能理解别人所言，并知道自己该言与不该言的语句；"功"，即治家之道，治家之道包括相夫教子、尊老爱幼、勤俭节约等生活方面的细节。

什么是婚姻的"七出三不去"？

"七出""三不去"西周时期确立，是儒家思想中对于婚姻的解除所作的习惯性规定。正式归入律法，是从唐代开始。七出是"不顺父母"、"无子"、"淫"、"妒"、"恶疾"、"口舌"、"窃盗"。三不去是"有所取无所归"、"与更三年丧"、"前贫贱后富贵"。第一是指结婚时女方父母健在，休妻时已去世，原来的大家庭已不存在，休妻等于是无家可归；二是和丈夫一起为父亲或母亲守孝三年的不能被休；三是丈夫娶妻的时候贫贱，后来富贵了，不能休妻。"三不去"是作为"七出"规定的补充规范，但指出"恶疾及奸者不在此列"。也就是说，妻子若符合"七出"中的"有恶疾"及"淫"两项，则不在"三不去"的保障范围之内。另外，若有义绝的情形，法律规定双方必须离婚，则"三不去"亦

没有保障。

"三不朽"是什么？

"三不朽"是我国伦理思想史上的一个命题。据《左传·襄公二十四年》记载，春秋时鲁国的叔孙豹与晋国的范宣子曾就何为"死而不朽"展开讨论。范宣子认为，他的祖先从虞、夏、商、周以来世代为贵族，家世显赫，香火不绝，这就是"不朽"。叔孙豹则以为不然，他认为这只能叫做"世禄"而非"不朽"。在他看来，真正的不朽乃是："太上有立德，其次有立功，其次有立言，虽久不废，此之谓三不朽。"唐人孔颖达在《春秋左传正义》中对德、功、言三者分别做了界定："立德谓创制垂法，博施济众"；"立功谓拯厄除难，功济于时"；"立言谓言得其要，理足可传"。在后人对"三不朽"的解读中，"立德"系指道德操守而言，"立功"乃指事功业绩，而"立言"指的是把真知灼见形诸语言文字，著书立说，传于后世。据说，我国历史上能够做到三不朽得人只有两个半，分别是孔子、王阳明和曾国藩（半个）。

什么是"五礼"？

"五礼"有两种意思，一指公、侯、伯、子、男五等诸侯朝聘之礼。古代诸侯要定期亲自或派使臣按期朝见天子。《礼记·王制》记载："诸侯之于天子也，比年一小聘，三年一大聘，五年一朝。"

另一种意思是指古代的五种礼制。即吉礼、凶礼、军礼、宾礼、嘉礼。吉礼是五礼之冠，主要是对天神、地祇、人鬼的祭祀典礼。主要内容有：祀天神、祭地祇、祭人鬼。嘉礼是和合人际关系、沟通、联络感情的礼仪，主要有饮食之礼，婚、冠之礼，宾射之礼，飨燕之礼，脤膰之礼，贺庆之礼。宾礼是接待宾客之礼。军礼是师旅操演、征伐之礼。凶礼是哀悯吊唁忧患之礼，内容有以丧礼哀死亡、以荒礼哀凶札、以吊礼哀祸灾、以礿礼哀围败、以恤礼哀寇乱。

为什么国家又被称作"社稷"？

"社""稷"，反映我国古代以农立国的社会性质。两者本来各不相干。"社"字在甲骨文中与"土"字一样，作"◇"，像女性生殖器。也就是说，社起源于原始时代的生殖崇拜。在春秋时代，还可以看见这种原始崇拜的流风余韵。社，既与"土"本是一字，后来加上了"礻"旁，也就成了土地神的名称。社祭的神坛也称为"社"。从天子到诸侯，凡是有土地者都可以立社，甚至乡民也可以立社祭祀土地神，社日成为睦邻欢聚的日子，同时还有各种欢庆活动，"社戏"、"社火"就是很好的例子。稷原是周民族的始祖后稷，在西周始被尊为五谷之长，与社并祭，合称"社稷"。根据《周礼·考工记》，社稷坛设于王宫之右，与设于王宫之左的宗庙相对，前者代表土地，后者代表血缘，同为国家的象征。《礼记·曲礼下》："国君死社稷。"就是国君与国家共存亡的意思。后来人们就用"社稷"来代表国家。

祭天之礼是如何进行的？

历代祭天之礼多依周礼制定。周代祭天的正祭是每年冬至之日在国都南郊圜丘举行，圜丘是一座圆形的祭坛。祭祀之前，天子与百官都要斋戒并省视献神的牺牲和祭器。祭祀之日，天子率百官清早来到郊外。天子身穿大裘，内着衮服，头戴前后垂有十二旒的冕，腰间插大圭，手持镇圭，面向西方立于圜丘东南侧。这时鼓乐齐鸣，报知天帝降临享祭。接着天子牵着献给天帝的牺牲，把它宰杀。这些牺牲随同玉璧、玉圭、缯帛等祭品被放在柴垛上，由天子点燃积柴，让烟火高高地升腾于天，使天帝嗅到气味。这就是燔燎，也叫"禋祀"。随后在乐声中迎接"尸"登上圜丘。尸由活人扮饰，作为天帝化身，代表天帝接受祭享。尸就坐，面前陈放着玉璧、鼎、簋等各种盛放祭品的礼器。这时先向尸献牺牲的鲜血，再依次进献五种不同质量的酒，称作五齐。前两次献酒后要进献全牲、大羹、铏羹等。第四次献酒后，进献黍稷饮食。荐献后，尸用三种酒答谢祭献者，称为酢。饮毕，天子与舞队同舞《云门》之舞，相传那是黄帝时的乐舞。最后，祭祀者还要分享祭祀所用的酒醴，由尸赐福于天子等，称为"嘏"，后世也叫"饮福"。天子还把祭祀用的牲肉赠给宗室臣下，称"赐胙"。后代的祭天礼多依周礼制定，但以神主或神位牌代替了尸。

帝王为什么要举行封禅之礼？

封禅，封为"祭天"（多指天子登上泰山筑坛祭天），禅为"祭地"（多指在泰山下的小丘除地祭地）；即古代帝王在太平盛世或天降祥瑞之时的祭祀天地的大型典礼。封禅，最早出现于《管子·封禅篇》，后司马迁在《史记·封禅书》中曾引用《管子·封禅篇》中的内容，并对其内容加以演释。唐代张守节解释《史记》时曾对"封禅"进行了释义，并指出了封禅的目的：在泰山顶上筑圆坛以报天之功，在泰山脚下的小丘之上筑方坛以报地之功，即《史记·封禅书》中的"登封报天，降禅除地"。战国时齐鲁有些儒士认为五岳中泰山为最高，帝王应到泰山祭祀。秦始皇、汉武帝等都曾举行过封禅大典。《五经通义》云："易姓而王，致太平，必封泰山，禅梁父，天命以为王，使理群生，告太平于天，报群神之功。"所以封禅活动实质上是强调君权神授的手段。

什么是膜拜、折腰？

膜拜是古代的拜礼。行礼时，两手放在额上，长时间下跪叩头。原专指礼拜神佛时的一种敬礼，后泛指表示极端恭敬或畏服的行礼方式。今人多用"顶礼膜拜"形容对某人崇拜得五体投地。

折腰即拜揖，鞠躬下拜，表示屈辱之意。《晋书·陶潜传》载：陶渊明曾为彭泽县令，州郡派督邮巡视至县，县吏劝陶束带迎见，他感叹地说："吾不能为五斗米折腰，拳拳事乡里小人邪！"李白《梦游天姥吟留别》："安能摧眉折腰事权贵，使我不得开心颜？"后来引申为倾倒、崇拜，如毛泽东《沁园春·雪》："江山如此多娇，引无数英雄竞折腰。"

什么是作揖？

作揖是古代行礼的一种形式。两手抱拳高拱，身子略弯，表示向人敬礼。据考证，作揖大约起源于周代以前。据《周

礼》记载，根据双方的地位和关系，作揖有土揖、时揖、天揖、特揖、旅揖、旁三揖之分。土揖是拱手前伸而稍向下；时揖是拱手向前平伸；天揖是拱手前伸而稍上举；特揖是一个一个地作揖；旅揖是按等级分别作揖；旁三揖是对众人一次作揖三下。此外，还有长揖，即拱手高举，自上而下向人行礼。向人作揖虽然恭敬，但有时则又能表示倨傲，《汉书·高帝纪》就有"郦生不拜，长揖"的描述，显示出狂徒郦生对刘邦这位无赖皇帝心里不是很服气。

什么是"斋戒"？

古代祭祀或重大事件，事先要沐浴、更衣、独居，戒其嗜欲，以示心地诚敬，这些活动叫"斋戒"。"斋"又称"致斋"，致斋三日，宿于内室，要求"五思"（思其居处、笑语、志意、所乐、所嗜），这主要是为了使思想集中、统一。"戒"又称"散斋"，散斋七日，宿于外室，停止参加一切娱乐活动，也不参加哀吊丧礼，以防"失正"、"散思"。古人斋戒时忌荤，但并非忌食鱼肉荤腥，而是忌食有辛味臭气的食物如葱、蒜等，这主要是为了防止祭祀时口中发出的臭气，对神灵、祖先有所亵渎。

古代的跪和坐有什么区别？

跪时要两膝着地，挺直身子，臀不沾脚跟，以示庄重。古代席地而坐，坐时两膝着地，臀部贴于脚跟。为了表示对人尊重，坐法颇有讲究："虚坐尽后，食坐尽前。""尽后"是尽量让身体坐后一点，以表谦恭；"尽前"是尽量把身体往前挪，以免饮食污染坐席而对人不敬。

什么是揖让之礼？

一指古代宾主相见的礼节。揖让之礼按尊卑分为三种，称为三揖：一为土揖，专用于没有婚姻关系的异姓，行礼时推手微向下；二为时揖，专用于有婚姻关系的异姓，行礼时推手平而致于前；三为天揖，专用于同姓宾客，行礼时推手微向上。一指禅让，即让位于比自己更贤能的人。

什么是谥号？

谥号是古代对死去的帝王、大臣、贵族（包括其他地位很高的人）按其生平事进行评定后，给予或褒或贬或同情的称号，始于西周。周公旦和姜子牙有大功于周室，死后获谥。这是谥法之始。君主的谥号一般是在皇帝死后由礼官拟定，报请新皇帝裁定公布；在改朝换代之际，也有由新王朝为前朝末帝定谥号的。谥号来自于谥法。谥法规定了若干个有固定涵义的字，大致分为三类：属表扬的有：文、武、景、烈、昭、穆等，如周武王、汉武帝等；属于批评的有：炀、厉、灵等，如周厉王、隋炀帝；属于同情的有：哀、怀、愍、悼等，如楚怀王。臣子的谥号是由朝廷赐予的，如诸葛亮谥号"忠武"，岳飞谥号"武穆"；还有一些谥号是由亲友、门人给予的，如陶渊明谥号"靖节"、陈寔谥号"文范先生"，这些被叫做私谥。谥号带有评判性，相当于盖棺定论。

什么是庙号？

庙号是中国古代帝王死后在太庙里奉祀时追尊的名号。一般认为，庙号起源于商朝，如太甲为太宗、太戊为中宗、武丁为高宗。庙号最初非常严格，按照"祖有功而宗有德"的标准，开国君主一般是祖，继嗣君主有治国才能者为宗。汉朝以后承袭了庙号这一制度，开始时是按照功德的标准而定，规定严格，不少皇帝因此没有庙号。魏晋南北朝时期，庙号开始泛滥。唐朝时期，除了某些亡国之君以及短命皇帝之外，一般都有庙号。在称呼时，庙号常常放在谥号之前，同谥号一道构成已死帝王的全号。习惯上，唐朝以前对殁世的皇帝一般简称谥号，如汉武帝、隋炀帝，而不称庙号。唐朝以后，由于谥号的文字加长，则改称庙号，如唐太宗、宋太祖等。一般来说，庙号的选字并不参照谥法，但是也有褒贬之意。太祖、高祖开国立业，世祖、太宗发扬光大，世宗、高宗等为守成令主的美号，仁宗、宣宗、圣宗、孝宗、成宗、睿宗等皆乃明君贤主，中宗、宪宗都是中兴之主。另外，哲宗、兴宗等都是有所作为的好皇帝。神宗、英宗功业不足，德宗、宁宗过于懦弱，玄宗、真宗、理宗、道宗等好玄虚，文宗、武宗名褒实贬，穆宗、敬宗功过相当，光宗、熹宗昏庸腐朽，哀宗、思宗则是亡国之君。

什么是避讳？

避讳是中国旧社会特有的现象。帝制时代为了维护等级制度的尊严，说话写文章时遇到君主或尊亲的名字都不直接说出或写出，叫做避讳。避讳大约起于周，成于秦，盛于唐宋，至清代更趋完密，民国成立后废除。《公羊传·闵公元年》说："春秋为尊者讳，为亲者讳，为贤者讳。"这是古代避讳的一条总原则。避讳的对象有四类：一是帝王，对当代帝王及本朝历代皇帝之名进行避讳；二是讳长官，即下属要讳长官本人及其父祖的名讳；三是避圣贤，圣讳各朝略有不同，一般有孔子、孟子、老子、黄帝、周公等。四是避长辈，即避父母和祖父母之名，与别人交往时应避对方的长辈之讳。避讳方法主要有以下几种：改字法，即用同义或同音字以代本字，以用同义字为最多；缺笔法，用本字而省缺笔划；空字法，将本字空而不写，或画以"□"，或书以"某"字，或直书以"讳"字。次要有避名称字和改变称呼。避名称字，即遇人名犯讳，则避用其名而只以字称。

什么是"满月礼"？

满月礼是人生的开端礼，又叫弥月礼，小孩出生满一月举行，主要风俗有：

一、满月酒。民间普遍流行的满月礼风俗。此日，亲朋好友带礼物来道贺，主人设丰盛宴席款待，称为满月酒。

二、剃胎发。满月时，为小孩第一次剪理头发，称为剃胎发。一般是请理发匠上门，理完后给赏钱。小孩则着新衣。

三、移窠。又叫移巢、满月游走等。民间风俗，婴儿初生是不能随便走动的，到了满月时就可以了。此时，母亲抱着婴儿到别人房间中去，四处游走，称为移窠。

什么是"百日礼"？

"百日礼"为婴儿初生一百天时举行的庆祝仪式。又称百岁、百晬。宋孟元老《东京梦华录》、明沈榜《宛署杂记》中都有记载。百日庆贺的习俗延续至今，形式包括：一、穿"百家衣"。幼儿百日，民间风俗给他穿百家衣。父母期望孩子健

康成长，认为这需要托大家的福，托大家的福就要吃百家饭、穿百家衣。从各家取一块布片，将布片拼合起来做成服装也就成了百家衣。二、戴长命锁。长命锁是挂在儿童脖子上的一种装饰物。民间认为，只要佩挂上这种饰物，就能避灾去邪，"锁"住生命。

什么是"周岁礼"？

周岁礼最普遍的风俗就是"抓周"。抓周，又称试周、试儿、拿周，是小孩周岁时的预卜婴儿前途的习俗。新生儿周岁时，将各种物品摆放于小孩面前，任其抓取，传统上常用物品有笔、墨、纸、砚、算盘、钱币、书籍等。魏晋南北朝时已存在，"江南风俗，儿生一期为制新衣，盥浴装饰，男则用弓矢纸笔，女则用刀尺针缕，并加饮食之物及珍宝服玩，置之儿前，观其发意所取，以验贪廉智愚，名之为试儿。"因为取六六大顺的吉祥意思，抓周物品样数应是6的倍数，如12或18。

男子的成年礼是什么？

冠礼是古代嘉礼的一种，为汉族男子的成年礼。成年礼起源于原始社会，表示男女青年至一定年龄，性已经成熟，可以婚嫁，并从此作为一个成年人，参加各项活动。成年礼（也称成丁礼）由氏族长辈依据传统为青年人举行一定的仪式，才能获得承认。华夏族的成年礼，为男子冠礼，女子笄礼。经书记载，实行于周代。按周制，男子二十岁行冠礼。古代冠礼在宗庙内举行，日期为二月，冠前十天内，受冠者要先卜筮吉日，十日内无吉日，则筮选下一旬的吉日。然后将吉日告知亲友。及冠礼前三日，又用筮法选择主持冠礼的大宾，并选一位"赞冠"者协助冠礼仪式。行礼时，主人（一般是受冠者之父）、大宾及受冠者都穿礼服。先加缁布冠，次授以皮弁，最后授以爵弁。每次加冠毕，皆由大宾对受冠者读祝辞。祝辞大意谓：在这美好吉祥的日子，给你加上成年人的服饰；请放弃你少年儿童的志趣，造就成年人的情操；保持威仪，培养美德；祝你万寿无疆，大福大禄。然后，受礼者拜见其母。再由大宾为他取字，周代通常取字称为"伯某甫"（伯、仲、叔、季，视排行而定）。然后主人送大宾至庙门外，敬酒，同时以束帛俪皮（帛五匹、鹿皮两张）作报酬，另外再馈赠牲肉。受冠者则改服礼帽礼服去拜见君，又执礼贽（野雉等）拜见乡大夫等。若父亲已殁，受冠者则需向父亲神主祭祀，表示在父亲前完成冠礼。祭后拜见伯、叔，然后飨食。此加冠、取字、拜见君长之礼，后世因时因地而有变化，民间自十五岁至二十岁举行，各地不一。清中期以后，多移至娶妇前数日或前一日举行。某些地区自宋代以来，仪式简易，不宴请宾客，仅在本家或自家范围内进行。

女子的成年礼是什么？

笄礼也是古代嘉礼的一种，为汉族女子的成年礼。俗称"上头"、"上头礼"。笄，即簪子。自周代起，规定贵族女子在订婚（许嫁）以后出嫁之前行笄礼。一般在十五岁举行，如果一直待嫁未许人，则年至二十也行笄礼。受笄即在行笄礼时改变幼年的发式，将头发绾成一个髻，然后用一块黑布将发髻包住，随即以簪插定发髻。主行笄礼者为女性家长，由约请的女宾为少女的加笄，表示女子成年可以结婚。贵族女子受笄后，一般要在公宫或宗室接受成人教育，授以"妇德、妇容、妇功、妇言"等，作为媳妇必须具备的待人接物及侍奉舅姑的品德礼貌与女红劳作等技巧本领。后世改为由少女之母申以戒辞，教之以礼，称为"教茶"。女子年十五岁，则称为"及笄"。

生辰八字为什么又称"八字"？

古时认为，一个人出生的年、月、日、时，各有天干、地支相配，每项两个字，四项共八个字，故又称为"八字"。根据这八个字，可推算出一个人的命运。遇有大事，都需推算八字。旧俗订婚时，男女双方互换庚帖，上有生辰八字。双方各自卜问对方的生辰八字命相阴阳，以确定能否成婚，吉凶如何。

古代对"死"有哪些讳称？

古人对"死"有许多讳称，主要的有：

一、天子、太后、公卿王侯之死称：薨、崩、百岁、千秋、晏驾、山陵崩等。

二、父母之死称：见背、孤露、弃养等。

三、佛道徒之死称：涅槃、圆寂、坐化、羽化、仙游、仙逝等。"仙逝"现也用于称被人尊敬的人物的死。

四、一般人的死称：亡故、长眠、长逝、过世、谢世、寿终、殒命、捐生、就木、溘逝、老、故、逝、终等。

什么是"服丧"、"五服"？

服丧是指在一定时期内戴孝，通过穿孝服、佩黑纱或戴白花等形式对死去的长辈或平辈亲属表示哀悼。中国古代服丧制度的规格、时间等等是按照严格的亲疏远近来制定的，从重到轻，依次分为斩衰、齐衰、大功、小功、缌麻五种，此之谓"五服"。

最重的是斩衰，是指用粗麻布做成的丧服。这种丧服不能锁边，要用刀子随手裁取几块粗麻布，胡乱拼凑缝合在一起，所以称为"斩衰"。这种丧服一穿就要穿三年，用于直系亲属和最亲近的人之间，比如儿子为父亲服丧，妻子为丈夫服丧。

其次是齐衰。"齐衰"是用生麻布做成的丧服，能锁边，把边缝齐，所以叫"齐衰"。这种丧服穿的时间长短不一，可以是三年，也可以是一年、五个月、三个月等等。比如为继母服丧是三年；孙子为祖父母服丧、丈夫为妻子服丧是一年；为曾祖父母服丧是五个月；为高祖父母服丧是三个月。

再次是大功。"大功"是用熟麻布做成的丧服，比"齐衰"稍细，比"小功"稍粗。"功"同"工"，意思是做工很粗，故称"大功"。这种丧服要穿九个月。比如为堂兄弟、未婚的堂姊妹、已婚的姑、姊妹、侄女等服丧，已婚女为伯父、叔父、兄弟、侄、未婚姑、姊妹、侄女等服丧，都要穿这种丧服。

再次是小功。"小功"也是用熟麻布做成的丧服，比"大功"稍细，故称"小功"。这种丧服要穿五个月。比如为本宗的曾祖父母、堂姑母、已出嫁的堂姊妹等服丧，为母系一支中的外祖父母、母舅、母姨等服丧，都要穿这种丧服。

最轻的叫缌麻,是指用细麻布做成的丧服。这种丧服只需穿三个月即可脱掉。比如为本宗的高祖父母、族兄弟、还没有出嫁的族姊妹等服丧,或者为外孙、外甥、岳父母等服丧,都要穿这种丧服。

什么是"守制"?

守制是封建时代的丧礼名。父、母死,正在穿孝期间须遵守儒家的礼制,谓之"守制",俗说"守孝",亦称"读礼"。其家门门框的"堂号"上贴一蓝纸(或白纸、或米色纸)条子,上书"守制"字样。守制期间,孝子须遵礼做到如下几点:一、科举时代,不得参加考试;现任官则须离职。二、不缔结婚姻(不娶不聘),夫妻分居不合房。三、不举行庆典。四、新年不给亲友、同僚贺年,并在门口贴上"恕不回拜"的字条(有过"破五"方往贺,但不拜叩的)。汉人过年时,在门楣上贴上蓝灯花纸的挂签,贴蓝对联,上书哀挽行孝之词,如"未尽三年孝,常怀一片心"。有门心的一律贴蓝纸,上书"思齐思治,愚忠愚孝",以代替"忠厚传家、诗书继世"之类的对联。

中国人为什么非常重视祭祖?

祭祖是中国一项隆重的传统民俗。按照民间的观念,自己的祖先和天、地、神、佛一样是应该认真顶礼膜拜的。因为列祖列宗的"在天之灵",时时刻刻地在关心和注视着后代的子孙们,尘世的人要通过祭祀来祈求和报答他们的庇护和保佑。祭祖也是传统儒家孝道,慎终追远的表达。孔子说:"生,事之以礼;死,葬之以礼、祭之以礼。"祭祖亦含有非常浓厚的家庭观念,也是凝聚家族力量,团结

宗亲的表现。古人认为祭祀祖先具有良好的社会教化功能,有助于培养社会成员的品德,加强社会成员之间的团结,维护宗法社会的稳定。同时,祭祖的行为有很强"亡灵崇拜"的成份,人害怕自己的祖先沦为饿鬼孤魂,影响家道繁荣、家庭平安,因此非常重视祭祖,非拜祖先不可。

什么是二十四节气?

二十四节气是我国古代历法的重要组成部分。古人根据太阳一年内的位置变化以及所引起的地面气候的演变次序,把一年三百六十五又四分之一的天数分成二十四段,分列在十二个月中,以反映四季、气温、物候等情况,这就是二十四节气。每月分为两段,月首叫"节气",月中叫"中气"。二十四节气的名称和顺序为:

正月:立春、雨水

二月:惊蛰、春分

三月:清明、谷雨

四月:立夏、小满

五月:芒种、夏至

六月:小暑、大暑

七月:立秋、处暑

八月:白露、秋分

九月:寒露、霜降

十月:立冬、小雪

十一月:大雪、冬至

十二月:小寒、大寒

为了便于记忆,人们编出了歌谣:"春雨惊春清谷天,夏满芒夏暑相连,秋处露秋寒霜降,冬雪雪冬小大寒。"

什么是"黄道吉日"?

"黄道吉日"语出自元代无名氏《连环计》第四折:"今日是黄道吉日,满朝众公

卿都在银台门，敦请太师入朝授禅。"旧时以星象来推算吉凶，神煞有年、月、日、时之分，各有所主，吉日的选择主要是对日的选择，但并不是不顾年，月，时的吉凶，而要相互观览，综合选择。黄道黑道神煞有青龙，白虎，明堂，天刑，朱雀，金匮，天德，玉堂，天牢，元武，司命，勾陈。选择术将青龙，天德，玉堂，司命，明堂，金匮称为六黄道，所谓"黄道吉日"就是这六神所在的日子。黄道吉日，百事吉利，不避凶忌，万事如意。

"黄历"是怎么来的？

黄历，相传是由黄帝创制，故称为《黄历》。古时由钦天监计算颁订，因此也称皇历。其内容指导农民耕种时机，故又称农民历。民间俗称为通书。但因通书的"书"字跟"输"字同音，因避忌故又名通胜。黄历是在中国农历基础上产生出来的，带有许多表示当天吉凶的一种历法。《黄历》主要内容为二十四节气的日期表，每天的吉凶宜忌、生肖运程等。

十二生肖之中为何鼠为首？

十二生肖，是由十一种源于自然界的动物即鼠、牛、虎、兔、蛇、马、羊、猴、鸡、狗、猪以及传说中的龙所组成，用于记年，顺序排列为子鼠、丑牛、寅虎、卯兔、辰龙、巳蛇、午马、未羊、申猴、酉鸡、戌狗、亥猪。

在十二生肖中，为何人人喊打的老鼠排在首位呢？有一个民间传说：玉皇大帝召集众生肖开排名大会，牛早早启程结果占了首位，可是机灵的老鼠在关键时刻，看准时机，悄悄跃上牛背，站在牛头上，结果排名时牛屈居第二，鼠排名第一。当然，这只是传说，近年来，流行另一种较合理可信的说法：动物的足趾有单双即奇偶之分，不管是二足或是四足，它的足趾数目前后或者左右都是相同的，但唯独鼠是例外，它是前足四趾而后足五趾，所以在排列十二生肖时，按足趾的奇偶参差排列，鼠足因为奇偶同体，无法安排，所以排名首位。也有学者依据动物出没的活动时间，也就是动物的习性来作出推论，认为，子时（深夜23点至凌晨1点），夜色最黑暗，老鼠最活跃，"子"同鼠搭配，故排名首位。

十二生肖之中为何没有猫？

十二生肖是代表地支的十二种动物，除了龙以外基本上都是生活中比较常见的动物，可是为什么没有猫这种动物呢？十二生肖的说法源于干支纪年法，传说产生于夏，但没有确凿的证据。可以考证的是，至少在汉代，十二生肖与地支的相配体系已经固定下来了。在汉代以前，我国还没有真正意义上的家猫，无论是《礼记》中所说的山猫，还是《诗经》中"有熊有罴，有猫有虎"的豹猫，都是生活在野外的野生猫。我们今天饲养的家猫的祖先，据说是印度的沙漠猫。印度猫进入中国的时间，大约是始于汉明帝，那正是中印交往通过佛教而频繁起来的时期。因此，猫来到中国的时间，距离干支纪年法的产生已相差千年了，所以来晚了的猫自然没有被纳入十二生肖中。

为什么说"冬至大如年"？

冬至，是一年二十四节气中最重要的一个节令，在12月22日前后。冬至这天太阳渐由南回归线向北移,北半球白天最短,晚上最长。冬至之后,白日渐长,古人称冬至为"一阳生"。认为冬至适逢阴阳交替时刻,是阴(夜)气盛极转衰,阳(日)气刚要萌生,是冬尽春来的前兆。因此,古人非常重视冬至这个节日。

古人在冬至这一天要举行庆贺仪式。周代在冬至时曾有"天子率三公九卿迎岁"的盛大礼仪;汉代冬至被列为"冬节",官府要放假,并举行祝贺仪式称为"贺冬";《晋书》有魏晋冬至日受万国及官僚称贺,"其仪亚于正旦"的记载;唐宋时冬至更为热闹,据南宋周密写的《武林旧事》载:"都人最重一阳贺冬,车马皆华整鲜好,五鼓已填拥杂于九街。妇人小儿服饰华炫,谓之像过年";明清时皇帝要在冬至这一天去天坛内的"圜丘坛"举行隆重盛大的祭天大典。古代民间也非常重视冬至,认为冬至过后就是另一年的开始,各种隆重而有趣的习俗还在延续,节日气氛很浓。所以就有"冬至大如年"的说法,就是冬至的欢庆礼俗和春节都差不多少。

"小年"有哪些习俗?

小年是我国汉族传统节日,也被称为谢灶、祭灶节、灶王节、祭灶。在不同的地方日期不同,在农历腊月二十三或二十四或二十五(古代,过小年有"官三民四船五"的传统,即官家的小年是腊月二十三,百姓家的是腊月二十四,而水上人家则是腊月二十五)。小年的传统习俗有:

一、祭灶。民间传说,每年腊月二十三,灶王爷都要上天向玉皇大帝禀报这家人的善恶,让玉皇大帝赏罚。因此送灶时,人们在灶王像前的桌案上供放糖果、清水、料豆、秣、草;其中,后三样是为灶王升天的坐骑备料。祭灶时,还要把关东糖用火融化,涂在灶王爷的嘴上。这样,他就不能在玉帝那里讲坏话了。另外,大年三十的晚上,灶王还要与诸神来人间过年,那天还得有"接灶"、"接神"的仪式。等到家家户户烧轿马,洒酒三杯,送走灶神以后,便轮到祭拜祖宗。

二、扫尘。小年要彻底打扫室内,俗称扫尘,扫尘为的是除旧迎新,拔除不祥。各家各户都要认真彻底地进行清扫,做到窗明几净。粉刷墙壁,擦洗玻璃,糊花窗,贴年画等等。

三、剪窗花。所有准备工作中,剪贴窗花是最盛行的民俗活动。内容有各种动、植物等掌故,如喜鹊登梅、燕穿桃柳、孔雀戏牡丹、狮子滚绣球、三羊(阳)开泰、二龙戏珠、鹿鹤桐椿(六合同春)、五蝠(福)捧寿、犀牛望月、莲(连)年有鱼(馀)、鸳鸯戏水、刘海戏金蝉、和合二仙等等。

四、写春联。家家户户都要写春联。民间讲究有神必贴,每门必贴,每物必贴,所以春联数量最多,内容最全。

五、洗浴。大人、小孩都要洗浴、理发。民间有"有钱没钱,剃头过年"的说法。

六、婚嫁。过了二十三,民间认为诸神上了天,百无禁忌,娶媳妇、聘闺女不用择日子,称为赶乱婚。直至年底,举行结婚典礼的特别多。民谣有"岁晏乡村嫁娶忙,宜春帖子逗春光。灯前姊妹私相语,守岁今年是洞房"的说法。

腊八节为什么要喝腊八粥?

每年农历的十二月俗称腊月,十二月初八(腊月初八)即是腊八节,习惯上称作腊八;腊八节在我国有着很悠久的传统和历史，在这一天喝腊八粥、做腊八粥是全国各地老百姓最传统、也是最讲究的习俗。腊八节的由来有两个传说。一说佛教的创始者释迦牟尼本是古印度北部迦毗罗卫国（今尼泊尔境内）净饭王的儿子，他见众生受生老病死等痛苦折磨，又不满当时婆罗门的神权统治，舍弃王位，出家修道。初无收获，后经六年苦行，于腊月八日，在菩提树下悟道成佛。在这六年苦行中，每日仅食一麻一米。后人不忘他所受的苦难，于每年腊月初八吃粥以做纪念。"腊八"就成了"佛祖成道纪念日"。一说明朝皇帝朱元璋小时给财主放牛，因牛腿摔断被财主关在一间屋子里，3天没给饭吃。他饥饿难忍，到处搜寻，终于发现了一个老鼠洞，从中挖掘出豆、谷等各种粮食，煮成粥食用，觉得非常香甜。后来朱元璋做了皇帝，想起小时候吃那顿粥的味道，就命太监用各种粮食煮了一锅糖粥，欢宴群臣，后朝中文武百官争相效仿并传入民间，遂成了一种节日习俗。因朱元璋吃糖粥的日子是腊月初八，所以这粥也就叫"腊八粥"了。

传统的元旦和现在的元旦是一回事吗？

"元"有开始之意，"旦"指天明的意思。元旦便是一年开始的第一天，也被称为"新历年"、"阳历年"。元旦又称"三元"，即岁之元、月之元、时之元。中国的元旦，据传说起于三皇五帝之一的颛顼。古代中国的元旦日，并非如今通用的"格列历"——公历的1月1日。中国历代元旦的月日并不一致。夏朝的夏历以孟喜月（元月）为正月，商朝的殷历以腊月（十二月）为正月，周朝的周历以冬月（十一月）为正月。秦始皇统一中国后，又以阳春月（十月）为正月，即十月初一为元旦。从汉武帝起，才规定孟喜月（元月）为正月，把孟喜月的第一天（夏历的正月初一）称为元旦，一直沿用到清朝末年。但这是夏历，亦即农历或阴历，还不是我们今天所说的元旦。公元1911年，孙中山领导的辛亥革命，推翻了清朝的统治，建立了中华民国。为了"行夏正，所以顺农时，从西历，所以便统计"，民国元年决定使用公历（实际使用是1912年），并规定阳历（公历）1月1日为"新年"，但并不叫"元旦"。今天所说的"元旦"，是公元1949年9月27日，中国人民政治协商会议第一次全体会议，在决定建立中华人民共和国的同时，也决定采用世界通用的公元纪年法，并将公历1月1日正式定为"元旦"，农历正月初一改为"春节"。

过年为什么要吃饺子？

根据文献记载，春节时候吃饺子这种习俗至迟在明代已经出现，到了清代，这种习俗已经固定下来。饺子成为春节不可或缺的节日食品，还有很多解释。年三十晚上十二点以前要包好饺子，待到半夜子时吃，这时正是农历正月初一的伊始，吃饺子取"更岁交子"之意，"子"为"子时"，交与"饺"谐音，有"喜庆团圆"和"吉祥如意"的意思。二是饺子形如元宝，人们在春节吃饺子取"招财进宝"之音。三是饺子有馅，便于人们把各种吉祥、喜气的东西包到馅里，以寄托人们对新的一年的美好期盼。正是饺子拥有丰富的寓意吉祥的文化涵义，所以中国人才慢慢形成在过年时吃饺子的习俗。

第六章 伦理学与礼仪民俗

过年给小孩压岁钱有哪些寓意?

春节拜年时,长辈要将事先准备好的压岁钱分给晚辈,据说压岁钱可以压住邪祟。传说古时候有一个身黑手白的妖精,名字叫"祟",每年除夕出来祸害小孩。于是人们就点亮灯火通宵不睡,并把铜钱放在孩子枕边以避邪,这就是"守祟"、"压祟",后来也称为"守岁"、"压岁"。晚辈得到压岁钱就可以平平安安度过一岁。

古人是怎样拜年的?

拜年是中国民间的传统习俗,直至今日仍然是人们辞旧迎新、相互表达美好祝愿的一种方式。古时"拜年"一词原有的含义是为长者拜贺新年,包括向长者叩头施礼、祝贺新年如意、问候生活安好等内容。遇有同辈亲友,也要施礼道贺。拜年一般从家里开始。初一早晨,晚辈起床后,要先向长辈拜年,祝福长辈健康长寿、万事如意。长辈受拜以后,要将事先准备好的"压岁钱"分给晚辈。给家中长辈拜完年以后,人们外出相遇时也要笑容满面地恭贺新年,互道"恭喜发财"、"四季如意"、"新年快乐"等吉祥的话语,左右邻居或亲朋好友亦相互登门拜年或相邀饮酒娱乐。明中叶陆容在《菽园杂记》卷五中说"京师元旦日,上自朝官,下至庶人,往来交错道路者连日,谓之'拜年'。然士庶人各拜其亲友多出实心。朝官往来,则多泛爱不专……"清人顾铁卿在《清嘉录》中描写,"男女以次拜家长毕,主者率卑幼,出谒邻族戚友,或止遣子弟代贺,谓之'拜年'。至有终岁不相接者,此时亦互相往拜于门……"

为什么说正月初七是"人日"?

"人日"又叫"七草节"、"人胜节"、"人庆节"、"人口日"、"人七日"等。传说女娲初创世,在造出了鸡狗猪牛马等动物后,于第七天造出了人,所以这一天是人类的生日。汉朝开始有人日节俗,魏晋后开始重视。古代人日有戴"人胜"的习俗,人胜是一种头饰,又叫彩胜、华胜,从晋朝开始有剪彩为花、剪彩为人,或镂金箔为人来贴屏风,也戴在头发上。此外还有登高赋诗的习俗。唐代之后,更重视这个节日。每至人日,皇帝赐群臣彩缕人胜,又登高大宴群臣。如果正月初七天气晴朗,则主一年人口平安,出入顺利。

为什么过年要在门上贴"福"字?

关于春节贴"福"字的来历,民间传说源于周朝的姜子牙即姜太公。这是因为姜子牙封神时,他老婆也来讨封。姜子牙说:"你嫁到我家,让我穷了一辈子,看来你是个穷命,就封你为穷神吧!"姜子牙的老婆不高兴地说:"封我为穷神,那叫我蹲在啥地方呀?"姜子牙说:"凡有福的地方你都不能去。"这事传出去以后,老百姓谁家都怕这个穷神跑到自己家,于是家家户户就都写了"福"字贴在门窗上,用以驱赶穷神。从此,贴"福"字便成了民间一种传统的习俗。民间为了更充分地体现对幸福和好运的向往和追求,许多地方还干脆将"福"字倒过来贴,以便借"倒了"的谐音表示"福气到了"的寓意。

贴春联的习俗是怎样流传下来的?

春联,俗称"门对",又名"春帖",是对联的一种,因在春节时张贴,故称春联。春联的一个源头是桃

161

符。最初人们以桃木刻人形挂在门旁以避邪，后来画门神像于桃木上，再简化为在桃木板上题写门神名字。春联的另一来源是春贴，古人在立春日多贴"宜春"二字。春联真正普及始于明代，与朱元璋的提倡有关。据史料记载，有一年过年前，朱元璋曾下令每家门上都要贴一副春联，以示庆贺。原来春联题写在桃木板上，后来改写在纸上。桃木的颜色是红的，红色有吉祥、避邪的意思，因此春联大都用红纸书写。春联堪称中华民族独创的艺术奇葩，它以雅俗共赏的特性深受世代人民喜爱。有人曾这样概括春联："两行文字，撑天柱地；一副对联，评古涵今。"贴春联，是重要的年节民俗。春节前夕，家家户户都要贴上红红的春联，一副副透着喜庆和热烈的春联表达了人们迎新纳福、企盼新生活的美好愿望。

"门神"是谁？

门神的历史很久，其前身是桃符，又称"桃板"。古代人认为桃木乃是五木之精，能辟鬼邪，故从汉朝时就有用桃木做辟邪之具。有的在桃木上刻上吉利文字，有的则刻上图形，分别形成春贴与年画。随着纸应用的广泛，桃木则被纸来代替。到后来有人把神荼和郁垒绘在年画上，贴于门上，形成了门神。可以充当门神的人物也有很多，我国各地民众敬奉的门神有：神荼、郁垒、桃人、苇索、钟馗、韦陀菩萨、伽蓝菩萨、温峤、岳飞、秦琼、尉迟恭、天官、仙童、刘海蟾、送子娘娘、马超、马岱、韩世忠、梁红玉、薛仁贵、盖苏文、孟良、焦赞、赵云、包公、海瑞、文天祥、解珍、解宝、吕方、郭盛、姚期、马武、关羽、关平、周仓、四大天王、哼哈二将、张黄苏李四将军、燃灯道人、方弼、青龙、白虎、孙膑、庞涓、魏征、徐茂功、扶苏、蒙恬、裴元庆、李元霸、岳云、狄雷、玄坛真君、无路财神、和合二仙、赐福天官、胡大海、常遇春等。

元宵节有哪些活动？

元宵节是我国民间传统节日，又称正月半、上元节、灯节。元宵习俗有赏花灯、包饺子、闹年鼓、迎厕神、猜灯谜等。宋代始有吃元宵的习俗。元宵即圆子，用糯米粉做成实心的或带馅的圆子，可带汤吃，也可炒吃、蒸吃。

为什么二月二又称"龙抬头"？

民谚曰："二月二，龙抬头。"农历二月初二前后是二十四节气之一的惊蛰。据说经过冬眠的龙，到了这一天，就被隆隆的春雷惊醒，便抬头而起。所以古人称农历二月初二为春龙节，又叫龙头节或青龙节。人所共知，龙是中华民族自古以来信仰的图腾。千百年来，人们把龙视为带神秘色彩的吉祥物。"二月二"是龙抬头的日子，就自然而然地成为民间一个重要节日了，许多习俗也多与龙有关。实际上"二月二，龙抬头"此说和古代天文学有关。中国古代用二十八宿来表示日月星辰在天空的位置和判断季节。二十八宿中的角、亢、氐、房、心、尾、箕七宿组成一个完整的龙形星座，角宿恰似龙的角。每到二月春风以后，黄昏时龙角星就从东方地平线上出现，故称"龙抬头"。

什么是"上巳节"？

上巳节是中国古老的传统节日，

第六章 伦理学与礼仪民俗

俗称三月三，该节日在汉代以前定为三月上旬的巳日，后来固定在夏历三月初三。这天，人们把荠菜花铺在灶上以及坐、睡之处，认为可除蚂蚁等虫害；把荠菜花、桐花藏在毛衣、羽衣内，认为衣服可以不蛀；妇女把荠菜花戴在头上，认为可以不犯头痛病，晚上睡得特别香甜。

什么是社日？

社日是中国古代社会的盛大节日。它起源于三代，初兴于秦汉，传承于魏晋南北朝，兴盛于唐宋，衰微于元明及清。社日是古代农民祭祀土地神的节日，一般用戊日，立春后的第五个戊日为春社，立秋后的第五个戊日为秋社，大体在春分或秋分前后。汉代以前只有春社，汉以后则有春、秋二社。春、秋二社祀神的功能有所分别，即所谓春祈秋报。春社主要是祈求土地神保佑农业丰收，秋社则以收获报答感谢神明。汉以前只有春社，汉以后开始有秋社。自宋代起，以立春、立秋后的第五个戊日为社日。社神祭祀是社日活动的中心内容。春、秋二社相比来看，春社的活动更多一些。春社按立春后第五个戊日推算，一般在二月初二前后，而二月二相传又是土地神的诞辰，所以这一天的享祀也就格外隆重。

端午节为什么要吃粽子、赛龙舟？

每年的农历五月初五，是我国的传统节日端午节。这一天，很多地方都要举行盛大的赛龙舟比赛。据说，这一风俗是为了纪念楚国诗人屈原。屈原出身于楚国的贵族家庭，从小立志要为国家建功立业。长大之后，屈原以非凡的才华，得到了楚国国君的重用。他主张改革内政，推行了一系列富国强兵的改革措施，受到百姓的欢迎。但是，这些措施触犯了贵族集团的利益。他们在楚王面前挑拨离间。昏庸的楚王不辨是非，免除了屈原的官职，并把他流放到边远的地方。公元前278年，秦将白起攻破了楚国都城郢。听到这个消息，屈原痛苦万分。五月初五，屈原怀抱青石，悲愤地跳入滚滚的汨罗江中，以死实践了自己的誓言。当地的百姓听说屈原自沉汨罗江后，都争相驾驶小船，在江上往来穿梭，希望能打捞上屈原的尸体，但是最终未能如愿。为了使屈原的尸体免受鱼虾的咬食，大家将粽子投入江中，喂食鱼虾。后来，每逢五月初五，人们都要包粽子、赛龙舟，以此来纪念屈原。

七夕节为什么被称为中国的情人节？

每年农历七月初七这一天是我国汉族的传统节日七夕节，中国民间又称"乞巧节"，其起源可以追溯到汉代甚至更早，是一个由爱情神话演绎的节日。故事主角天上的织女与人间的牛郎互相爱慕，结为夫妻，后来却被狠心的王母娘娘拆散。二人化成牛郎星、织女星，分隔在天河两岸，每年只能于农历七月初七在天河上的鹊桥相会。作为中国颇具浪漫色彩的民俗节日，"七夕节"不仅弘扬了坚贞的爱情，也蕴涵了亲情、友情和乡情，已被列入中国非物质文化遗产名录。在唐宋时期，"七夕节"非常热闹，无论在宫廷还是在民间，都有各种各样的庆祝形式。比如在宫廷会举行乞巧宴会，中间穿插很多有趣的小游戏。在民间，七月初七晚上，

163

恋人们相约，在庭院或花园里焚香拜银河、拜双星，默默祈祷自己的心愿实现。因此又被认为是"中国情人节"。

七月十五中元节有哪些民俗活动？

中元节俗称鬼节。民间传统节日。时在农历七月十五日，也有在七月十四日的。这天，家家祭祀祖先，有些还要举行家宴，供奉时行礼如仪。酹酒三巡，表示祖先宴毕，合家再团坐，共进节日晚餐。断黑之后，携带炮竹、纸钱、香烛，找一块僻静的河畔或塘边平地，用石灰撒一圆圈，表示禁区。再在圈内泼些水饭，烧些纸钱，鸣放鞭炮，恭送祖先上路，回转"阴曹地府"。过去，民间在七月初七就要通过一定仪式接先人鬼魂回家，每日晨、午、昏，供3次茶饭，直到七月十五日送回为止。现在，逐渐剔除迷信色彩，保留祭奠形式，作为对祖先的缅怀和纪念。

中秋节的起源有哪些传说？

中秋一词，最早见于《周礼》，《礼记·月令》上说："仲秋之月养衰老，行糜粥饮食。"但并没有说明是八月的哪一天。唐朝以后，中秋节才成为固定的节日。传说唐玄宗梦游月宫，得到了霓裳羽衣曲，民间才开始盛行过中秋节的习俗。一般认为，中秋节开始盛行于宋朝，元末朱元璋起兵时以月饼秘密传递"八月十五日杀鞑子（即蒙古）"讯息，洪武元年（1368年）朱元璋将月饼作为节令糕点赏赐群臣。明清时期，中秋节已经成为中国的一大传统节日。《正德江宁县志》载，中秋夜，南京人必赏月，合家赏月称为"庆团圆"，团坐聚饮称为"圆月"，出游待市称为"走月"。关于中秋节来源的传说中，嫦娥奔月的故事最著名。该传说在民间有多个版本流传，大致内容是：相传在远古时代的射日英雄后羿娶了嫦娥，并成为帝王，可是他愈来愈暴戾，多番施行恶政，成了大暴君。有一天，后羿从王母娘娘的手中求到一包不死药，只要吃了不死药，就能成仙升天。嫦娥知道后就把不死药全部吞下，然后变成了仙女，往月宫飞去。百姓们得知嫦娥奔月成仙后，纷纷在月下摆设香案，向嫦娥祈求平安吉祥，由此便逐渐形成了中秋节拜月的风俗。

重阳节都有哪些习俗？

《易经》将"九"定为阳数，两九相重，故农历九月初九为"重阳"。重阳时节，秋高气爽，风清月洁，故有出游赏景、登高望远、赏菊赋诗、喝菊花酒、吃重阳糕、插茱萸等习俗。插茱萸和簪菊花是重阳节的重要习俗，这在唐代就已经很普遍。茱萸香味浓，有驱虫去湿、逐风邪的作用，并能消积食，治寒热。民间认为九月九日也是逢凶之日，多灾多难，所以在重阳节人们喜欢佩带茱萸以辟邪求吉。茱萸因此还被人们称为"辟邪翁"。人们把茱萸佩戴在手臂上，或磨碎放在香袋里，称为茱萸囊，还有插在头上的。大多是妇女、儿童佩戴，有些地方男子也佩戴。因此，重阳节又被称为"茱萸节"。除了佩戴茱萸，人们也有头戴菊花的。古代民间在重阳节有登高的风俗，故重阳节又叫"登高节"。相传这一风俗始于东汉。登高的地点，没有统一的规定，一般是登高山、登高塔。重阳节饮菊花酒的习俗起源于晋朝大诗人陶渊明。陶渊明以隐居、作诗、饮酒、爱菊出名；后人效仿他，遂有重阳赏菊的风俗。

什么是"本命年"？

本命年就是十二年一遇的农历属相

第六章 伦理学与礼仪民俗

所在的年份，即人的岁数等于12的倍数称为本命年，俗称属相年。在传统习俗中，本命年常常被认为是一个不吉利的年份。"本命年犯太岁，太岁当头坐，无喜必有祸"的民谣是关于本命年不甚吉利的最好写照。故民间通常把"本命年"也叫做"槛儿年"，即度过本命年如同迈进一道槛儿一样。每到本命年时，汉族北方各地，不论大人小都要买红腰带系上，俗称"扎红"，小孩还要穿红背心、红裤衩，认为这样才能趋吉避凶、消灾免祸。这种习俗到今天仍在各地流行，每逢春节，市场上到处有出售"吉祥带"、"吉祥结"的红黄绸带，本命年的人们将之系在腰间、手腕上，这样便可消解灾祸、化凶为吉。

古代结婚有哪些程序？

古人结婚讲究三书六礼，极为周全。所谓三书，就是奉行六礼应备有的文书，即聘书、礼书和迎书。聘书是男家交予女家的用作确定婚约的书柬；礼书是女家详细列明过大礼时的物品和数量的书信；迎书则是迎亲当日，男方送给女方的书柬。而六礼则是指纳采、问名、纳吉、纳征、请期、亲迎等六种礼节。纳采即提亲，问名则是问女方的名字和出生年月，这两项主要由男方请的媒人负责。纳吉又称过文定，男家会请算命先生根据男女双方的年庚八字推算双方是否相配，以决定这婚事是否吉利。八字相合，这门亲事也就定下来了。纳征亦称纳币，即男方家以聘礼送给女方家，又称过大礼。女家接受男方的聘礼，称之为许缨。请期又称择日，即男家择定婚期，备礼告知女方家，求其同意。最后就是亲迎了，即新郎亲至女家迎娶。六礼已毕，只意味着完成了成妻之礼，还需在次日完成"谒舅姑"，即拜见公婆。若公婆已故，则于三月后至家庙参拜公婆神位，称为"庙见"。

结婚为何要"拜堂"？

拜堂也称拜天地、拜高堂、拜花堂，是旧时举行婚礼时，新郎新娘参拜天地后，复拜祖先及男方父母、尊长的仪式。新郎、新娘进门后，接着就要"拜堂"，又称"拜天地"。拜堂的地方一般在洞房门前，设一张供桌，上面供有天地君亲师的牌位，供桌后方悬挂祖宗神幔。新郎、新娘就位后，由两位男宾唱导，行三跪九叩礼，参拜天地、祖宗和父母。然后女东男西，行夫妻对拜礼。拜堂始自唐代，自皇室至士庶，普遍行之。宋以后，风行全国，所拜为天地、祖宗、舅姑（公婆），并夫妻交拜，表示从此女子成为男家家族的一员，因而成为婚礼过程中最重要的大礼。近代"拜堂"范围扩大，除天地祖先尊亲及交拜外，更须拜毕家族尊亲、友好宾朋。乡村于新婚次日拜宗祠后，尚须拜揖乡党邻里，婚礼始告成立。

为什么新娘要用红布盖头？

盖头出现在婚礼中的历史很长，出嫁盖红盖头的习俗也曾经在我国许多地区广泛流传。新娘戴盖头婚俗一般的做法是新娘出嫁上轿前戴上盖头，到夫家拜堂时或入洞房后，由新郎用秤杆或机杼等物挑去。这一做法始于东汉。因东汉魏晋时期，社会动荡不安，人们来不及履行繁琐的婚姻仪式，遇到良辰吉日就匆忙完婚。这种"拜时婚"不符合

165

当时"礼"的程序,因而就用纱布蒙住新娘头脸以遮羞。这在当时本属权宜之计,后人却习非为是,使之成为世代沿袭和传承的婚姻习俗。

盖头的来历还有一个传说,据唐朝李冗的《独异志》载:在宇宙初开的时候,天下只有伏羲和女娲兄妹二人。为了繁衍人类,兄妹俩商议之后决定配为夫妻,但他俩又觉得十分害羞。于是他俩向天祷告说:"天若同意我兄妹二人为夫妻,就让空中的几个云团聚合起来;若不许,就叫它们散开吧。"话音一落,天上的几个云团就聚合为一了。于是,兄妹俩就成亲了。新娘子女娲为了遮盖羞颜,就用草结成扇子来遮挡面庞。后人以轻柔、美观的丝织品代替草编的扇,逐渐形成了盖盖头的婚俗。之所以选用红色的盖头,是因为红色在古人心中是吉祥喜庆的象征。

为什么新郎要给新娘穿新鞋?

新郎在接亲时给新娘穿上新鞋,是我国民间的一种习俗。这种习俗源于妇女缠足的陋习。从南唐妇女开始缠足以来,脚的大小已成为衡量女性美的关键。但是,封建时代,男女婚姻凭父母之命,媒妁之言,双方不见面,媒婆说媒时,只好要来女方的鞋样儿,供男方定夺。为防受骗,男方同意了就留下鞋样,按照尺寸做一双绣花鞋连同订婚礼物一并送至女家。成亲时,新娘必须穿上这双绣花鞋。辛亥革命以后,革除了缠足陋习,但送鞋之俗仍流传下来,并演变成接亲时由新郎给新娘穿鞋。当然,女方所穿之鞋不一定是由男方赠送的。

传统婚嫁有哪些禁忌?

一、出嫁时间的禁忌

出嫁的时间要尽量避开这三个月份:六月,三月和七月。传统习俗认为在农历六月完婚的新娘又称"半月妻",因为六月是整年的一半,六月新娘即等于半个新娘,相当于有前无后,夫妇婚后容易离异。倘若家中突然有直系亲属辞世,那么该年均不宜办喜事也不宜去婚姻登记,否则是"生入死出"的冲犯。另外农历的三月和七月是鬼魂多出没的日子。对长辈来说,以上这几个特殊月份完婚意头都不太好,所以要尽量避开。

完婚后三日,新郎陪同新娘回娘家,俗称"回门",回门当天须在日落前赶回夫家,如果实在来不及,新人在女方家留宿,切记不可同房,必须要分开睡,以免因此给娘家人造成晦气。除此之外,新人最好不要在外过夜。新婚的四个月内也禁止参加任何的婚丧喜庆。

二、出嫁仪式的禁忌

安新床后到新婚前夜,准新郎最好找个未成年的男童一同睡新床,否则犯了睡空床的禁忌,所谓"困空铺,不死尪,亦死某",认为是凶兆。新郎到新娘家中迎娶新娘,新娘离家时应喜极而泣,且哭的越快越大声越好,这叫留下"水头"旺女家,有越哭越发之意。如若在迎亲途中遇上另一队迎娶车队,这情况叫"喜冲喜",会抵消彼此的福份,所以需互放鞭炮,或由双方媒人交换事先预备好的花朵来化解。当新娘步入男家时,翁姑二人以及孕妇和守孝之人要做回避,以防相冲。

三、出嫁方位地点要注意

安新床时要把床置放正位,不要与桌子衣橱或任何物件的尖角相对。新

第六章 伦理学与礼仪民俗

床也需放置一些吉利好兆头的物品在床上，例如百合、红枣、莲子，意喻百年好合，早生贵子等。新娘进男方家门时，如有门槛，要跨过去，还要小心不要踩到新郎的鞋子。结婚当天直到晚上就寝前，任何人都不准接触新床。新娘当天更不可碰到床边。

四、婚礼中事物的禁忌

新娘子结婚当天所穿的所有礼服、婚纱、鞋子等都应是全新的，且礼服避免有口袋，因口袋多能带走娘家财运，所以最好选择无口袋的。新娘手捧花忌选生花，生花容易枯萎，婚事讳之。如若要选，最好选择连招花和石榴。连招花其状意喻闺女出嫁，石榴意喻多子多孙。新婚的对联最迟也要在结婚前夕挂上，完婚满一个月后要除下，且选购对联时，男女双方各自的对联要分清。

为何称岳父为"泰山"？

自唐代开始，"泰山"、"岳父"便成了妻父的专称。唐人段成式在《酉阳杂俎·语资》中讲到了这个岳父别称的由来：唐明皇李隆基泰山封禅时，当时的宰相张说被任命为封禅使。按照当时惯例，封禅以后，三公以外的随行官员都可晋升一级。张说的女婿郑镒本是九品小官，封禅之后却连升四级，骤迁五品。唐明皇大宴群臣的时候，看见郑镒穿着绯红的五品官服，很是奇怪，就问郑镒为什么升得这么快。郑镒一下子懵了，不知道该怎么回答。旁边一个宫廷戏子黄幡绰把话接过来说："这都是泰山的力量！""泰山"在此一语双关，与其说是泰山成全了郑镒，不如说是他的岳父。此后，泰山也就成为了妻父的代称。又因泰山又称"东岳"，所以，又将妻父称为"岳父"、"岳翁"、"家岳"，妻母则称为"岳母"或"泰水"了。

为何民间忌讳"七十三、八十四"这两个岁数？

中国人在年龄问题上往往有很多忌讳。在民间，我们常常听到老人说"七十三、八十四，阎王不请自己去"。"能过七十三，难过八十四"。也就是通常认为"七十三"、"八十四"这两个年龄是人寿命的"坎儿"。那么为什么会有这种说法呢？"七十三"和"八十四"并不是特高的年龄啊。据有关文献记载，孔子活了七十三岁，孟子活了八十四岁（皆为虚岁）。在封建社会中，孔子被尊为"圣人"，孟子被尊为"亚圣"。所以他们归天的年龄，也就被后人看成是大不吉利的事情和难以逾越的界限了。所以才有"七十三"、"八十四"是"坎儿"的说法。虽然这种说法毫无科学依据，但由于它源于厚重、深远的中国传统文化，因此在民间是比较受认同的。

使用筷子有哪些禁忌？

中国是筷子的发源地，以筷进餐少说已有3000年历史。在长期的生括实践中，人们对使用筷子也形成了一些礼仪上的忌讳：

一忌敲筷。即在等待就餐时，不能坐在餐边，一手拿一根筷子随意敲打，或用筷子敲打碗盏或茶杯。

二忌掷筷。在餐前发放筷子时，要把筷子一双双理顺，然后轻轻地放在每个人的餐桌前；距离较远时，可以请人递过去，不能随手掷在桌上。

三忌叉筷。筷子不能一横一竖交叉摆放，不能一根是大头，一根是小头。筷子要摆放在碗的旁边，不能搁在碗上。

四忌插筷。在用餐中途因故需暂时离开时，要把筷子轻轻搁在桌子上或餐碟边，不能插在饭碗里。

五忌挥筷。在夹菜时，不能把筷子在菜盘里挥来挥去，上下乱翻，遇到别人也来夹菜时，要有意避让，谨防"筷子打架"。

六忌舞筷。在说话时，不要把筷子当作刀具，在餐桌上乱舞；也不要在请别人用菜时，把筷子戳到别人面前，这样做是失礼的。

什么是"赘婚"？

赘婚，又称"入赘"、"招赘"、"招赘女婿"，俗称"倒插门"。赘婚是男嫁女娶，夫以妻居的一种旧式婚姻。这是一种男子就婚于女家，以女家作为主体关系的婚姻形式。赘婚这一习惯的形成，因素不一。有因女方种种困难，乏人照料，故招婿以服役者；有因女不忍离开父母，求侣有心，故招婿以入赘者；有因女家境况穷困，家口以单，故招婿以防穷养老者；有因家有女无子，恐世代自此绝，故招婿以接嗣传代者；有因兄弟众多，或随其所欲，或无力婚娶，故愿就赘于女家者，凡此种种。大多入赘改姓，也有不改姓的。受赘者一般在家庭中地位较低，在社会上受人歧视。

为什么"前不栽桑，后不栽柳"？

古时人们对在庭院中栽什么树是有忌讳的。有一个"三不栽"的谚语："前不栽桑，后不栽柳，院中不栽鬼拍手"。因为桑与"丧"谐音，喻示院前"发丧"；柳与"流"谐音，喻示钱财从后院"流"走；"鬼拍手"是杨树，杨树叶被风吹动时"哗哗"作响，使庭院不能保持安静。因此，在庭院的这些地方是忌讳栽这三种树的。

古人用什么东西洗头、洗澡？

古代人洗头发的有皂角或者猪苓。猪苓是富裕些的人才用的，猪苓里加了些香料，用后会有比较浓郁的香气。平常人就用皂角洗头发。也有用淘米水洗头的。秦汉时，已形成了三日一洗头、五日一沐浴的习惯。以至于官府每五天给的一天假，也被称为"休沐"。古人也用胰子，澡豆洗澡。唐朝的胰子兼有冻疮膏的作用。高档一点的称为"面药"和"口脂"，用来涂脸和嘴。宫中在冬天会发给官员。

女子缠足的陋习是怎样形成的？

缠足是中国封建社会特有的一种装饰陋习。其具体做法是用一条狭长的布带，将妇女的足踝紧紧缚住，从而使肌骨变态，脚形纤小屈曲，以符合当时的审美观。在缠足时代，绝大多数妇女大约从四五岁起便开始裹脚，一直到成年之后，骨骼定型，方能将布带解开；也有终身缠裹，直到老死之日。相传南唐李后主的嫔妃窅娘，美丽多才，能歌善舞，李后主专门制作了高六尺的金莲，用珠宝绸带缨络装饰，窅娘以帛缠足，使脚纤小屈上作新月状，再穿上素袜在莲花台上翩翩起舞，从而使舞姿更加优美。于是人人都开始效仿窅娘缠足。

缠足是一种摧残肢体正常发育的行为。缠足的女子不仅在实际生活中有种种不便，而且在整个裹脚过程中，妇女要承受极大的伤残痛苦。这种陋习却成为社会风俗，绵绵数百年。究其原因，大致有四：一是有利于把妇女禁锢在闺阁之中，对她们的活动范围加以严格的限制，以符合"三从四德"的礼教，从

第六章　伦理学与礼仪民俗

而达到按男子的欲望独占其贞操的目的。二是缠足使妇女的腰髋部发达，影响骨盆，从而更好地承当作为延嗣后代的生育工具的任务。三是统治者的意志对天下百姓的影响，关于裹脚的起源的几个说法，都与统治者们发生了关系，这也说明了这个原因。四是封建士大夫病态的审美观使然，许多封建文人士大夫视女人如玩物，病态审美，赏玩小脚成为癖好。

"龙生九子"都有谁？

古时民间有"龙生九子，不成龙，各有所好"的传说。但九子是什么，说法也不同。《中国吉祥图说》中龙之九子为：

老大囚牛，喜音乐，蹲立于琴头；

老二睚眦，嗜杀喜斗，刻镂于刀环、剑柄吞口；

老三嘲风，平生好险，今殿角走兽是其遗像；

四子蒲牢，受击就大声吼叫，充作洪钟提梁的兽钮，助其鸣声远扬；

五子狻猊，形如狮，喜烟好坐，倚立于香炉足上，随之吞烟吐雾；

六子霸下（也有另一种名字，蚣蝮，又名赑屃），似龟有齿，喜欢负重，碑下龟是也；

七子狴犴，形似虎好讼，狱门或官衙正堂两侧有其像；

八子负屃，身似龙，雅好斯文，盘绕在石碑头顶；

老九螭吻，又名鸱尾或鸱吻，口润嗓粗而好吞，遂成殿脊两端的吞脊兽，取其灭火消灾。

《诸神由来》一书说《升庵外集》记载龙之九子是：赑屃，形似龟好负重，即碑下龟；螭吻，形似兽，性好望，站屋脊；饕餮，好食，立鼎盖；蚣蝮，好立，站桥柱；椒图，似螺蚌，性好闭，立于门首；金猊，形似狮，好烟火，立于香炉；再加上蒲牢、狴犴、睚眦三个，恰为龙之九子。

传说中的凤凰是什么样的？

凤凰是中国古代传说中的百鸟之王，和龙一样为汉族的民族图腾。神话中说，凤凰每次死后，会周身燃起大火，然后其在烈火中获得重生，并获得较之以前更强大的生命力，称之为"凤凰涅槃"。如此周而复始，凤凰获得了永生。据《尔雅·释鸟》郭璞注，凤凰特征是："鸡头、燕颔、蛇颈、龟背、鱼尾、五彩色、高六尺许，……，出于东方君子之国，翱翔四海之外，过昆仑，饮砥柱，濯羽弱水，莫宿风穴，见则天下安宁。"郭璞描述了凤凰的样子：形体甚高，约六尺至一丈；具有柔而细长的脖颈；背部隆起；喙如鸡，颔如燕；羽毛上有花纹；尾毛分叉如鱼；以植物为食；凤鸟雌雄鸣叫不同声；好结集为群，来则成百；不善飞行；穴居；足脚甚高，体态如鹤，行走步态倨傲而善于舞蹈。

龟有着怎样的祥瑞意义？

龟长寿，而且能预知吉凶，是我国四灵之一，《礼记·礼运》云："何谓四灵，麟凤龙龟，谓之四灵"，宋代的《十三经注疏》载："象物，有象在天……麟、凤、龙、龟谓之四灵。"《述异记》载："龟一千年生毛，寿五千岁谓之神龟，寿一万年曰灵龟"。《抱朴子·论仙》载："谓生必死，而龟鹤长寿焉。知龟鹤之遐寿，故效其导引以增年。"《洛书》曰："灵龟者黝文五色神灵之精也，能见存亡明于吉凶。"《洪范·五行》曰："龟之言久也，千岁而灵，此禽兽而知吉凶者也。"《淮南子》："必问吉凶于龟者,以其历久岁矣。"

鹿有着怎样的祥瑞意义?

鹿崇拜在中国属于原始动物崇拜,同时,还被纳入神学政治的范畴之中。《宋书·符瑞志》云："白鹿,王者明惠及下则至。"《瑞应图》亦曰："王者承先圣法度,无所遗失,则白鹿来。"后来,当人们崇拜神仙时,白鹿又被当作仙家的神畜。中国的蒙古族古代崇拜白鹿,在《蒙古秘史》一书中早有白鹿与始祖神诞生的神话传说。满族中有《抓罗妈妈》鹿神神话。在养驯鹿的鄂伦春、鄂温克族和打猎的赫哲人中,鹿常常是萨满巫师的神灵,并以为萨满常化成鹿形出现,甚至于萨满巫术中都坚信萨满的真魂可以化为鹿身斗法,鹿胜则萨满胜,鹿死则萨满生命也终结。在民间,鹿还以长寿仙兽的形象出现,在多种场合用以表达祝寿、祈寿的主题。此外,鹿还与"禄"谐音,象征福气、俸禄。

鹤有着怎样的祥瑞意义?

传说中的仙鹤,就是丹顶鹤。丹顶鹤羽色素朴纯洁,体态飘逸雅致,鸣声超凡不俗,在《诗经·鹤鸣》中就有"鹤鸣于九皋,声闻于野"的精彩描述。在中国古代神话和民间传说中被誉为"仙鹤",成为高雅、长寿的象征,在诗词和中国画中,常被文学家、艺术家作为主题而称颂。由于丹顶鹤的寿命可达50～60年,所以自古以来人们把它作为长寿的象征,并常把它同松树绘在一起叫做《松鹤图》。

鸳鸯有着怎样的祥瑞意义?

鸳鸯,古人称之为匹鸟,其形影不相离,飞则共振翅,游则同嬉水,栖则连翼交颈而眠,如若丧偶,后者终身不再匹配。民间将其视为爱情的象征。鸳鸯在人们的心目中是永恒爱情的象征,是一夫一妻、相亲相爱、白头偕老的表率,甚至认为鸳鸯一旦结为配偶,便陪伴终生,即使一方不幸死亡,另一方也不再寻觅新的配偶,而是孤独凄凉地度过余生。以鸳鸯比作夫妻,最早出自唐代诗人卢照邻《长安古意》诗,诗中有"愿做鸳鸯不羡仙"一句,赞美了美好的爱情。

喜鹊有着怎样的祥瑞意义?

喜鹊是自古以来深受人们喜爱的鸟类,是好运与福气的象征,农村喜庆婚礼时最乐于用剪贴"喜鹊登枝头"来装饰新房。在中国的民间传说中,每年的七夕人间所有的喜鹊会飞上天河,搭起一座鹊桥,引分离的牛郎和织女相会,因而在中华文化中鹊桥常常成为男女情缘。古人认定,喜鹊一年到头,不管是鸣还是唱,不管是喜还是悲,不管是在地上还是在枝

喜鹊登梅

第六章 伦理学与礼仪民俗

头，不管是年幼还是衰朽，不管是临死还是新生，发出的声音始终都是一个调，一种音。而儒家眼中的圣贤、君子，就是要表现得像喜鹊那样恒常、稳定、明确、坚毅、始终如一。因此，儒家经常要求人们向喜鹊学习，把喜鹊当成圣贤的某种模板。

蝙蝠有着怎样的祥瑞意义？

蝙蝠省称"蝠"，因"蝠"与"福"谐音，人们以蝠表示福气，福禄寿喜等祥瑞，是幸福的象征，福列于福、禄、寿、喜之首。民间绘画中画五只蝙蝠，意为《五福临门》。旧时丝绸锦缎常以蝙蝠图形为花纹。婚嫁、寿诞等喜庆妇女头上戴的绒花（如"五蝠捧寿"等）和一些服饰、器物上也常用蝙蝠造型，因为"蝙蝠"寓"遍福"，象征幸福、如意或幸福延绵无边。

三脚蟾蜍为什么能成为财富的象征？

传说神仙列传中有一位叫刘海蟾的人，他是八仙之一吕洞宾的入门弟子，他云游四海时，收伏了一只会变钱的三只脚的蟾蜍，由于刘道长最喜布施，这只会变钱的三只脚金蟾，刚好帮他变出钱来布施贫民。因此民间才会将它视为招财进宝的风水法器。

中国古语有"月中有蟾蜍"，是以"蟾"为"月"代称，故古语又称"月宫"为"蟾宫"，中国古代壁画中，常有在一个圆轮上刻画三足式的蟾蜍，以象征"日"、"月"，喻逢凶化吉，带来好运。以天然玉石雕刻的三脚蟾摆件，除具有驱毒的功能，以防百病及不吉之事，又能招正财，善吸偏财，利各行各业，不与任何生肖相冲，故以玉石按"三静"要求而雕刻的三脚蟾，自古以来为各方人士所收藏摆放，以利己避害。

为什么有"麒麟送子"之说？

麒麟送子是我国古时候祈子法的一种。传说中，麒麟为仁兽，是吉祥的象征，能为人带来子嗣。相传孔子将生之夕，有麒麟吐玉书于其家，上写"水精之子孙，衰周而素王"，意谓他有帝王之德而未居其位。民间有"麒麟儿"、"麟儿"之美称。南北朝时，对聪颖可爱的男孩，人们常呼为"吾家麒麟"。此后有"麒麟送子图"之作，作为木版画，上刻对联"天上麒麟儿，地上状元郎"，以此为佳兆。民间普遍认为，求拜麒麟可以生育得子。

什么是饕餮？

"饕餮"是中国古代传说中的神兽，是传说中的龙的第五子。它最大特点就是能吃。它是一种想象中的神秘怪兽。这种怪兽没有身体，只有一个大头和一个大嘴，十分贪吃，见到什么吃什么，最终把自己的身体也吃掉了，由于吃得太多，最后被撑死了。它是贪欲的象征，所以常用来形容贪食或贪婪的人。但是在现代餐饮业中，饕被引申为"会吃"，"饕民"一词便是那些爱吃、会吃的食客的专属美称，而不少美食者也欣然自称"饕民"。

"岁寒三友"、"花中四君子"分别指什么？

"岁寒三友"指松、竹、梅。松，是耐寒树木，经冬不凋，常被看作刚正节操的象征。竹，也经冬不凋，且自成美景，它刚直、谦逊，不亢不卑，潇洒处世，常

171

岁寒三友

被看作不同流俗的高雅之士的象征。梅，迎寒而开，美丽绝俗，是坚韧不拔的人格的象征。

"花中四君子"指梅、竹、兰、菊。兰，一则花朵色淡香清，二则多生于幽僻之处，故常被看作是谦谦君子的象征。菊，它不仅清丽淡雅、芳香袭人，而且具有傲霜斗雪的特征；它艳于百花凋后，不与群芳争列，故历来被用来象征恬然自处、傲然不屈的高尚品格。"梅、竹"见"岁寒三友"。

中国"十大名花"都有哪些？

中国十大名花分别指"天下第一香"的兰花，象征君子的梅花，"花中之王"牡丹，"花中仙子"荷花，"四君子"之一的菊花，"花中皇后"月季，"九里飘香"桂花，"花中西施"杜鹃花，"凌波仙子"水仙花和"花中珍品"山茶花。这十种花分别蕴含着我国不同层面的精神文化底蕴，有着深厚而浓重的历史内涵，各自在花卉界中独树一帜，标志着我国传统文化的非凡意义。

第七章 艺 术

什么是五声？

五声，又叫"五音"。古代指宫、商、角、徵、羽五个音，近似现代音乐简谱的1、2、3、5、6，后来又加上二变，即变宫、变徵，变宫近似现代音乐简谱中的"7"，变徵近似现代音乐简谱中的"4"。我国传统的音乐中没有和"4"相当的音。五音加二变，合起来叫做"七音"或"七声"，这样就形成了一个七声音阶：宫（1）、商（2）、角（3）、变徵（4）、徵（5）、羽（6）、变宫（7）。大的分类方向为三：清乐调式、雅乐调式、燕乐调式。五声与我国古代的阴阳五行、五味、五色、五谷等朴素的理论形式一样，是我国早期整体化的美学观，被西方人看作是整个东方音乐的基本形态。

什么是雅乐？

"雅乐"的意思即"优雅的音乐"。雅乐是中国古代的宫廷音乐。雅乐的体系在西周初年制定，与法律和礼仪共同构成了贵族统治的内外支柱。以后一直是东亚乐舞文化的重要组成部分。宫廷雅乐乐谱在中国已失传，只有韩国、日本及越南尚有保存。乐曲依序分为"序"、"破"、"急"三个乐章。主要分为国风歌舞、外来歌舞和日式歌舞三类。雅乐的主要乐器是编钟和编磬。相对于雅乐而言，俗乐则是春秋战国以后产生于诸侯国民间，具有粗犷，鲜活成分，并为诸候所欣赏的音乐。

什么是十二律？

古乐的十二调，是古代的定音方法，产生在我国春秋战国时期。即用三分损益法将一个八度分为十二个不完全相同的半音的一种律制。各律从低到高依次为：黄钟、大吕、太簇、夹钟、姑洗、仲吕、蕤宾、林钟、夷则、南吕、无射、应钟。

什么是燕乐？

燕，也通"宴"，所谓燕乐就是"宴乐"，是古代达官贵人们在宴会上所奏之乐，能为重官所娱所用。与在祭祀、典章等正式场合所奏的代表一定等级、威严的雅乐正好相反。燕乐是六朝清商乐在结合了西域胡乐之后而形成的，如宋人沈括在《梦溪笔谈》中所说："先王之乐为雅乐，前世新声为清乐，合胡部为燕乐。"是指汉族俗乐与外来（外国或外族）音乐的总称。燕乐是我国古代音乐史上的一座巍然高峰，对后世的词乐、曲乐均有着深远的影响。可以说，唐宋曲子词之"曲"，宋元曲之"曲"，皆源于隋唐燕乐。由于年代悠远，古代典籍中燕乐资料所存甚少，且又零散，专论燕乐的著作更是少之又少。近世专论燕乐者，也只有清人凌廷堪的《燕乐考源》、日本林廉三的《隋唐燕乐研究》和近人丘琼荪的《燕乐探微》，世称"燕乐三书"。然而，由于历史资料和乐谱资料匮乏的缘故，留下诸多遗憾。

什么是清商乐？

清商乐是三国、两晋、南北朝兴起并在当时音乐生活中占居主导地位的一种音乐。它是晋室南迁之后，旧有的相和歌和由南方民歌发展起来的"吴声"、"西曲"（或称"吴歌"、"荆楚西声"）相结合的产物，是相和歌的直接继续和发展。它与相和歌的一个显著不同之处，是它的作品绝大多数皆以爱情为题材，较少触及社会矛盾的现实内容。其风格一般都较纤柔绮丽，但也有许多确实具有清新自然之美。主要用于官宦、巨贾宴饮、娱乐等场合，也用于宫廷元旦朝会、宴飨、祀神等活动。

什么是八音克谐？

"八音"在我国古典音乐史上，是一个专有名词。具体、明确地体现了古代乐器分类法。八音，即金、石、土、革、丝、木、匏、竹这八类。8类乐器是我国先秦时期劳动人民创造的8大类传统乐器，即"华夏旧器"，为后世雅乐所专用。"八音克谐"语出《尚书》："诗言志，歌永言，声依永，律和声，八音克谐，天相夺伦，神人以合。"意为诗歌咏唱、乐器演奏都要有条不紊、井然有序。必须"金石以动之，丝竹以行之，诗以道之，歌以咏之，匏以宣之，瓦以赞之，革木以节之。"才能达到美妙和谐、悦耳动听，神人以合的理想境界。不难看出"八音克谐"是《尚书》中美学观点的重要表达。"八音克谐"中所蕴涵的"和"这一美学概念，是现存古籍中的最早记载。所反映的多样统一的美学观点，在中国音乐史上有深远的意义。由于在中国早期社会中，诗、歌、舞是紧密联系不可分割的，故"八音克谐"不仅是对音乐整体协调性的要求，也是对全部文艺作品的整体协调性的要求。

古琴是一种什么样的乐器？

古琴，亦称瑶琴、玉琴、七弦琴，为中国最古老的弹拨乐器之一，古琴是在孔子时期就已盛行的乐器。一般长约三尺六寸五（约120～125厘米左右），象征一年365天（一说象征周天365度）。一般宽约六寸（20厘米左右）。厚约二寸（6厘米左右）。琴体下部扁平，上部呈弧形凸起，分别象征天地。整体形状依凤凰身形而制成，其全身与凤身相应（也可说与人身相应），有头、颈、肩、腰、尾、足。古琴最初只有五根弦，内合五行，金、木、水、火、土；外合五音，宫、商、角、徵、羽。后来文王因于羑里，思念其子伯邑考，加弦一根，是为文弦；武王伐纣，加弦一根，是为武弦。合称文武七弦琴。

编钟是一种什么样的乐器？

编钟是我国古代的一种打击乐器，用青铜铸成，它由大小不同的扁圆钟按照音调高低的次序排列起来，悬挂在一个巨大的钟架上，用丁字形的木锤和长形的棒分别敲打铜钟，能发出不同的乐音，因为每个钟的音调不同，按照音谱敲打，可以演奏出美妙的乐曲。编钟的发声原理大体是，编钟的钟体小，音调就高，音量也小；钟体大，音调就低，音量也大，所以铸造时的尺寸和形状对编钟有重要的影响。在中国古代，编钟是上层社会专用的乐器，是等级和权力的象征。

箫是一种什么样的乐器？

箫源于远古时期的骨哨，又名洞箫、单管、竖吹，是一种非常古老的吹奏乐器。它一般由竹子制成，吹孔在上端。以"按音孔"数量区分为六孔箫和八孔箫两种类别。箫适于演奏低沉委婉的曲调，寄托宁静悠远的遐思，表现细腻丰富的情感。因其音量较小，音色柔和，甘美而幽雅，适于独奏和重奏。

古筝是一种什么样的乐器？

古筝是古老的民族乐器，结构由面板、雁柱、琴弦、前岳山、弦钉、调音盒、琴足、后岳山、侧板、出音口、底板、穿弦孔组成；筝的形制为长方形木质音箱，弦架"筝柱"（即雁柱）可以自由移动，一弦一音，按五声音阶排列，最早以25弦筝为最多（分瑟为筝），唐宋时有弦13根，后增至16根、18弦、21弦等，目前最常用的规格为21弦。

琵琶是一种什么样的乐器？

琵琶又称"批把"，是中国古代的一种弹拨乐器，最早的史载见于汉代刘熙的《释名》中《释乐器》部分。其是由"头"与"身"构成，头部包括弦槽、弦轴、山口等。身部包括相位、品位、音箱、覆手等部分。其一弦为钢丝，二、三、四弦为钢绳尼龙缠弦。琵琶发声十分特殊，它的泛音在古今中外的各类乐器中居首位，不但音量大，而且音质清脆明亮。同时，琵琶发出的基音中又伴有丰富的泛音，这种泛音能使琴声在传播中衰减小，具有较强的穿透力，在平静的空旷地弹奏时，用它演奏重强音时的琴声能传到二三里地以外。被称为"民乐之王"，"弹拨乐器之王"。

葫芦丝是一种什么样的乐器？

葫芦丝，又称"葫芦箫"，是云南少数民族乐器，主要流传于傣、彝、阿昌、德昂等民族中。葫芦丝发源于德宏傣族景颇族自治州梁河县，主要流行于傣、阿昌、佤、德昂和布朗等族聚居的云南德宏、临沧地区，富有浓郁的地方色彩。葫芦丝可分为高、中、低音三种类型，常用的调为降B、C、D等调。常用于吹奏山歌等民间曲调，最适于演奏旋律流畅的乐曲或舞曲，曲调中一般长音较多，合音丰富，乐声柔美和谐，能较好抒发演奏者的思想感情。其音色轻柔细腻，圆润质朴，柔美迷人，极富表现力。

箜篌是一种什么样的乐器？

箜篌是一种十分古老的弹弦乐器，最初称"坎侯"或"空侯"，在古代除宫廷雅乐使用外，在民间也广泛流传，有卧箜篌、竖箜篌、凤首箜篌三种形制。从14世纪后期不再流行，以致慢慢消失，只能在以前的壁画和浮雕上看到一些箜篌的图样。其音箱设在向上弯曲的曲木上。凤首箜篌形制似与竖箜篌相近，因常以凤首为装饰而得名，其音箱设在下方横木的部位，向上的曲木则设有轸或起轸的作用，用以紧弦。

什么是江南丝竹？

中国传统器乐丝竹乐的一种，流行于江苏南部和浙江一带。江南丝竹乐队编制比较灵活，以二胡、笛子为两件主要乐器，一般三至五人，多亦可七八人。弹弦乐器有小三弦、琵琶、扬琴；管乐器还有箫、笙；打击乐器有鼓、板、木鱼、碰铃等。江南丝竹乐合奏在突出主要乐器二胡、笛子的基本原则下，其它乐器灵活自如地、依据一定的规律特点相互对比烘托，默契协调，获得独特的韵味。其最大的特点之一就是演奏风格精细，在合奏时各个乐器声部既富有个性而又互相和谐。乐曲多来自于民间婚丧喜庆和庙会活动的风俗音乐，有的是长期流传于民间的古典曲牌。江南丝竹著名的八首乐曲是《欢乐歌》、《云庆》、《老三六》、《慢三六》、《中花六板》、《慢六板》、《四合如意》、《行街》。

二胡是一种什么样的乐器？

二胡又名"胡琴"，唐代称"奚琴"，宋代称"嵇琴"，过去主要流行于长江中下游一带，故又称为南胡。二胡的构造比较简单，由琴筒、琴杆、琴皮、弦轴、琴弦、弓杆、千斤、琴码和弓毛等组成。声源来自于琴弦的振动。其演奏集中于中高音域的表现，音色接近人声，情感表现力极高，广为大众接受。

三弦是一种什么样的乐器？

三弦，又称"弦子"，我国传统弹拨乐器。柄很长，音箱方形，两面蒙皮，弦三根，侧抱于怀演奏。音色粗犷、豪放。可以独奏、合奏或伴奏，普遍用于民族器乐、戏曲音乐和说唱音乐。其音量较大，音色浑厚，变化的幅度较大。分小三弦与大三弦两种。北方各种大鼓、单弦等曲艺，多用大三弦伴奏，南方的弹词类曲艺、昆曲等剧种和丝竹类器乐合奏，多用小三弦。

瑟是一种什么样的乐器？

瑟是我国古代最早的弹弦乐器，形状似琴，有25根弦，弦的粗细不同。每弦瑟有一柱。按五声音阶定弦。最早的瑟有五十弦，故又称"五十弦"。瑟，先秦便极为盛行，汉代亦流行很广，南北朝时常用于相和歌伴奏，唐时应用颇多，后世渐少使用。

缶是一种什么样的乐器？

"缶"亦作"瓿"，是我国古代的贵族才可以使用的器具，同时也是一种乐器，缶的形状很像一个小缸或火钵。按《说文解字》解释："缶，瓦器，所以盛酒浆，秦人鼓之以节歌。"在中国古代典籍中，多次提到击缶，如我们熟知的战国时渑池之会中蔺相如请秦王击缶等。在2008年北京奥运会上，击缶更是作为开场节目而大放异彩。

编磬是一种什么样的乐器？

磬是古代打击乐器的一种，多用于宫庭雅乐或盛大祭典。编磬就是把若干只磬排成一组，悬挂在木架上，用小木槌敲打奏乐，每磬发出不同的音色，以演奏旋律。一般编磬由十六枚石片（石磬），按照十二种音律的次序，横列成上下两排而组成。它的音色，除黄钟、大吕、太簇、夹钟、姑洗、仲吕、蕤宾、林钟、夷则、南吕、无射、应钟等十二正律外，又加四个半音，演奏打击时，发出不同音响。

中国传统的鼓分为几类？

鼓是我国传统的打击乐器，"八音"

中的"革"指的就是鼓。古代的鼓多用于诗、乐、舞以及劳动、祭祀、战争和庆典之中。在中国古代打击乐器中，鼓类乐器是起源最早的，而且说法不一。其种类和名称有数百种之多。从制作材料上可分为土鼓、木鼓、铜鼓等；从鼓的形状上有大鼓、小鼓、手鼓、花盆鼓等；从鼓的功用上还可分为节气鼓、钟楼鼓等等。

中国古典"十大名曲"有哪些？

中国十大古典名曲有《高山流水》、《梅花三弄》、《夕阳箫鼓》、《汉宫秋月》、《阳春白雪》、《渔樵问答》、《胡笳十八拍》、《广陵散》、《平沙落雁》、《十面埋伏》。

古曲《胡笳十八拍》表达了作者怎样的思想感情？

《胡笳十八拍》是古乐府琴曲歌辞，相传是蔡文姬所作。一章为一拍，共十八章，故有此名，反映的主题是"文姬归汉"。汉末战乱中，蔡文姬流落到南匈奴达十二年之久，她身为左贤王妻，却十分思念故乡，当曹操派人接她回内地时，她又不得不离开两个孩子，还乡的喜悦被骨肉离别之痛所淹没，心情非常矛盾。反映了蔡文姬思念故乡而又不忍骨肉分离的极端矛盾的痛苦心情。音乐委婉悲伤，撕裂肝肠。《胡笳十八拍》是中国著名十大古曲之一。

古曲《梅花三弄》有哪几种风格流派？

《梅花三弄》是中国著名十大古曲之一，又名《梅花引》、《梅花曲》、《玉妃引》，根据《太音补遗》和《蕉庵琴谱》所载，相传原本是晋朝桓伊所作的一首笛曲，后来改编为古琴曲。琴曲的乐谱最早见于明代朱权编辑的《神奇秘谱》。乐曲通过梅花的洁白芬芳和耐寒等特征，借物抒怀，来歌颂具有高尚节操的人。全曲共有十个段落，因为主题在琴的不同徽位的泛音上弹奏三次（上准、中准、下准三个部位演奏），故称"三弄"。现存琴曲《梅花三弄》有三种风格流派：吴景略先生《琴谱谐声》（清1820年刻本）的琴箫合谱，其技巧加花较多，风格洒脱，节奏规整；由广陵派张子谦先生演奏的《蕉庵琴谱》（清晚期1868年刊本）中的《梅花三弄》，其节奏较跌宕自由，人称《老梅花》；傅雪斋先生演奏的《梅花三弄》，其节奏规整，风格清丽，被称为《新梅花》。

古曲《广陵散》讲述了怎样的一个故事？

《广陵散》，又名《广陵止息》。是古代一首大型琴曲，我国古代十大古曲之一。它至少在汉代已经出现。其内容向来说法不一，但一般的看法是将它与《聂政刺韩王》琴曲联系起来。《聂政刺韩王》主要是描写战国时代铸剑工匠之子聂政为报杀父之仇，刺死韩王，然后自杀的悲壮故事。今存《广陵散》曲谱，最早见于明代朱权编辑的《神奇秘谱》，谱中有关于"刺韩"、"冲冠"、"发怒"、"报剑"等内容的分段小标题，所以古来琴曲家即把《广陵散》与《聂政刺韩王》看作是异名同曲。

古曲《阳关三叠》的主题是什么？

《阳关三叠》，又名《阳关曲》、《渭城曲》，是根据唐代诗人王维的七言绝句《送元二使安西》谱写的一首著名的

177

艺术歌曲。原诗饱含深沉的惜别之情，谱入琴曲后又增加了一些词句，加强了惜别的感觉，表达了作者对即将远行的友人无限留恋的诚挚情感。

古曲《十面埋伏》是如何描写楚汉战争的？

《十面埋伏》流传甚广，是传统琵琶曲之一，又名《淮阴平楚》。乐曲描写公元前202年楚汉战争垓下决战的情景。整曲来看，又有"起、承、转、的"合布局性质。第一部分含五段为"起、承部"，第二部分含三段为"转"部，第三部分含两段为"合"部。明代王猷定《汤琵琶传》中，记有被时人称为"汤琵琶"的汤应曾弹奏《楚汉》时的情景："当其两军决战时，声动天地，瓦屋若飞坠。徐而察之，有金声、鼓声、剑声、弩声、人马辟易声，俄而无声，久之有怨而难明者，为楚歌声；凄而壮者，为项王悲歌慷慨之声、别姬声。陷大泽有追骑声，至乌江有项王自刎声，余骑蹂践争项王声。使闻者始而奋，既而恐，终而涕泣之无从也。"从这段描述可看出，汤应曾弹奏的《楚汉》与《十面埋伏》在情节及主题上一致，由此可见早在16世纪之前，此曲已在民间流传。

古曲《高山流水》由何而来？

《高山流水》，为中国十大古曲之一。传说先秦的琴师俞伯牙一次在荒山野地弹琴，樵夫钟子期竟能领会俞伯牙所表达出的"巍巍乎志在高山"和"洋洋乎志在流水"之意。俞伯牙惊道："善哉，子之心而与吾心同。"钟子期死后，俞伯牙痛失知音，摔琴绝弦，终身不操，故有高山流水之曲。

古曲《汉宫秋月》的演奏形式主要有几种？

《汉宫秋月》为中国著名十大古曲之一，但乐曲的历史并不长。原为崇明派琵琶曲，此曲表现古代受压迫宫女细腻深远的幽怨悲愁的情绪及一种无可奈何、寂寥清冷的生命意境。《汉宫秋月》现流传的演奏形式有二胡曲、琵琶曲、筝曲、江南丝竹等。

古曲《秦王破阵乐》是为了纪念什么事件？

《秦王破阵乐》即《秦王破阵舞》，又名《七德舞》，是唐代著名的歌舞大曲，最初乃唐初的军歌，公元620年，秦王李世民打败了叛军刘武周，巩固了刚建立的唐政权。于是，他的将士们遂以旧曲填入新词，为李世民唱赞歌。李世民登基后，亲自把这首乐曲编成了舞蹈，再经过宫廷艺术家的加工、整理，成了一个庞大的、富丽堂皇的大型乐舞。在原有的曲调中揉进了龟兹的音调，婉转而动听，高昂而且极富号召力。同时有大型的宫廷乐队伴奏，大鼓震天响，传声上百里，气势雄浑，感天动地。

古曲《春江花月夜》有哪些特色？

《春江花月夜》是我国古代十大名曲之一，原名《夕阳箫鼓》，后取意唐诗名篇《春江花月夜》更名，被认为是中国古典民乐之代表。全曲由引子，主题乐段，主题的八次变奏及尾声构成，是一道独具特色的变奏曲。这种曲式由一个音乐主题乐段作基础，其它各乐段运用各种变奏的手法加以变化，丰富了音乐表现力，推进了音乐发展。这种手法善于细腻、深刻地从不同的意境和角度，去揭示乐曲主题内容，塑造音乐形象。乐曲通过优美质朴的抒情旋律，流畅而富于变化的节奏，丰富多彩的各种演奏技法，有如一幅动人的长卷山水画，贴切地表现了乐曲的诗情画意。

为什么说《阳春白雪》是高雅的音乐？

《阳春白雪》是中国著名十大古曲之一，古琴十大名曲之一。相传这是春秋时期晋国的乐师师旷或齐国的刘涓子所作。现存琴谱中的《阳春》和《白雪》是两首器乐曲，《神奇秘谱》在解题中说："《阳春》取万物知春，和风淡荡之意；《白雪》取凛然清洁，雪竹琳琅之音。"阳春白雪的典故来自《楚辞》中的《宋玉答楚王问》一文。楚襄王问宋玉，先生有什么隐藏的德行么？为何士民众庶不怎么称誉你啊？宋玉说，有歌者客于楚国郢中，起初吟唱"下里巴人"，国中和者有数千人。当歌者唱"阳阿薤露"时，国中和者只有数百人。当歌者唱"阳春白雪"时，国中和者不过数十人。当歌曲再增加一些高难度的技巧，即"引商刻羽，杂以流征"的时候，国中和者不过三数人而已。宋玉的结论是，"是其曲弥高，其和弥寡。""阳春白雪"等歌曲越高雅、越复杂，能唱和的人自然越来越少，即曲高和寡。所以，后世便用《阳春白雪》指代高雅音乐。

古曲《渔樵问答》反映了一种什么样的生存态度？

《渔樵问答》是一首古琴曲，为中国十大古曲之一。此曲在历代传谱中，有30多种版本，有的还附有歌词。此曲反映的是一种隐逸之士对渔樵生活的向往，希望摆脱俗尘凡事的羁绊。音乐形象生动，精确。乐曲通过渔樵在青山绿水间自得其乐的情趣，表达出对追逐名利者的鄙弃。

古曲《霓裳羽衣曲》有什么来历？

这是唐代宫廷著名的舞蹈，传说由唐玄宗李隆基所作，其贵妃杨玉环作舞表演。相传，李隆基曾经梦见游月宫时，听到天上有仙乐奏曲，身穿霓裳羽衣的仙子翩翩起舞。仙女的歌声玄妙优美，跳舞的仙女舞姿翩翩。李隆基醒来后，对梦中的情景还记得清清楚楚。他很想把梦中的乐曲记录下来，却终不得，十分苦恼。有一次，李隆基来到三乡驿，眺望远远的女儿山。女儿山山峦起伏，烟云缭绕。顿时产生了许多美丽的幻想，终将梦中听到的仙乐全想了起来，立即在谱子上记录下来，并命令乐工排练，令爱妃杨玉环设计舞蹈，并建立了一个梨园供其排练。终成就了一部宫中大曲——《霓裳羽衣曲》。

中国现存最古老的成熟文字是什么？

中国现存最古老的成熟文字是甲骨文。甲骨文又称"契文"、"甲骨卜辞"或"龟甲兽骨文"，主要指中国商朝晚期王室用于占卜记事而在龟甲或兽骨上契刻的文字，是中国已知最早的成体系的文字形式，现代汉字即由甲骨文演变而来。一般认为，晚清官员、金石学家王懿荣于光绪二十五年（1899年）从来自河南安阳的甲骨上发现了甲骨文。安阳城西北的小屯村，是商晚期国都遗址"殷墟"的所在地。百余年来，当地通过考古发掘及其他途径出土的甲骨已超过十万块。此外，在河南、陕西其他地区也有甲骨文出现，年代从商中期延续到春秋。

从书写材料角度看，其文字刻写于龟腹背甲和兽骨之上，因而有龟甲文字、龟版文、龟甲兽骨文字等名称。从文字用途角度看，其文字用于占卜记录，因而有卜辞、贞卜文字、甲骨卜辞等名称。从书写方式角度看，其文字为刀笔刻划，因而有契文、殷契文字等名称。目前发现有大约15万片甲骨，甲骨文大约有4500个单字，解读了大约三分之一左右。甲骨文使用了象形、指事和会意等汉字造字的方法。在字的使用上可以看出假借的造字方法。形声字占大约25%左右。中国商代和西周早期以龟甲来记载，甲骨的内容涉及天文、气象、地理、职官、畜牧、宗教等方面。甲骨文的会意字，求意思明确，甲骨的体积和甲骨文的繁简往往决定文字的大小。

金文有哪些特点？

从总的情况看，金文比商代甲骨文进一步稳定、规范、简化和符号化了；若与以后的小篆比，则结构仍未定型，部分字的笔画增减、偏旁部首的安排仍有某种随意性。特别是周初金文因承袭商代文字，还保留了比甲骨文更加原始、图画性更强的形态。金文字体结构疏密相间，比甲骨文方正整齐，笔画分布均匀对称，笔道比甲骨文粗，字的体势较甲骨文雍容厚重。

小篆有哪些特点？

小篆的结构不同于隶书、楷书，主要有以下特点：一、整体呈长方形，以方楷一字半为度，一字为正体，半字为垂脚，大致比例为三比二；二、上紧下松，小篆的大部分字主体部分在上大半部，下小半部是伸缩的垂脚。当然也有下无脚的字，主体笔画在下部，上出的部分则可以耸起；三、笔画横平竖直，粗细均匀，所有横画和竖画等距平行，所有笔画方中寓圆，圆中有方，使转圆活，富有奇趣；四、平衡对称，空间分割均衡，左右上下对称，这是篆书不同于其他书体的重要特征。有独体对称，有字的局部对称，还有圆弧形笔画左右倾斜度的对称。

隶书有哪些特点？

隶书是从篆书演变而来的，是篆与楷之间承先启后具有重要作用的书体。隶书用笔首先应注意到隶字的基本书写特点，这些特点一般归纳为：字形扁方，左右伸展；左波右磔，蚕头燕尾；曲折方圆，点画分明；提顿结合，粗细兼备；去繁就简，字形变圆为方，笔划改曲为直；改"连笔"为"断笔"，从线条向笔划，更便于书写，这种书体流行于"徒隶"（下层办公文的小官）之中，故称为隶书。到汉代这种书体开始盛行起来，成为主要书体。隶书的出现是汉字演变史上的一个转折点，奠定了楷书的基础。隶书结体扁平、工整、精巧。到东汉时，撇、捺等点画美化为向上挑起，轻重顿挫富有变化，增强了书法造型艺术的美观，风格也趋多样化，艺术欣赏的价值大大提高。

楷书有哪些特点？

楷书的特点主要有以下三个方面：一、笔划平正，结体整齐，工妙于点画，神韵于结体，平正而不呆，齐整而不拘。古人说，"楷法欲如快马入阵"，"大字难于结密而无间，小字难于宽绰而有余，"讲究严整飘扬、犀利飞动；二、笔划有规律发展，形成了"永字八法"。它既是字法，也是笔法。一切楷书的笔划，都概括于八法之中，每一点划都不是孤立的，而是和其他笔划互相呼应的；三、起

止三折笔，运笔在中锋，是楷书的典型笔法。古人说"真多用折，……折欲少驻，驻则有力"，运笔中锋则多遒润。

草书有哪些特点？

草书，汉字的一种书体，特点是结构简省、笔画连绵。形成于汉代，是为书写简便在隶书基础上演变出来的。有章草、今草、狂草之分。草书的特点可以简单归纳为"缩减笔画、多加萦带、笔断意连、自然天成"。

行书有哪些特点？

行书在楷书的基础上产生，是介于楷书、草书之间的一种字体，是为了弥补楷书的书写速度太慢和草书的难于辨认而产生。行书的特点可以简单归纳为以下几点：一、行笔增速，行书比楷书写得快，楷书每到转折处要顿笔，而行书则以圆转代替方折；捺画常用点代替；二、以圆代方，行书的转折笔画，方笔明显减少，而以圆转代替，加快了行笔速度，使笔画圆润自然；三、变直为弧，行书的横、竖等笔画由于行笔快，也为了变化美，常稍带弧形；四、以简代繁，行书往往将相邻笔画连写，钩也往往省略，部首常出现连笔。

魏碑体有哪些特点？

魏碑体是楷书的一种，它和晋朝楷书、唐朝楷书并称三大楷书字体，其特点如下：一、横画和捺画保持隶书的特点，常伸展到字形边界甚至超出边界；二、字形与隶书相比呈扁方形；三、突出的特点是撇捺向两侧伸展，收笔前的粗顿以及抬峰，使整个字形厚重稳健略显飞扬、规则中正而有动态，颇具审美价值。

瘦金体有哪些特点？

瘦金体是宋徽宗创造的书法字体，亦称"瘦金书"或"瘦筋体"，是楷书的一种。现代美术字体中的"仿宋体"即模仿瘦金体神韵而创。其特点是瘦直挺拔，横画收笔带钩，竖划收笔带点，撇如匕首，捺如切刀，竖钩细长；有些连笔字如游丝行空，已近行书。其用笔源于褚、薛，写得更瘦劲；结体笔势取黄庭坚大字楷书，舒展劲挺。

什么是石鼓文？

石鼓文，是我国最早的石刻文字，世称"石刻之祖"。石鼓文处于承前启后的时期，承秦国书风，为小篆先声。石鼓文刻于十座花岗岩石墩上，因石墩形似鼓，故称为"石鼓文"。石鼓文与金文有较大差别，具有明显的动感。现存的石鼓文是宋朝收集的十石鼓，上面刻有文字，当时认为是描述周穆王出猎的场面，后来的考古考证认为是秦穆公时代的作品，有的字已经残缺不全。当时由于尚没有发现甲骨文，所以被认为是中国最古老的文字。

王羲之为何被称为"书圣"？

王羲之被称为"书圣"原因大致有以下几点：

一、王羲之是最伟大的书法艺术变革家，开一代书法新风。

二、王羲之是历代书法宗师，1600多年来，大凡著名的书法家，几乎没有人不受惠于王羲之书法。

三、王羲之的书法具有可临摹性，被一代又一代人当作最佳临摹范本。

四、王羲之的书论是中国古代书学理论的经典之作，古代许多书法家都是以王羲之书论作为主要教材来学习书法和从事书法创作的。

五、王羲之是被作为东晋初年有才能、有思想、有政治眼光、有作为的重要历史人物，写进"二十四史"之一的唐朝官修的《晋书》的，他在历史上的地位和影响，有助于他的书法长久地流传下去。

书法中的"初唐四家"都是谁？

"初唐四家"是指欧阳询、虞世南、褚遂良、薛稷。初唐四大家的书法，有一个共同的特点，就是楷书的风格都是"清秀瘦劲"，其中欧阳询楷书更为突出，贡献也最大，并与后来的颜真卿、柳公权、赵孟頫并称"楷书四大家"，他的《九成宫》，历来被奉为学习楷书的楷模。

钟繇的书法有哪些特点？

钟繇在中国书法史上影响很大，历来都认为他是中国书史之祖。他在书法史上首定楷书，对汉字的发展有重要贡献。其书法古朴、典雅，字体大小相间，整体布局严谨、缜密，历代评论成就极高。梁武帝撰写了《观钟繇书法十二意》，称赞钟繇书法"巧趣精细，殆同机神"。庚肩吾将钟繇的书法列为"上品之上"，说"钟天然第一，工夫次之，妙尽许昌之碑，穷极邺下之牍"。

颜真卿的书法有哪些特点？

颜真卿是继二王之后成就最高，影响最大的书法家。其书初学张旭、初唐四家，后广收博取，一变古法，自成一种方严正大，朴拙雄浑，大气磅礴的"颜体"。他的书迹作品，据说有138种。初学褚遂良，后师从张旭，又汲取初唐四家特点，兼收篆隶和北魏笔意，自成一格，一反初唐书风，化瘦硬为丰腴雄浑，结体宽博气势恢宏，骨力遒劲而气概凛然。宋欧阳修评云："颜公书如忠臣烈士道德君子，其端庄尊重，人初见而畏之，然愈久而愈可爱也。其见宝于世者不必多，然虽多而不厌也。"唐以后很多名家，都从颜真卿变法成功中汲取经验。尤其是行草，唐以后一些名家在学习二王的基础之上再学习颜真卿而建树起自己的风格。

张旭的狂草有哪些特色？

张旭（675—750），字伯高，唐开元天宝年间吴郡（今江苏姑苏）人，官至金吾长史，故众人又称张长史。张旭平生嗜酒，性情放达不羁，往往酒醉后一边呼唤一边狂走，乘兴而挥毫。画史上记载，他曾经用头发濡墨书写大字，当时人们叫他"张颠"。张旭的狂草左驰右鹜，千变万化，极诡异变幻之能事。韩玉涛先生以为可将其归纳为三个特点。其一为"狂"，写起来一气呵成，始终一贯，保持一种气魄，满眼是"意"，"无惜长短"。其二为"希奇"、"反常"。如"游云千万朵"，变幻莫测，下笔结体，都不易捉摸。第三个特点是"可畏"。"可畏"不是"可悦"、"可媚"，摈弃妍美、纤弱的病态，而产生一种岩石压顶之感，"观者对字，若'逼利剑之锋芒'，感到'肃然巍然'"。张旭的草书虽狂虽草，但不失法式，一点一画，皆有规矩。

怀素的狂草有哪些特色？

怀素是中国历史上杰出的书法家，他的草书称为"狂草"，用笔圆劲有力，使转如环，奔放流畅，一气呵成，和张旭齐名。后世有"张颠素狂"或"颠张醉素"之称。可以说是古典的浪漫主义艺术，对后世影响极为深远。他的草书，出于张芝、张旭。笔法瘦劲，飞动自然，如骤雨旋风，随手万变。他的书法虽率意颠逸，千变万化，而法度具备。怀素与张旭形成唐代书法双峰并峙的局面，也是中国草书史上两座不可企及的高峰。唐代吕总《读书评》中说："怀素草书，援毫掣电，随手万变"，北宋朱长文《续书断》列怀素书为妙品，评论说："如壮士拔剑，神彩动人。"米芾《海岳书评》中说："怀素如壮士拨剑，神采动人，而回旋进退，莫不中节。"

王羲之之后成就最高的书法家是谁？

颜真卿是书法史上继"二王"（王羲之、王献之父子）之后成就最高、影响最大的书法家。他的楷书方严正大，朴拙雄浑，端庄雄伟，气势开张，自成一种大气磅礴的"颜体"而独步天下。值得一提的是其行书遒劲舒和，神采飞动，比肩王羲之，有"天下第二行书"之誉。颜真卿一生书写碑石极多，留传至今的有：《多宝塔碑》、《东方朔画赞碑》、《谒金天王神祠题记》、《臧怀恪碑》、《郭家庙碑》、《麻姑仙坛记》、《大唐中兴颂》、《宋璟碑》、《八关斋报德记》、《元结碑》、《干禄字书》、《李玄静碑》等。

柳公权的书法有哪些特色？

柳公权的书法在唐朝当时即负盛名，民间更有"柳字一字值千金"的说法。他的书法结体遒劲，而且字字严谨，一丝不苟。在字的特色上，初学王羲之，后师颜真卿，以瘦劲著称，所写楷书，体势劲媚，骨力遒健，以行书和楷书最为精妙。也由于他作品独到的特色，因此柳公权的书法有"柳体"之称，唐穆宗尝问柳公权用笔之法，公权答："用笔在心，心正则笔正。"穆宗为之动容。《旧唐书》讲："公权初学王书，遍阅近代书法，体势劲媚，自成一家。当时公卿大臣家碑版，不得公权手书者，人以为不孝。外夷入贡，皆别署货币，曰此购柳书。"

赵孟頫的书法有哪些特色？

赵氏传世作品以行楷居多，大多用笔精到，结字严谨，如《赤壁赋》堪称经典。赵体楷书的特点，概括有三：一、赵氏在继承传统书法的基础上，削繁就简，变古为今，其用笔不含浑，不故弄玄虚，起笔、运笔、收笔的笔路十分清楚，使学者易懂易循；二、外貌圆润而筋骨内涵，其点画华滋遒劲，结体宽绰秀美，点画之间彼引呼应十分紧密。外似柔润而内实坚强，形体端秀而骨架劲挺。学者不仅学其形，而重在学其神；三、笔圆架方，流动带行。书写赵体时，点画需圆润华滋，但结构布白却要十分注意方正谨严，横直相安、撇捺舒展、重点安稳。只有这样，才能掌握赵体的特点。另外，他书写楷书时略掺用行书的笔法，使字字流美动人，也是赵体的特点之一。

徐渭在书法方面有哪些成就？

徐渭（1521—1593），山阴（今浙江绍兴）人，中国明代文学家、书画家、军事家。徐渭多才多艺，诗文书画俱佳，但他对自己的书法极为自负，自谓"吾书第一，诗次之，文次之，画又次之"。徐渭书法方圆兼济，轻重自如，笔墨纵横，貌似狂放不羁，其实暗含秩序，为后来书家效法。徐渭书法以行草为特佳，能以隶书笔法融入行书，尤具独创。他的草书，纯

183

粹是个人内心情感的宣泄：笔墨恣肆，满纸狼藉，不计工拙，所有的才情、悲愤、苦闷都郁结在扭来扭去的笔画中了。书法代表作有《青天歌卷》、《咏墨磁轴》、《题画诗》等。

董其昌的书画对后世产生了怎样的影响？

董其昌（1555—1636），明代后期著名画家、书法家、书画理论家、书画鉴赏家。他的书法以行草书造诣最高，综合了晋、唐、宋、元各家的书风，自成一体，其书风飘逸空灵，风华自足；笔画圆劲秀逸，平淡古朴；用笔精到，始终保持正锋，少有偃笔、拙滞之笔；在章法上，字与字、行与行之间，分行布局，疏朗匀称，力追古法；用墨也非常讲究，枯湿浓淡，尽得其妙。一直到清代中期，康熙、乾隆以董的书为宗法，备加推崇、偏爱，甚而亲临手摹董书，常列于座右，晨夕观赏。在康熙、雍正之际，他的书法影响之深，是其他书法家无法比拟的。

清代书法呈现哪些特点？

清代书法在近300年的发展历史上，经历了一场艰难的蜕变，它突破了宋、元、明以来帖学的樊笼，开创了碑学，特别是在篆书、隶书和北魏碑体书法方面的成就，可以与唐代楷书、宋代行书、明代草书相媲美，形成了雄浑渊懿的书风。尤其是碑学书法家借古开今的精神和表现个性的书法创作，使得书坛显得十分活跃，流派纷呈，呈现出一派兴盛局面。

为什么《兰亭序》为天下第一行书？

《兰亭序》首先是文辞方式的一种标立，中国在东晋以前所能发现的典籍文献遗留中，后人没有发现过此前的散文文学体裁，这篇文章是现存最早的散文形式的叙事记，他改革了东晋以前僵化呆滞的诗辞类的古文言，首次运用口语化语辞格式，代表了一种文学表达形式，确立了一种新的文学体裁——散文。其次是对书法发展上的探索与创新，王羲之改革了钟繇书法的笔法，吸取了当时群众书法中的精华，把规范的楷书书写进一步发挥，使其既易识别又书写流利，介于草书与楷书之间，创造了书法发展中的一种新的书写形式和字体"行书"。因而王羲之的《兰亭序》被称为"天下第一行书"。

故宫三希堂收藏的"三希"各指什么？

乾隆帝文韬武略、博学多识，能诗词，尤擅书法，曾多次在全国寻求历代大家的名帖。乾隆十一年（公元1746年）在三希堂收藏了东晋书圣王羲之家族留给后世仅有的三件真迹，分别是王羲之的《快雪时晴帖》、王献之的《中秋帖》和王珣的《伯远帖》。

唐代最著名的楷书碑刻有哪些？

欧阳询的《化度寺邕禅师舍利塔铭》、《九成宫醴泉铭》、《皇甫诞碑》等；颜真卿的《多宝塔碑》、《东方朔画赞碑》、《谒金天王神祠题记》、《臧怀恪碑》、《郭家庙碑》、《麻姑仙坛记》、《大唐中兴颂》、《宋璟碑》、《八关斋报德记》、《元结碑》、《干禄字书》、《李玄静碑》等；柳公权的《大唐回元观钟楼铭》、《金刚经刻石》、《玄秘塔碑》、《冯宿碑》、《神策军碑》等。

第七章　艺术

传统中国画有哪些特色？

中国画在观察认识、形象塑造和表现手法上，体现了中华民族传统的哲学观念和审美观，在对客观事物的观察认识中，采取以大观小、小中见大的方法，并在活动中去观察和认识客观事物，甚至可以直接参与到事物中去，而不是做局外观，或局限在某个固定点上。它渗透着人们的社会意识，从而使绘画具有"千载寂寥，披图可鉴"的认识作用，又起到"恶以诫世，善以示后"的教育作用。即使山水、花鸟等纯自然的客观物象，在观察、认识和表现中，也自觉地与人的社会意识和审美情趣相联系，借景抒情，托物言志，体现了中国人"天人合一"的观念。

什么是"皴"？

皴是描绘自然山石肌理结构的对应物，是早期中国画家用艺术的语言创造出来的、还原自然山石肌理结构的一种绘画符号。在皴的定义中有两点需要强调，即"一种"和"中国画家创造出来的"符号，它们限制了皴是描绘自然山石肌理结构多种对应物中的一种，并且是由中国画家创造出来的。皴是中国画家用中国人特有的思维和行为模式，解决表现自然山石肌理结构的答案。在这个内容上，皴又具有唯一性。

中国画的白描技法是什么？

白描是中国画中完全用线条、不加颜色来表现物象的画法。有单勾和复勾两种。以线一次勾成为单勾，有用一色墨，亦有根据不同对象用浓淡两种墨勾成。复勾则光以淡墨勾成，再根据情况复勾部分或全部，其线并非依原路刻板复迭一次，其目的是为加重质感和浓淡变化，使物象更具神采。复勾线必须流畅自然，否则易呆板。物象之形、神、光、色、体积、质感等均以线条表现，难度很大。因取舍力求单纯，对虚实、疏密关系刻意对比，故而白描有朴素简洁、概括明确的特点。中国古代有许多白描大师，如顾恺之、李公麟等都取得了突出成就。白描多见于人物画和花鸟画。

什么是"十八描"？

十八描，中国画技法名。古代人物衣服褶纹的各种描法。分别是：高古游丝描、琴弦描、铁线描、混描、曹衣描、钉头鼠尾描、橛头钉描、马蝗描、折芦描、橄榄描、枣核描、柳叶描、竹叶描、战笔水纹描、减笔描、枯柴描、蚯蚓描、行云流水描，上述各种描法，都是根据历代各派人物画的衣褶表现程式，按其笔迹形状而起的名称。

什么是指画？

指画，也叫指头画、指墨，是用手指头画的中国画。指画的创始人是清代的高其佩。在高其佩之前，唐代张文通也曾用手指头修改画中局部，但没有系统地用手指头画出完整的国画。高其佩早年也用传统的毛笔画过画，但久久未能创建自家的风格，在他发明了指画后才独创一格，成为指画的开山祖。高其佩的指画题材包罗万象，山水、人物、花卉、虫鸟，有的气势磅礴，有的刻划细微，有很高的成就。

顾恺之的绘画有哪些特点？

顾恺之（348—409），字长康，小字虎头，晋陵无锡（今江苏无锡）人。顾恺之博学有才气，工诗赋、书法，尤善绘画。精于人像、佛像、禽兽、山水等，时人称之为三绝：画绝、文绝和痴绝。顾恺之与曹不兴、陆探微、张僧繇合称"六朝四大家"。顾恺之的人物画，强调传神，注重点睛。认为传神写照，正在阿堵（指眼珠）中。其笔迹紧劲连绵，如春蚕吐丝，又如春云浮空，流水行地，皆出自然，通称为高古游丝描。着色则以浓色微加点缀，不求藻饰。他善于用睿智的眼光来审察题材和人物性格，加以提炼，因而他的画具有一定的思想深度，耐人寻味。顾恺之是继东汉张衡、蔡邕等以来所有士大夫画家中成就最突出的画家。他总结了汉魏以来民间绘画和士大夫画的经验，把传统绘画向前推进了一大步。与他同时代的谢安对他的评价极高，认为"顾长康画，有苍生来所无"。唐代张怀瓘评论说："像人之美，张（僧繇）得其肉，陆（探微）得其骨，顾（恺之）得其神，以顾为最。"顾恺之"迁想妙得"、"以形写神"等论点，以及提出的"六法"，为中国传统绘画的发展奠定了基础。

阎立本的绘画有哪些特点？

阎立本于贞观年间任主爵郎中、刑部侍郎、将作少监。他的父亲阎毗和兄长阎立德都善长于绘画、工艺、建筑，阎立本亦秉承其家学，他尤其善长于绘画。他善画人物、车马、台阁，尤擅长于肖像画与历史人物画。他的绘画，线条刚劲有力，神采如生，色彩古雅沉着，笔触较顾恺之细致，人物神态刻画细致，其作品备受当世推重，被时人列为"神品"。曾为唐太宗画《秦府十八学士》、《凌烟阁功臣二十四人图》，为当时称誉。

吴道子的绘画有哪些特点？

吴道子（约680～759年）唐代画家，画史尊称吴生。其绘画具有独特风格，山水画有变革之功，所画人物衣褶飘举，线条遒劲，人称纯菜条描，具有天衣飞扬、满壁风动的效果，被誉为"吴带当风"。他还于焦墨线条中，略施淡彩，世称吴装。作画线条简练，"笔才一二，象已应焉"，有疏体之称。吴道子的绘画对后世影响极大，他被人们尊为画圣，被民间画工尊为祖师。苏轼曾称赞他的艺术为"出新意于法度之中，寄妙理于豪放之外"。吴道子绘画无真迹传世，传至今日的《送子天王图》可能为宋代摹本。

张僧繇的绘画有哪些特点？

张僧繇，梁武帝时期的名画家。成语"画龙点睛"的故事即出自于有关他的传说。他擅写真，亦善画龙、鹰、花卉、山水等。擅作人物故事画及宗教画，时人称为超越前人的画家。梁武帝因为思念出镇外州的诸皇子们，便命令他为各个皇子画人物像，画得样子惟妙惟肖，见图就好像见到诸皇子们。张僧繇的绘画真迹，目前已无从得知，唐代梁令瓒临摹他的《五星二十八宿神形图卷》还留传在世。

宋徽宗的绘画有哪些特点？

宋徽宗的绘画有两种格调。一是精工富丽的黄派传统，如他临张萱的《捣练图》和《虢国夫人游春图》。以及他自创的《瑞鹤图》、《芙蓉锦鸡图》、《听琴图》等作品，均可以看出他用笔精细，充分表现艳丽富贵情调，对画院画家影响很深。二是用水墨渲染的技法，不太注意色彩，崇尚清淡的笔墨情趣。其名作还有《柳鸭芦雁图》、和纯用水墨表现的《斗鹦鹉图》。他的艺术成就最高的是花鸟画。他画鸟，用生漆点睛，高出纸素，几欲活动。现存的作品，如《腊梅山禽》和《杏花鹦鹉》，均用笔精练准确，腊梅、萱草和杏花，均形象生动。五色鹦鹉和白头翁美丽的外形，体现出鸟语花香的境界。《芙蓉锦鸡图》也是有名的作品，描写了花枝和禽鸟的动态，把锦鸡芙蓉压得很低，锦鸡在注意着翻飞的蝴蝶，三种形象连在一起，构成了整体效果。

宋代李唐的绘画有哪些特点？

李唐（1066—1150），字晞古，河阳三城（今河南孟县）人。北宋末南宋初画家，精于山水画和人物画。擅画山水，变荆浩、范宽之法，用峭劲的笔墨，写出山川雄峻的气势。晚年去繁就简，创"大斧劈"皴，所画石质坚硬，立体感强。他画的山水画对南宋画院有极大的影响，是南宋山水新画风的标志。兼工人物，初似李公麟，后衣褶变为方折劲硬，并以画牛著称。李唐的画风为刘松年、马远、夏圭、萧照等师法，在南宋一代传流很广，对后世影响很大。

李公麟的绘画有哪些特点？

北宋的人物画，其构形技法，到北宋后期为李公麟（1049—1106）发扬光大。他的画线条健拔却有粗细浓淡，构图坚实稳秀而又灵动自然，画面简洁精练，但富有变化；题材广及人物、鞍马、山水、花鸟，既有真实感，又有文人情趣，而且所因此他作皆不着色，被称作"白描大师"。

马远的绘画有哪些特点？

马远（1190—1279），宋代杰出画家。马远艺术上克承家学而超过了他的先辈，他继承并发展了李唐的画风，以拖枝的多姿形态画梅树，尤善于在章法上大胆取舍剪裁，描绘山之一角水之一涯的局部，画面上留出大幅空白以突出景观。这种"边角之景"其特点正如前人所指出的"全境不多，其小幅或峭峰直上而不见其顶，或绝壁直下而不见其脚，或近山参天而远山则低，或孤舟泛月而一人独坐"，予人以玩味不尽的意趣。马远的画风格独特，富有诗意。画水能表现出在不同环境气候下的种种形态。其花鸟作品善于在自然环境中描绘花鸟的神情野趣。所画人物，取材广泛，多画佛道、贵族、文人雅士、渔樵、农夫等，闲雅轩昂，神气盎然。

"元四家"指的是哪几位元代画家？

"元四家"是元代山水画的四位代表画家的合称。主要有二说：一是指赵孟頫、吴镇、黄公望、王蒙四人，见明代王世贞《艺苑卮言·附录》。二是指黄公望、王蒙、倪瓒、吴镇四人，见明代董其昌《容台别集·画旨》。第二说流行较广。也有将赵孟頫、高克恭、黄公望、吴镇、倪瓒、王蒙合称为"元六家"。画风虽各有特点，但主要都从五代董源、北宋巨然的基础上发展而来，重笔墨，尚意趣，并结合书法诗文，是元代山水画的主流，对明清两代影响很大。

"明四家"指的是哪几位明代画家？

"明四家"亦称为"吴门四家"。指中国画史上沈周、文征明、唐寅、仇英四位明代画家。他们都在江苏苏州从事绘画活动。因苏州古为吴地，故又称沈、文、唐、仇为"吴门四家"。四人中沈周、文征明都擅长画山水，上承北京山水画的传统；唐寅山水、人物都很擅长，他以南宋院体为法；仇英以工笔人物、青绿山水见称。四人各有所长，先后齐名。但除沈周、文征明有师承关系外，唐寅、仇英各有内格。因此"明四家"只是明代四位成就很高、不同风格的大家，而并非一个画派之称。

八大山人的绘画有哪些特点？

八大山人（1626—1705），本名朱耷，明末清初画家、书法家，清初画坛"四僧"之一。原为明朝王孙，明灭亡后，国毁家亡，心情悲愤，落发为僧，他一生对明忠心耿耿，以明朝遗民自居，不肯与清合作。朱耷擅花鸟、山水，其花鸟承袭陈淳、徐渭写意花鸟画的传统。发展为阔笔大写意画法，其特点是通过象征寓意的手法，并对所画的花鸟、鱼虫进行夸张，以其奇特的形象和简练的造型，使画中形象突出，主题鲜明，甚至将鸟、鱼的眼睛画成"白眼向人"，以此来表现自己孤傲不群、愤世嫉俗的性格，从而创造了一种前所未有的花鸟造型。画山水，多取荒寒萧疏之景，剩山残水，仰塞之情溢于纸素，可谓"墨点无多泪点多，山河仍为旧山河"，"想见时人解图画，一峰还写宋山河"，可见朱耷寄情于画，以书画表达对旧王朝的眷恋。其画笔墨简朴豪放、苍劲率意、淋漓酣畅，构图疏简、奇险、风格雄奇朴茂。他的山水画初师董其昌，后又上窥黄公望、倪瓒，多作水墨山水，笔墨质朴雄健，意境荒凉寂寥。

石涛的绘画有哪些特点？

石涛（1630—1724），明末清初的"清初四僧"之一，著名画家。石涛工诗文，善书画。其画擅山水，兼工兰竹。其山水不局限于师承某家某派，而广泛师法历代画家之长，将传统的笔墨技法加以变化，又注重师法造化，从大自然吸取创作源泉，并完善表现技法。作品笔法流畅凝重，松柔秀拙，尤长于点苔，密密麻麻，劈头盖面，丰富多彩；用墨浓淡干湿，或笔简墨淡，或浓重滋润，酣畅淋漓，极尽变化；构图新奇，或全景式场面宏阔，或局部特写，景物突出，变幻无穷。画风新颖奇异、苍劲恣肆、纵横排奡、生意盎然。其花鸟、兰竹，亦不拘成法，自抒胸臆，笔墨爽利峻迈，淋漓清润，极富个性。石涛的绘画，在当时即名重于世，由于他饱览名山大川，"搜尽奇峰打草稿"，形成自己苍郁恣肆的独特风格。石涛善用墨法，枯湿浓淡兼施并用，尤其喜欢用湿笔，通过水墨的渗化和笔墨的融和，表现出山川的氤氲气象和深厚之态。有时用墨很浓重，墨气淋漓，空间感强。在技巧上他运笔灵活。或细笔勾勒，很少皴擦；或粗线勾斫，皴点并用。有时运笔酣畅流利，有时又多方拙之笔，方圆结合，秀拙相生。

吴门画派对中国的绘画有哪些影响？

吴门画派是明代中期的绘画派别，亦称"吴派"。因苏州为古吴都城，有吴门之谓，而其主要代表人物如沈周、文征明、唐寅、仇英等，均属吴郡（今苏州）人，故名。吴门派在山水画上成就突出，无论对元四家或南宋院体绘画，都有新的突破。在人物画和花卉画方面也各有建树，除仇英外，另外3人尤其注重诗、书、画的有机结合，使文人画的这一优良传统更臻完美、普遍，有力地影响了明代后期直至清初画坛。吴门派形成后，其派系世代相传，绵延不断，其中文征明的学生和子孙即达30多人。在吴门派后期画家中，著名的有陈淳、陆治、钱穀、陆师道、周天球等人，其中不少人在某些领域有新的发展。如陈淳发展了水墨写意花卉画，周之冕创造了钩花点叶的小写意花鸟画法，陆治以工整妍丽的花鸟画著称于世。另外，谢时臣的粗笔山水，尤求的白描人物，周天球的水墨兰石，均别开生面。吴门派绘画对明末清初重要画派的影响也很大，以董其昌为主的松江派，以及后来派生的苏松派、云间派等，都与吴门派有一脉相承的关系。

"扬州八怪"都有谁？

"扬州八怪"是中国清代中期活动于扬州地区一批风格相近的书画家总称，或称扬州画派。"扬州八怪"究竟指哪些画家，说法不尽一致。有人说是八个，有人说不止八个；有人说这八个，有人说另外八个。据各种著述记载，计有十五人之多。因清末李玉棻《瓯钵罗室书画过目考》是记载"八怪"较早而又最全的，所以一般人还是以李玉棻所提出的八人为准。即：汪士慎、郑燮、高翔、金农、李鱓、黄慎、李方膺、罗聘。至于有人提到的其他画家，如阮元、华岩、闵贞、高凤翰、李勉、陈撰、边寿民、杨法等，因画风接近，也可并入。因"八"字可看作数词，也可看做约数。

郑板桥，清代著名画家、书法家；原名郑燮，字克柔，号板桥，也称郑板桥；乾隆时进士，曾任潍县令。他擅画兰、竹、石、松、菊等，而画兰竹五十余年，成就最为突出。取法于徐渭、石涛、八大诸人，而自成家法，体貌疏朗，风格劲峭。他摆脱传统单纯的以诗就画或以画就诗的窠臼，他每画必题以诗，有题必佳，达到"画状画之像"，"诗发难画之意"，诗画映照，无限拓展画面的广度，郑板桥的题画诗是关注现实生活的，有着深刻的思想内容，他以如枪似剑的文字，针砭时弊，正如他在《兰竹石图》中云："要有掀天揭地之文，震电惊雷之字，呵神骂鬼之谈，无古无今之画，固不在寻常蹊径中也。"

吴昌硕的绘画有哪些特点？

吴昌硕，浙江湖州安吉人，清晚期海派最有影响力的画家之一，在书法、绘画、篆刻等方面表现出色。他最擅长写意花卉，受徐渭和八大山人影响最大。由于他书法、篆刻功底深厚，就把书法、篆刻的行笔、运刀及章法、体势融入绘画，形成了富有金石味的独特画风。

清代宫廷画有什么特点？

清代宫廷绘画大致可分为纪实绘画、装饰绘画、历史题材绘画和宗教绘画4类。纪实绘画包括皇帝后妃及文武大臣的肖像、皇帝日常生活的图景和记录当时重大事件的画幅。装饰绘画包括大量粘贴于宫殿墙壁和案头观赏的山水、花鸟画。历史题材绘画创作不多。宗教绘画，佛道题材均有。其中一部分受西藏喇嘛教艺术的影响，颇具特色。帝后肖像画上作者不署名款，其余作品署款有固定格式，须用工楷字体书写，画家姓名前必冠以"臣"字，如"臣丁观鹏奉恭绘"、"臣郎世宁恭画"。纪实绘画中人物肖像、服饰、武备、仪仗、阵式、舟车等的描绘具体写实，具有极高的史料价值。部分山水、花鸟画往往描绘塞外景物，在题材上有新的开拓。清代宫廷绘画艺术风格的最大特点是

"中西合璧"。欧洲传教士画家带来的西方绘画技法，中西合璧的画风，在传统画风之外，别具风格。清代宫廷绘画作品与过去各代画院绘画作品一样，宫廷富贵气息浓厚，用笔细密繁琐，色彩浮华艳丽，格式严整少有变化，这些均是它的弱点。

我国现存的最早的山水画是哪一幅？

中国现存最早的山水画是隋代展子虔所作的卷轴画《游春图》，此画高43厘米，长80.5厘米，绢本设色，无款。该画原由张伯驹私人收藏，现为北京故宫博物院藏品。此图描绘了江南二月桃杏争艳时人们春游时的情景。全画以自然景色为主，放目远眺：青山耸峙，江流无际，花团锦簇，湖光山色，水波粼粼，人物、佛寺点缀其间。笔法细劲流利。在设色和用笔上，颇为古意盎然，山峦树石皆空勾无皴，但线条已有轻重、顿挫的变化。以浓烈色彩渲染，烘托出秀美河山的盎然生机。这幅画的技法特点是以线勾描物象，色彩明丽，人物直接以粉点染。

顾恺之的《洛神赋图》有哪些特点？

顾恺之的《洛神赋图》（现存北京故宫博物院等多处，大多为宋代摹本）是根据曹植的同名文学作品采用连续图画形式画成的长卷。画卷通过反复出现曹植和宓妃（洛神）的形象，描绘他们之间的情感动态，形象地表达了曹植对洛神的爱慕和因"人神之道殊"不能如愿的惆怅之情。以"美人香草"爱情的抒发展示作者的政治追求，本是自屈原《离骚》之后中国文学艺术创作的传统，曹植《洛神赋》正是政治斗争失败以后情绪的传达。《洛神赋图》画出了洛神凌波微步的美丽身姿，表露了她"若往若还"的矛盾心态，画中奇异神兽具有强烈的神话气氛和浪漫主义色彩。

阎立本的《步辇图》有哪些特点？

《步辇图》是现藏故宫博物院中国十大传世名画之一。绢本，设色，纵38.5厘米，横129.6厘米，唐代著名画家阎立本所绘。作品设色典雅绚丽，线条流畅圆劲，构图错落富有变化，为唐代绘画的代表性作品，具有珍贵的历史和艺术价值。《步辇图》是以贞观十五年（641年）吐蕃首领松赞干布与文成公主联姻的历史事件为题材，描绘了唐太宗接见来迎娶文成公主的吐蕃使臣禄东赞的情景。

张择端的《清明上河图》有哪些特点？

《清明上河图》以精致的工笔记录了北宋末期、徽宗时代首都汴京（今河南开封）郊区和城内汴河两岸的建筑和民生。从图中可以看到其非常鲜明的艺术特色：第一、内容丰富。《清明上河图》在表现手法上，以不断移动视点的办法，即"散点透视法"来摄取所需的景象。第二、结构严谨，繁而不乱，长而不冗，段落分明。可贵的是，如此丰富多彩的内容，主体突出，首尾呼应，全卷浑然一体。第三、在技法上，大手笔与精细的手笔相结合，善于选择那些既具有形象性和富于诗情画意，又具本质特征的事物、场面及情节加以表现。

敦煌壁画在中国绘画史上有着怎样的地位？

敦煌壁画包括敦煌莫高窟、西千佛

洞、安西榆林窟共有石窟552个，有历代壁画五万多平方米，是我国也是世界壁画最多的石窟群，内容非常丰富。敦煌壁画是敦煌艺术的主要组成部分，规模巨大，技艺精湛。敦煌壁画的内容丰富多彩，和别的宗教艺术一样，是描写神的形象、神的活动、神与神的关系、神与人的关系以寄托人们善良的愿望、安抚人们心灵的艺术。因此，壁画的风格，具有与世俗绘画不同的特征。但是，任何艺术都源于现实生活，任何艺术都有它的民族传统；因而它们的形式多出于共同的艺术语言和表现技巧，具有共同的民族风格。

顾闳中的《韩熙载夜宴图》有哪些特点？

《韩熙载夜宴图》是中国十大传世名画之一。以连环长卷的方式描摹了南唐巨宦韩熙载家开宴行乐的场景。作者将事件的发展过程分为五个既联系又分割的画面。构图和人物聚散有致，场面有动有静。对韩熙载的刻画尤为突出，在画面中反复出现，或正或侧，或动或静，描绘得精微有神，在众多人物中超然自适、气度非凡，但脸上无一丝笑意，在欢乐的反衬下，深刻揭示了他内心的苦闷，使人物在情节绘画中具备了肖像画的性质。全图工整、细腻，线描精确典雅。人物多用朱红、淡蓝、浅绿、橙黄等明丽的色彩，室内陈设、桌椅床帐多用黑灰、深棕等凝重的色彩，两者相互衬托，突出了人物，又赋予画面一种沉着雅正的意味。

范宽的《溪山行旅图》有哪些特点？

范宽以雄健、冷峻的笔力勾勒出山的轮廓和石纹的脉络，浓厚的墨色描绘出秦陇山川峻拔雄阔、壮丽浩莽的气概。这幅竖长的大幅作品，不仅层次丰富，墨色凝重、浑厚，而且极富美感，整个画面气势逼人，使人犹如身临其境一般。扑面而来的悬崖峭壁占了整个画面的三分之二，这就是高山仰望，人在其中抬头仰看，山就在头上。在如此雄伟壮阔的大自然面前，人显得如此渺小。山底下，是一条小路，一队商旅缓缓走进了人们的视野——给人一种动态的音乐感觉。马队铃声渐渐进入了画面，山涧还有那潺潺溪水应和。动中有静，静中有动。这就是诗情画意！

王希孟的《千里江山图》有哪些特点？

《千里江山图》，王希孟所作，纵51.5厘米，横1191.5厘米，绢本，青绿设色，无款，卷后蔡京题跋，现藏故宫博物院。作品以长卷形式，描绘了连绵的群山冈峦和浩淼的江河湖水，于山岭、坡岸、水际中布置、点缀亭台楼阁、茅居村舍。水磨长桥及捕鱼、驶船、行旅、飞鸟等，描绘精细，意态生动。景物繁多，气象万千，构图于疏密之中讲求变化，气势连贯，以披麻与斧劈皴相合，表现山石的肌理脉络和明暗变化。设色匀净清丽，于青绿中间以赭色，富有变化和装饰性。作品意境雄浑壮阔，气势恢宏，充分表现了自然山水的秀丽壮美。

什么是"文房四宝"？

中国书法的工具和材料基本上是由笔、墨、纸、砚演变而来的，人们通常把它们称为"文房四宝"，大致是说它们是文人书房中必备的四件宝贝。因为中国古代文人基本上都是或能书，或能画，或既能书又能画的，是离不开笔墨纸砚这四件宝贝的。

"文房"之名，起于我国历史上南北朝时期（420—589），专指文人书房而言，以笔、墨、纸、砚为文房所使用，而被人们誉为"文房四宝"。文房用具除四宝以外，还有笔筒、笔架、墨床、墨盒、臂搁、笔洗、书镇、水丞、水勺、砚滴、砚匣、印泥、印盒、裁刀、图章、卷筒等，也都是书房中的必备之品。

永乐宫壁画属于哪个宗教？

永乐宫壁画是中国古代壁画的奇葩。壁画所描绘的是道教神仙的盛况。位于山西省芮城的永乐宫，其艺术价值最高的首推精美的大型壁画。它不仅是我国绘画史上的重要杰作，在世界绘画史上也是罕见的巨制。整个壁画共有1000平方米，分别画在无极殿、三清殿、纯阳殿和重阳殿里。其中三清殿是座主殿，殿内壁画共计403.34平方米。画面高4.26米，全长94.68米。永乐宫壁画与宋代壁画名家武宗元所作的《朝元仙杖图》是一脉相承的，神仙的形象和线条表现的方法具有一定承传关系。所不同的是，后者是向前行进的神仙行列，而前者是朝拜时的静止状态。一是动中求静，一是静中有动。

中国三大石窟是哪三个？

莫高窟位于甘肃省的敦煌市。俗称千佛洞，以精美的壁画和塑像闻名于世。它始建于十六国的前秦时期，历经十六国、北朝、隋、唐、五代、西夏、元等朝代的兴建，形成巨大的规模，现有洞窟735个，壁画4.5万平方米、泥质彩塑2415尊，是世界上现存规模最大、内容最丰富的佛教艺术圣地。

云冈石窟位于山西省大同市以西，现存主要洞窟45个，大小窟龛252个，造像5万1千余尊，代表了公元5至6世纪时中国杰出的佛教石窟艺术。

龙门石窟位于河南省洛阳市。开凿于北魏孝文帝迁都洛阳前后，后历经东西魏、北齐，到隋唐至宋等朝代又连续大规模营造达400余年之久。现存窟龛2345个，题记和碑刻2680余品，佛塔70余座，造像10万余尊。

大足石刻有哪些特色？

大足石刻位于重庆市，以大足县、潼南县、铜梁县、壁山县为范围，在此地可赏到代表中国唐、宋时期的石刻造像艺术。大足石刻是大足县境内主要表现为摩崖造像的石窟艺术的总称。大足石刻注重雕塑艺术自身的审美和形式，是洞窟造像向摩崖造像方向发展的佳例。在立体造型的技法上，运用写实与夸张互补的手法，对不同的人物赋予不同的性格特征，务求传神写心；在选材上，既源于经典，而又不拘泥于经典，具有极大的包容性和创造性；在布局上，是艺术、宗教、科学、自然的巧妙结合；在审美上，融神秘、自然、典雅三者于一体；在表现上，突破了一些宗教雕塑的旧程式，有了创造性的发展，神像人化，人神合一。

敦煌莫高窟何时形成的？它的发现有哪些重要意义？

敦煌莫高窟始建于十六国时期，据唐《李克让重修莫高窟佛龛碑》一文的记载，前秦建元二年（366年），僧人乐尊路经此山，忽见金光闪耀，如现万佛，于是萌发开凿之心，后历建不断，遂成佛门圣地，号为敦煌莫高窟，俗称千佛洞。莫高窟是古建筑、雕塑、壁画三者相结合的

第七章　艺术

艺术宫殿，尤以丰富多彩的壁画著称于世。敦煌壁画容量和内容之丰富，是当今世界上任何宗教石窟、寺院或宫殿都不能媲美的。环顾洞窟的四周和窟顶，到处都画着佛像、飞天、伎乐、仙女等。有佛经故事画、经变画和佛教史迹画，也有神怪画和供养人画像，还有各式各样精美的装饰图案等，堪称是一座大型雕塑馆。

秦始皇陵兵马俑规模怎样？

1974年以来发现从葬兵马俑坑三处，成品字形排列，面积共达2万平方米以上，出土陶俑8000件、战车百乘以及数万件实物兵器等文物；其中一号坑为"右军"，埋葬着和真人真马同大的陶俑、陶马约6千件；二号坑为"左军"，有陶俑、陶马1300余件、战车89辆，是一个由步兵、骑兵、战车等三个兵种混合编组的曲阵，也是秦俑坑的精华所在；三号坑有武士俑68个、战车1辆、陶马4匹，是统帅地下大军的指挥部。这个军阵是秦国军队编组的缩影。1980年又在陵园西侧出土青铜铸大型车马2乘。引起全世界的震惊和关注，这些按当时军阵编组的陶俑、陶马为秦代军事编制、作战方式、骑步卒装备的研究提供了形象的实物资料。

"四大名亭"是哪些？

四大名亭，是我国古代因文人雅士的诗歌文章而闻名的景点。它们分别是：安徽滁州的醉翁亭，北京的陶然亭，湖南长沙的爱晚亭和杭州西湖的湖心亭。宋代欧阳修的传世之作《醉翁亭记》写的就是醉翁亭。陶然亭是建国后，首都北京最早兴建的一座现代园林。秀丽的园林风光，丰富的文化内涵，光辉的革命史迹，使它成为旅游观光胜地。爱晚亭为清乾隆时所建，原名"红叶亭"，又名"爱枫亭"。后据唐代诗人杜牧《山行》而改名为爱晚亭，取"停车坐爱枫林晚，霜叶红于二月花"之诗意。湖心亭在西湖中央，小于三潭印月，大于阮公墩，三者合称"小瀛洲"。

"四大名楼"是哪些？

四大名楼是指黄鹤楼、岳阳楼、滕王阁、蓬莱阁。黄鹤楼原址在湖北武昌蛇山黄鹤楼矶头，相传它始建于三国时期，在历史的长河中，其历经沧桑，屡毁屡建，可考证的就达30余次之多。最后一次重建是1981年7月，1984年底建成。岳阳楼位于湖南省北部，素以"洞庭天下水，岳阳天下楼"而享誉天下。滕王阁因滕王李元婴始建而得名，是一座声贯古今，誉播海内外的千古名阁，素有"江西第一楼"之称。蓬莱阁位于烟台市西，自古就有"仙境"之称，蓬莱阁建于丹崖山山顶，远远望去，楼亭殿阁掩映在绿树丛中，高踞山崖之上，恍如神话中的仙宫。

中国的印章是如何发展的？

秦以前，无论官、私印都称"玺"，秦统一六国后，规定皇帝的印独称"玺"，臣民只称"印"。汉代也有将诸侯王、王太后的印称为"玺"的。唐武则天时因觉得"玺"与"死"近音（也有说法是与"息"同音），遂改称为"宝"。唐至清沿旧制而"玺""宝"并用。汉将军印称"章"。之后，印章根据历代人民的习惯有："印章"、"印信"、"记"、"朱记"、"合同"、"关防"、"图章"、"符"、"契"、"押"、"戳子"等各种称呼。印章除日常应用外，又多用于书画题识，遂成为我国特有的艺术品之一。古代多用铜、银、金、玉、琉璃等为印材，后有牙、角、木、水晶等，元代以后

193

盛行石章。

什么是篆刻艺术？

篆刻是我国一门古老而独特的艺术。这种艺术，有着任何其他艺术所不具备的内在趣味和雅兴。它将笔趣、刀趣、意趣、情趣凝聚于方寸之中，使人感到美不胜收，别有天地。这种"饰文字为观美"的艺术是华夏民族的独创，具有极高的美学价值和深厚的文化内蕴。有人将篆刻说成是"刻字"，这是一种误解。篆刻作品自然需要用刀去刻，但用刀刻出的"篆字"不一定都是篆刻艺术，它们是两个性质与内涵完全不同的概念。优秀的篆刻作品讲究印从书出、分朱布白、心手相应、见志适情，并且体现出强烈的个性色彩。

篆刻艺术有哪些著名的流派？

徽派：徽派从何震开始，后有以下几位：巴慰祖、胡唐、董洵等，徽派的印章特点加强了对秦汉印长处的吸取，篆法简洁，章法平正。刀法多采用冲刀，线条凝练。

浙派：浙派名家最著名的为：胡震、奚冈，浙派的特点，用刀多采切刀法，线条粗犷，运刀任意不羁，给人老辣痛快的感觉。

西泠八家：西泠八家有以下八位：丁敬、蒋仁、黄易、奚冈、陈豫钟、陈鸿寿、赵之琛、钱松。

晚清名家：晚清名家有以下几位：赵之谦、吴昌硕、黄士陵等。

禅意派：黄明，禅意印派创始人。禅意印派的特点是刀法多变，以禅入印，状如流水，自然古朴。

中国古代建筑的发展分为几个阶段？

一、原始住居与建筑雏形的形成，主要指先秦时期的建筑。

二、中国古代建筑发展史上的第一个高潮。秦、汉时期，中国古建筑出现了第一次高潮。建筑主体的木构架已趋于成熟，重要建筑物上普遍使用斗栱。

三、传统建筑持续发展和佛教建筑传入，包括两晋、南北朝时期。

四、中国古代建筑发展史上的第二个高潮，隋、唐时期的建筑，既继承了前代成就，又融合了外来影响，形成为一个独立而完整的建筑体系，把中国古代建筑推到了成熟阶段，并远播影响于朝鲜、日本。

五、宋、辽、金时期建筑的发展，主要成就是《营造法式》的颁行。

六、中国古代建筑发展史上的最后高潮，元、明、清三朝。

"六大古都"有哪些？

六大古都包括：北京（北平）、南京（金陵）、西安（长安）、洛阳（洛邑）、开封（汴梁）、杭州（临安）。北京重要的古迹有：故宫、长城、颐和园、圆明园、天坛、天安门、明十三陵等；南京著名的古迹有：夫子庙、明故宫、中山陵、明孝陵、总统府等；西安历史文化古迹有：大雁塔、秦始皇兵马俑、汉长安城遗址、阿房宫遗址、蓝田人遗址、华清池、钟楼等；洛阳著名的古迹有：龙门石窟、仰韶遗址、白马寺等；开封著名的古迹有：大雄宝殿、相国寺、禹王台、岳飞庙等；杭州著名的古迹有：灵隐寺、雷峰塔、六和塔、孙权故里、西湖等。

中国宫殿建筑有何特点？

典型特征是斗栱硕大，以金黄色的琉璃瓦铺顶，有绚丽的彩画、雕镂细腻的天花藻井、汉白玉台基、栏板、梁柱，以及周围

第七章 艺术

的建筑小品。为了体现皇权的至高无上，中国古代宫殿建筑采取严格的中轴对称的布局方式，中轴线上的建筑高大华丽，轴线两侧的建筑相对低小简单。由于中国的礼制思想里包含着崇敬祖先、提倡孝道和重五谷、祭土地神的内容，中国宫殿的左前方通常设祖庙供帝王祭拜祖先，右前方则设社稷坛供帝王祭祀土地神和粮食神，这种格局被称为"左祖右社"。古代宫殿建筑物自身也被分为两部分，即"前朝后寝"。前朝是帝王上朝治政、举行大典之处，后寝是皇帝与后妃们居住生活的所在。

青铜器分为哪些种类？

青铜器是由青铜（红铜和锡的合金）制成的各种器具，诞生于人类文明的青铜时代。中国青铜器代表着中国在先秦时期高超的技术与文化。

青铜器主要有以下几类：

食器，主要有：鼎，相当于现在的锅，煮或盛放鱼肉用。簋（guǐ），铜器铭文作"毁"，相当于现在的大碗。盨（xǔ），盛黍、稷、稻、粱用。

酒器，主要有：爵，饮酒器，相当于后世的酒杯。斝（jiǎ），温酒器。

水器，主要是：罍，盛酒或盛水器，有方形和圆形两种形式。

乐器，主要有：编铙，商朝时军队盛行乐器。编钟，打击乐器。

兵器，主要是：钺，是王者贵族用于劈砍的兵器，也是象征权力的刑器和礼器。

什么是陶器？

陶器是指以粘土为胎，经过手捏、轮制、模塑等方法加工成型后，在800℃—1000℃高温下焙烧而成的物品。坯体不透明，有微孔，具有吸水性，叩之声音不清。陶器可区分为细陶和粗陶、白色或有色、无釉或有釉，品种有灰陶、红陶、白陶、彩陶和黑陶等。具有浓厚的生活气息和独特的艺术风格。陶器的表现内容多种多样，动物、楼阁以及日常生活用器无不涉及。陶器的发明是人类文明的重要进程——是人类第一次利用天然物，按照自己的意志创造出来的一种崭新的东西。从河北省阳原县泥河湾地区发现的旧石器时代晚期的陶片来看，在中国陶器的产生距今已有11700多年的悠久历史。

唐三彩的制作特点有哪些？

唐三彩是一种盛行于唐代的陶器，以黄、白、绿为基本釉色，后来人们习惯地把这类陶器称为"唐三彩"。唐三彩的特点可以归纳为两个方面：首先是造型，唐三彩的造型丰富多彩，一般可以分为动物、生活用具和人物三大类，而其中尤以动物居多。唐三彩的另外一个特点就是釉色。作为一件器物上同时使用红绿白三种釉色，这在唐代本来就是首创，但是匠人们又巧妙地运用施釉的方法，把红、绿、白三色釉交错、间错地使用，经过高温烧制以后，釉色又浇融流溜形成独特的流窜工艺，出窑以后，三彩就变成了斑驳淋漓的多种彩色。

什么是瓷器？

瓷器是一种由瓷石、高岭土等组成，外表施有釉或彩绘的器物。瓷器的成形要通过在窑内经过高温（约1280℃~1400℃）烧制，瓷器表面的釉色会因为温度的不同从而发生各种化学变化。烧结的瓷器胎一般仅含3%不到的铁元素，且不透水，因其较为低廉的成本和耐磨不透水的特性广为世界各地的民众所使用。

瓷器脱胎于陶器，它的发明是中国古代汉族先民在烧制白陶器和印纹硬陶器的经验中，逐步探索出来的。烧制瓷器必须同时具备三个条件：一是制瓷原料必须是富含石英和绢云母等矿物质的瓷石、瓷土或高岭土；二是烧成温度须在1200℃以上；三是在器表施有高温下烧成的釉面。

宋代五大名窑的瓷器都有哪些特点？

汝窑的工匠，以名贵的玛瑙入釉，烧成了具有"青如天，面如玉，蝉翼纹，晨星稀，芝麻支钉釉满足"典型特色的汝瓷。

官瓷是一个特定的特谓，专指宋大观及政和年间于汴梁所设的官窑所造瓷器，青瓷釉色晶莹剔透，有开裂或呈冰片状，粉青紫口铁足是其特色。

哥窑的特征可归纳为：黑胎厚釉，紫口铁足，釉面开大小纹片。

钧窑胎质细腻，釉色华丽夺目，种类之多不胜枚举：有玫瑰紫、海棠红、茄子紫、天蓝、胭脂、朱砂等。器型以碗盘为多，但以花盆最为出色。

北宋是定窑发展的鼎盛时期，定窑由于瓷质精良、色泽淡雅，纹饰秀美，被宋朝政府选为宫廷用瓷。

各个时期的青花瓷有何特色？

青花瓷器起始于唐宋，但成熟的青花瓷出现在元代的景德镇。元青花的纹饰最大特点是构图丰满，层次多而不乱；笔法以一笔点划多见，流畅有力；勾勒渲染则粗壮沉着；主题纹饰的题材有人物、动物、植物、诗文等。明清时期是青花瓷器达到鼎盛又走向衰落的时期。明永乐、宣德时期是青花瓷器发展的一个高峰，以制作精美著称；清康熙时以"五彩青花"使青花瓷发展到了巅峰；清乾隆以后因粉彩瓷的发展而逐渐走向衰退，虽在清末（光绪）时一度中兴，最终无法延续康熙朝的盛势。总的说来，这一时期的官窑器制作严谨、精致；民窑器则随意、洒脱，画面写意性强。从明晚期开始，青花绘画逐步吸收了一些中国画绘画技法的元素。

珐琅彩是怎样的一种瓷器？

珐琅彩瓷器是由景泰蓝演变而来。景泰蓝是铜胎上珐琅釉而成，若改为瓷胎上珐琅釉则叫珐琅彩。珐琅彩起始于康熙后期，鼎盛时为雍正期至乾隆期。但雍正期的珐琅彩水平最高，工艺最美。乾隆时期慢慢转向粉彩，故珐琅彩终止于乾隆后期，同时还有一部分瓷器其釉料有珐琅釉和粉彩共存。珐琅彩的制作是将景德镇烧制的上好素白瓷送进宫中，再由宫中画上珐琅彩釉烘烤而成。画工技艺特高，加工水平严格控制，如有缺陷即刻打碎处理。由于珐琅彩器是专供宫廷皇室玩赏之用，不得向外流失，故而数量特少。收藏者很少有人可见到此类珍品，故一般很难鉴别珐琅彩与粉彩的区别。

瓷都指哪里？

景德镇素有"瓷都"之称。从汉朝开始烧制陶器，距今1800多年，从东晋开始烧制瓷器，距今1600多年。明代时景德镇已成为瓷都，青花瓷大大发展起来，被称为"国瓷"，同时还烧有釉上彩、斗彩、五彩、素三彩和各种单色釉瓷。诗人陈志岁《景德镇》诗云："莫笑挖山双手粗，工成土器动王都。历朝海外有人到，高岭崎岖为坦途。"景德镇瓷器造型优美、品种繁多、装饰丰富、风格独特，以"白如玉，明如镜，薄如纸，声如磬"的独特风格蜚声海内外。青花、玲珑、粉彩、色釉，合称景德镇四大传统名瓷。薄胎瓷人称神奇珍品，雕塑瓷为中国传统工艺美术品。

景泰蓝的发展历程是怎样的？

景泰蓝，正式名称是铜胎掐丝珐琅，是一种将各种颜色的珐琅附在铜胎或是青铜胎上，烧制而成的瑰丽多彩的工艺美术品，最早的文字记载出现在元朝。因其是在明朝景泰年间兴盛起来，因此命名为景泰珐琅或是景泰琅。后来又因多用宝石蓝、孔雀蓝色釉作为底衬色，而且"琅"的发音近似"蓝"，最后演变成"景泰蓝"这个名字。后来这个名字广泛地包括所有的铜胎掐丝珐琅。

公元前发端于欧洲和西亚的掐丝珐琅工艺，元代传入我国后，其器型、纹饰、丝工、鎏金等逐渐融入了中国的文化元素。明代景泰年间兴盛起来。明代的景泰蓝造型端庄厚重，色釉宛如宝石般的晶莹深沉，纹饰粗犷饱满，色彩对比强烈、坚实、瑰丽，镀金明亮金灿。因清朝宫廷艺术重器精致典雅、富丽堂皇的审美，景泰蓝为世人所珍视。在明朝和清朝中期，景泰蓝是在宫内御用监、造办处制作，供皇亲国戚享用。到清朝后期民间开始兴办珐琅作坊，景泰蓝开始作为商品在市场上流通。景泰蓝出口始于光绪二十六年（1900年），因清末海禁大开，景泰蓝开始向国外出口，在这种对外贸易经济的刺激下，民间纷纷开办珐琅作坊。

什么是经络？

中医上说，经络是运行气血、联系脏腑和体表及全身各部的通道，是人体功能的调控系统。经络学也是人体针灸和按摩的基础，是中医学的重要组成部分。经络学说是祖国医学基础理论的核心之一，源于远古，服务当今。"经"的原意是"纵丝"，有路径的意思，简单说就是经络系统中的主要路径，存在于机体内部，贯穿上下，沟通内外；"络"的原意是"网络"，简单说就是主路分出的辅路，存在于机体的表面，纵横交错，遍布全身。《灵枢·脉度》说："经脉为里，支而横者为络，络之别者为孙。"这是将脉按大小、深浅的差异分别称为"经脉"、"络脉"和"孙脉"。经络主要包括十二经脉、十二经别、奇经八脉、十五络脉、十二经筋、十二皮部等。其中属于经脉方面的，以十二经脉为主，属于络脉方面的，以十五络脉为主。经络的作用有联系脏腑，沟通内外；运行气血，营养全身；抗御病邪，保卫机体。

什么是脉象？

脉象指脉搏的形象与动态，为中医辨证的依据之一。包括频率、节律、充盈度、通畅的情况、动势的和缓、波动的幅度等。脉象的形成，与脏腑气血关系密切。如心主血脉，肺朝百脉，脾统血，肝藏血，肾精化血等功能变化，均可导致脉象的改变，故不同的脉象可反映出脏腑气血的生理及病理变化。中医上一般分为浮、沉、迟、数四大类。晋代王叔和《脉经》将脉象总结为24种，元代滑寿《诊家枢要》发展为30种脉象，明朝李时珍《濒湖脉学》定为27脉，李士材《诊家正眼》再增入疾脉，合28种脉象。后世多沿用28脉。

穴位究竟是什么？

穴位学名腧穴，是中国传统医学在人体体表分布的脏腑经络循环路线中，对气血汇聚、转输与出入之所的特定处所给定的名称。"腧"通"输"，或从简作"俞"。"穴"是空隙的意思。腧穴在《黄帝内经》中又称节、会、气穴、骨空，《针灸甲乙经》称孔穴，《太平圣惠方》称穴道，《铜人腧穴针灸图经》通称为"腧穴"，《神灸经纶》则称为"穴位"。腧穴并不是孤立于体表的点，而是与深部组织器官有着密切联系、互相输通的特殊部位。"输通"是双向的。从内通向外，反应病痛；从外通向内，接受刺激，防治疾病。从这个意义上说，腧穴既是疾病的反应点，又是针灸推拿等医学临床的刺激点。人体中，五脏六腑"正经"的经络有12条（实际上，左右对称共有24条）。身体正面中央有"任脉"，身体背面中央有"督脉"，各有一条特殊经络，纵贯全身。这14条经络上所排列着的人体穴道，称为"正穴"，全部共有365处。此外仍还有很多隐蔽、偏僻的穴道，如果连这些都算在内，人体总穴位数目超过该数目。至于穴位的具体结构或它的实质到底是什么，目前仍是众说纷纭，没有明确答案。

什么是"四诊法"？

"四诊法"是中国古代战国时期的名医扁鹊根据民间流传的经验和他自己多年的医疗实践，总结出来的诊断疾病的四种基本方法，即望诊、闻诊、问诊和切诊，总称"四诊"，古称"诊法"。望诊是用肉眼观察病人外部的神、色、形、态，以及各种排泄物来推断疾病的方法。闻诊是通过医生的听觉和嗅觉，收集病人说话的声音和呼吸咳嗽散发出来的气味等材料，作为判断病证的参考。问诊是医生通过跟病人或知情人，了解病人的主要症状、疾病发生及演变过程、治疗经历等情况，作为诊断依据的方法。切诊主要是切脉，也包括对病人体表一定部位的触诊，大多是用手指切按病人腕部的桡动脉处，根据病人体表动脉搏动显现的部位、频率、强度、节律和脉波形态等因素组成的综合征象，来了解病人所患病证的内在变化。"四诊法"的基本原理是建立在整体观念和恒动观念的基础上的，是阴阳五行、藏象经络、病因病机等基础理论的具体运用。它自创立以来，得到了不断的发展和完善，是我国传统医学文化的瑰宝。

什么是方剂？

方剂是中医学中在中医理论的指导下，在辨证审因、决定治法之后，选择适当的中药，按组方原则，酌定用量、用法，妥善配伍而成。中国古代很早已使用单味药物治疗疾病。经过长期的医疗实践，又学会将几种药物配合起来，经过煎煮制成汤液，即是最早的方剂。方剂一般由君药、臣药、佐药、使药四部分组成。《隋书·经籍志》："医方者，所以除疾疢保性命之术者也。"剂，古作齐，指调剂。《汉书·艺文志》："调百药齐，和之所宜。"方剂是治法的体现，是根据配伍原则，总结临床经验，以若干药物配合组成的药方。

什么是药引子？

药引子是引药归经的俗称，指某些药物能引导其它药物的药力到达病变部位或某一经脉，起"向导"的作用。可以说"药引子"是有化学中的"催化剂"的作用，但作用不仅仅局限于"催化剂"。"药引子"还有增强疗效、解毒、矫味、保护胃肠道等作用。服用中药、中成药，多用白开水、酒、淡盐水、蜂蜜水、米汤、红糖水、葱白汤、姜汤等作药引子送服。药引子有引药归经，增强疗效之功用，有时还兼有调和、顾护、制约、矮味等功效，与中药、中成药适当配合，可收到相得益彰的效果。

什么是"道地药材"？

道地药材是指在一特定自然条件、生态环境的地域内所产的药材，因生产较为集中，栽培技术、采收、加工也都有一定的讲究，以致较同种药材在其他地区所产者品质佳、疗效好。道地，也就是地道，也即功效地道实在，确切可靠。它包括了几个大的方面，其一是指同种异地出产的药材，在质量上有明显差异，药效差异很大，常把某地出产的药材称为"道地药材"，而其他产地出产的则叫"非道地药材"；其二是指同一种药材国内外均有分布，但在中国，在中医理论指导下应用，则具有独特的疗效；其三是指原产其他国的药物流传入中国之后，经过发展，成为常用中药，这些药物在中国的某些或某一地区已经引种成功；其四是指经加工而形成的药品，其"道地"所在主要是指工艺上的考究。

什么是针灸？

针灸是一种中国特有的治疗疾病的手段，最早见于战国时代问世的《黄帝内经》一书。针灸是针法和灸法的合称。针法是把毫针按一定穴位刺入患者体内，运用捻转与提插等针刺手法以达到治病的目的。灸法是用艾绒搓成艾条或艾炷，点燃以温灼穴位的皮肤表面，利用热刺激来治病。在临床上按中医的诊疗方法诊断出病因，找出疾病的关键，辨别疾病的性质，确定病变属于哪一经脉，哪一脏腑，辨明它是属于表里、寒热、虚实中哪一类型，做出诊断。然后进行相应的配穴处方，进行治疗。针灸可疏通经络，使淤阻的经络通畅而发挥其正常的生理作用；调和阴阳，使机体从阴阳失衡的状态向平衡状态转化；扶正祛邪，扶助机体正气及驱除病邪。

什么是拔火罐？

"拔火罐"是我国民间流传很久的一种独特的治病方法，俗称"拔罐子"、"吸筒"，在《本草纲目拾遗》中叫作"火罐气"，《外科正宗》中又叫"拔筒法"。古代多用于外科痈肿，起初并不是使罐，而是用磨有小孔的牛角筒，罩在患部排吸脓血，所以一些古籍中又取名为"角法"。关于拔火罐治疗疾病最早的文字记载，是公元281～361年间晋代葛洪著的《肘后方》。后来，牛角筒逐渐被竹罐、陶罐、玻璃罐所代替，治病范围也从早期的外科痈肿扩大到风湿痛、腰背肌肉劳损、头痛、哮喘、腹痛、外伤淤血、一般风湿感冒及一切酸痛诸证。拔火罐利用热力排出罐内空气，形成负压，使罐紧吸在施治部位，造成充血现象，使得血管扩张，血流加快，新陈代谢旺盛，组织营养得到改善，反射性地增强了白细胞的吞噬作用，提高机体的抗病能力，促进疾病的好转或痊愈。现代人称为"淤血疗法"。这种方法简便易行、效果明显，能够达到活血化淤、疏通经络、调整气血、平衡阴阳、促进新陈代谢、调动脏腑功能的目的，是一种非药物自然物理生态疗法。

什么是刮痧？

刮痧是中国传统的自然疗法之一，历史悠久，源远流长。其确切的发明年代及发明人，难以考证。较早记载这一疗法的，是元代医家危亦林在公元1337年撰成的《世医得效方》。它是以中医皮部理论为基础，用刮痧器具（牛角、玉石、火罐）刮试经络穴位，通过良性刺激，充分发挥营卫之气的作用，使经络穴位处充血，改善局部微循环，起到祛除邪气，疏通经络，舒筋理气，驱风散寒，清热除湿，活血化瘀，消肿止痛，以增强机体自身潜在的抗病能力和免疫机能，从而达到扶正祛邪，防病治病的作用。

推拿有什么作用？

推拿，中医指用手在人体上按经络、穴位用推、拿、提、按、摩、揉、捏、点、拍等手法进行治疗。推拿又有"按跷"、"跷引"、"案杌"诸称号。推拿，为一种非药物的自然疗法、物理疗法。推拿能够疏通经络、扶伤止痛、祛邪扶正，使气血周流、保持机体的阴阳平衡，所以推拿后可感到肌肉放松、关节灵活，使人精神振奋，消除疲劳，对保证身体健康有重要作用。

什么是药膳？

药膳发源于我国传统的饮食和中医食疗文化，药膳是在中医学、烹饪学和营养学理论指导下，严格按药膳配方，将中药与某些具有药用价值的食物相配伍，采用我国独特的饮食烹调技术和现代科学方法制作而成的具有一定色、香、味、形的美味食品。简言之，药膳即药材与食材相配伍而做成的美食。它是中国传统的医学知识与烹调经验相结合的产物。它"寓医于食"，既将药物作为食物，又将食物赋以药用，药借食力，食助药威，二者相辅相成，相得益彰；既具有较高的营养价值，又可防病治病、保健强身、延年益寿。

什么是八段锦？

八段锦是中国古代流传下来的一种气功动功功法，从北宋起便开始流传，历经千年仍经久不衰。八段锦就是古人创编的八节不同动作组成的一套医疗、康复体操。古人把这套动作比喻为"锦"，意为动作舒展优美，如锦缎般优美、柔顺，又因为功法共为八段，每段一个动作，故名为"八段锦"。八段锦动作简单，易记易学，适合男女老少等不同人群习练。传统医学认为，八段锦柔筋健骨、养气壮力，具有行气活血、协调五脏六腑之功能。现代研究也已证实，八段锦能改善神经体液调节功能和加强血液循环，对腹腔脏器有柔和的按摩作用，对神经系统、心血管系统、消化系统、呼吸系统及运动器官都有良好的调节作用，是一种较好的体育运动。现在的广播体操，它的起源就是八段锦。

什么是五禽戏？

据说五禽戏是汉代名医华佗发明的，但也有人认为华佗是五禽戏的整理改编者，在汉代以前已经有许多类似的健身法。最早记载了"五禽戏"名目的是南北朝陶弘景的《养性延命录》。还有人认为相传是由东汉名医华佗模仿虎、鹿、熊、猿、鹤5种动物的动作创编的一套防病、治病、延年益寿的医疗气功。它是一种"外动内静"、"动中求静"、"动静兼备"、有刚有柔、刚柔并济、练内练外、内外兼练的仿生功法。据传华佗的徒弟吴普因长年习练此法而达到百岁高龄。五禽戏，分别是虎戏、鹿戏、熊戏、猿戏和鸟戏，每种动作都是模仿了相应的动物动作。传统的五禽戏，又称华佗五禽之戏，共有动作54个，每种动作都是左右对称地各做一次，并配合气息调理。现代医学研究证明，作为一种医疗体操，五禽戏不仅使人体的肌肉和关节得以舒展，而且有益于提高肺与心脏功能，改善心肌供氧量，提高心肌排血力，促进组织器官的正常发育。

为什么"精气神"被称为人体三宝？

精、气、神本是古代哲学中的概念，是指形成宇宙万物的原始物质，含有元素的意思。中医认为精、气、神是人体生命活动的根本。在古代讲究养生的人，都把"精、气、神"称为人身的三宝。精、气、神三者之间是相互滋生、相互助长的，他们之间的关系很密切。从中医学讲，人的生命起源是"精"，维持生命的动力是"气"，而生命的体现就是"神"的活动。所以说精充气就足，气足神就旺；精亏气就虚，气虚神也就少。反过来说，神旺说明气足，气足说明精充。中医评定一个人的健康情况，或是疾病的顺逆，都是从这三方面考虑的。因此，古人称精、气、神为人身"三宝"是有一定道理的。古人有"精脱者死，气脱者死，失神者死"的说法，以此也不难看出"精、气、神"三者是人生命存亡的根本。

中医有哪些代称？

第一个代称是"歧黄"。《黄帝内经》是黄帝与歧伯讨论医学的专著，后人便称《黄帝内经》为"歧黄之术"，"歧黄"也就成了中医的别名。

第二个代称叫"青囊"。据说，华佗被杀前，为报一狱吏酒肉侍奉之恩，曾将所用医书装满一青囊送与他。后人就称中医为"青囊"。

第三个代称唤"杏林"。晋代葛洪《神仙传》记载，三国时吴国名医董奉为人治病，不受报酬，对治愈的病人只求为他种杏树几株，这样经过数年，竟得杏树十万多株，蔚然成林。后世就用"杏林"作为中医的誉称。

第四个代称称"悬壶"。《后汉书·费长房传》记载，费长房的集市中有一个卖药的老翁，在铺子前挂着一把药壶，病人服了他壶中的药，没有一个不治愈的，堪称灵丹妙药。集市散后，老翁就跳进装药的药壶中。所以人们就把"悬壶"作为行医的代称。

第五个代称是"橘井"。《神仙传·苏仙公》记载，汉代桂阳人苏仙公，修行得道，仙去前，对母亲说："明年天下疾疫，庭中水一升，檐边橘叶一枚，可疗一人。"第二年果然发生疫病，苏仙公的母亲就依着他的话去做，医治好众多病人，后人因此以"橘井"称作中医。

在西医传入中国之后，中医亦被称为"皇汉医学"。在日本中医被称为"汉方医学"。

医生为什么又叫大夫？

西周时期的官员爵位分为卿、大夫、士三级，共同辅佐国君统治国家。"大夫"由此成为一般任官职者的俗称，后来经常用士大夫代称入仕之人。秦汉之后，名叫"大夫"的官员逐渐增多。隋唐之后，"大夫"成为高级阶官的称号。到了宋朝，医事制度和医学教育发展迅速，负责管理医疗行政的官员不断增多，"大夫"和医生开始有了联系。当时翰林医官院的医官分为七级，每级皆有几种官职，共有22种，如：和安大夫、成和大夫、成安大夫、成全大夫、保安大夫等等。这些大夫多为医官，所以人们开始称呼医生为"大夫"了。

"坐堂医"这一称呼是怎么来的？

坐堂医是在中药店中为患者诊脉看病的中医大夫。坐堂医源于汉代。相传汉代名医张仲景曾作过长沙太守，每月的初一和十五他坐堂行医，并分文不取。为了纪念张仲景崇高的医德和高超的医术，后来许多中药店都冠以某某堂，并把坐在药铺里诊病的医师称为"坐堂医"。这种称呼一直沿用至今。

古代有哪些著名的女医生？

我国的女医制度由来已久。西汉时期专门设有女医一职，其职责为视产乳之疾。两汉时期出现了不同性别的御医。为皇后、公主等女性皇室成员看病问诊的女医生就有女侍医、女医、乳医等。据史料记载：生活在公元前128年前后的著名医生义妁，是我国史书记载中最早的女医生。她技术精湛、医德高尚，而且尤为擅长妇科。汉武帝将她召入宫内，赐以职号，专门为皇太后治病。晋代著名的炼丹家葛洪之妻鲍姑，长期跟随丈夫炼丹行医，为民治病，岭南一带民众甚至尊称她为"鲍仙姑"，传说"艾灸"就是她发明的。明代有女医谈允贤，医术精湛，远近闻名，是当地专治妇科病的女医，著有《女医杂言》传给后人。另外宋朝的张小娘子、清朝的曾懿，都是远近驰名的女医生。

"药王"孙思邈的养生妙法有哪些？

孙思邈（约581—682），享年102岁，是我国隋唐时期著名的医学家，他一生以悬壶济世为业，被尊为"药王"。"药王"注重"修身养性"，在撰写的《备急千金要方》和《千金翼方》中，多处专论"养性"。其"卫生歌"、"养生铭"、"摄养论"、"长寿歌"等脍炙人口，早已流传于世，为历朝历代养生者所喜爱。孙思邈的养生妙法共有13条，分别是：发常梳、目常运、齿常叩、漱玉津、耳常鼓、面常洗、头常摇、腰常摆、腹常揉、摄谷道（即提肛）、膝常扭、常散步、脚常搓。

扁鹊对中医的发展作出了哪些贡献？

扁鹊（前407—前310），姬姓，秦氏，名越人，又号卢医，春秋战国时期名医。勃海郡郑（今河北任丘）人，一说为齐国卢邑（今山东长清）人。由于他的医术高超，被认为是神医，所以当时的人们借用了上古神话黄帝时的神医"扁鹊"的名号来称呼他。扁鹊是中医学的开山鼻祖。在总结前人医疗经验的基础上创造总结出望（看气色）、闻（听声音）、问（问病情）、切（按脉搏）的诊断疾病的方法。扁鹊精于内、外、妇、儿、五官等科，应用砭刺、针灸、按摩、汤液、热熨等综合治疗法治疗疾病，被尊为医祖。扁鹊奠定了中医

第七章 艺术

临床诊断和治疗方法的基础。

张仲景对中医的发展作出了哪些贡献？

张仲景（约150或154—215或219），东汉末年著名医学家，被称为"医圣"。相传曾举孝廉，做过长沙太守。张仲景广泛收集医方，写出了传世巨著《伤寒杂病论》。它确立的辨证论治原则，是中医临床的基本原则，是中医的灵魂所在。在方剂学方面，《伤寒杂病论》也作出了巨大贡献，创造了很多剂型，记载了大量有效的方剂。其所确立的"六经辨证"的治疗原则，受到历代医学家的推崇。这是中国第一部从理论到实践、确立辨证论治法则的医学专著，是中国医学史上影响最大的著作之一，是后代学者研习中医必备的经典著作。

华佗的医学成就主要体现在哪些地方？

华佗（？—208），东汉末医学家，字元化，一名旉，沛国谯（今安徽省亳州市谯城区）人。华佗与董奉、张仲景（张机）并称为"建安三神医"。华佗医术全面，精通内、妇、儿、针灸各科，外科尤为擅长，精于手术。他曾用"麻沸散"将病人麻醉后施行剖腹手术，是世界医学史上应用全身麻醉进行手术治疗的最早记载。又仿虎、鹿、熊、猿、鸟等禽兽的动态创作名为"五禽之戏"的体操，教导人们强身健体。被后人称为"神医"、"外科圣手"、"外科鼻祖"。

宋慈对法医学作出了哪些重要贡献？

宋慈（1186—1249），字惠父，南宋时期建阳（今福建南平）人，我国古代杰出的法医学家，被称为"法医学之父"，著有《洗冤集录》。西方普遍认为正是宋慈于公元1235年开创了"法医鉴定学"。宋慈在处理狱讼中，特别重视现场勘验。他对当时传世的尸伤检验著作加以综合、核定和提炼，并结合自己丰富的实践经验，于1247年撰成并刊刻《洗冤集录》五卷。此书是其一生经验、思想的结晶，是世界第一部系统的法医学专著，比意大利人佛图纳图·菲得利写成于公元1602年的同类著作要早350多年。《洗冤集录》书中提出法医检验的基本原则，在尸体体验、骨质损伤检验和毒理学等方面都做了较科学的观察和归纳，有的达到了相当精细的程度。此书一经问世就成为当时和后世刑狱官员的必备之书，先后被译成朝、日、法、英、荷、德、俄等多种文字。直到现在，《洗冤集录》仍是法医的必读之书。

什么是"种痘"？

根据史籍记载，在10世纪的北宋时期，我国就已经开始用"人痘接种法"预防天花，方法是用天花患者痘痂制浆接种于健康儿童，使其产生免疫力以预防天花。至16世纪明朝时期，该种痘术得到官方的认可，并在我国广为推广。其方法有痘浆法、旱苗法、水苗法、痘衣法四种。前三种都是接种于鼻孔，其痘苗又叫做鼻苗。痘衣法是穿用天花患者患病时所穿的内衣。这种技术自公元17世纪开始，先后传播到俄国、朝鲜、日本、阿拉伯以及欧洲和非洲各国。1796年，英国人琴纳受我国人痘接种法的启示，试种牛痘成功，这才逐渐取代了人痘接种法。我国发明的人痘接种是对人工特异性免疫法一项重大贡献。18

203

世纪法国启蒙思想家、哲学家伏尔泰曾在《哲学通讯》中写载："我听说一百多年来，中国人一直就有这种习惯，这是被认为全世界最聪明最讲礼貌的一个民族的伟大先例和榜样"。

李时珍为医学发展作出了哪些贡献？

李时珍（1518—1593），字东璧，湖北蕲州（今湖北蕲春县）人，明代著名医学家、药物学家。在李时珍以前，我国医学书籍上记载的药为1558种，品种繁杂，名称混乱，有的一种药两三个名字，有的两种药混为一名。李时珍深入民间，多次向农民、渔民、樵民、药农请教，上山采药，历时三十余载，并阅书八百多种，对古籍本草书上的药物加以鉴别和考证，纠正了古书中的许多错讹之处，于公元1578年写成《本草纲目》一书。全书约有200万字，52卷，载药1892种，新增药物374种，载方10000多个，附图1000多幅，总结了我国药物学的丰富经验。书中对药物进行了系统分类，纠正前人错误甚多，对后世医学贡献很大。在动植物分类学等许多方面有突出成就，并对其他有关的学科（生物学、化学、矿物学、地质学、天文学等等）也作出了贡献。达尔文称赞它是"中国古代的百科全书"。

世界上最早的天文学著作是哪一部？

战国时期齐国的天文学家甘德著有《天文星占》，魏国人石申夫著有《天文》，后人将这两部著作合为一部，称作《甘石星经》。这是世界上现存最早的一部天文学著作。《甘石星经》记录了水、木、金、火、土五大行星的运行情况以及它们的出没规律。书中记录了800颗恒星的名字，测定了121颗恒星的方位。后人把甘德和石申夫测定恒星的记录称之为《甘石星表》。这是世界上最早的恒星表，比希腊天文学家伊巴谷测编的欧洲第一个恒星表大约早200年。甘德还用肉眼发现了木星的卫星，比意大利天文学家伽利略在1609年用天文望远镜发现该星早2000多年。石申夫则发现日食、月食是天体相互掩盖的现象。后世许多天文学家在测量日、月、行星的位置和运动时，都要用到《甘石星经》中的数据。因此，《甘石星经》在我国和世界天文学史上都占有重要地位。

什么是五星、七曜？

五星是指水星、金星、火星、木星、土星五星。这五颗星最初分别叫辰星、太白、荧惑、岁星、镇星，这也是古代对这五颗星的通常称法。把这五颗星叫金木水火土，是把地上的五原素配上天上的五颗行星而产生的。《史记·天官书》中记载道："天有五星，地有五行。"

七曜，中国古代对日、月、五星的一种总称，亦称"七政"、"七纬"、"七耀"，指日（太阳）、月（太阴）与金（太白）、木（岁星）、水（辰星）、火（荧惑）、土（填星、镇星）五大行星。"曜"，本义为日光，后称日、月、星为"曜"，日、月和火、水、木、金、土五星合称七曜。旧时分别用来称一个星期的七天，日曜日是星期天，月曜日是星期一，其余依此类推。

什么是"七政四余"？

七政四余是中国古代占星学系统。早在

黄帝、尧、舜时代，即有星象之官以观天文而正人事，是中国最早的天文学、算命学。

七政指太阳、月亮、金星、水星、木星、火星、土星等七个有固定轨迹的恒星和行星。

第一政：太阳，代表阳气、父亲、显性之物；

第二政：太阴（月亮），代表阴气、母亲、隐性之物；

第三政：金星，又名"太白"，白色；

第四政：木星，又名"岁星"，青绿色；

第五政：土星，又名"镇星"，黄色，属凶性，代表瘟疫、饥荒；

第六政：火星，又名"荧惑"，赤色，属凶性，代表战争；

第七政：水星，又名"晨星"，暗黑色。

四余，并非实在的星曜，而是中国占星学独有的东西，所谓的四余，只是四颗实际行星的余气，有如几个特定的点。紫气、月孛是白道上离黄道最远的两个点。一个在黄道之南，一个在黄道之北。罗喉、计都是白道与黄道上的升交点与降交点（春分）与（秋分）。古人认为紫气为木余，月孛为水余，罗喉为火余，计都为土余。

七政四余断命，是以人的出生之年月日，观察七政四余等星曜所居十二宫的庙旺、所躔二十八宿的度数，以测知人日生之吉凶。

什么是"三垣"？

三垣包括上垣之太微垣、中垣之紫微垣及下垣之天市垣，是中国古代划分星空的星官之一，与黄道带上之二十八宿合称三垣二十八宿。作为星官，紫微垣和天市垣的名称先在《开元占经》辑录的《石氏星经》中出现，太微垣的名称晚到唐初的《玄象诗》中才见到。每垣都是一个比较大的天区，内含若干（小）星官（或称为星座），据《清会典》所载，甘氏、石氏、巫氏（甘德、石申夫、巫咸）的划分互有不同。各垣都有东、西两藩的星，左右环列，其形如墙垣，故曰为"垣"。在《史记·天官书》中也可见到和这三垣相当的星官，但其名称和星数则有所不同。可见三垣的形成曾有过一段演变和调整过程。在《步天歌》中，三垣成为三个天区的主体，这些天区也以三垣的名称为名称。紫微垣包括北天极附近的天区，大体相当于拱极星区；太微垣包括室女、后发、狮子等星座的一部分；天市垣包括蛇夫、武仙、巨蛇、天鹰等星座的一部分。

什么是二十八宿？

二十八宿又叫二十八舍或二十八星，是古人为观测日、月、五星运行而划分的二十八个星区，用来说明日、月、五星运行所到的位置。每宿包含若干颗恒星。二十八宿的名称，自西向东排列为：东方苍龙七宿：角、亢、氐、房、心、尾、箕；北方玄武七宿：斗、牛、女、虚、危、室、壁；西方白虎七宿：奎、娄、胃、昴、毕、觜、参；南方朱雀七宿：井、鬼、柳、星、张、翼、轸。

什么是"四象"？

古人把二十八宿分为东、北、西、南四方，每一方的七宿想象为四种动物形象，叫作四象。东方七宿如同飞舞在春天夏初夜空的巨龙，故而称为东官苍龙；北方七宿似蛇、龟出现在夏天秋初的夜空，故而称为北官玄武；西方七宿犹猛虎跃出深秋初冬的夜空，故而称为

205

西官白虎；南方七宿像一展翅飞翔的朱雀，出现在寒冬早春的夜空，故而称为南官朱雀。

南斗和北斗各指哪个星宿？

南斗和北斗是自古以来就出名的，其中南斗古时又叫斗宿，位于人马座中，构成人马的胸部。斗柄二星和箕宿四星构成人马的弓。南斗连柄共六颗星，所谓"北斗七星南斗六"。它和北斗七星的形状都像裁缝用的旧式熨斗又像水勺，所以人们叫它们大斗小斗，或大勺小勺。北斗是北半球的重要星象，又称"北斗七星"，指在北方天空排列成斗形（或枓形）的七颗亮星。七颗星中有五颗二等星，两颗三等星，它们是：（从勺尖到勺柄）天枢、天璇、天玑、天权、玉衡、开阳、摇光。

什么是"十二次"？

古代人为了观测日、月、五星的运行情况和节气的变换情况，把周天分为十二的等分，叫做十二次。他们采用的方法是把黄赤道带天区自西向东划分为十二部分，并依次命名为星纪、玄枵、娵訾、降娄、大梁、实沈、鹑首、鹑火、鹑尾、寿星、大火、析木。十二次的创立大概起源于对木星的观测，创立年代在春秋时期或更早。每次都以二十八宿中的某些星宿为标志，但由于有些星宿跨属相邻的两个次的，因此十二次中的各次的界限其实与二十八宿不能完全对应。十二次的创立一是用来指示一年四季太阳所在的位置，以说明节气的变换；二是用来说明岁星（木星）每年运行所到的位置，并以此来纪年。

月亮的别称有哪些？

月亮是古诗文提到的自然物中最突出的被描写的对象。它的别称可分为：

因初月如钩，故称银钩、玉钩；因弦月如弓，故称玉弓、弓月；因满月如轮如盘如镜，故称金轮、玉轮、银盘、玉盘、金镜、玉镜；因传说月中有兔和蟾蜍，故称银兔、玉兔、金蟾、银蟾、蟾宫；因传说月中有桂树，故称桂月、桂轮、桂宫、桂魄；因传说月中有广寒、清虚两座宫殿，故称广寒、清虚；因传说为月亮驾车之神名望舒，故称月亮为望舒；因传说嫦娥住在月中，故称月亮为嫦娥；因人们常把美女比作月亮，故称月亮为婵娟。

何谓"干支"？

天干地支的合称。天干：甲、乙、丙、丁、戊、己、庚、辛、壬、癸；地支：子、丑、寅、卯、辰、巳、午、未、申、酉、戌、亥。十干和十二支依次相配，组成六十个基本单位，古人以此作为年、月、日、时的序号，叫"干支纪法"。"六十甲子"依次是：甲子、乙丑、丙寅、丁卯、戊辰、己巳、庚午、辛未、壬申、癸酉、甲戌、乙亥、丙子、丁丑、戊寅、己卯、庚辰、辛巳、壬午、癸未、甲申、乙酉、丙戌、丁亥、戊子、己丑、庚寅、辛卯、壬辰、癸巳、甲午、乙未、丙申、丁酉、戊戌、己亥、庚子、辛丑、壬寅、癸卯、甲辰、乙巳、丙午、丁未、戊申、己酉、庚戌、辛亥、壬子、癸丑、甲寅、乙卯、丙辰、丁巳、戊午、己未、庚申、辛酉、壬戌、癸亥。

中国现存最早的历书是哪一部？

《夏小正》为中国现存最早的科学

文献之一，也是中国现存最早的一部使用夏时的农事历书，原为《大戴礼记》中的第47篇。《夏小正》由"经"和"传"两部分组成，全文共四百多字。它的内容是按一年十二个月，分别记载每月的物候、气象、星象和有关重大政事，特别是生产方面的大事。书中反映当时农业生产的内容包括谷物、纤维植物、染料、园艺作物的种植，蚕桑，畜牧和采集、渔猎；蚕桑和养马颇受重视；马的阉割，染料的蓝和园艺作物的芸、桃、杏等的栽培，均为首次见于记载。《夏小正》的经文成书年代可能是商代或商周之际，最迟也是春秋以前居住在淮海地区沿用夏时的杞人整理记录而成的。其内容则保留了许多夏代的东西，为我们研究中国上古的农业和农业科学技术提供了宝贵的资料。《传》则是战国时候的人作的。

夏历、周历、秦历有哪些不同的变化？

夏历、周历、秦历是战国至汉初中国的常用历法，均以365.25日为一回归年，但每年的开端不同：夏历建寅，即以阴历正月为岁首；周历建子，即以阴历十一月为岁首。岁首的月建不同，四季也就随之而不同。在先秦古籍中，《春秋》和《孟子》多用周历，《楚辞》和《吕氏春秋》则用夏历，《诗经》则要看具体诗篇。秦始皇统一中国后，以颛顼历为基础，以建亥之月（即夏历十月）为岁首，但春夏秋冬和月份的搭配，完全和夏历相同。汉初沿用秦历，武帝元封七年（公元前104年）改用夏历。自汉武帝起改用夏历以后，除王莽、魏明帝一度用殷历，唐武后、肃宗一度用周历外，一般多用夏历。

以上三历的月建对应情况列表如下：

	子月	丑月	寅月	卯月	辰月	巳月	午月	未月	申月	酉月	戌月	亥月
夏历	十一月	十二月	正月	二月	三月	四月	五月	六月	七月	八月	九月	十月
周历	正月	二月	三月	四月	五月	六月	七月	八月	九月	十月	十一月	十二月
秦历	二月	三月	四月	五月	六月	七月	八月	九月	十月	十一月	十二月	正月

什么是"闰月"？

闰月是每逢闰年所加的一个月。阴阳历以朔望月的长度（29.5306日）为一个月的平均值，十二个朔望月构成农历年，长度为29.5306×12=354.3672日，同回归年（365.2422日）相差约10.88日，每个月少0.91日。如按12个朔望月构成农历年，农历年某年春节为大雪纷飞的冬天，第二年的春节就会在季节上提前11天，第16个农历年就会出现在赤日炎炎的夏天。如按13个朔望月构成农历年，长度为29.5306×13=383.8978日，比回归年又多出18天多。为了协调回归年与农历年的矛盾，防止农历年月与回归年及四季脱节，故置闰，每3年置1闰，5年置2闰，19年置7闰。闰月加在某月之后叫"闰某月"。

什么是"冬至九九歌"？

"冬至九九歌"是我国古代劳动人民创造出的记录数九期间寒暖变化规律的歌谣。由于我国的疆域辽阔，各地在数九期间的气候情况和生态反应不一样，所以各地编出来的九九歌也不尽相同，可谓各有特色。河北、北京一带的九九歌流传最广，且通俗易懂："一九二九不出手，三九四九冰上走，五九六九，沿河看柳，七九河开，八九雁来，九九加一九，耕牛满地走。"

什么是"夏至九九歌"？

在"冬至九九歌"的影响下，在一些地方还现了"夏至九九歌"。我国北方长期流行一首《夏日数九歌》："一九至二九，扇子不离手；三九二十七，冰水甜如蜜；四九三十六，衣衫汗湿透；五九四十五，树头清风舞；六九五十四，乘凉勿大迟；七九六十三，夜眠莫盖单；八九七十二，当心受风寒；九九八十一，家家找棉衣。"

什么是"三九"？

中国农历有"九九"的说法，用来计算时令。计算的方法是从冬天的冬至日算起（从冬至开始叫"交九"，意思是寒冷的开始），每九天为一"九"，第一个九天叫"一九"，第二个九天叫"二九"，依此类推，一直到"九九"，即到第九个九天，数满九九八十一天为止。这时冬天已过完，春天来到了。"三九"是指冬至后的第三个"九天"，即冬至后的第十九天到第二十七天。"三九"时地面总热量收支逆差达到最大值，而且"三九"前后也是西伯利亚地区的冷气团最为强盛的阶段，强冷空气的频频入侵，导致了"三九"时节气温最低，正如《九九歌》所说："三九四九冰上走"。

什么是"三伏"？

"三伏"是初伏、中伏和末伏的统称，是一年中最热的时节。每年出现在阳历7月中旬到8月中旬。其气候特点是气温高、气压低、湿度大、风速小。"伏"表示阴气受阳气所迫藏伏地下。按我国农历气候规律，夏至后第三个庚日开始为头伏（初伏），第四个庚日为中伏（二伏），立秋后第一个庚日为末伏（三伏），每伏十天共三十天。有的年份"中伏"为二十天，则共有四十天。

什么是"入梅"与"出梅"？

我国长江中下游地区每年6月中下旬至7月上半月之间通常会出现持续天阴有雨的气候现象，由于正是江南梅子的成熟期，故中国人称这种气候现象为"梅雨"，雨带停留时间称为"梅雨季节"，梅雨季节开始的一天称为"入梅"，结束的一天称为"出梅"。我国传统方法上，入梅和出梅的确定是根据节气结合干支来推算的。我国目前历书中，采用《神枢经》的说法："芒种后逢丙日入梅。"出梅是在小暑后的第一个未日，在农历七月八日至十九日之间，每年的梅期比较固定而且各地都一样。

月相的盈亏有哪些变化？

因太阳、地球、月球三者的相对位置随着月球绕地球运行而变化，在地球上看月球的角度不一样，月球就有了各种圆缺形状，即月相的更替。一个农历月的月相盈亏分别为：朔、眉月、上弦月、盈凸月、下弦月、残月、晦。

朔：又称为"新月"，为新露微光之月，是农历月之始，在历法规定朔日为初一。

眉月：新月之后，细如眉形之月，在初三至初五之月相皆可称为眉月。

上弦月：月相呈现凸向右边（西边）的半圆形，通常见于农历的初七或初八日。

盈凸月：上弦之后，由半圆渐渐饱满

之月相，农历十至十二日之月相常属之。

望：月球呈现圆轮之月相，又称满月。其时约农历的十五或十六日。

亏凸月：满月之后，月形渐亏，但尚未达至半圆之月相，常见于农历二十日左右。

下弦月：月相呈现凸向左边（或东边）的半圆形，通常见于农历的二十二或二十三日。

残月：下弦之后，细如眉形之月（其形如英文中的字母C，可以此与眉月相区别），在农历的二十五日前后之月相皆可称为残月。

晦：一月之末，月全黑而不得见，此为农历的大月三十日，小月二十九日。

古人如何纪日？

我国古代纪日法主要有四种：

一、序数纪日法。如《梅花岭记》："二十五日，城陷，忠烈拔刀自裁。"《项脊轩志》："三五之夜，明月半墙。""三五"指农历十五日。

二、干支纪日法。如《殽之战》："夏四月辛巳，败秦军于殽。""四月辛巳"指农历四月十三日；《石钟山记》"元丰七年六月丁丑"，即农历六月九日；《登泰山记》"是月丁未"，指这个月的十八日。古人还单用天干或地支来表示特定的日子。如《礼记·檀弓》"子卯不乐"，"子卯"代指恶日或忌日。

三、月相纪日法。指用"朔、朏、望、既望、晦"等表示月相的特称来纪日。每月第一天叫朔，每月初三叫朏，月中叫望（小月十五日，大月十六日），望后这一天叫既望，每月最后一天叫晦。如《祭妹文》"此七月望日事也"；《五人墓碑记》"在丁卯三月之望"；《赤壁赋》"壬戌之秋，七月既望"；《与妻书》"初婚三四个月，适冬之望日前后"。

四、干支月相兼用法。干支置前，月相列后。如《登泰山记》："戊申晦，五鼓，与子颖坐日观亭。"

什么是"大时"与"小时"？

中国古代将一昼夜分成十二个时辰。一个时辰，相当于西方钟表的两个钟点。当西方机械钟表传入中国以后，24小时制也传入中国，出现了中国古代十二时辰和24点钟两种计时单位并存的情况，为了表示区别，人们将传统的十二时辰称为"大时"，把西方时钟的二十四点钟称为"小时"。到了清末，随着西洋钟表的普及，中国人逐渐放弃了采用时辰计时的方法，于是"大时"的概念逐渐淡出人们的习惯用语，而"小时"的概念逐渐流传一直沿用至今。此外，在采用时辰的中国古代也把两个时辰称为"大时"。

古代有哪些计时方法？

我国古代计时法主要有两种：一、天色计时法。古人最初是根据天色的变化将一昼夜划分为十二个时辰，它们的名称是：夜半、鸡鸣、平旦、日出、食时、隅中、日中、日昳（die）、晡时、日入、黄昏、人定。二、地支计时法。以十二地支来表示一昼夜十二时辰的变化。地支计时为子、丑、寅、卯、辰、巳、午、未、申、酉、戌、亥。对应的现代计时分别为23—1点、1—3点、3—5点、5—7点、7—9点、9—11点、11—13点、13—15点、15—17点、17—19点、19—21点、21—23点。

古代十二时辰是如何划分的？

中国古时把一昼夜平分为十二段，每段叫做一个时辰，每个时辰相当于现在的两小时。西周时就已使用。汉代命名为夜半、鸡鸣、平旦、日出、食时、隅中、日中、日昳、晡时、日入、黄昏、人定。又用十二地支来表示，以夜半二十三点至一点为子时，一至三点为丑时，三至五点为寅时，依次递推。

子时（23时至01时）：夜半，又名子夜、中夜，十二时辰的第一个时辰。

丑时（01时至03时）：鸡鸣，又名荒鸡，十二时辰的第二个时辰。

寅时（03时至05时）：平旦，又称黎明、早晨、日旦等，是夜与日的交替之际。

卯时（05时至07时）：日出，又名日始、破晓、旭日等，指太阳初升的那段时间。

辰时（07时至09时）：食时，又名早食等，古人"朝食"之时，也就是吃早饭时间。

巳时（09时至11时）：隅中，又名日禺等，临近中午的时候称为隅中。

午时（11时至13时）：日中，又名日正、中午等。

未时（13时至15时）：日昳，又名日跌、日央等，太阳偏西为日昳。

申时（15时至17时）：晡时，又名日铺、夕食等。

酉时（17时至19时）：日入，又名日落、日沉、傍晚，意为太阳落山的时候。

戌时（19时至21时）：黄昏，又名日夕、日暮、日晚等，此时太阳已落山，天将黑未黑。

亥时（21时至23时）：人定，又名定昏等，此时夜色已深，人们已经停止活动，安歇睡眠了。人定也就是人静。

什么是"五更"？

我国古代把夜晚分成五个时段，用鼓打更报时，所以叫作五更、五鼓，或称五夜。一夜即为"五更"，每"更"为一个时辰，即现今的两个小时。一更在戌时，称黄昏，又名日夕、日暮、日晚等，即19—21点。二更在亥时，名人定，又名定昏等，即21—23点，是十二时辰的最后一个时辰。三更在子时，名夜半，又名子夜、中夜等，即23点至次日凌晨1点。四更在丑时，名鸡鸣，又名荒鸡，即1—3点，是十二时辰的第二个时辰。五更在寅时，称平旦，又称黎明、早晨、日旦等，即3—5点，是夜与日的交替之际。

指南针是怎么发明的？

指南针的发明是中国古人在长期的实践中对物体磁性认识的结果。史籍中没有记载确切的发明者及发明时间。传说黄帝就发明了指南车，到战国时期，人们发现磁铁可以指南，于是用天然磁铁磨制成勺状，放在刻有天干地支和八卦、二十四方经的光圆铜盘上，轻轻转动勺把，勺子停下来后，勺把就会指向南方，这就是最早的指南针——司南。后来人类又发明了指南鱼，到北宋人们发明了用针磨擦磁石来做指南针，随着科技的发展，人们又把磁针跟方位盘联成一体做成罗盘，从而更进一步推动了指南针的发展。

什么是"中国雪"？

"中国雪"是阿拉伯人对硝石的称呼。硝石（主要成分为硝酸钾）是制造

第七章　艺术

火药的主要原料。早在公元前6世纪，我国就已发现了硝酸钾。我国汉代药典《神农本草经》里将硝石列为重要的药材，并用于炼丹术。大约在唐代，硝石就随同医药和炼丹术流传了出去。阿拉伯人看到硝石外表像雪，又是从中国传来的，就给它取名"巴鲁得"，意思就是"中国雪"。